비교경호제도론

임 준 태 저

백산출판사

서 문

「경호학」이라는 학문이 경호실무 부서에서의 상황과는 달리 일반대학에서 전문 강좌로 정착된 것은 그리 오래되지 않았다. 1980년대 이전에 경찰교육기관에서 발행된 직무관련 교재에서 일부 내용이 소개되기는 했지만, 본격적인 학술서로서 1995년에 출판된 김두현 교수의 『경호학개론』이 학계에 소개, 활용되면서 경호학이 더욱 체계화되었다. 필자가 경호관련 실무 강좌를 경험한 것은 1980년대 중반이었다. 1990년대 말 이른바 "구제금융사태"를 겪으면서, 각급대학에서 경찰학관련 전공강좌를 대거 설치하면서, 경호학 관련분야도 이와 더불어 전국적으로 확대되었다. 「경호학강좌」가 다수 개설되고 있지만, 전문교재들이 부족한 실정이다. 이에 필자는 수 년 동안 각국의 경호제도를 연구한 자료와 내용을 정리하여 『비교경호제도론』을 집필, 출간하기에 이르렀다.

한국에서 경호직무는 근대경찰 탄생 이래 실질적 의미의 경찰작용의 일환으로써, 일반경찰조직이 줄곧 담당해왔다. 갑오개혁 이후 설치된 경무청(警務廳) 산하 궁내경무서(宮內警務署, 1895년), 경위원(警衛院, 1901년), 황궁경위국(皇宮警衛局, 1905년), 황궁경찰서(皇宮警察署, 1910년), 창덕궁경찰서(昌德宮警察署, 일제시대), 경무대경찰서(景武臺 警察署, 1949년), 제2공화국 시대에 접어들면서 서울시경찰국 경비과에 설치된 「청와대(경무대) 경찰관 파견대」가 대통령 경호업무를 담당하였다. 그런데 1961년 5·16 군사쿠데타 발발로 형식적 의미의 경찰 "경호시대"가 한 때 마감되기도 했다.

1961년 11월 "중앙정보부 경호대"가 발족되었으며, 1962년 9월 "경호실"로 개칭되었다. 이로써 한국에서는 미국의 경호조직(SS)을 모델로 삼아 특별전문경호기관(PSS)이 정착되었다. 1963년 12월 대통령 경호를 담당하는 독립된 전문기구로서 【대통령경호실】이 발족, 권력의 부침과 함께 현대사의 수많은 중요한 국면에 서기도 했다. 2008년 개정된 법률에 따라 【대통령실 경호처】로 명칭이 바뀌었다. 한국의 현대 경호제도가 발전하는 과정에서, 굴절된 역사의 단면이 일부 반영되었다는 것을 부인

할 수 없다. 한편, 실질적 의미의 경호직무는 일반경찰조직에 의하여 계속 수행하고 있는 바, 전직대통령 및 각급 요인경호부서, 101경비단, 22경찰경호대, 202경비대 등을 들 수 있다.

필자는 경호직무가 실질적 의미의 경찰작용의 일환이라는 관점에서 경호학을 이해하고 있다. 이른바 "G7국가"에 해당되는 선진 각국에서는 연방경찰, 국가/수도경찰, 군인경찰 등이 경호직무를 전담수행하고 있는 것으로 확인되었다. 이를 바탕으로 경찰주도형(영국, 독일, 호주, 캐나다, 스위스, 일본), 특별경호조직 주도형(미국) 그리고 군인경찰/일반경찰 혼재형(프랑스) 경호체제 국가로 구분하여 소개하였다.

경호직무의 특성상 공개된 문헌들이 희귀하며, 각국의 경호기관에서도 관련 내용을 공개하기를 꺼려하여 자료수집에 많은 어려움이 있었다. 특히 일본 "황궁경찰본부"의 경우, 직무자료를 공개하는 데 매우 소극적이었다. 이론서에 치중하기보다는 필자가 각국의 경호기관을 직접 방문, 면담한 내용 및 수집된 자료 그리고 공개된 인터넷자료를 활용했다. 또한 경호직무의 대상인 각국 국가원수들에 관한 사진자료를 게재함으로써 전공학생들의 흥미를 높이고자 하였다. 경비지도사 등 국가자격 수험준비를 위한 기본서(경호학) 역할을 할 것이다. 본서가 널리 활용되어, 경호학 발전에 일조할 수 있기를 희망한다.

필자가 비교경호제도를 연구하는 데에는 치안정책연구소의 도움이 있었으며, 각국 경호실무자들의 도움이 컸다는 것을 밝혀둔다. 또한 본서의 출간에 있어서 자료정리 및 교정, 색인 작성에 이르기까지 세심한 노력을 해준 동국대학교 박사과정의 송혜진 양에게도 고마움을 표한다. 끝으로 본서를 출간하여 주신 백산출판사 진욱상 사장님과 편집부의 김종욱 님께도 감사드린다.

2009년 5월

동국관 서재에서 著者

목 차

제1장

서 론

비/교/경/호/제/도/론

제1장

서 론

현대사회의 발전 및 변화는 시민들의 경제적 삶의 질을 높이는 동시에 국제화·개방화 등으로 국가 간 경쟁심화로 이어지고 있으며, 국내적으로는 범죄의 지능화·전문화·흉포화 현상이 매우 빠른 속도로 진전되고 있다. 21C 고도 산업사회로 진입하면서 세계 각국은 자신들의 국가안보와 이익을 위해서 이념과 체제를 달리하는 국가들과 무한 경쟁체제에 돌입하고 있다. 종교, 이념, 인종, 민족, 계층 간에 다양한 이해관계와 갈등으로 대립하면서 자신의 주장을 관철하기 위하여 극단적 방법과 수단들이 표출되고 있는 실정이다.1)

지금까지 세계 각국의 정치테러 사건을 보면 대체로 비슷한 양상을 엿볼 수 있다. 주로 정치테러 사건을 일으키는 주동자들은 현 정부 정책에 대한 불만을 가진 세력으로서 이념적으로 자신들과 대치되는 경우에 또는 정부 정책에 따라 자신의 재산과 신

1) "比 계속되는 요인 암살사건…" …필리핀의 인권단체인 카라파탄은 "2006년 한 해 필리핀에서는 모두 206명이 의문의 암살을 당했으며 이들 가운데 99명은 정치 관계자들, 나머지는 공산반군 관련자들이었다"고 밝혔다. 이 단체는 2001년 아로요 대통령 취임 이후 암살된 사람은 모두 824명에 달한다고 덧붙였다. http://news.chosun.com/site/dat a/html_dir/2007/01/28/2007012800188.html(2009년 1월 2일 검색).

체에 피해가 갈 경우에 극단적 암살이라는 방법을 통해 테러를 일으킨다는 것이다. 테러의 대상은 주로 정부 요인으로 그의 죽음을 통한 정책노선의 반전과 정권탈취가 목적이었다.[2] 자신들의 정치적, 종교적, 이념적 목적을 달성하기 위해서 각종 집단은 다양한 방법을 동원하여 상대(국가)에게 테러와 암살을 자행하는 일까지 빈번하다.[3] 이러한 암살이나[4] 테러행위는 한 국가의 원수(VIP[5])뿐만 아니라 사회지도자,[6] 기업가, 과학자[7] 등으로 대상범위가 확대되고 있다. 특히, 한국에서는 지난 2006년 5월

---

2) http://www.mjknews.com/paper/news.view.php?newsno=rer&sectno=3&sectno2=0&pubno=(2009년 1월 4일 검색).

3) 부시 대통령 암살하려던 남성 종신형, 그루지아 법원은 수류탄을 던져 미국의 조지 W. 부시 대통령을 암살하려던 남성에게 종신형을 내렸다. 그루지아 법원은 2006년 1월 11일, 2005년 5월 그루지아 수도 트빌리시에서 부시 대통령과 그루지아 대통령에게 수류탄을 던져 암살을 시도했던 블라디미르 아루투니안(27세)에게 종신형을 선고했다. 그루지아 사법당국은 지난 2005년 6월 경찰을 살해한 혐의로 아루투니안을 체포했었다. 그의 암살 의도는 나중에야 밝혀졌었다. 옛 소련 공화국이었던 그루지아 자유의 광장에서 수많은 군중에게 연설을 하고 있었던 부시 대통령으로부터 약 30m 앞에 떨어진 수류탄은 다행히 터지지 않았었으며 다친 사람도 없었다. http://www.chosun.com/international/news/200601/200601120087.html(2009년 1월 2일 검색).

4) 극우파 청년 시라크 대통령 암살기도, 프랑스 대혁명 기념일인 2002년 7월 14일 자크 시라크 대통령이 군대를 사열하는 도중 극우파 청년 1명이 시라크 대통령의 암살을 기도한 사건이 발생했다. 경찰은 성명을 통해 파리 교외 에브리 지역 출신인 막심 브뤼네리(25)라는 이름의 청년이 시라크 대통령을 향해 총격을 가한 후 현장에서 체포됐다고 밝혔다. 경찰은 브뤼네리가 신(新)나치 단체 소속이며 또한 훌리건이라고 밝혔다. 브뤼네리 자신도 이후 경찰조사 과정에서 시라크 대통령을 살해하고자 했다고 시인했다. 이날 행진을 보려고 몰려나온 군중들은 시라크 대통령이 오픈카를 타고 샹젤리제 거리를 지날 때 개선문 인근에 서 있던 짧은 갈색머리의 청년이 기타 케이스에서 소총을 꺼내는 광경을 목격했다고 말했다. 당시 브뤼네리는 시라크 대통령과 불과 40~50m 떨어진 지점에 있었으며 22구경 라이플 소총 한 발을 발사한 뒤 경찰에 제압돼 연행됐다. http://www.hani.co.kr/section-007100005/2002/07/007100005 2002 07150140004.html (2009년 1월 2일 검색).

5) Very Important Person의 줄임말.

6) 미국에서 흑인 인권운동을 이끌었던 마틴 루터 킹 목사는 1968년 백주 대낮에 호텔에서 백인의 총에 맞아 살해된 바 있다.

7) 수년전 대한민국 정부가 과학자였던 황우석 교수에 대해서 신변보호를 위하여 근접경호를 실시한 바 있었다: 【<정부, 황우석 교수에 경호원 배치> 민간인으론 최초】…… 세계 최초로 인간 배아줄기세포 복제배양에 성공한 서울대 황우석 교수에게 신변안전을 위한 경찰청 경호원들이 배치됐다. …… 경호원 2명이 그림자처럼 24시간 경호활동을 벌였다. 서울경찰청 경호과 소속으로 알려진 이들 경호원은 앞으로 정부의 별도 특명이 있을 때까지 황 교

31일 지방자치선거에서 박근혜 당시 한나라당 대표가 유세 도중 얼굴에 칼침을 맞는 테러를 당하는 초유의 사태가 발생했다. 동 피습사건은 엄청난 사회적, 정치적 파장을 불러일으킨 바 있다. 이를 계기로 정당대표 등 중요 정치인을 경호대상자에 포함시키는 것을 골자로 한【요인경호법안】이 국회에 제출된 바 있다. 이처럼 신변경호가 필요한 중요인사의 범위가 확대되면서,8) 경찰의 경호직무와 그 역할도 더욱 중대될 것으로 예상된다.

특히, 국가지도자를 비롯한 중요인사에 대한 위해야기는 국가안위와 직결되는 사건으로 확대되는 것이 일반적이다.9) 또한 9·11 테러사건 이후 암살이나 테러에 의한 국가원수나 중요인사의 희생으로 국가 간의 갈등이 심화되고 전쟁유발 가능성이 한층 더 높아지고 있다.10) 이는 국가차원의 정치적 혼란과 위기발생, 치명적인 경제적 손실

수의 신변안전을 책임질 무술경관들이다. …… 정부가 민간인 중요 인사에 경호원을 배치한 것은 황 교수가 처음인 것으로 전해지고 있다[연합뉴스 2004년 10월 14일자].

8) 지난 18대 대통령선거를 전후하여 국회에서 발의된【요인경호법안】내용에는 국외 경호대상자로서 행정수반이 아닌 총리, 왕족, 부통령, 부총리와 그 배우자, 전직외국 대통령, 전직총리, 국제기구 및 국제회의 중요인사, 중앙정부의 장관급 이상 중요인사 등을 포함시킨 것은 매우 긍정적인 입법 시도라고 판단된다. 뿐만 아니라 선진 각국에서는 자국의 각료급(장관급)인사들, 고위법관 등에 대해서도 신변경호를 실시하고 있는 점은 향후 한국 경찰의 경호직무 재편과정에서 대단히 참고 될만한 내용이다.

9) 차베스, "볼리비아 대통령 암살기도 적발": 베네수엘라의 우고 차베스 대통령은 2008년 12월 21일 볼리비아의 에보 모랄레스 대통령에 대한 암살 음모가 발각됐다고 주장했다. 차베스 대통령은 이날 라디오 연설을 통해 모랄레스 대통령이 자신에게 전화를 걸어 볼리비아 당국이 이같은 암살기도를 적발했다고 말한 것으로 전했다. …… 차베스 대통령은 모랄레스 대통령에게 몸조심을 당부했다고 말했다[뉴시스 2008년 12월 22일자 기사참조].

10) 배후 논란 증폭되는 레바논 각료 피살사건 - 2006년 11월 21일 발생한 레바논 각료 피살사건의 진상을 둘러싼 의혹이 계속 증폭되고 있다. 중동 문제와 관련해 …… 이 사건이 푸아드 시니오라 총리 정부에 대한 쿠데타의 신호탄이 될 수 있다며 시리아가 배후에 있을 것이라는 추측성 분석을 내놨다. …… 2005년 2월의 라피크 알-하리리 전총리 암살사건 이후 잇따른 요인 암살에 시리아가 개입했음을 시사하는 결과가 나온 만큼 이번 사건도 시리아와 레바논 내의 친시리아 세력의 소행일 지 모른다고 추론하는 식으로 범행의 배후를 시리아 쪽으로 몰아간 것이다. 대낮 피살…… 마피아 수법 방불 = 괴한들이 반시리아 정파에 소속된 피에르 게마일 산업장관을 죽인 것은 현지 시간으로 오후 3시30분께였다. 괴한들은 게마일 장관이 타고 가던 차량에 자신들의 차량을 부딪치는 추돌사고를 낸 뒤 차에서 내려 기관소총을 난사했다. 차에 타고 있던 게마일 장관과 경호원 2명 중 1명이 죽고 1명이 크게 다쳤다. …… 레바논 경찰은 이들을 상대로 범행 당시 상황을 조

발생 등의 결과로 이어지기 때문에 국가원수나 중요인사는 더욱 안전하게 보호되어야 한다.

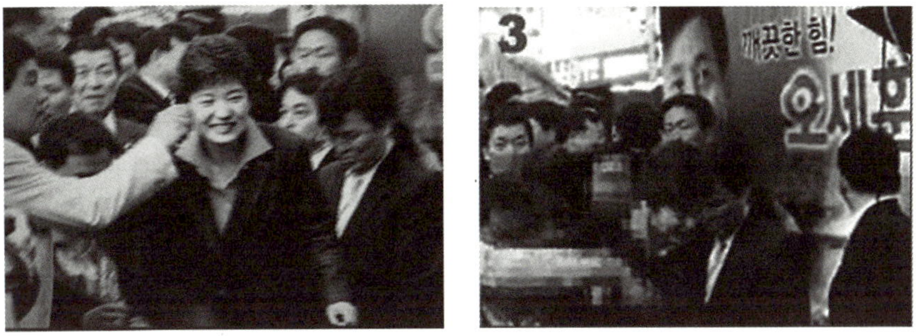

사진_2006년 5월 한나라당 박근혜 대표에 대한 테러[11]

세계사는 경호 실패가 전쟁으로 이어질 수도 있음을 보여준다. 대표적인 사례가 제1차 세계대전이다. 1914년 6월 28일 보스니아의 수도 사라예보를 방문한 오스트리아의 프란츠 페르디난드 황태자 부부는 세르비아 청년이 쏜 총을 맞고 절명했는데, 이것이 제1차 세계대전으로 비화되었다는 것은 공지의 사실이다.[12]

사하고 있다. …… 레바논 현지의 한 소식통은 베이루트에서는 게마일 피살사건을 둘러싸고 시리아 배후설을 비롯해 이스라엘·미국 연루설, 레바논 내 반시리아 세력 공작설 등 온갖 추측이 난무해 정정불안을 가중시키는 요인이 되고 있다고 말했다.
http://www.chosun.com/international/news/200611/200611250218.html(2009년 1월 2일 검색).

지난 2006년 11월 21일 암살당한 피에르 게마엘 ▶ 레바논 산업부장관이 탔던 차의 총알 자국. 운전석 유리창이 총격을 받은 흔적으로 심하게 부서졌다. ⓒ EPA=연합뉴스

11) http://www.newstown.co.kr/newsbuilder/service/article/mess_main.asp?P_Index=43756(2009년1월 4일 검색).

12) http://www.donga.com/docs/magazine/shin/2005/04/27/200504270500006/200504270500006_1.html(2008년 12월 17일 검색) 신동아 통권 498호(이정훈 기자)의 자료임.

사진_1차 세계대전의 도화선이 된 사라예보 사건[13)]

사라예보 사건은 1914년 6월 28일 오스트리아의 황태자 페르디난트 부부가 발칸반도에 있는 보스니아의 수도 사라예보에서 개최한 육군 대연습을 관람하기 위해 이곳을 방문했을 때 세르비아의 비밀결사 소속의 한 청년이 이들을 권총으로 암살한 사건을 말한다. 이 사건이 세계대전의 도화선이 된 배경을 살펴보면, 당시 20세기 초는 서구 열강들이 아프리카, 발칸반도, 동아시아 등 인적·물적 자원의 확보와 자국물건을 팔기 위한 시장점유를 위해 식민지 쟁탈에 혈안이 돼있던 시기였다.

이 시기에 수많은 식민지가 생겨났고 제국주의 열강들은 그 식민지를 분할하기 위해 독일, 오스트리아, 이탈리아의 동맹 3국과 러시아, 영국, 프랑스의 3국 협상국으로 나뉘어 대립하고 있었다. 이런 대립의 한 초점이었던 발칸반도는 15세기까지 오스만 투르크의 지배를 받고 있었는데, 17세기가 되면서 그 지배 세력은 점차 쇠퇴하기 시작했다. 그 이후 서구 열강들은 노골적으로 이 지역의 지배 야욕을 드러냈는데, 이를 간파한 발칸반도의 여러 민족들은 저마다 독립을 위해 노력했다. 하지만 힘이 결집되지 못했기 때문에 러시아나 오스트리아와 같은 강대국에게 도움을 요청했다. 발칸반도에 있는 여러 국가들 가운데 오스만 투르크에게 패하고

13) http://www.mjknews.com/paper/data/news/images/2007/12/1_L_1198715960_4.jpg (2009년 1월 4일 검색).

강대국의 지배 하에 있던 중 1878년 독립을 쟁취한 국가가 바로 세르비아였다.

세르비아는 보스니아와 헤르체고비나를 병합하려 했지만 독립을 위해 도움을 요청했던 오스트리아가 역으로 이 두 지역을 병합하고 세르비아 인들의 병합의지와 소망을 짓밟아버리고 말았다. 이때부터 세르비아인들은 오스트리아에 대해 반감을 가지게 되었고, 결국 세르비아의 한 비밀결사 대원이 오스트리아 황태자를 암살하는 사건이 발생하게 된 것이다. 이 사라예보 사건 이후 오스트리아는 세르비아에게 선전포고를 했고, 이는 결국 세계전쟁으로 번져나가는 도화선이 되었던 것이다.

http://www.mjknews.com/paper/news/view.php?newsno=434&sectno=3&sectno2=0&pubno=(2009년 1월 4일 검색).

국가원수 등에 대한 경호는 국가기능의 무사온전성(無事穩全性) 유지라는 측면에서 매우 중요하다. 따라서 국가마다 공식 경호조직을 구성하여 필요한 보호조치를 취하고 있다.

중요인사에 대한 위해를 사전에 예방·제거하는 경호직무는 전형적인 경찰작용이다. 공공의 안녕(oeffentliche Sicherheit)과 질서(gute Ordnung)를 유지하고, 위험을 방지하여 시민들에게 안전한 삶의 영역(sicheres Gebiet)을 제공하는 국가의 역할은 통상 경찰작용을 통해서 달성된다. 이러한 관점에서 볼 때, 경호직무는 경찰작용 가운데 중요한 부분을 차지한다.

한국의 경우, 이러한 경호직무가 근대경찰(1894년) 태동 이후 1961년 5월까지는 일반경찰(궁내경찰서, 경무대경찰서)에 의해서 수행되었다. 그 후 5·16 군사쿠데타를 기점으로 군출신인사들을 중심으로 한 특별조직(대통령 경호실)으로 발전하여 오늘(대통령실 경호처)에 이르고 있다. 당시 이러한 특별조직의 모델이 되었던 것은 다름 아닌 미국의 경호실(Secret Service)이었다고 알려지고 있다.

한편, 한국경찰은 경호직무에 있어서 현재까지 많은 인적·물적 자원을 투입하고 있지만 중추적 역할을 담당하지 못하고 보충적·2차적 역할(조직, 권한, 전문성 등)을 수행하고 있는 실정이다. 참여정부(노무현대통령 집권기) 태동에 들어서면서 경찰청장

출신 인사를 경호책임자로 임명하는 등 경호부서에 대한 문민화 조치가 취해진 점은 매우 주목할 만한 일이었다.[14)]

대통령과 같은 국가원수는 지도자 선출 전후로 일정 기간 국가 공안조직 주도로 신변과 거주지 등을 경호·경비 서비스를 받게 된다. 테러에 의한 국가원수 유고시, 국가가 직면하는 혼란은 그 어떤 정치·경제적 효과로도 설명할 수 없기 때문이다. 그렇다면, 세계 각국은 어떤 방식으로 국가원수를 경호하고 있을까?

영국과 프랑스, 독일, 캐나다, 프랑스, 스위스, 호주와 같은 서구와 일본 등은 모두 경찰이 왕실과 대통령, 총리 등을 경호하고 있다. 그러나 유난히 국가원수 테러 위협에 시달려왔던 미국과 우리나라는 독특하게도 대통령 경호만을 위한 조직을 별도로 창설, 운용하고 있다.[15)] 이른 바 선진국 클럽이라고 일컬어지는 G7(Group Seven-미국, 영국, 독일, 프랑스, 캐나다, 이태리, 일본을 의미한다. 최근에는 러시아를 포함시켜 G8으로 부르기도 함) 국가들의 경호조직 사례를 보면, 미국을 제외한 대부분의 국가에서는 일반경찰조직(연방경찰, 국가경찰 혹은 수도경찰)이 경호직무를 주도적으로 수행하고 있다. 선진국에서는 경호조직을 막강한 권력기관으로 인식하기보다는 경찰조직 혹은 일반 경찰직무의 일환으로 이해하면서 책임자의 직급도 차관보(次官補)(1급, 치안정감) 혹은 2-3급(치안급 혹은 경무관) 정도에 해당하는 경찰간부들이 임명되고 있다. 그렇다고 해서 G7 국가들이 대통령, 국왕, 총리 및 각급 주요인사의 신변보호 임무를 소홀히 여기고 있는 것은 절대 아닐 것이다. 중요인사에 대한 높은 테러가능성과 각종 위해요인들이 상존하고 있음에도 경호직무를 전문적으로 그리고 완벽하게 수행하고 있는 G7 국가들의 "경찰중심 경호활동"은 시사하는 바가 많다. 이들 국가들은 오래 전부터 자치경찰제를 실시하고 있는 바, 경호조직, 연방·국가경찰과 자치경찰 간의 업무협조, 권한·직무 및 책임한계, 갈등상황의 해결, 경호대상의 범위, 직무전문성, 인사관리 관행 등에 대한 자료는 매우 유익한 정보가 아닐 수 없다.

국가기능의 무사온전성, 공공의 안녕과 질서유지 차원에서 중요인사 신변보호 임무는 경찰의 중요한 직무영역에 속한다. 경찰이 수행하고 있는 경호업무의 전문성과 조

14) 제18대 이명박 대통령은 전직 4성 장군출신 인사를 대통령실 경호처장으로 임명한 바 있다.
15) http://www.kyeongin.com/news/articleView.html?idxno=407150(2009년 1월 4일 검색).

직의 통합성이 요구되고 있다. 경호직무 전문성, 경찰경호조직의 상설·통합화, 업무한계 등에 대해서 새롭게 논의되고 있다. 또한 향후 지방자치경찰제 실시에 따른 경찰경호시스템의 효율적 운영방안 강구가 절실해졌다.

경호직무의 수요(전·현직 국가원수·경호대상의 확대, 정당대표의 신변보호 필요성, 다양한 위험요인 상존 등) 및 중요성이 증가함으로써, 경찰 경호직무의 전문성과 인력, 조직에 대한 획기적인 접근과 이해가 필요한 시점이다. 이에 경호직무를 전형적인 경찰작용의 일환으로 이해하면서 대규모 인적·물적 자원을 투입하면서 경호직무를 대부분 수행하고 있는 일반경찰이 그 책임과 위상에 알맞은 권한·조직·전문성을 갖추어야 한다는 문제의식에 공감해왔다.

경호업무는 단순히 근접 경호만 의미하는 것이 아니라 정보·보안·교통·경비·생활안전·수사 등 일반경찰활동의 종합적인 기능을 필요로 하는 점에서 중요한 경찰직무 중의 하나이다. 경찰관 직무집행법 제2조의 직무의 범위에서도 “범죄의 예방·진압 및 수사, 경비·요인경호 및 對간첩작전수행, 치안정보의 수집·작성 및 배포, 교통의 단속과 위해의 방지 기타 공공의 안녕과 질서유지”라고 명시한 이유가 바로 이러한 경호업무의 중요성을 나타내는 것이라고 볼 수 있다.

현행 한국의 경호조직은 대통령실 경호처를 정점으로 전·현직 대통령을 비롯한 국가 중요 인사들에 대한 경호를 담당하고 있지만, 관련부처와 조직, 임무 및 법규가 산재되어 있는 실정이다. 무엇보다도 일반 경찰차원에서 담당하고 있는 경호업무 및 그 대상은 훨씬 더 방대하고 복잡하다고 볼 수 있다. 경찰에서는 대통령실 경호처의 경호대상자 외의 중요인사들에 대한 경호를 위하여 각종 경호부대를 운용하고 있다.[16] 따라서 경찰이 수행하고 있는 경호업무에 대한 전반적인 검토와 함께 전문성과 조직의 통합성에 입각하여 경호직무 담당 경찰관의 전문성, 과학적 조직화, 역할의 재설정 등에 대한 전반적인 논의가 필요하다. 따라서 본서에서는 선진 각국의 경호체계에 대한 비교연구를 통하여 바람직한 한국의 경호조직의 발전방안을 모색하고자 한다.

16) 경찰특공대, 국무총리경호대, 전직대통령경호대, 외빈경호대 등이 있으며 보안부서에서는 탈북자에 대한 신변보호업무를 수행하고 있다.

〈대통령실 경호처 관련〉 기사

……1990년대 들어 군사정권이 종식되면서 군부의 산물이라 할 수 있는 P.S.S 축소를 둘러싼 각계의 고민은 날로 깊어지고 있다. 새 정권마다 정부기구 축소 대상으로 P.S.S를 꼽는데다 일각에서는 MB 정권의 경호처 격하가 P.S.S 역할의 신호탄이 될 것으로 보고 있지만, 경호처는 국가 위상과 더불어 대통령 안전 위협 또한 증대되는만큼 전문 경호기관 유지·운영은 필수적이라 주장하며 맞서고 있는 것이다.

최근 경찰청 치안정책연구소 등을 통해 수차례 경호처의 경찰통합 방안을 제시한 동국대 경찰행정학과 임준태 교수는 "작은 정부를 지향한다면 박정희 정권 이전처럼 별도로 국가원수 경호를 담당하는 경찰서나 서울지방경찰청 내 해당 부서로 전환하는 등 경찰 고유임무 회귀를 통한 정부 효율화를 꾀할 필요가 있다"고 지적했다.

반면, 경호처 출신으로 아웅산 사태 등을 직접 경험하기도 한 대경대 경호행정학과 장기붕 교수는 "근접경호인 대통령 경호는 고도의 전문성 및 합리적인 경호작전 조정능력을 갖춰야 한다"고 전제하고, "향후 대통령 후보 등 경호대상 확대까지 고려할 경우 현행 경호처의 역할은 더욱 커질 수밖에 없다"며 통합·축소론을 반박했다(2008년 12월 4일 갈태웅 기자).[17)]

선진 각국의 경호제도를 연구하기 위하여, 필자는 경호관계자들을 직접 면담한 자료들과 기히 발간된 문헌들과 인터넷자료들을 활용하였다. 또한 본서에는 필자가 수년 동안 치안정책연구소의 관련과제를 수행하면서[18)] 축적된 자료들이 반영되었음을 밝혀둔다.

---

17) http://www.kyeongin.com/news/articleView.html?idxno=407150(2009년 1월 4일 검색).

18) 필자와 함께 연구과제를 수행하였던 이상원교수(용인대)가 작성한 자료들이 활용되었으며, 본 지면을 통하여 감사를 표하는 바이다.

제2장

경찰작용의 본질과 경호직무

제2장

경찰작용의 본질과 경호직무

제1절 경찰개념의 변천

경찰의 직무와 기능은 나라마다 조금씩 차이가 있다. 특히, 한국의 경우에는 경찰의 기능과 역할에 대해서 팔조금법이[19] 존재했던 고조선시대까지 거슬러 갈 수 있다. 오늘날의 경찰과는 다르겠지만, 적어도 범죄예방 및 질서유지 기능을 담당하는 공식적인 조직이 운영되었음을 짐작할 수 있다. 고조선 이후 삼국시대, 고려시대, 조선시대를 거치면서 경찰조직은 보다 더 전문화·정예화 되어왔다. 1894년 갑오개혁을 계기

19) http://kr.encycl.yahoo.com/final.html?id=180742: 팔조금법은 고조선의 8개 조항으로 된 법률이다. 범금팔조(犯禁八條)라고도 하며, 《삼국지》 <위지> 동이전의 기록에 따라 기자팔조금법이라고도 한다. 8조 중 3조의 내용만이 《한서(漢書)》 지리지(地理志) 연조(燕條)에 전하며 그 내용은 다음과 같다. ① 살인자는 즉시 사형에 처한다(相殺, 以當時償殺). ② 남의 신체를 상해한 자는 곡물로써 보상한다(相傷, 以穀償). ③ 남의 물건을 도둑질한 자는 소유주의 집에 잡혀들어가 노예가 됨이 원칙이나, 자속(自贖:배상)하려는 자는 50만 전을 내놓아야 한다(相盜, 男沒入爲其家奴, 女子爲婢, 欲自贖者人五十萬). 이러한 조항은 위만조선을 거쳐 군현시대까지 이어져 내려오는 동안에 인지의 발달에 따라 그 내용이 더욱 복잡해져 60여 조로 늘어났다고 한다.

로 근대화된 경찰조직 및 기능으로 탈바꿈하게 되었다. 그런데 이러한 변천과정에서 한국 고유의 경찰전통과 기능이 발전·계수되기 보다는 구한말 개화기 및 일제강점기를 거치면서 서양의 경찰전통(주로 독일 및 프랑스식)이[20] 반강제적으로 이식되었다는 점이다. 즉 구한말부터 일제시대까지는 주로 일본을 통해 유럽식(독일, 프랑스) 경찰제도의 영향을,[21] 해방 후 미군정기를 거치면서 영미식 경찰제도의 영향을 많이 받았다.[22] 그래서 한국 경찰작용의 본질과 전통을 파악하는 데에는 여러 측면에서의 접근이 필요하지만, 본 항에서는 주로 대륙법계 경찰전통과 갑오개혁 이후 근대경찰의 변천과정을 소개하고자 한다.

1. 고대 그리스·로마시대 전후의 경찰개념과 어원

질서를 유지하고 갈등을 통제하고 치안을 유지하려는 욕구는 사람이 집단을 이루고 살아온 어떤 곳에서도 이런 저런 형태로 항상 존재해왔다. 부족시대의 그룹들은 그 부족의 성인 구성원들 간의 집단적 노력을 통하여 자치적 치안활동(self-policing)을

20) 자전은조, 「경찰행정법」(東京: 立花書房, 1961), p. 18. 일본의 경찰개념의 변천과 관련, 18세기 후반 유럽에서 발전된 자유주의적 법치국가 사상의 영향하에 있었던 프로이센(Preussen)의 法思想을 계수하였다고 밝히고 있다.

21) 존 W.홀 박영재 역, 「日本史」(서울: 역민사, 1988), p. 325. 이하. 막부의 제 2차 사절단은 1862년과 1863년에 영국, 네덜란드, 프랑스를 돌았다. 독일인 헤르만 뢰슬러(Hermann Rösler), 알버트 모세(Albert Mosse) 같은 사람들이 헌법기초에 자문하게 되었다. 프랑스의 법학자 구스타프 브와소나드(Gustave Boissonade, 1825~1910)는 프랑스 법전을 일본관습에 접목시키는 일에 고문으로 활동하기도 하였다. 이토오 히로부미(伊藤博文) 등이 구미 각국의 헌법을 조사·起草하여 추밀원의 심의를 거친 후 大日本帝國憲法(프러시아式)이 1899년 2월 11일 공포되었다. 유럽대륙의 중앙집권적 경찰조직을 참고한 일본은「行政警察規則」을 통하여 광범위한 경찰활동의 근거가 될 법규를 마련하였다. 1885년 「違警罪卽決例」, 1889년 제정된 明治헌법상의 천황의 독립명령권(제 29조)을 통하여 경찰권발동의 근거를 마련하였다. 1893년의 「出版法」, 1900년「治安警察法」, 1908년「警察犯處罰令」,1909년의「新聞紙法」, 1925년「治安維持法」, 1936년「思想犯保護觀察法」, 1941년「國防保安法」등 각종 치안입법(경찰관계법)을 경찰은 후일 식민지 조선에서는 더욱더 가혹하게 집행하였다.

22) 이러한 과정에 대해서 이운주는 "한국 경찰작용법의 형성과정과 그 의미에 관한 연구"「경찰법연구」, 창간호, 2003, 54-78면을 통하여 자세하게 소개하고 있다.

실행해왔다. 영속적인 정착민들이 점차 발전하기 시작하면서 질서와 안전을 유지하고 제공하는 방법이 더욱더 복잡해졌다. 고대 중국, 이집트 그리고 그리스 도시국가에서 이러한 공식화된 치안활동의 증거들이 발견되고 있다.

경찰(Polizei, Police)이란 용어의 기원은 그리스어의 politeia와 라틴어 politia에서 유래하였으며 시정과 시조직으로 일컬어졌다. politeia는 근원적으로 국가의 헌법(憲法) 혹은 이상적 상태, 국가기능의 공동행사, 국가기능의 공동작용 등을 뜻하였다.[23)]고대 로마에서도 politia라는 말은 공화국의 헌법과 그것을 수행하는 일반적인 행정활동으로 이해되었다.[24)] 대륙법계 제국가에 있어서는 희랍(希臘)시대로부터 중세기에 이르기까지 경찰이란 개념은 광범위한 뜻을 내포하고 있었다. 그렇지만 오늘날 우리가 사용하는 경찰이라는 용어의 뜻과는 판이한 것이었다.

규율하고 통치하는 국가의 권한인 "경찰권(police power)"이 현대적 의미의 어구로 사용될 때 그 단어의 원래 의미가 더욱 뚜렷해진다. 14세기 초엽 프랑스에서 "경찰대(police forces)"를 설치했던 사람들은 주격 명사, 예를 들면, "la police de Paris(파리 경찰)"로 사용하였다. 그리고 타동사(transitive verb)로서 policer는 질서를 가져오는 행위, 교화시키다 혹은 조직화하다는 뜻으로 언급되었다. 영국에서는 18세기경에 "경찰(police)"이라는 단어가 "질서유지를 목적으로 설치된 조직화된 그룹"이란 뜻으로 사용되기 시작하였다.[25)]

한편, 동양에서는 "경찰"이라는 말이 "경계사찰"의 줄임말이라고 하는가 하면, 세상을 타이르고 속됨을 살핀다는 뜻의 "경세찰속"이라는 일본학자의 해석도 제시되고 있다.[26)]

---

23) Wagner · Ruder, Polizeirecht (Baden-Baden: Nomos Verlagsgesellschaft, 1999), p. 23; Adler/ Mueller·Laufer, *Criminal Justice*(New York, et al.: McGraw-Hill, Inc., 1994), p. 132. Ca. 1000-300 B.C. in Greece: The polis, which meant all municipal government activities, including police.

24) Wagner · Ruder, 1999, p. 23. Im alten Rom wurde unter ≫politia≪ die republikanische Verfassung und die sie tragende allgemeine Verfassungstaetigkeit verstanden.

25) Wilson et al., *Police Administration*, 5th Ed.(Boston et al.,:McGraw-Hill Co., 1997), p. 4.

2. 중세독일의 경찰

중세 자유도시들에서는 시민 당국자들에게 안전과 평화에 대한 책임이 부여되었다. 그런데 조직화된 “경찰대”는 없었다. 보다 더 조직화된 형태의 치안활동에 대한 필요가 생기기 시작한 것은 중세 이후 민족국가(national state)가 출현하면서였다. 중세 이후에 등장한 유럽대륙의 민족국가들은 군주(political authority)에게 봉사할 목적으로 경찰체제를 발전시켰다.

독일에서 경찰개념의 유래는 15세기에서 17세기까지로 거슬러 올라가는 바, 경찰(Polizei)이라는 단어는 원래 그리스의 politeia에서 유래된 말이며 독일에서는 15세기 후반부터 사용되기 시작했다.[27] 14세기경 독일의 봉건영주는 개인의 기득권(ius quaesitum)에 의하여 제한할 수 있는 일반의 통치권과 함께, 그와는 다른 특별한 통치권으로서의 경찰권(ius politiae)을 가지고 있었으며 그것은 영주(Landesherren)나 제국도시(Reichsstädte)의 고권의 뜻으로 인정되었다. 여기에서의 경찰권은 속세의 분야에서 개인의 복리를 도모하기 위하여 행하는 모든 권한을 뜻하였다. 이러한 포괄적인 의미에서의 경찰개념은 1530년, 1548년 그리고 1577년 제국경찰법(Reichspolizeiverordnung)을 비롯한 당시의 많은 지방경찰법령(Landespolizeiordnungen)들 속에서 찾아볼 수 있다.[28]

16세기에 이르러서 독일제국과 지방 또는 영방국가들의 경찰규정들은 “국가와 시민과의 관계를 규율”하는 것으로 등장하게 되었다. 1530년 아우구스부르크 제국의회(Augusburger Reichstag)에서 경찰사무가 제국법령화되었다.[29] 독일에서는 15세기 후반부터 처음으로 Polizey라는 말이 나타났다.[30] 오늘날 사용하는 공공의 안녕과 질서

---

26) 박일룡, 「월간 수사연구」, 1990년 3월호, p. 123.

27) Würtenberger · Heckmann · Riggert, *Polizeirecht in Baden-Württemberg*, 2. Aufl., 1994, pp. 1-2.

28) Wagner · Ruder, 1999, p. 23; 이상규, 「신행정법론(하)」(서울: 법문사, 1987), p. 226.

29) Scholler · Schloer, *Grundzüge des Polizei-und Ordnungsrecht in der Bundesrepublik Deutschland*, 4. Aufl., 1993, pp. 1-2.

30) Würtenberger · Heckmann · Riggert, *Polizeirecht in Baden-Württemberg*, 2. Aufl., 1994, pp.1-2.

(öffentliche Sicherheit und Ordnung)라는 의미 외에도 15~17세기경에는 경찰개념을 "공동체에 있어서 양호한 질서상태"라는 의미로 이해되었다.[31]

16세기 전반에 이르러 통일적 국가체제가 싹트기 시작하여 당시에는 국가의 작용일체를 의미하였다. 즉 경찰이란 국가의 정치작용을 총칭하는 것이었다. 이러한 경찰개념은 17세기 이후에 사회적 환경이 점점 복잡해짐에 따라 국가작용의 분화가 요청되면서 국가작용전체를 의미하던 경찰로부터 사법행정, 군정, 외교, 재정분야가 분리되었고 경찰은 오늘날의 내무행정에 해당하는 것으로 축소되었다.

3. 절대주의 · 경찰국가 시절의 경찰개념

근대초기의 절대주의의[32] 강화에 따르는 경찰국가체제의 구현은 개인생활의 모든 영역에 강제력으로서의 경찰권의 발동을 인정하지 아니할 수 없게 하였으며, 여기에는 중상주의의[33] 실현이 중요한 역할을 하였다.

---

31) Wagner · Ruder, op. cit., p. 23. "unter guter Polizey ganz allgemein eine gute Ordnung des Gemeinwesens 또는 Zustand guter Ordnung des Gemeinwesens." 즉 국가원수와 같은 중요 인사의 신변을 보호하는 것이야말로 양호한 질서상태의 유지에 해당한다 할 것이다.

32) 절대주의 국가는 봉건세력의 지방분권화를 막고 귀족들이 차지한 공권력의 분화를 극복하고 국왕 한 사람에게 권력을 집중시키는 정치체제로서 강력한 전제정치를 수반한다. 同旨 이민호 · 신승하, 「세계문화사」(서울: 대명출판사, 1985), p. 306. 프랑스의 경우, 1661년 루이 14세의 친정시대가 열려, 전례 없는 국왕권한을 누리고 효율적인 군사적, 행정적 기구를 이용하여 절대주의의 전성기를 맞이하여 루이 14세 자신은 태양왕으로 불리우게 되었다. 17세기 서유럽 대부분의 나라에서는 절대왕권이 강화되어 봉건세력을 억제하고 국민국가의 기반을 공고히 하는 과정에 놓여 있었다. 프로이센 절대주의의 기반을 확립하는 것은 Friedrich Wilhelm I세로서 그는 중상주의 정책을 강화하고 관료제도를 다졌다. 그 뒤를 이은 Friedrich der Groß는 계몽군주로서 국내정치를 확고히 하는 한편, 오스트리아와 독일의 패권을 겨루어 유럽 강국으로 발돋움하였다.

33) 절대주의는 관료제와 상비군을 유지하기 위하여 막대한 자금이 필요하였다. 전통적으로 왕실의 재정적 기초는 왕령지(王領地)에 불과하였으므로 국왕의 새로운 수입원은 화폐 경제와 상업경제의 발달에 따라 증대되는 富力에 의존하지 않을 수 없었다. 이러한 부의 증대를 위해 추구한 경제 정책이 곧 중상주의(Mercantilism)이다. 동지 이민호 · 신승하, 전게서, p. 307.

17세기에 이르자 일반적인 복지(allgemeine Wohlfahrt)의 충족이야말로 국가의 목적이라고 이해되었으며, 이것은 절대국가의 중요한 이념으로 자리를 잡게 되었다. 경찰개념의 발전으로 17세기에 이르러서는 외무, 재정, 사법으로부터 경찰개념이 분리, 발전되었다.[34)]

17세기 이후 사회적 환경이 점점 복잡해지고 중상주의의 보다 효과적인 시행을 위하여 종래의 포괄적인 경찰개념 속에서 특별한 조직과 기술을 전제로 하는 국가작용(외무행정, 군사행정, 재무행정, 사법행정)을 분리시키고 국가작용의 분화가 요청되었다. 즉 내무행정만을 경찰개념으로서 파악하게 되었다. 국가조직이 정비되고 활동범위가 점차적으로 확대됨에 따라 17세기 초엽에는 외무행정이 17세기 말엽에서 18세기 초엽에 이르기까지에는 군정, 재정, 사법 등이 국가활동의 全작용을 의미하였던 경찰(Polizei)에서 독립, 분리하여 새로운 행정 또는 사법분야를 각각 개척하게 되었다.[35)] 18세기에 와서는 오늘날의 개념으로 경찰은 내무행정을 뜻하게 되었다. 이른바 보안경찰과 보육경찰, 즉 내무행정으로서의 경찰은 18세기로부터 19세기에 넘어설 때까지의 독일에서 적용된 개념이다.[36)]

절대국가시절에는 경찰개념의 적용영역이 거의 무제한적이었다.[37)] 광범위한 행정상의 권한이 경찰에게 부여되었다. 법적 근거 없이 임의적으로 신민(臣民)의 권리를 침해할 수 있는 무제한의 권한을 가졌던 것이다. 국가와 시민과의 관계에 있어서 경찰의 위상이 두드러지기 시작했다. 당시 경찰권(Polizeigewalt)은 법적인 토대를 갖지 않고서도 행사될 정도로 경찰은 무제한의 작용영역이었다. 경찰권은 절대왕권의 집행을 위한 수단으로 활용되었다. 이렇게 함으로써 경찰국가(Polizeistaat)가 탄생하였다.

18세기까지 경찰개념은 공동체의 이상적인 질서상태라는 개념으로 자리를 잡고 있었다. 이 시기에 적용된 공동체의 양호한(이상적) 질서상태, 즉 경찰은 위험방지(Gefahrenabwehr)라는[38)] 측면뿐만 아니라 복지증진(Wohlfahrtspflege, 복지사무)까

34) 홍정선, 「행정법원론(下)」(서울: 박영사, 1996), p. 203.
35) Schloer · Scholer, op. cit., pp. 1-2.
36) 이상규, 『신행정법론(하)』(서울: 법문사, 1987). p. 226.
37) Schmidt-Aßmann(Hrsg.), *Besonderes Verwaltungsrecht*, 10. Aufl., 1995, pp. 108-109.

지 포함하는 개념이었다.[39] 사회 공공의 안녕질서와 복리를 위한 모든 행정, 즉 내무행정을 뜻하는 것으로 되었다.[40]

4. 자유주의적 법치국가시대의 독일 경찰

1) 프로이센 일반란트법상의 경찰개념

18세기 말엽에 접어들어 계몽주의와 자연법론의 영향으로 자유주의적 법치국가 관념이 대두됨과 때를 같이하여 독일에서는 자유주의적·개인주의적 성향을 가진 계몽사상가들은 광의의 실질적 의미의 경찰개념과 그에 상응하는 광범위한 군주의 경찰권에 대해 반론을 제기하였다. 경찰의 임무는 위험의 방지에 대한 배려이며 복지의 촉진은 경찰의 고유한 임무가 아니라는 해명이 나타난다.[41] I. Kant, J.S. Pütter 등이 근대적 의미의 경찰은 내무행정 중에서 위험의 예방과 제거를 목적으로 하는 작용에 한하는 것임을 주장하게 되었다.[42] 즉 1770년 Göttingen의 국법학자(Staatsrechtlehrer) Johann Stephan Pütter는 그의 저서 『*Institutiones Iuris Publici Germanici*』에서 "경찰의 직무는 급박한 위험의 방지이다; 「공공의 복리증진은 경찰의 본래 직무가 아니다: Promovendae salutis cura proprie non est politiae」"라고 천명하였다.

자연법사상의 영향아래 일어난 영국의 청교도혁명 및 명예혁명을 비롯하여 미국의 독립선언, 프랑스의 대혁명은 자유주의적 법치국가 사상을 보급하고 발전시키게 되었

38) 경찰작용의 본질로서 위험방지를 이해하면, 국가원수의 신변에 대한 "위해의 방지 및 제거"라는 것은 전형적인 경찰직무의 내용이 된다 할 것이다.
39) Knemeyer, *Poliezei- und Ordnungsrecht*, 6. Aufl., 1995, pp. 3-4.
40) 이상규, 1987, p. 223.
41) 홍정선, 1996, p. 203.
42) 1770년 Johann Stephan Pütter는 "Aufgabe der Polizei ist die Sorge fuer die Abwendung bevorstehender Gefahren; die Wohlfahrt zu foerdern ist nicht eigentlich Aufgaben der Polizei: 경찰의 직무는 현존하는 위험의 방지를 하는 것이다. 복지의 증진은 본래 경찰의 임무가 아니다(Promovendae salutis cura proprie non est politiae)"라고 주장하였다. in: *Institutiones Iuris Publici Germanici* 1770, 6. Aufl., 1802, Cap.III §331. Wagner·Ruder, op. cit., p. 24에서 재인용.

는데, 이는 곧 국가의 목적과 임무를 제한하고 권력분립 원칙을 제도화하게 되었다. 특히 경찰국가시대에 인정되던 적극적인 복리경찰이 경찰개념에서 제외되고 경찰권의 발동은 오직 소극적인 질서유지에 국한하게 되었다. 이는 국가작용이설 그것이 비권력적인 경우에도 국가의 존립과 공공질서의 유지를 위하여 필요한 범위 내에 한정되어야 한다고 주장되던 당시에는 당연한 일이었다고 할 수 있다.

계몽시대를 지나면서 경찰개념이 위험방지라는 측면으로 제한되기 시작했으며[43] 위험방지 임무와 복지증진 사무가 명백하게 분리되어졌다. 그러한 자연법사상, 계몽주의 영향아래 경찰에 관한 새로운 모습이 프로이센제국의 일반란트법[44] 2장 17절 제10조(§10 II 17 des Preußischen Allgemeinen Landrecht: PrALR 1794)상의 규정을[45] 통하여 개념 정의되기에 이르렀다:

“공공의 평온과 안녕, 질서의 유지와 공동체 또는 개별시민들이 직면하는 위험의 방지를 위해 필요한 공공의 조직은 경찰관청이다.”[46]

이로써 경찰작용은 소극적인 공안유지에 국한된다는 것을 명문으로 규정하기에 이르렀다.[47] 프로이센제국의 일반란트법(혹은 일반국법)이 개념 정의한 경찰개념은 근세의 경찰개념을 가장 명료하게 표현한 것이라고 할 수 있을 것이다. 정치이념상으로도 당시에는 국가권력의 분립이란 이상이라든지 국가계약설 등을 기반으로 하는 개인주의적 자연법사상이 지배적으로 우수하였고, 국가의 활동범위를 야경, 군대

43) Schmidt-Aßmann, op. cit., p. 108.

44) Frotscher · Pieroth, *Verfassungsgeschichte*, 1997, p. 75. 프로이센 일반란트법에서는 일종의 권력분립과 같은 내용은 찾아볼 수 없었으며, 군주는 여전히 무제한적인 권한을 소유한 자(Inhaber unumschraenkten obersten Gewalt)로서 남아 있었다. 동법은 법치주의적 국가체제로 나아가는 데 있어서 중요한 조치로서 평가되고 있다.

45) 일부 문헌에서는 “10조 2항 17호”라고 번역하는 경우가 있으나, 이는 명백한 오역이다. 독일문헌에서는 “§10 Teil II Titel 17”이라고 읽고 있다. 우리식으로 표현하면, 2장 17절 제10조라고 읽으면 무난하다.

46) Wagner · Ruder, op. cit., p. 24. “Die nöthigen Anstalten zur Erhaltung der öffentlichen Ruhe, Sicherheit, und Ordnung, und zur Abwendung der Publico, oder einzelnen Mitgliedern desselben, bevorstehenden Gefahr zu treffen, ist das Amt der Polizey.”

47) 이상규, 1987, p. 227.

등 공공의 질서유지를 위한 분야에만 한정하고, 그 외의 모든 작용을 최대한 국민의 자유로운 활동에 맡기게 되었으므로 경찰은 내무행정 중에서도 공공의 질서유지를 위한 국가의 권력적 작용만을 의미하게 되어 경찰의 근대적 개념이 성립하게 되었다. 그런데 위험방지 업무가 비록 경찰의 임무로 규정되었지만, 19세기까지 경찰의 업무영역에서 복지사무가 여전히 남아있었기 때문에 별다른 변화는 없었다. 절대주의 단계에 있었던 당시의 독일에서는 경찰권은 구체적인 법적 근거를 필요로 하지 아니하는 것으로 인정되었기 때문에 프로이센 일반란트법의 규정은 실제적인 중요성이 없었다.

2) 크로이쯔베르크(Kreuzberg) 판결과 경찰개념

1882년 6월 14일 프로이센 州고등행정재판소(OVG: Preußisches Over-landes-verwaltungsgericht)의 유명한 크로이쯔베르크 판결(Kreuzberg Urteil)을 계기로 경찰작용의 영역에서 복지행정적 요소가 제외되고 위험방지(Gefahrenab-wehr)라는 영역으로 제한되기에 이르렀다. 위 판결의 내용은 경찰임무의 영역을 공공의 안녕과 질서의 보호, 즉 위험방지라는 것이었다.[48]

사건 전개과정을 소개하면, 프로이센 일반란트법상의 경찰개념 조항(§10 II 17 ARL)을 근거로 도시미관(Kreuzberg-Siegesdenkmal에 걸친 지역의 건축 고도제한)을 유지하는 것과 같은 복지행정적 조치(eine Maßnahme der Wohlfahrt, 도시조망과

---

48) Götz, *Allgemeines Polizei- und Ordnungsrecht*, 1995, p. 18; Knemeyer, op. cit., pp. 4-5. 사건전개과정을 소개하면: 동조항(ALR 2장 17절 10조)을 근거로 도시미관(건축의 고도제한, Kreuzberg-Siegesdenkmal)을 유지하는 것과 같은 복지행정적 조치(eine Maßnahme der Wohlfahrt, 도시조망과 전승기념비의 전망확보를 위한 건축규제를 위하여 1879년 3월 10일 베를린 경시총감이 내린 경찰命令)는 취할 수 없다(ungültig)는 판결이었다. 즉 경찰로부터 복지행정적 조치를 할 수 있는 권한을 박탈(absprach), 부인하였다. 동경찰명령은 위험방지를 위한 것이 아니라 오히려 복지증진을 위한 조치이므로 동조항의 취지와 일치하지 않으며, 따라서 무효라는 것이다. 이 판결을 통하여 법원은 경찰의 권한을 위험방지에 국한시켰다. 이후 수 십 년간 프로이센 고등행정재판소는 지배적 학설과 일치하여 이 판결의 입장을 고수하였다. 다시 말하면, 1794년 프로이센 일반주법 규정의 취지에 맞게 경찰권한을 해석하였다.

전망을 위한 건축규제로서 1879년 3월 10일 베를린 경찰청장의 경찰명령)는 취할 수 없다(ungültig)는 판결이었다.[49] 즉 경찰로부터 복지행정적 조치를 할 수 있는 권한을 부인하였다(absprach). 다시 말하면, 1794년 프로이센 일반란트법 규정의 취지에 맞게 경찰권한을 해석한 것이다. 이 판결을 통하여 법원은 경찰의 권한을 위험방지에 국한시켰다.[50] 이후 수 십 년간 프로이센 일반란트법 2장 17부 제10조에 근거한 경찰법 체계가 발전되었다.

이 판결을 통하여 경찰권한이 오늘날 이해되고 있는 실질적 의미의 경찰개념(위험방지:Gefahrenabwehr)으로 한정되게 되었다.[51] 프로이센에서는 판례에 의한 일반란트법의 구체화를 통해 경찰의 임무가 위험방지에 있음을 분명히 하였다. 경찰개념은 어떤 행정청에 의해서든지 경찰이라는 이름 하에 모든 위험방지임무로 이해되었다. 그래서 건축경찰(Baupolizei), 외사경찰(Fremdenpolizei), 어업경찰(Fischereipolizei), 위생경찰(Gesundheitspolizei), 영업경찰(Gewerbepolizei), 시장경찰(Marktpolizei), 집회경찰(Versammlungspolizei)등으로 불리워졌다.[52]

5. 현대적 의미의 경찰개념

1) 제2차 세계대전 전후의 경찰개념

1931년 6월 1일 프로이센 경찰행정법(Preußisches Polizeiverwaltungsgesetz vom 1. 6. 1931)의 문헌 역시 크로이쯔베르크 판결을 통하여 법치국가적 기본원리를 발전

---

49) Wagner · Ruder, op. cit., p. 25. “In seiner beruehmten Entscheidung vom 14.6.1882 erklaerte es eine Berliner Polizeiverordnung fuer ungueltig, die das Bebauen des Kreuzbergs, auf dem ein Kriegerdenkmal stand, um der schoenen Aussicht willen verboten hatte.”

50) Ibid., p. 26. “Die Polizei, darin lag die Bedeutung des Urteils, wurde an eine Ermaechtigung-sgrundlage gebunden und auf die Aufgabe der Gefahrenabwehr beschraenkt.”

51) 요인경호와 같은 경찰 직무는 실질적 및 형식적 의미의 경찰작용에 속한다 할 것이다.

52) Wagner · Ruder, op. cit., p. 26.

시켜나갔다. 20세기에 이르러 법치국가적 경찰법을 확립하는 계기로써 프로이센 경찰행정법 제14조에서는 위험방지에 관한 일반조항적 의미를 가진 경찰개념에 근거를 둔 실질적 경찰권을 규정하였다.[53)]

한편, 1933년 이래 나찌(Nazi)시대에[54)] 와서는 위험의 유무를 불문하고 경찰은 독일 민족 공동체의 보호를 목적으로 모든 질서임무를 수행하였다. 그것은 완전한 억압의 도구였고 동시에 법률적합성의 원칙으로부터 해방되어 있었다. 무엇보다도 정치경찰인 비밀국가경찰(Geheime Staatspolizei: Gestapo)은[55)] 제한과 통제를 몰랐다.[56)] 오랫동안 법치주의적 지방분권적 형태로 유지되었던 독일 경찰제도가 1933년 이후 나찌 독재정권을 거치면서 법치주의적 경찰제도의 파괴와 강력한 중앙집권적 경찰을 경험하게 된다.[57)]

제2차 세계대전에서의 패배로 인한 나찌독일의 붕괴는 경찰조직에서도 커다란 변화를 가져왔다. 종전과 더불어 서방 3개국과 소련의 일시 점령기간을 거치면서 점령국 경찰제도의 영향아래 탈경찰화(Entpolizeilichung)가[58)] 추진되었다. 즉 경찰관청과 경찰이 아닌 질서관청으로 분리되는 되는 과정을 겪는다. 경찰관청이 갖고 있었던 광범위하였던 위험방지 임무들이 소위 질서관청(Ordnungsbehörde)이라 불리는 다른 관청들에게 넘어가게 되었다. 점령국들은 점령지역 내에서 자국 경찰제도를 이식하려고 하였으며 서방 3개국(미국, 영국, 프랑스) 점령지역에서는 경찰(Polizei)과 비경찰(Nicht-Polizeibehörde oder Ordnungsbehörde) 간의 분리는 점령당국의 탈경찰화

---

53) Ibid., p. 26.

54) 나찌당(국가사회주의독일노동자당의 줄임말, Nationalsozialistische Deutsche Arbeiterpartei: NSDAP) 혹은 국가사회주의자(Nationalsozialismus oder Nationalsozialisten)를 일컫는 말. 1933~1945년까지 다수를 점한 정당(the National Socialist German Workers Party: NSDAP)으로서, 히틀러의 독재정권의 기반이 되었다.

55) 일제시대 식민지 경찰체제하의 高等경찰, 査察경찰 혹은 特高경찰 등은 이와 유사한 기능을 수행하였다.

56) 홍정선, 1996, p. 204.

57) Wagner · Ruder, op. cit., p. 26.

58) 일제로부터 해방되면서 미군정시절에 한국에서도 이러한 脫경찰화작업이 진행되었다. 물론 일본에 진주한 미국은 일본경찰의 脫경찰화를 추진하면서, 영미경찰제도와 영미법계의 법률전통을 강하게 이식한 바 있다.

정책에 의하여 점령지역별로 이루어졌다.59) 연합국의 주도하에 경찰의 탈나찌화, 민주화, 탈군국주의화, 분권화가 추구되었다.60)

2) 현대적 의미의 경찰개념

15세기부터 20세기 초반까지 독일에서의 경찰개념은 gute Polizey, gute Ordnung → Wohlfahrtspflege → Gefahrenabwehr라는 축소과정을 거쳤다. 현대에는 실질적, 형식적 혹은 제도적·조직적 의미의 경찰개념으로 분화·이해되고 있다.

① **실질적 의미의 경찰**(Materielle Polizei)

국가 활동의 내용상 성질을 기준으로 한 것이다. 이에 따르면 경찰은 "공공의 안녕과 질서를 위협하는 위험으로부터 개인이나 공중을 보호하거나, 공공의 안녕이나 질서에 대한 교란(Stoerung)을 제거해야 할" 임무를 띠고 있다.61) 이와 관련하여 경찰은 소극적인 작용(적극적 목적의 복리작용과 구별), 사회적인 작용(국가목적적인 작용인 군정, 재정작용과 구별), 권력적 작용(비권력적 작용인 복리작용과 기본적으로 구분)으로 이해된다.62) 이와 같은 경찰작용이 국민의 권리를 침해하는 경우에는 법적 근거를 요한다. 실질적 의미의 경찰은 제도적 의미의 경찰에 의해서만 수행되는 것이 아니고, 그 밖의 다른 행정기관에 의해서도 수행된다. 앞에서 본 경찰의 사적(史的) 발전은 바로 실질적 의미의 경찰개념에 관한 것이며 학문상의 경찰개념과 일치한다. 어떤 행정관청이 위험방지 임무를 갖는지 또는 어떤 관청에 관할권을 부여할 것인가는 별로 중요시하지 않으며 기능적으로 경찰개념을 이해하는 것이다.63) 기능적 관점

---

59) 공교롭게도 2차 세계대전이 종료되면서, 해방을 맞은 한국과 일본에서도 이와 같은 탈경찰화작업이 미군정을 통하여 전개되었다.
60) 홍정선, 1996, pp. 204~205.
61) Wagner·Ruder, op. cit., p. 32. "Danach hat die Polizei die Aufgabe, von dem einzelnen und dem Gemeinwesen Gefahren abzuwehren, durch die die oeffentliche Sicherheit oder Ordnung bedroht wird und Stoerungen der oeffentlichen Sicherheit oder Ordnung zu beseitigen."
62) 홍정선, 1996, p. 205.
63) Möller·Wilhelm, *Allgemeines Polizei- und Ordnungsrecht*, 4. Aufl., 1995, p. 6.

에서 보면 경찰이란 경찰조직 자체를 지칭하는 것이 아니라 공공의 안녕 질서를 유지하기 위하여 국가가 수행하는 경찰활동 자체를 지칭하게 된다.[64]

일정한 행정작용의 성질에 착안하여 학문적으로 정립된 관념이다. 동개념 하의 경찰은 사회공공의 안녕과 질서를 유지하기 위하여 국가의 통치권에 의거하여 기본적으로는 국민(개인)에게 명령·강제하는 권력적 작용으로 정의될 수 있다.[65] 그러므로 경찰은 목적, 수단[66] 및 권력의 기초라는[67] 점에서 다른 행정작용으로부터 구별될 수 있다고 한다. 경찰의 목적을 중심으로 경찰개념이 설명되고 있다.

이 실질적 의미의 경찰개념에는 경호경찰, 소방경찰, 위생경찰,[68] 건축경찰 개념까지도 포함한다. 예를 들면, 건축물을 잘못 시공하여 붕괴될 위험이 있거나 이러한 위험이 발생하지 않도록 사전에 예방하는 국가작용(건축자재의 재질, 설계, 안전성, 준공검사, 소방검사 등)을 경찰개념으로 이해한다. 즉 위험이 발생할 수 있는 모든 영역·행위는 경찰의 작용, 대상영역이 되었기 때문에 경찰작용이 광범위하지 않을 수 없다. 프로이센 경찰행정법상의 규정은 위험방지라는 실질적 의미의 경찰개념이라고 할 수 있다.[69]

64) 신동운, "독일의 수사구조 및 사법경찰제도", 「주요국가의 수사구조 및 사법경찰제도」, 치안연구소, 1996, p. 61.
65) 이상규, 1987, p. 237; 김동희, 「행정법 II」(서울: 박영사, 2000), p. 159.
66) 경찰은 권력으로 개인에게 명령하고 강제하는 것을 그 주된 수단으로 한다. 권력으로 개인의 자연적 자유(natuerliche Freiheit)를 제한하는 작용이다. 경찰은 권력적 수단을 주된 요소로 함이 하나의 특색이란 뜻이다. 동지, 이상규, 1987, p. 242; 경찰작용은 이처럼 본질적으로 권력작용이기는 하나 경찰이 모두 권력적 수단에 의하여 행하여지는 것은 아니다. 기본적으로는 명령강제 등의 권력적 수단을 중심으로 하면서도 경우에 따라서는 행정지도 기타 여러 비권력적 수단도 아울러 사용하여 사회질서를 유지하는 행정작용이라고 할 수 있다. 동지 김동희, 2000, p. 160.
67) 경찰권은 국가통치권의 일부로서, 통치권이 직접적으로 사회공공의 안녕 질서를 유지하기 위하여 사인에게 명령, 강제하는 권력으로 발동되는 경우에 그 권력을 경찰권이라 한다. 경찰은 국가와 사인과의 관계에서 국가가 사인에게 명령, 강제하는 작용이다. 동지 이상규, 1987, p. 245.
68) 최근 보건복지부 산하 식품의약안전청과 같은 국가기관에서 수행하고 있는 직무성격을 보면, 전형적인 위생경찰이라고 할 수 있다. 실제로 근대경찰인 경무청 소속 일반경찰이 위생사무를 수행한 바 있다.
69) Schmidt-Aßmann, op. cit., p. 112.

오늘날 한국의 "대통령실 경호처"의 경우, 명칭에 상관없이 "요인의 신변에 대한 위험(혹은 위해)을 방지하는 국가작용"을 수행하고 있기 때문에 실질적 의미의 경찰로 이해하는 것이다.[70)]

② **형식적 의미의 경찰**(Polizei im formellen Sinne)

경찰(Polizei, police)의 업무영역에 속하는 일체의 활동을 통칭하는 경찰개념이다. 그의 실질적 성격 여하를 불문하고 제도적(조직적) 의미의 경찰에 의해 수행되는 모든 직무(사무)를 의미한다.[71)] 이 개념에는 제도적(institutioneller) 또는 조직적(organisatorischer)의미의 경찰개념이 포함되는 바, 관청의 조직에 따라 규정되는 개념이다.[72)] 위험방지 임무를 수행하느냐의 여부문제가 아니라 경찰관청의 관할권의 기초를 중심으로 이해된다. 경찰관청에게 관할권이 부여되어 있는 모든 임무나 사무를 경찰개념으로 이해하는 것이며 그 내용이 무엇인가를 가리지 않는다. 경찰관청에게 관할권이 부여된 것이라면 경찰개념이 되는 것이다.

제2절 경찰직무로서 위험(위해)방지와[73)] 공공의 안녕

독일이나 우리나라의 경우 지배적인 견해에 따르면, 경찰이란 "공적 안전(혹은 공공의 安寧)과 질서를 위협하는 위험으로부터 개인이나 공중을 보호하거나, 공공의 안

70) 근대경찰조직이었던 경무청 시절, 궁내경무서가 경호경비를 맡았던 점을 보더라도, 경호업무는 전형적인 경찰직무의 일환이라는 것을 알 수 있다. 1895년 陰4월 29일 칙령 85호로 「경무청관제」를 개정하면서, 경무청에 경무사관방(1과, 2과), 총무국, 감옥서, 궁내경무서를 각각 설치하였다. 즉 경무사는 내부대신의 지휘감독을 받아 한성부 5부의 경찰·소방 및 감옥사무, 및 경호경비사무를 총괄하였다. 동지 한국경찰사편찬위원회, 「한국경찰사」(서울: 내무부 치안국, 1972), pp. 341~342.

71) 한국의 경우, 범죄예방직무 혹은 위험방지직무는 전형적인 실질적 의미의 경찰개념에 포함될 것이다. 그런데 대륙법계 전통에 따르면, 범죄수사와 같은 사후진압적 작용은 실질적 의미의 경찰이 아니라, 형식적 의미의 경찰개념에 해당된다 할 것이다.

72) Schmidt-Aßmann, op. cit., 1995, p. 110; Möller · Wilhelm, op. cit., p. 6.

73) 【대통령 등의 경호에 관한 법률】에서는 危害라는 표현을 사용하고 있는 바, 동법 第2條

념이나 질서에 대한 교란의 제거를 목적으로 하는 모든 국가적 활동"으로 이해된다.[74] 즉 공공의 안녕과 질서를 위협하는 일반적 또는 개별적 위험을 방지(Abwehr von Gefahren für die öffentliche Sicherheit und Ordnung)하기 위하여 국가의 작용 또는 행위이라는 것이다.[75] 공공의 안녕이나 질서를 위협하는 위험의 방지는 기본권 보장에 이바지하기도 하면서 기본권보장과 긴장관계에 놓이기도 한다. 경찰과 질서행정관청은 이러한 위험방지 임무를 진다.[76] 오늘날 경찰법학은 전적으로 위험방지를 위한 모든 국가적 활동을 의미하는 실질적 의미의 경찰개념에 근거하고 있다. 또한 현행 한국 경찰관계법은 "공공의 안녕과 질서에 대한 위험의 방지(Abwehr von Gefahren für die öffentliche Sicherheit und Ordnung)"를 경찰직무로 규정하고 있다(경찰관직무집행행법 제2조 5호, 제5조, 제7조; 대통령 등의 경호에 관한 법률 제2조 등). 이들 관청은 공공의 안녕과[77] 질서를 위협하는 일반적 또는 개별적인 위험을 방지해야 한다.

1. 경찰직무로서 위험방지임무(Die Aufgabe der Gefahrenabwehr)

1) 위험방지와 경찰개입

경찰은 공공의 안녕과 질서유지를 위하여 위험을 방지할 임무를 지고 있다.[78] 경찰

(定義) ① 이 法에서 "護衛"라 함은 身體에 대하여 直接的으로 加해지는 危害를 근접에서 防止 또는 除去하는 行爲를 말한다. ② 이 法에서 "警備"라 함은 生命 또는 財産을 보호하기 위하여 特定한 地域을 警戒·巡察·防備하는 行爲를 말한다. 즉 요인의 신변에 대한 危害를 防止하거나 除去하는 국가작용은 명실상부한 경찰직무에 해당한다. 경호처 소속 공무원 중 경호실 직원의 경우, 경찰공무원법의 직접 적용을 받지는 않으나, 범죄예방·위험방지, 직접강제력행사(총기사용 등) 그리고 사법경찰관리지정을 통한 범죄진압 및 수사직무를 수행하고 있기 때문에 특별한 법령상의 규정이 없으면 이하에서 설명하는 경찰직무의 내용 및 한계가 일반적으로 적용된다 할 것이다.

74) 홍정선, 1996, pp. 205~206.

75) Schmidt-Aßmann, op. cit., p. 110.

76) Götz, op. cit., pp. 39~40.

77) "공공의 안녕"이라고 해석하는 견해로는 이상규, 1987, pp. 237~239.

78) §1 Abs. 1 BWPolG(바덴-뷔르템베르크주경찰법 제1조 1항)이나 한국 경찰관직무집행법

의 그러한 행위가 기본권 침해적 개입을 의미하는 것은 아니며, 이 직무규범은 경찰의 법적 정당성을 충족시키는 것이다. 법률상의 수권근거를 필요로 하는 것은 아니다. 예를 들면, 스포츠행사장 주변을 순찰하면서 임장하는 것이라든지 위험의 사전경고 혹은 교통체증을 미리 경고하는 것 등이 이에 해당한다. 위험이라는 범주의 의미와 목적은 경찰 직무규범의 영역에서 시점의 특정에 있다. 공공의 안녕 혹은 공공의 질서 보호를 위하여 경찰에게 관할권이 어떤 시점에 있느냐 하는 것이다. 그래서 아직 위험이 존재하지 않으면 거기에는 법익 보호 쪽으로 경찰의 관할권(경찰개입권)이 아직 없다는 것이다.[79)]

위험에 대한 사전 대비 및 장래에 발생할 위험의 예방과 같은 이러한 영역을 위하여 위험방지 수행자는 그때마다 그러한 법익보호 쪽으로 스스로 그리고 다른 관청들에게 관할권이 부여된다. 예를 들면, 경호실 소속공무원이 요인의 신변을 호위하거나(위해를 근접에서 방지 또는 제거하는 경우) 경비(요인의 생명 또는 재산을 보호하기 위하여 특정한 지역을 경계·순찰·방비함)하는 경우에 구체적인 직무의 집행 및 경찰상 필요한 조치(polizeiliche Massnahmen)를 취하는 등의 경찰개입(Einschreiten)에 대한 특별규정이 없으면 일반 경찰상 논의되는 위험개념 및 경찰권발동(경찰개입)의 한계이론이 동일하게 적용된다 할 것이다.[80)]

위험이 더 이상 존재하지 않는 – 예를 들면, 요인의 신변경호에 대한 위험요소가 없다면 – 법익보호 쪽으로 더 이상의 경찰관할권(경찰개입권)도 존재하지 않는다. 그때에 경찰은 단지 진압적 사건해결 임무와 형사범 추적임무 영역 내에서 활동할 수 있다.[81)]

위험방지는 현존하는 권리, 법익 그리고 법규범의 상태 보호를 목적으로 한다. 즉 권리, 법익 그리고 존재하는 법규범으로부터 그 정당성을 갖게 된다. 경찰의 위험방지

제2조 5호(기타 공공의 안녕과 질서유지), 제5조(위험발생의 방지) 및 제7조(위험방지를 위한 출입)를 들 수 있다.

79) Gusy, Christoph, *Polizeirecht*, 4. Aufl., 2000, p. 59.

80) 경호직무는 전형적이며 전통적인 경찰상의 위험방지조치(Gefahrenabwehr)로서 경찰작용의 일부분이기 때문이다.

81) Gusy, op. cit., p. 59.

임무는 내적 안전유지(Innere Sicherheit)라는 국가임무의 일부이다. 즉 경호직무가 일반경찰관에 수행되는 것이든, 대통령실 경호처 소속 공무원에 의한 것이든 본질적인 (실질적인 의미)경찰작용이며 내적 안전유지에 필수적이다. 그 외에도 경찰에게는 형사범의 추적, 헌법의 보호 그리고 국가안전을 위한 정보수집 임무(Nachrichtendienst)가 부여되어 있다.[82)]

2) 위험(Gefahr)의 개념

위험은 다음과 같이 정의될 수 있는 바, 충분한 개연성과 함께 객관적으로 예견될 사건이 방해받지 않고 발생하는 가운데 물적 상태 혹은 태도가 경찰상 보호되어야할 법익에 손해를 끼치게 될 때이다.[83)] 단지 성가심 혹은 손해 쪽으로 진전될 것 같다고 하는 것은 경찰법적 의미에서 위험이 아니다. 위험은 장래에 발생할 손해이다.[84)] 경찰법은 장해의 제거를 중점적으로 규정하는 것이 아니라 오히려 위험방지를 규정하는 것에 관련되어 있다. 그러한 위험발생 원인이 곧바로 미리 제거되었기 때문에 손해가 전혀 발생하지 않았을 때, 경찰의 예방목적은 최선으로 달성된 것이다. 이것은 바로 예방사상의 핵심이다. 손해가 곧바로 발생할 경우에 예방적 경찰조치가 최우선적으로 취해지도록 허용되어서는 안 된다. 왜냐하면, 경찰법은 장해와 결합되어진다기 보다는 오히려 위험표지와 관련되어진다고 할 수 있다.

위험(Gefahr)이란 가까운 장래에 공공의 안녕과 질서에 대하여 충분한 개연성과

82) Goetz, op. cit., p. 39. 따라서 국가정보원 및 경찰의 치안정보 수집활동은 실질적 의미의 경찰에서 설명된다. 독일경찰법학에서는 연방헌법보호청, 연방정보국(BND), 軍정보부(MAD) 등을 집행조직이 없는 경찰로 설명하고 있다; 한편 한국의 대통령경호실에서 요인에 대한 위해를 사전에 차단·예방하기 위한 관련정보수집활동 및 해당기관으로부터 그러한 자료협조 요청은 당연하다 할 것이다. 이를 위해서 경호실장 소속하에 대통령경호안전대책위원회를 설치하고 있다. …… 위원은 국가정보원 6국장, …… 정보통신진흥국장, …… 경찰청 보안국장, …… 합동참모본부 작전부 작전처장, 국군기무사령부 1처장, 수도방위사령부 작전처장과 위원장이 임명 또는 위촉하는 者 등이다. 위원회에서는 다음과 같은 업무를 관장하는 바, …… 경호에 유관한 첩보 및 정보의 상호교환·분석, 기타 경호상 필요하다고 인정되는 제반사항 등이다.

83) Gusy, op. cit., p. 62.

84) Ibid., p. 63. “ein zukuenftiger Schaden.”

함께 손해가 발생하는 쪽으로 나아갈 것 같은 상태이다.[85] 상황 혹은 예견된 사건의 발생이 방해받지 않은 채 진행될 때의 행동이 경찰에 의하여 보호받아야 할 법익에 충분한 가능성으로 손해를 야기할 수 있을 때 위험이 존재한다.[86] 즉 "손해발생의 충분한 개연성 혹은 손해의 가능성"을 의미한다. 이러한 위험개념에 대해서 독일의 각 주 경찰법에서는 오래 전부터 개념정의를 명시적으로 규정해 놓고 있다.

한편, 손해(Schaden)라는 것은 공공의 안녕과 질서 개념에 해당하는 규범, 권리들 그리고 법익들에 관한 침해(Verletzung)를 말한다. 경찰법상 손해란 보호받는 개인 및 공동의 법익에 관한 정상적 상태의 감소를 뜻하며 보호법익에 대한 현저한 침해행위가 있어야만 한다. 이 말은 단순한 성가심, 불편함 등은 경찰개입의 대상이 아니며, 몇몇 긴장에 의한 침해와 단순한 성가심에 의한 손해, 다시 말하면 유해한, 불편한 즐겁지 않은 그리고 불쾌한 상황 혹은 행동 등 다른 쪽으로 충분히 가능성이 있는 상태에서 발생하는 손해 간에는 구별되어져야 한다.[87] 법규, 법률, 하나의 제도 등이 손상을 입는다는 것은 경찰상 보호되어야 할 법익, 다시 말하면 법질서, 법 그리고 개별시민, 국가 조직과 제도상의 법익들에 관한 불가침성에 대한 손상 혹은 장해가 있는 것이다. 법익의 위험이 인간의 행동에 의한 것인가, 또는 단순히 자연력 - 낙뢰, 지진, 침수, 산사태 또는 전염병, 동물에 의한 피해 등 - 의 결과에 의한 것인가는 문제되지 않는다.

위험의 개념은 경찰법과 질서법의 중심개념이다. 위험이 있을 때 경찰관청(대통령실 경호처 포함)과 질서행정청의 개입이 허용된다. 즉 경찰관청은 행정객체의 자유를 제한할 수 있으며 작위 혹은 수인의무 쪽으로 개별적 책임을 지울 수 있다.[88] 그 의무를 충족시키지 않았을 때, 경찰관청은 경찰책임자(Verantwortliche)에게 비용의무를 지울 수 있다. 그런데 위험이 없음에도 불구하고, 경찰관청이 경찰책임자로 여기고 의무를 지웠을 때에는 경찰관청이 거꾸로 이를 배상해야 한다(entschaedigen).[89]

85) Goetz, op. cit., p. 59.
86) Pieroth · Schlink · Kniesel, *Polizei-und Ordnungsrecht*, 2002, pp. 63-64.
87) Ibid., p. 64.
88) 요인경호상 위험야기 사유가 있는 경찰책임자(행위 혹은 상태책임)에 대한 경찰개입은 이러한 관점에서 이해된다.
89) Pieroth · Schlink · Kniesel, op. cit. p. 63.

중심개념으로서 위험개념은 아주 다양한 일들을 실천해왔다. 추상적 그리고 구체적 위험, 구체적 위험에 관한 다양한 성질들 그리고 전통적인 객관적·현대적인 주관적 위험개념, 외관상 위험, 오상위험 그리고 위험의 혐의 등이 있다. 위험에 대한 경험칙은 개연성판단(Wahrscheinlichkeitsurteil)에 근거하고 있다. 이것은 구체적 사건발생(구체적 위험: konkrete Gefahr) 뿐만 아니라 추상적 사건발생(abstrakte Gefahr)의 위험성 판단을 위해서도 적용된다.

3) 위험의 종류

① 객관적·주관적 위험

㉠ 객관적 위험

전통적인 개념에 따르면 충분한 가능성과 함께 객관적으로 예견된 사건이 방해받지 않은 채 진행되면서 상황 혹은 행동이 경찰상 보호될 법익을 손상시킬 때, 위험이 존재한다고 한다(BVerwGE 45, 51/57).[90] 전통적인 경찰법 그리고 질서법상의 위험개념은 객관적으로 부여된 위험의 개념이다. 확실한 사실로부터 하나의 손해의 가능성이 생겨난다는 것을 근거로 그것은 하나의 상황 혹은 확실한 사실로서 보다 광범위하게 증명된 경험칙들(자연과학적 그리고 사회과학적 규칙 혹은 이론들)을 전제로 한다.[91]

㉡ 주관적 위험

주관적 위험개념에 따르면 행동하고 있는 공무원이 하나의 상황에 의하여 혹은 행동에 의하여, 그리고 더 나아가서 충분한 가능성과 함께 사건발생이 방해받지 않고 진행되면서, 이러한 상황들 혹은 이러한 행동이 경찰상 보호될 법익을 침해할 것이라는 것에 근거를 두고 대표될 수 있는가에 관한 문제이다. 그 경찰공무원은 전형적인 공무원으로서의 면밀함, 현명함 그리고 신중함을 가지고 있을 때, 그 때 경찰공무원은 대표로서 행동을 하는 것이다. 또한 위험은 전형적인 경찰공무원이 위험에 근거를 두

90) Pieroth · Schlink · Kniesel, op. cit., p. 73.
91) Ibid., p. 74.

고 행동하는 것을 통하여 특정될 수 있게 된다.

주관적 위험개념은 외관상 위험 그리고 위험 혐의의 상황에서 위험에 대한 인식쪽으로 가게 된다. 그러나 추정적 위험, 오상위험 혹은 표면적 위험의 경우에서는 아니다.[92]

② **구체적 위험**(konkrete Gefahr)

위험개념과 관련하여 구체적, 추상적 위험으로 분류하기도 한다. 여기서 구체적 위험이란 "구체적인 경우에 있어서 실제로 혹은 일반적으로 사전적 관점에서 경찰공무원의 합리적 판단에 따를 때 가까운 장래에 손해가 발생할 충분한 개연성이 있는 상태"를 말한다. 개괄적 수권조항에 따른 경찰행정청의 작용은 공공의 안녕 혹은 질서에 대한 구체적 위험이 존재하는 경우에만 비로소 허용되며 경찰개입의 요건이 된다.[93] 구체적 위험은 일반 생활상의 위험을 건너뛰어 개별사건(einzelnen Fall)에 있어서 존재하는 위험이다.

경찰법에서는 구체적 위험을 일정하게 "위험"으로, 종종 "개별사례에서 존재하는 위험"으로 표시하고 있다. 만일 경찰법이나 질서행정법이 원칙적으로 구체적 위험을 특별한 경찰개입의 전제조건으로 규정하지 않는다면, 그러한 법령들은 개별 사건에 경찰이 개입할 수 있는 권한을 부여하도록 요구하게 된다. 그래서 개별사례에서 존재하는 다시 말하면, 실제생활 속에서 존재하는 구체적 상황(konkrete Sachlage)에 의하여 외부로 표출되는 위험은 개별 개입의 원칙이다.[94] 즉 경찰법상의 일반적 위험이라고 하는 것은 일반적인 생활경험에 비추어 어떤 상황으로부터 구체적 위험이 발생할 수 있는 것을 의미한다.[95] 이러한 개념은 직무규범의 영역에서 예방적 방지를 포함한다.

---

92) Ibid., p. 80.
93) 야간에 운전자가 인적이 전혀 없는 도로에서 교통신호를 준수하지 않는 경우, 혹은 구체적인 경우에 그로 인하여 교통상의 장해가 발생할 수 있다는 것에 대한 고려없이 주차금지표지판을 무시한 경우, 구체적 위험이 긍정된다고 함.
94) Goetz, op. cit., p. 60.
95) Ibid., p. 61; Art. 2 bayPAG.

구체적 위험에는 위험이 심각하거나 직접적으로 반드시 존재해야 하는 것을 요구하지 않는다. 그러나 다양한 경찰의 개입조치를 위해서는 그러한 개념정의와 함께 그러한 손해발생 가능성의 상승이 현재의 혹은 직접적으로 존재하는 위험을 필요로 한다. 위험에 처한 보호법익의 관점에서 위험의 상승형태는 비교란자의 청구를 위하여 요구된 심각한 위험이다. 구체적인 위험이 결여되었을 때, 경찰상의 개괄적 수권조항은 경찰이 개별적 조치를 취하기 위한 법적 근거가 될 수 없다.[96] 경직법 §3부터 §10의 4 규정에 의한 조치를 취하기 위해서는 구체적인 위험이 존재하여야 한다.

③ **추상적 위험**(abstrakte Gefahr)

다른 경찰법에서는 추상적 위험을 다음과 같이 개념정의하고 있는 바, "일반적인 생활경험 혹은 전문가적 입장에 의한 전문지식에 따라서 그러한 위험이 출현할 수 있는 경우에 위험을 묘사할 수 있는 가능한 사태"라고 한다.[97] 즉 "특정한 행위 혹은 상태를 일반적·추상적으로 고찰했을 때 손해가 발생할 개연성이 있다"는 결론에 도달하게 되는 경우에 존재한다. 단순히 가설적이고 상상적인 경우와는 구분되어야 한다. 대부분의 경우, 구체적 위험과 추상적 위험은 동시에 발생한다. 또 다른 위험성의 강약을 표시하지 않는다. 개별사건 지향적 조치를 위하여 별의미가 없으며 개별사건에 대해서도 언급하지 않는다. 오히려 법익에 관하여 집단적 보호에 있어서 단지 그 역할을 할 수 있다. 일반적·추상적으로 표현될 수 있는 사실관계에 의하여 드러난다.

---

96) 개괄적 수권조항에 근거하여 시민의 자유영역을 침해하기 위해서는 구체적 위험이 존재할 것이 요구되지만, 시민의 주관적 권리를 침해하지 않고, 경찰행정청에 대한 직무규범에 근거하여 행해지는 경찰의 위험방지 활동은 구체적 위험의 존재를 요하지 않는다(경찰의 순찰활동, 정보의 수집, 경찰의 감시활동 등). 경찰의 임무는 침해적 성격을 띤 조치에 국한되는 것은 결코 아니다. 예를 들어 순전한 자연재해의 경우와 같이 경찰책임자가 없는 경우라 할지라도 경찰은 위험을 방지하고 방해를 제거해야만 하는 데, 경찰이 순찰이나 교통감시 등과 같은 임무를 수행하는 것은 시민의 권리, 자유에의 침해없이 위험을 방지·예방하는 성격을 갖는다. 구체적 조치권한의 수권 없이 직무의 범위만을 정한 경찰관직무집행법 §2는 경찰의 일반적 임무에 관한 일반조항으로서 추상적 위험을 방지하기 위한 이러한 조치를 가능케 하는 근거가 된다.

97) Goetz, op. cit., p. 61. §2 Nr. 2 NGefAG; §3 Nr. 3f SOG LSA; §54 Nr. 3e thuerOBG.

이러한 사실관계는 실제 생활 속에서 발견되어지기 보다는, 오히려 일반화(추상화)를 통하여 관념적(gedanklich)으로 형성된다.

구체적 위험과는 반대로 개별사례를 위한 것이 아니라, 사례들 가운데 다수의 사건 내에서 사회 적합적 기준을 앞질러가는 통계적으로 의미 있는 위험이다. 다양한 사실관계 내에서 그리고 적합한 조치 내에서 구별이 있다.[98)]

예를 들면, Peter라는 건물주가 소유 중인 난방용 기름 탱크에 부식방지 안전장치가 없다는 것은 구체적으로 위험하지만, 부식방지 안전장치가 없는 기름 탱크들은 추상적으로 위험한 것이다. X라는 은행 안에 있는 승강기는 승강기 운전 장치가 없기 때문에 구체적으로 위험하지만, 승강기 운전 장치가 없는 승강기들은 추상적으로 위험하다. 이러한 사례들은 구체적 위험과 추상적 위험이 어느 정도 구별적인 위험의 상승단계로 표현되지 않는다는 것을 보여준다.

추상적 위험은 법규범에 의하여 명령을 공포할 수 있는 것에 기초를 두고 있는 그러한 위험이다. 독일 경찰법에서는 추상적 위험을 방지하기 위하여 그때마다 경찰명령을 발할 수 있는 경찰개입의 수권을 포함하고 있다. 그래서 추상적 위험은 특별히 "경찰명령(Polizeiverordnung)"에서 그리고 도로교통법 등에서 의미를 얻고 있다.[99)]

④ 외관상 위험(Anscheinungsgefahr)

외관상 위험은 경찰법 문헌상 하나의 상황(Sachlage)으로 여겨져 왔기 때문에 나중에 이러한 가정의 확실성이 흔들리게 되었을 때 혹은 전혀 부인되지 않을 동안에도 경찰관청은 위험한 것으로 판단했으며 그리고 현존하는 상황 하에서 전문가의 가치평가와 충분한 사실관계 해명의 기준을 내세우면서 위험한 상황이라고 판단되는 것이 허용되어 왔다.[100)] 예를 들면, 다음과 같은 상황 - 정찰대(Spaehtrupp)사건 - 에서 적용될 수 있다 할 것이다.

한 노동자의 사망과 관련하여 난동이 불거져서 경찰과 충돌될 상황이 되었다. 그

98) Ibid., p. 61.
99) Ibid., p. 71.
100) Goetz, op. cit., p. 66.

다음날에는 보다 더 광범위한 난동이 우려되었다. 시위정찰대라고 불리는 일단의 젊은 청년들이 경찰의 작전상황을 정찰해야 한다고 하면서 경찰청 앞에 멈춰있다는 사실을 경찰이 입수하였다. 그러한 정찰행위를 저지하기 위하여 경찰은 지나가는 정찰대원을 강제로 유치하였다. 한 행정소송사건에서 일단의 청년들은 다른 체포된 사람들과 만나서 적법하게 그들을 도와주기 위하여 모인 것으로 밝혀졌으며, 이후의 경찰조사와 증거제출은 이러한 젊은 청년들이 다른 뭔가를 기도했다는 것에 대한 혐의를 제시하지 못했다.

당시 독일 Muenster 고등행정법원에서는 이러한 상황을 외관상 위험이 있는 상황이라고 판결하였다: 현재의 외관상 위험은 경찰상의 유치처분을 적법하게 한다. 실제로 단지 위험의 혐의만 있었다. 경찰청 앞에 멈춰 서 있는 사람들에 대해서 경찰은 정찰대가 문제되는 것으로 오로지 혐의를 두고 있었다.[101] 그러한 종류의 외관상 위험은 다음과 같이 표현될 수 있는 바, "객관적으로 관찰할 때 위험하게 보이고, 그렇지만 실제로는 위험이 존재하지 않는 상황"[102]이다.[103]

이러한 상황은 조금 더 자세하게 살펴보면 위험하지 않은 장난감 총인 것으로 밝혀지는 "총(Gewehr)"을 가지고 노는 어린이들에게도 해당하는 것이다. 이와 비슷한 사례로서, 야간에 도움을 요청하는 큰 목소리가 주택으로부터 나왔을 때, 실제로 그 소리는 TV에서 나온 것으로 밝혀졌다. 이와 비교될 만한 상황은 "강도(Uberfall)"사건인 경우, (알 수 없는) 영화촬영을 위해서 야기된 사건이었다. 위험과 "외관상 위험"은 그 당시에 근무 중인 경찰관의 입장에서 구별되어지는 것이 아니다. 경찰관은 어떤 위험예측이 적법한 사태인지를 확정하였다. 단지 그 구별은 일반위험에서는 나중에 손해가 발생한다는 것을 경찰공무원이 아마도 인식할 수 있는지, "외관상 위험"에서

101) Ibid., p. 67.

102) Ibid., p. 69.: Situation, welche "bei objektiver Betrachtung als Gefahr erschien, ohne in Wirklichkeit gefaehrlich zu sein."

103) 예를 들면, 경호업무 수행 중 要人을 향하여 어떤 용의자가 총을 겨누는 경우에 경호요원이 이를 제지하기 위하여 용의자를 향해 총기를 발사하였으며, 그 결과 용의자는 사망하였다. 그런데 조사해 본 결과, 용의자는 정신착란자였으며, 겨누었던 권총은 장난감으로 밝혀진 경우에 상황에 따라서 외관상 위험으로 판단될 수 있다. 용의자를 사망케 한 경호요원의 행위는 적법한 행위로서 면책될 수 있다.

는 경찰관에게 그와는 달리 심지어 마찬가지로 아마도 인식할 수 있는 지, 단지 경찰관에게는 인식될 수 없도록 객관적으로 제외되어 있었는지에 달려 있다. 나중에 손해가 발생하지 않는다고 해도, 잘못된 위험예측 요소는 아니라는 점이다. 위험예측에 있어서 손해가 없음으로써 허위예측이 되지는 않는다. 외관상 위험은 경찰법상 의미의 있어서 위험이다("Anscheins gefahren" sind Gefahren im polizeirechtlichen Sinne).[104] 그래서 외관상 위험의 개념은 교의적으로 넘쳐나고 있다.

외관상 위험은 객관적 위험개념이 아닌 주관적 위험개념에 따른 위험이 있을 때 존재하는 것이다. 주관적인 위험개념이 유효한 가운데 경찰관청(경호처포함) 및 질서행정관청은 적법하게 행위하는 것이다. 왜냐하면, 경찰관청은 대표적인 것으로 행동하는 것인 바, 위험이 절박하지 않고 오히려 단지 위험의 외관만이 존재할 때 언제 위험이 그것으로부터 발생하여 존재하는지 경찰이 알 수 없을 때, 경찰은 개입해야 한다.[105]

⑤ 오상위험(추정적 위험: Scheingefahr 혹은 Putativgefahr)

외관상 위험과는 반대로, 위험이 존재할 수 있었다는 사실적인 혐의가 존재하지 않아서 경찰공무원은 이것을 단지 착오로 받아들였다면, 그것은 오상위험 혹은 추정적 위험의 사례가 되는 것이다. 비록 객관적 위험개념도 아니고, 주관적 위험개념에도 근거하지 않은 위험이 존재하더라도 행동하는 공무원이 위험에 근거하여 활동할 때 추정적 위험·외관상 위험 혹은 표면적 위험은 아주 가까이 존재한다.

추정적 위험은 외관상 위험에 대조될 뿐만 아니라, 추정적 혐의로서 위험혐의에 반대되는 것이다. 이러한 위험에 근거하여 경찰공무원이 행동하는 것은 전형적인 공무원의 면밀함, 현명함 그리고 신중함이 여기서는 모순이 된다. 그 공무원은 대표성이 없으며 여기서 그의 행동은 위법이다. 왜냐하면, 결정적인 사실들이 오류가 있는 채로 확정되었기 때문에 이러한 경찰 개입조치는 위법이 된다. 따라서 거기서 경찰 개입조치(Massnahmen)들은 허용되지 않는다. 그럼에도 불구하고, 경찰조치들이 취해졌으면 경찰관의 책임에 대한 고려 없이 그러한 조치들은 위법이 된다.[106]

---

104) Gusy, op. cit., p. 69.
105) Pieroth · Schlink · Kniesel, op. cit., p. 80.
106) Ibid., p. 84.

다음 사례들이 이에 해당할 것이다:[107)]

경찰관이 전혀 흉기에 찔리지 않은 사람의 도움 요청 소리를 들었을 때에도 해당된다. 더 나아가서 겨울철에 어떤 자가 모자를 눌러쓰고 은행에서 막 뛰어나오는 것을 목격하고 이를 강도범으로 인식했다면, 비록 그 모자 쓴 사람이 지금 막 지나가려고 하는 전차에 타기 위하여 적시에 도착하기 위해서였더라도 이는 오상위험에 해당하는 사례로 받아들여져야 한다. 또한 경찰서에 甲이라는 사람이 글그렁거리는 목소리로 "도와주세요, 강도사건입니다"라고 전화를 한다. 긴급경보를 받은 경찰관들이 도착하면서, 그들이 현장에 도착하는 데 얼마나 시간이 걸릴지 내기를 걸었던 즐겁게 떠드는 한 무리의 팀을 발견한다. 이러한 경우 위험한가? 외관상 위험인가? 오상위험인가?

⑥ 위험의 혐의

상황에 대한 사실 혹은 불확실성에 있는 관련된 경험칙들에 대하여 모든 면밀함, 현명함 그리고 신중함을 갖고서 행동하는 경찰공무원이 있을 때 그리고 심지어 위험에 의해서가 아니라 위험의 가능성에 근거하여 행동할 때 위험의 혐의가 존재한다.[108)] 그래서 경찰과 질서행정관청은 매우 빈번하게 불확실한 상황에 직면하게 된다. 예를 들면, 경찰서에 어떤 디스코텍에서 20분 안에 폭탄이 터질 것 같다는 내용의 전화가 익명자로부터 수신된다. 그 때 경찰관들은 그들의 경험에 따라서 경찰관들 중 거의 90% 이상이 실제로 폭탄이 존재하지 않는 현장으로 나아가게 된다. 그러나 경찰관들은 또한 폭탄이 존재한다는 것을 염두에 두어야 한다. 어린 사자 한 마리가 시내에 출몰하였다는 신고전화를 받은 경찰은 또한 여기서도 불확실한 상황에 처하게 된다. 이와 같은 사례에서 볼 때 이러한 불확실한 상황(ungewisse Sachverhalt)에서 위험이 확정되지 않을 동안, 그때마다 "위험의 혐의"가 있다고 표현하게 된다.[109)] 경찰에게 위험을 해명할 수 있는 여지가 주어진다면 전문가의 가치평가와 충분한-이미 가능한-사실관계 해명의 기준을 세움으로써 경찰은 사실관계의 존재를 위하여 혐의를 가지며 위험의 혐의는 그 안에 존재한다. 경찰과 질서행정관청은 위험이 있는 혐의적 사건을

107) Gusy, op. cit., p. 70.
108) Pieroth · Schlink · Kniesel, op. cit., p. 81.
109) Goetz, op. cit., p. 63.

저지하고 해결조치를 우선적으로 취하고 그리고 필요한 안전조치를 발동해야 할 권한이 부여되어 있다.[110]

⑦ 장해의 제거

시간적으로 가장 급박한 위험방지의 형태는 장해의 제거(Stoerungsbeseitigung)이다.[111] 즉 곧바로 발생된 장해의 제거 역시 위험방지임무에 해당된다. 장해의 제거는 장해가 지속되는 것을 저지하는 것을 의미한다. 이미 장해가 발생했을 때에 장해는 더 이상 방지될 수 없으며, 오히려 그런 경우에는 단지 그 장해가 제거되어야 한다. 이러한 의미에서 장해의 제거는 위험방지의 하위단계이다.[112]

어떤 법규범을 침해하면서 손해를 야기 시키는 쪽으로 어떤 사건이 일어나면, 위험방지 임무는 곧바로 발생된 장해를 저지하고 제거하는 쪽으로 향한다. 그래서 더 광범위한, 보다 더 장기간의 그리고 보다 더 강도 높은 장해를 방지하는 것을 의미한다. 이러한 의미에서 장해는 경찰상 보호법익 그리고 또한 공공의 안녕 혹은 공공의 질서상의 모든 손해이다. 여기서 손해(Schaden)라고 하는 개념은 한편으로는 성가시게 하는 것(Belaestigung), 다른 한편으로는 손실(Nachteil)을 의미한다. 법익에 대하여 사회적으로 부적절한 모든 침해(jede sozial inadaequate Beeintraechtigung von Rechtsguetern)를 말한다.[113]

장해제거를 위한 경찰작용(개입)의 전제조건들은 다음과 같다:[114]

- 경찰상 보호법익에 대한 손해이어야 한다.[115] 이것은 경찰상 보호되어야 할 사권(私權)과 같이 공공의 안녕에 대한 장해들이다. 그리고 단순한 성가심이 아니라, 공법상의 규범에 대한 위반이 저질러져서 특별한 손해가 있어야 한다.
- 손해의 영향이 현재까지 지속될 때 침해가 중단되었다거나 구체적인 반복위험이

110) Ibid., p. 63.
111) Gusy, op. cit., p. 60.
112) Goetz, op. cit., p. 61.
113) Gusy, op. cit., p. 60.
114) §1 Abs. 1 NWPolG의 내용.
115) Gusy, op. cit., p. 62.

존재하지 않을 때에는 경찰상의 장해제거를 위한 개입여지가 더 이상 없다. 이러한 경우 경찰에게는 법익보호를 위한 개입권한이 더 이상 존재하지 않는다.116)

• 장해를 종료시키기 위한 쪽으로 적합한 조치를 취하는 것이어야 한다. 이런 까닭으로 우선적으로 경찰상의 위험방지 임무 쪽으로 관련성이 나타나게 된다. 특별히 형사범 추적과 장해의 제거는 구별되어져야 한다. 경찰법적으로는 이미 저질러진 불법에 대한 처벌에 관한 문제가 아니라, 오히려 지속되는 결과의 제거에 관한 문제이다. 단지 여기서 장해의 제거는 예방적으로 작용한다. 과거에 저질러진 불법에 대해서는 경찰법상에 근거한 것이 아니라, 단지 형사소송법에 따라서 처벌조치가 허용된다.117)

장해제거를 위한 경찰상의 조치는 단지 곧바로 발생한 장해의 제거 쪽으로 또한 현존하는 법익에 대한 손해에 대해서 이루어질 수 있다. 경찰상의 조치는 법익에 대해 이미 현존하는 상태를 전제로 한다. 이와 같은 법익의 창설 혹은 청구는 경찰법 내에서 그에 대하여 예견된 것이 아니다. 법익의 창설이나 청구는 경찰의 직무가 아니기 때문이다.118)

2. 위험방지의 보호법익으로서 공공의 안녕

공공의 안녕(안전, öffentliche Sicherheit))이란 프로이센 경찰행정법 §14에 따르면 개인의 생명, 건강, 명예, 자유, 재산 및 국가와 그의 제도의 존속과 기능이 아무런 장해도 받고 있지 않은 상태를 의미한다. 따라서 개인적 법익뿐만 아니라 공공의 이익도 보호를 받는다.119) 즉 일반적으로 객관적인 법질서, 개인의 생명, 건강, 자유, 명예

---

116) Ibid., p. 62.

117) Ibid., p. 62.

118) Ibid., p. 62.

119) Schenke, Wolf-Rüdiger, "Polizei-und Ordnungsrecht", in : Arndt/Köpp/Oldiges/Schenke/Seewald/Steiner, *Besonderes Verwaltungsrecht*, 4. erw. Aufl. Heidelberg, 1992, p. 192. Unter öffentlicher Sicherheit ist in Anlehnung an die amtliche Begründung zu §14 PrPVG die Unversehrtheit von Leben, Gesundheit, Freiheit,

와 재산, 국가의 법질서, 국가와 국가의 여러 기관의 존속과 기능의 무사온전성, 불가침성을 뜻한다.[120] 공공의 안녕개념에는 공동체의 법익보호 뿐만 아니라, 개인적 법익의 보호까지 포함하는 개념이라 하겠다.[121] 공동체 법익의 보호는 국가, 국가기관의 존속, 기능의 보장과 공동체 법질서의 보호를 뜻한다.

1) 국가, 국가기관의 존속 및 기능보장

여기서 국가기관이란 대통령, 국회, 정부, 법원, 지방자치단체 및 이들이 속하는 모든 공적 기관을 의미한다. 국회, 정부, 법원 그 밖의 공적 기관의 질서에 적합한 활동을 위법하게 방해하는 것으로부터 경찰상의 보호를 의미한다. 국가원수인 대통령이 온전하게 그 직무를 수행할 수 있도록 신변의 위험을 사전에 예방하는 것은 국가기능의 보장을 위해서 대단히 중요하다.

국가기관(대통령 등)의 존속과 그 기능에 엄청난 위험을 초래한 사건들이 네 차례나 발생하였는 바, 1968년의 1·21사태와 1974년의 문세광 사건(대통령영부인 피살), 1979년의 10·26사태(현직 대통령피살), 1983년의 아웅산 사건(현직 대통령 대상 암살기도)이 그것이다. 이 사건들은 모두 국가안보, 위험방지, 공공의 안녕보호 차원에서 대통령 신변경호의 중요성을 일깨워 주었다.[122]

2) 공동체 법질서의 보호

공동체 법질서 또는 객관적 법질서의 개념 속에 모든 성문법규정이 포함되나 단순

Ehre und Vermögen des einzelnen sowie der Bestand und das Funktionieren des Staates und seiner Einrichtung zu verstehen. Geschützt werden demnach sowohl Individual wie Gemeinschaftsrechtsgüter.

120) 국가원수와 같은 요인의 신변에 위해가 발생하는 경우, 이는 국가 및 여러 기관의 존속과 기능의 무사온전성에 심대한 위협이 된다. 과거 1979년 10월 26일 박정희대통령서거와 같은 사례 등을 통하여 이러한 국가적 위기를 경험한 바 있다. 이러한 의미에서 국가원수의 신변보호는 공공의 안녕과 매우 직결된다할 것이다.

121) 홍정선, 1996, pp. 207~208.

122) http://www.donga.com/docs/magazine/shin/2005/04/27/200504270500006/200504270500006_2.html(2008년 12월 17일 검색).

한 행정규칙은 이에 포함되지 아니한다. 범죄행위, 질서위반행위의 방지는 공적안전에 기여한다. 경찰은 이를 위한 임무를 수행한다(예방적 법익보호). 말하자면 범죄행위의 예방은 위험방지 임무영역에 포함된다. 그러나 범죄수사의 경우에는 일반적으로 사정이 다르다. 그것은 이미 공적 안전을 파괴해버린 행위의 조사이다. 여기서 경찰작용은 형사작용과 구분된다.

제3절 경호의 개념 및 근거법령

1. 경호의 개념

1) 경호의 의의

경호라 함은 정부요인, 국내외 중요인사 등 피경호자의 신변에 대하여 직접·간접으로 가해지려는 위해를 방지하기 위하여 위험요소를 사전에 제거하고 피경호자의 안전을 도모하는 전형적인 경찰상 위험방지(Gefahrenabwehr) 활동의 일환이다.[123] 좀 더 구체적으로 말하면, 【대통령 등의 경호에 관한 법률】 제2조에 경호란 호위와 경비를 망라한 것을 의미한다. 호위라 함은 신체에 대하여 직접적으로 가해지는 위해를 근접에서 방지 또는 제거하는 행위를 말하며,[124] 경비라 함은 생명 또는 신체를 보호하기

123) 이러한 관점에서 독일경찰에서는 경호업무를 연방수사국(BKA) 소속 경찰관들이 수행하고 있다. Praeventivpolizeiliche Aufgaben zum persoenlichen Schutz der Mitglieder von Verfassungsorganen und Staatsgaeste sowie zum Schutz deren Dienst- und Wohnsitze wurden dem BKA durch §9 BKAG 1973 uebertragen. 同旨 Goetz, Volkmar, Allgemeines Polizei- und Ordnungsrecht, 12. Aufl., 1995, p. 179.

124) 미국의 경호실(SS)의 경호직무 수행 중 제한된 법집행과 관련한 사례를 소개하면 다음과 같다: "클린턴"대통령이 성 추문 사건이후 워싱턴 D.C에서 자선모금 행사에 참여했을 때, 참석자 중 대통령을 비난하면서 소란행위를 벌이자, SS 요원들은 소란행위를 제지할 수 있는 권한이 없음을 행사 주최측에 인지시키고, 지역경찰관에게 신고토록 하였다. 이것은 행사 중 소란 행위가 비록 대통령을 비난하는 내용이라고 해도 대통령의 위해를 목적으로 하는 연방범죄가 아니라 공공질서를 문란케 하는 지역경찰의 법집행 대상

위하여 특정한 지역을 경계, 순찰, 방비하는 행위를 말한다. 특히 국가원수의 안전은 국가의 안전과 직결되는 바, 요인들의 신변에 대한 위해발생으로 인하여 초래될 사회적 혼란과 국제사회에서 국가위신의 손상 등 국가 안위에 미치는 영향을 감안하면 경찰의 경호경비 활동은 매우 중요하다. 그래서 국가의 전반적인 안녕·질서와 안보유지 차원에서 접근·이해할 필요가 있다.[125)]

공공의 안녕유지를 위한 위험방지는 경찰관청에 대한 광범위한 위탁에 의거하여 권리를 보호하기 위한 것이다. 이러한 위탁은 개별시민들의 권리와 법익들의 보호뿐만 아니라, 공동체의 보호(Schutz von Gemeinschaftsguetern), 즉 그의 규범들과 제도들의 보호를 포함한다.[126)] 경찰에게는 개별시민들의 권리보호뿐만 아니라, 공동체의 법익을 보호하는 강한 중요성이 있다. 즉 국가원수의 신변보호와 같은 국가조직의 합법적인 기능보장도 이에 포함된다 할 것이다.

2) 실질적 의미의 경호(Materielle Sicherheitsdienst)

실질적 의미의 경호는 실질적 의미의 경찰개념에서 소개된 바와 같이 이론적·본질적·강학상 이해되는 것으로서,[127)] 즉 경호대상자에 대하여 위해요인을 위험방지 차원에서 사전 예방 및 제거하는 모든 국가작용을 말한다. 여기서는 어떤 조직이 경호직무를 수행하는가 보다는 직무의 성질을 기준으로 파악하는 견해이다.[128)] 특히, 경찰기관

이라는 의미이다. 危害의 개념을 파악하는 데 있어서 좋은 기준이 된다할 것이다. 대통령의 공식 행사 중, 참석자가 예정에 없던 질문을 하려하자 강력하게 제지당하였던 한국 사례와 비견된다. 同旨 장기붕, "21세기 국가경호기관 MODEL에 관한 硏究", 연세대학교 행정대학원 석사학위논문, 2001, p. 40.

125) 한종욱, 「경찰경비론」(용인 : 경찰대학, 1999), p. 272.

126) Goetz, op. cit., p. 42.

127) 김두현, 「警護學槪論」(서울: 도서출판 쟁기, 2000), p. 26.

128) 대통령경호안전대책위원회규정에 의거 각급 위원이 속하고 있는 행정 각부처에서 경호 관련 직무를 수행하는 경우, 이는 실질적 의미의 경호개념에 포함된다 할 것이다. 제2조(구성) 및 4조 (책임) 대통령경호안전대책위원회(이하 "위원회"라 한다)의 위원은 국가정보원 6국장(입수된 경호 관련 첩보 및 정보의 신속한 전파·보고, 위해요인의 제거, 정보 및 보안대상기관에 대한 조정, 행사참관 해외동포 입국자에 대한 동향파악 및 보안조치, 그 밖에 국내·외 경호행사의 지원), 외교통상부 재외동포영사국장, 법무부 출입국·외국인정책본부장, 국방부 조사본부장(입수된 경호 관련 첩보 및 정보의 신속한 전파

에서 상용되는 경호라 함은 피경호자의 신변에 대하여 직접 또는 간접으로 가해지는 위해를 미연에 방지하고 제거하여 그의 안전을 도모하는 하는 등 피경호자의 신변을 각종 위해로 부터 방지하는 경찰활동이다.

3) 형식적 의미의 경호(Formelle Sicherheitsdienst)

경호의 본질적·이론적인 개념으로서가 아니라, 현실적인 경호기관을 중심으로 이해하는 것이다. 따라서 형식적인 의미의 경호는 다양한 경호기관에 의해 행해지는 모든 작용을 말한다. 이 역시 형식적 의미의 경찰개념처럼 직무성질보다는 직무수행기관을 중심으로 파악하는 것이다. 제도상 경호를 의미하며 실정법상 일반경호기관의 권한에 속하는 일체의 경호작용을 말한다.[129] 따라서 형식적 의미의 경호범위를 어디까지로 할 것이냐의 여부는 입법정책에 속한다. 한국에 있어서는 대통령의 경호를 전담하는 대통령경호실과 주요 국내외 요인의 경호를 담당하는 경찰기관의 행정작용은 그 성질여하를 불문하고 모두 형식적 의미의 경호에 해당한다.[130]

·보고, 경호임무 수행을 위한 군 헌병업무 지원, 군관련 사고 및 사건의 접수·처리·분석 및 대책의 수립, 그 밖에 국내·외 경호행사의 지원), 문화체육관광부 관광산업국장(입수된 경호 관련 첩보 및 정보의 신속한 전파·보고, 문화·체육·관광 시설 등에서의 경호와 관련된 협조, 그 밖에 국내·외 경호행사의 지원), 방송통신위원회 통신정책국장, 국토해양부 항공정책관, 관세청 조사감시국장, 대검찰청 공안기획관, 경찰청 보안국장(입수된 경호 관련 첩보 및 정보의 신속한 전파·보고, 위해가능인물에 대한 동향파악, 행사참석자 및 종사자의 신원조사, 입국체류자 중 위해가능인물에 대한 동향 파악, 행사장·기동로 주변 집회 및 시위관련 정보제공과 비상상황 방지대책의 수립, 우범지대 및 취약지역에 대한 검문·검색, 행사장 및 행차로 주변에 산재한 물적 취약요소에 대한 안전조치, 행차로 요충지 등에 정보센터 설치·운영, 총포·화약류의 영치관리와 봉인 등 안전관리, 불법무기류의 색출 및 분실무기의 수사, 그 밖에 국내·외 경호행사의 지원), 소방방재청 소방정책국장, 해양경찰청 경비구난국장, 합동참모본부 작전부 작전처장, 국군기무사령부 1처장, 수도방위사령부 작전처장과 위원장이 임명 또는 위촉하는 자로 구성한다. <개정 2008.2.29, 2008.10.28, 2009.5.6>

129) 예를 들면, 【대통령 등의 경호에 관한 법률】 제7조(경호공무원의 사법경찰권)에 의거하여 경호실장의 제청에 의하여 서울지방검찰청 검사장이 指名한 경호공무원으로 하여금 사법경찰관리 직무를 수행할 수 있도록 한 것은 실질적 의미의 경호개념(사전 위해방지 혹은 제거작용)이라기보다는 형식적 의미의 경호개념에 속한다 할 것이다.

130) 김두현, 2000, p. 28.

2. 경호의 목적[131)]

1) 피경호자의 신변안전도모

경호의 궁극적인 목적은 피경호자의 생명과 신체를 안전하게 보호하는 것이다. 이러한 목적의 달성은 사전에 치밀한 계획을 수립하고 관계되는 모든 기관 상호간의 긴밀한 협조하에 체계적으로 임무를 수행할 때 가능하다. 1974년 한국에서 발생한 문세광사건의 경우, 경호원들은 사고가 나면 경호대상자(대통령)를 사고 현장에서 무조건 빨리 대피시켜야 한다. 정상을 지켜야 하는 경호원들이 암살자가 쏜 총소리에 겁을 먹고 피하는 것은 전형적인 후진국 경호 행태였다고 할 수 있다. 이와 똑같은 광경이 1981년 10월6일 이집트에서도 연출되었다고 한다.[132)]

총소리가 들리면 사람은 본능적으로 몸을 숨기게 된다. 그러나 경호원은 이러한 본능을 이겨내고 대통령을 향해 몸을 날려야 한다. 이러한 능력이 없다면, 경호원의 자질이 심하게 결여되었다고 할 수 있다. 사다트 피격과 문세광 사건은 무도(武道)만 익힌 경호원은 보통 사람들보다 '反射신경'이 빨라, 위급 상황에는 오히려 먼저 몸을 피한다는 것을 보여준다.

이와 반대되는 경우가 1981년 3월30일 미국 워싱턴의 힐튼호텔 앞에서 발생한 레이건 대통령 저격 사건이다. 저격범 힝클리는 레이건 대통령이 다음 행사를 위해 전용차를 타려는 순간 지근거리에서 연속해서 세 발의 실탄을 발사했다. 이중 한 발이 레이건 대통령의 왼쪽 가슴을 뚫고 들어가 허파에 박혔다. 다른 한 발은 브래들리 백악관 대변인을 맞혔고, 또 한 발은 경호임무를 위해 현장에 나와 있던 사복 경찰관을 맞혔다. 총소리가 들린 순간 SS 요원들은 총을 쏜 쪽은 쳐다보지도 않고 미식축구 선수처럼 레이건 대통령을 향해 몸을 날렸다. 육탄 방어망이 형성되자 한 요원이 전용차 문을 열고 레이건 대통령을 '집어 던졌다'. 전용차는 바로 출발했는데, 정확히 2분30초 만에 조지워싱턴대학 병원 응급실에 레이건 대통령을 내려놓았다. 그때까지도 레이건은 자신이 총알을 맞은 줄 몰랐다고 한다.[133)]

---

131) 이하 내용은 한종욱, 1999, p. 273을 주로 참조하였다.

132) http://www.donga.com/docs/magazine/shin/2005/04/27/200504270500006/200504270 500006_3.html(2008년 12월 17일 검색) "도망치는 경호원"제하의 기사 참조.

사진_미국 경호실 요원들이 레이건대통령 암살기도범을 제압하는 모습[134)]

2) 질서유지와 혼잡방지

요인이 참석하는 행사에는 필연적으로 각종 관련행사가 병행되며, 그에 따라 많은 군중이 모이게 되므로 경호관계기관은 사전에 모든 사태를 예측하여 행사장 및 연도에 모이는 군중통제 대책을 수립하고 면밀히 검토하여 필요하다면, 유관기관과 협조하여 질서가 유지될 수 있도록 조치하여야 한다.

---

133) http://www.donga.com/docs/magazine/shin/2005/04/27/200504270500006/200504270500006_3.html(2008년 12월 17일 검색).

134) http://www.kyeongin.com/news/articleView.html?idxno=407150(2009년 1월 4일 검색).

이명박 대통령이 2008년 2월 25일 국회의사당에서 열린 취임식을 마친 후 행진을 하며 시민들에게 손을 흔들어 환영에 답하고 있다.

[뉴시스] 2008년 02월 25일

3) 피경호자와 환영자 간의 친목도모

요인이 참석하는 행사시에 모이는 환영, 송영자들은 요인을 보고 싶어 하게 마련이다. 행사장이나 연도의 군중을 정리할 때에는 친절하고 정중한 태도를 유지해야 하고, 오만한 태도나 감정적인 언어와 행동을 삼가 행사분위기에 어울리게 품위 있는 업무수행을 해야 한다.

사진_피경호자와 환영자들 모습(이명박 대통령 경호행사)[135]

4) 위엄유지와 국위선양

국내의 중요인사는 물론 외국국가원수나 중요인사에 대한 경호를 질서 있고 안전하게 실시하였을 경우, 이는 곧 대한민국 경찰의 우수한 능력을 과시하는 것뿐만 아니라 대한민국의 국위를 선양하고 국제적인 지위를 향상시키는 계기가 될 수 있다.[136)]

> **▶제3차 아시아-유럽 정상회의(ASEM)**가 2000년 10월 20일부터 21일까지 이틀간 서울에서 개최되었다. 아셈은 1996년 아시아 10개 국가와 유럽연합 15개 국가가 유럽공동체대표로 구성된 非공식 모임에서 출발하였다. 현재 2년마다 참가국간의 정상회담이 개최되고 있다. 방콕(1996년 3월)에서의 제 1차 정상회담과 런던(1998년 4월)에서의 제 2차 정상회담에 이어 제 3차 아셈이 서울에서 개최된 것이다.
>
> **▶성공적인 ASEM 경호**
>
> ASEM은 26명의 국가원수가 한 자리에 모인, 우리에게는 유례가 없는 행사였다. 경호실 인력으로는 이렇게 많은 정상을 경호할 수가 없었다. 때문에 경호실·국정원·경찰청·합참·육본·기무사·수방사 등 13개 기관이 참여한 '경호안전대책위원회'가 열려, 경찰청 특공대(868부대), 수방사 헌병대와 특수임무대, 특전사 특수임무대 등 대(對)테러 훈련을 받은 모든 부대가 출동했다. 이렇게 많은 기관이 출동했는데도 경호실은 ASEM(아시아-유럽회의) 경호를 매끄럽게 마무리 지었다. ASEM 경호에 성공하자 경호실의 국제적 위상이 크게 높아졌다고 한다.[137)]

3. 경호주체 및 대상

1) 경호주체

경호목적을 달성하기 위하여 적극적으로 일정한 경호작용을 주도적으로 실시하는

---

135) http://hfkais.blogspot.com/2008/02/blog-post_26.html(2008년 12월 17일 검색).

136) 경찰청, 「경찰백서 2001」(서울 : 경찰청, 2001), p. 265. 지난 2000년 10월 개최된 ASEM(아시아·유럽 정상회의)을 세련되면서 완벽한 경호경비를 실시함으로써 한국 경찰의 역량을 과시한 바 있다.

137) http://www.donga.com/docs/magazine/shin/2005/04/27/200504270500006/200504270500006_7.html(2008년 12월 17일 검색).

당사자를 가리켜 경호주체라고 한다. 즉 경호를 직접 담당하는 경호조직을 말한다. 경호주체는 경호작용을 할 수 있는 권한을 가진 자가 된다. 원래 경호주체는 국가(대통령실 경호처, 경찰, 군) 및 공공단체를 들 수 있으나, 최근 민간경비산업의 발전에 힘입어 사인 또는 사설단체(사설경호기관)도 일정 범위 내에서 경호주체가 될 수 있다. 이와 같은 경호주체는 경호대상에 따라서 대통령실 경호처와 같은 국가원수 경호 전종기관,[138] 국무총리 등 경호기관(주로 경찰이 담당), 민간 경호기관 등으로 구분할 수 있다.

> 경호원이 국가원수를 저격한 사례는 이스라엘에서 일어났다. 1994년 라빈 이스라엘 총리는 페레스 이스라엘 외무장관, 아라파트 PLO(팔레스타인 해방기구) 의장과 함께 중동 평화를 위해 노력한 공로로 노벨 평화상을 받았다. 그러나 이집트의 사다트 대통령 사례처럼 이스라엘의 보수파는 라빈이 평화 정착을 이유로 PLO 측에 너무 많은 것을 양보했다고 불만을 품었다. 그리고 1년 후인 1995년 11월4일 라빈 이스라엘 총리가 암살되었다.[139]

2) 경호대상

경찰경호의 대상은 그 중요도에 따라서 요인의 등급을 나누어 규정하고 있다.[140] 국내 요인은 갑·을·병 호로 나눈다. 국외요인의 경우는 A~F 등급으로 나누고 있다. 국내요인 중 을·병호 대상자와 외빈 중 E·F등급 경호대상자는 경찰책임하에 경호를 실시하고 이때에 총기를 휴대하고 근접경호를 실시한다.

① 국내 요인

▷갑호 : 대통령과 그 가족, 대통령으로 당선 확정된 자와 그 가족, 퇴임 후 7년 이내인 전직대통령 등으로서[141] 주로 대통령경호실이 전담수행하고 있다.

---

138) 청와대에서 경호경비 직무를 수행하는 101경비단 및 22특별경호대 소속 경찰관들은 일종의 파견경찰관으로서 관저 및 외곽경비를 담당한다.

139) http://www.donga.com/docs/magazine/shin/2005/04/27/200504270500006/200504270500006_4.html(2008년 12월 17일 검색).

140) 관련 법령은 「경호규칙(개정 2004. 7. 1. 경찰청훈령 제426호)」이다.

▷을호 : 퇴임 후 7년이 경과한 전직대통령,[142] 대통령 선거후보자, 국회의장, 대법원장, 국무총리, 헌법재판소장 등으로서 경찰책임 하에 경호를 실시한다.

▷병호 : 갑호, 을호 이외에 경찰청장이 필요하다고 인정한 인사[143]

대통령선거 후보자 경호-3중 경호막 …… 어딘가 경찰 저격수 대기
'계란 투척'후 경호 비상, 경호차 6대 붙고 폭발물 탐지견 동원
근접 경호 꺼려 경찰 '스트레스'도……

이명박 한나라당 후보의 선거 유세가 벌어진 인천시 구월동 한 백화점 앞. 600여 명의 지지자 사이에 경호요원 45명의 움직임이 부산했다. 전날 이 후보가 의정부 유세장에서 계란 세례를 받은 직후 경찰은 이 후보 측에 경호요원 10명을 추가로 파견했다. 정태근 수행단장은 "선거법에 따르면 12월 2일 이후엔 설사 후보가 사망하더라도 정당 후보를 교체할 수 없다"며 "유력 후보인 이 후보에 대한 테러 가능성이 커졌다고 판단해 경찰에 근접 경호 강화를 요청했다"고 말했다.……경찰이 파견한 근접 경호요원은 청와대를 지키는 101경비단, 외빈 경호대, 경찰특공대 등에서 경호 경력이 3년 이상인 베테랑들이다. 경찰청은 110명의 경호요원을 각 후보 진영에 배치했다. 방탄복을 입고 실탄이 장전된 권총과 전기 충격총으로 무장한 이들은 평균 5.5단의 무술 실력, 10발 쏘면 9발 명중시키는 사격 실력을 갖췄다. 주요 후보에 대한 경찰 경호는 지방에선 하루 전, 서울.경기 지역은 3~4시간 전에 시작된다. 경찰특공대 폭발물 처리팀과 국방부에서 지원받은 탐지견들이 먼저 현장을 훑는다. 저격수가 포함된 특공대 전술팀은 후보 동선 중 경호하기에 가장 까다로운 지점에 먼저 자리를 잡는다. 후보가 차량으로 이동할 땐 근접 경호요원 외에 경찰특공대 對테러팀이 후보 차량과 모양이 똑같은 차량에 탑승한다. 유세 현장엔 경찰 특수기동대 20여 명과 일선 경찰서에서 파견된 200여 명이 이중 삼중의 경호망을 짠다. 경찰은 2007년 대선 후보 경호를 평상시 대통령 경호와 같은 등급으로 강화했다. 2006년 5월 한나라당 박근혜 전대표에 대한 테러사건이 경호 계획을 강화하는 배경이 됐다.

---

141) 2008년 12월 현재, 김대중 전대통령, 노무현 전대통령이 해당한다.

142) 전두환 전대통령, 노태우 전대통령, 김영삼 전대통령 등은 경찰경호대상자이다.

143) 민간인 신분의 과학자로서 중요인사로 지정되어 신변경호 서비스를 받았던 황우석 교수 사례가 이에 해당한다.

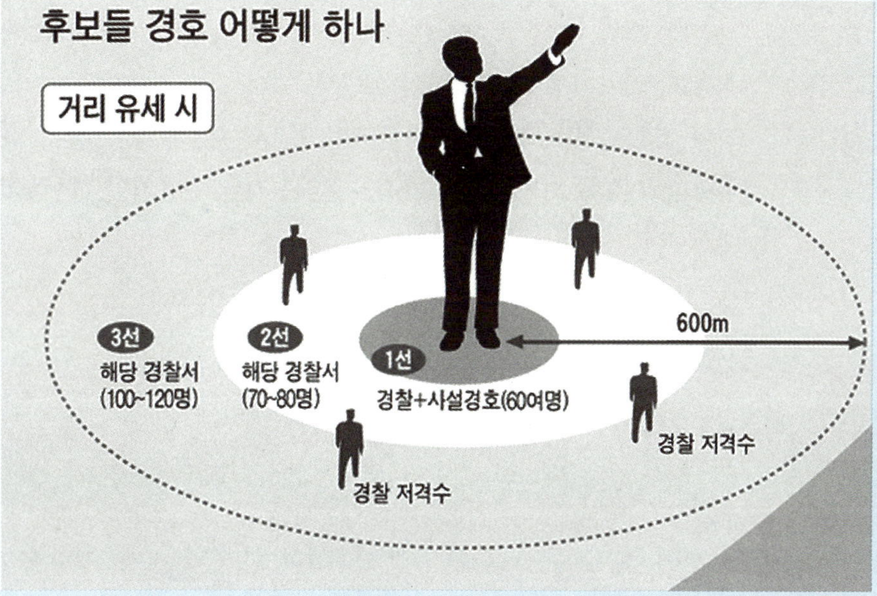

그럼에도 대선 후보를 경호하는 일은 쉽지 않다. 조금 느슨하면 달걀 세례 같은 일이 벌어지고 조금 강화하면 '권위적 이미지를 심는다'는 후보 측의 핀잔을 듣기 때문이다. 경찰청 김성근 경호과장은 "시민들과의 스킨십이 절실한 대선 후보들은 동선의 변화가 잦고 돌발 상황이 많아 위험 요소를 완전히 예방하는 게 어렵다"고 설명했다. 이회창 후보가 달걀 세례를 받았던 대구 서문시장을 3일 다시 방문할 때 경호팀엔 비상이 걸렸다. 여경을 포함한 10여 명의 사복 경찰이 손에 손을 잡고 후보 주위를 둘러싸고 이 후보와 행진을 함께하는 '강강술래' 경호를 펼쳤다. 1987년 13대 대선 때 민정당 노태우 후보는 전주역 유세에 나섰다가, 시민들의 돌멩이 세례를 받았다. 미국에선 68년 존 F 케네디 前대통령의 동생 로버트 케네디가 민주당 대선 예비후보 경선 중 캘리포니아州에서 승리한 뒤 LA 엠버서더 호텔에서 자축연을 하다 네 발의 총탄을 맞고 사망했다.[144)]

144) http://article.joins.com/article/article.asp?ctg=10&Total_ID=2969548&cloc=joins|article|ca(2009년 1월 2일 검색).

② 외국귀빈

▷A~D등급 : 대통령, 국왕, 행정수반, 행정수반이 아닌 총리, 부통령

▷E · F등급 : 부총리, 왕족, 외빈 A, B, C, D등급의 배우자 단독, 전직대통령, 전직총리, 국제기구 · 국제회의 중요인사, 기타 장관급 이상으로 경찰청장이 경호가 필요하다고 인정한 외빈으로서 경찰청장이 경호가 필요하다고 인정한 외빈, E · F 등급 경호대상자는 경찰책임 하에 경호를 실시한다.

경찰청, 외빈경호 상설기구 추진145)

경찰청이 외국 귀빈의 경호를 전담하는 '외빈경호대'의 상설화를 추진하고 있다. 경찰청 관계자는 2006년 4월 9일 "현재 서울지방경찰청 산하에 외빈경호대가 있으나 이는 상설기구가 아니다"며 "외빈경호만을 전담하는 기구를 만들 계획"이라고 밝혔다. 경찰청은 조당 4명씩, 3개 조 12명으로 구성된 외빈경호대를 만들 계획이다. 현재 외빈은 출신 국가와 직위에 따라 6등급(A~F)으로 구분되는데 A~D 등급에 속하는 국가수반(대통령 또는 총리)의 근접 경호는 청와대 경호실에서 담당하고 있다(2006년 4월 10일자 이재명 기자 작성).

청 부시 경호 비상령…전담경호대 구성146)
미비밀경호대 선발팀과 공동작전…사상최대 규모

청와대가 조지 부시 미국 대통령의 방한을 앞두고 최근 '전담경호대'를 구성, 비상 경호체제에 돌입한 것으로 2008년 8월 4일 알려졌다. 청와대 경호처 관계자는 이날 연합뉴스와의 전화통화에서 "이번 부시 대통령 방한은 이명박 대통령 취임후 최대 외빈 행사로, 경찰청과 공동으로 사상 최대 규모의 경호를 준비중"이라고 말했다.

---

145) http://www.donga.com/fbin/dfsrchview?n=D041012457935219(2009년 1월 2일 검색).

경호처는 이미 2008년 7월 달 부시 대통령 '전담경호대'를 구성해 실전훈련에 돌입했으며 특히 기히 방한한 美비밀경호대(SS) 소속 경호선발대와 함께 공동작전을 준비하고 있는 것으로 전해졌다. 이들은 대부분의 공식행사가 열리는 청와대는 물론 부시 대통령의 숙소와 외부행사장을 다니며 동선을 확인하고 있으며 시나리오별 위기대응 전략도 세우고 있다고 청와대 측은 전했다. 특히 경호처는 숙소와 행사장에서 테러 가능성을 염두에 두고 철저한 검문검색을 실시하고 있으며 부시 대통령 가족에게 제공되는 모든 음식에 대한 검식도 병행하고 있는 것으로 알려졌다.

이와 별도로 경찰은 부시 대통령의 방한기간 예상되는 반미시위와 만일의 돌발사태에 대비해 숙소 경호와 이동경로 경비에 7천여명, 시위 대응에 1만6천여명의 경찰병력을 배치키로 했다. 실제 광우병 국민대책회의를 비롯한 진보단체들은 부시 대통령이 방한하는 날 서울시청 앞 서울광장에서 촛불집회를 개최키로 했으며 같은 날 370여개 보수단체들로 구성된 부시방한 환영 '애국시민연대'는 환영 집회를 열기로 해 경찰에 비상이 걸렸다. 또 한국대학총학생회연합과 파병반대국민행동, 한미FTA(자유무역협정)저지 범국민운동본부 등도 부시 방한기간 집회를 개최할 것으로 알려져 경호처가 대책 마련에 부심하고 있다. 청와대 관계자는 "경찰은 주로 시위대 대응과 교통통제를 맡고 부시 대통령 가족에 대한 근접 경호는 경호처에서 담당하게 된다"면서 "쇠고기 파문과 독도 표기 사태가 있었던 만큼 부시 대통령 일행에 대한 경호에 각별한 신경을 쓰고 있다"고 말했다(서울=연합뉴스).

한편, 군에서도 경호대상자별로 분류하여 차별적인 경호직무를 수행하고 있다. 그 분류 및 대상자들은 다음과 같다.

▶ 軍外 분류

구 분	대 상 자
1급	• 대통령 • 이에 준하는 귀빈
2급	• 국회의장 • 국무총리 • 대법원장 • 외국의 대사/공사 • 이에 준하는 귀빈
3급	• 국회의원 • 각부장관 • 군장성급 장교 • 외교사절 • 국내저명인사 • 특수임무수행원

146) http://www.donga.com/fbin/output?rss=1&n=200808040277(2009년 1월 2일 검색).

▶ **軍內 분류**

구 분	대 상 자
"가"급	• 국방부장관, 대장급 • 이에 준하는 귀빈
"나"급	• 국방부차관, 중장급 • 이에 준하는 귀빈
"다"급	• 소장, 준장급 • 이에 준하는 귀빈

4. 경호직무에 대한 근거법령

경찰의 경호직무에 대한 일반법으로서의【경찰관직무집행법】과 대통령실 경호처 소속 공무원들이[147] 수행하는 경호직무 및 조직에 관한 내용을 규정한【대통령 등의 경호에 관한 법률】 등이 있다.

1) 최초의 경호관련 내무부 훈령

1949년 2월 23일 창덕궁경찰서가 "경무대(景武臺) 경찰서"라는 명칭으로 바뀌면서,[148] 경무대(오늘날 청와대) 경찰서 시대가 열렸다. 관할구역이 중앙청 및 경무대 구내로 규정되었으며, 경무대경찰서장이 경호책임자가 되어 주로 대통령경호 임무를 수행하였다. 1949년 12월 29일에는 내무부훈령 제25호에 의하여 「경호규정」이 제정되었는바, 이는 최초의 경호라는 용어의 사용과 함께 경호업무의 체제가 정비되었다는 점에서 의의가 있다.

2) 경찰관직무집행법

1953.12.14 법률 제299호로 제정된【경찰관직무집행법】에서는[149] 요인경호관련

147) 대통령실 경호처에서 경호직무를 수행하는 공무원은 "실질적 의미의 경찰직무"를 수행하는 공무원들이다.

148) 경찰서의 위치 명칭 및 관할구역 변경에 관한 건(1949년 2월 23일 대통령령 제 59호).

149) 동법 제1조 (目的) ①본법은 경찰관이 국민의 생명, 신체, 재산의 보호와 범죄의 예방, 공안의 유지 기타 법령집행 등의 직무를 충실히 수행하기 위하여 필요한 조치를 규정함

내용이 직무로 직접 규정되지 않았었다. 그런데 1981년 4월 13일자로 (법률 제 3427호) 전면 개정된 법률에서는[150] 경찰의 직무범위에 "경비·요인경호 및 대간첩작전"을 규정함으로써, 요인경호에 대한 직무가 일반경찰작용으로 규정되었다.

3) 대통령 등의 경호에 관한 법률[151]

대통령, 대통령으로 당선이 확정된 자, 퇴임 후 7년 이내의 전직대통령 및 그의 가족의[152] 경호를 담당하기 위한 경호실의 설치, 임무 등을 규정하고 있다. 경호처장은 직무상 필요하다고 인정할 때에는 국가기관, 지방자치단체, 기타 공공기관의 장에게 그 공무원 또는 직원의 파견 기타 필요한 협조를 요청할 수 있다. 하위법령으로서 시행령이 마련되어 있다. 동법은 경찰관직무집행법에 대해서 특별법적 성격을 지니는 바, 총기사용에 있어서 특칙이 적용된다.[153]

을 목적으로 한다. ② 본법에 규정한 조치는 전항의 목적을 위하여 필요한 최소한도 내에서 행사하여야 하며 그를 람용하여서는 아니된다.

150) 동법 제2조 (직무의 범위) 경찰관은 다음 각호의 직무를 행한다.
1. 범죄의 예방·진압 및 수사.
2. 경비·요인경호 및 대간첩작전수행.
3. 치안정보의 수집·작성 및 배포.
4. 교통의 단속과 위해의 방지.
5. 기타 공공의 안녕과 질서유지.

151) 【대통령경호실법】은 1963. 12. 14 법률 제1507호로 제정·공포되었으며, 1981. 1. 29 법률 제3358호로서 대폭 개정되었고 이후 1999년 12. 13 법률 제6087호로 개정되었고, 2008. 2. 29일 【대통령 등의 경호에 관한 법률】로 개정되어 현재에 이르고 있다.

152) 동법 제4조(임무) 및 동법 시행령 제2조에서 규정하고 있는 가족의 범위 등에 따르면, 대통령의 배우자와 직계존비속을 말한다. 즉 경호처가 경호하는 전직대통령의 배우자와 자녀는 다음 각 호의 1에 해당하지 아니하는 자로 한다 : 1. 전직대통령과 동거하지 아니하는 자. 다만, 전직대통령이 사망한 경우에는 그 배우자(배우자가 사망한 경우에는 사실상의 세대주)와 동거하지 아니하는 자 2. 혼인한 자녀 3. 군에 복무중인 者 4. 외국에 체류중인 자.

153) 동법 제19조(무기의 휴대 및 사용)와 관련, "……야간이나 또는 집단을 이루거나 흉기 기타 위험한 물건을 휴대하여 경호업무를 방해하기 위하여 소속공무원에 항거할 때 이를 방지 또는 체포하기 위하여 무기를 사용하지 아니하고는 다른 수단이 없다고 인정되는 상당한 이유가 있을 때."

한편, 퇴임 후 7년이 경과한 전직대통령에 대한 경호·경비와 관련하여 대통령 등의 경호에 관한 법률에서 따로 정한 바 없다.

북(北)으로 간 대통령 경호차량 '포드 익스커션'의 비밀
"대통령 전용차량" 이동시 근거리 중무장 경호…첨단 경호장비+중화기 탑재

▲2007 남북정상회담을 위해 2일 오전 평양으로 떠나는 대통령 전용차량(오른쪽) 벤츠 S600 모델과 청와대 경호실 경호차량(왼쪽)인 포드 대형SUV 익스커션 모델 (오대일 기자)

노무현 대통령이 2007년 10월 2일 남북 정상회담을 위해 육로 방북길에 오른 가운데, 대통령 전용차량인 '벤츠 S600 가드'와 함께 청와대 경호차량까지 동반 월경(越境)해 눈길을 끌었다. 특히 국가원수인 대통령의 의전행사에 빠짐없이 등장하는 청와대 경호실의 첨단 경호장비는 자동차와 밀리터리 마니아들에게는 뜨거운 관심의 대상이다.

이날 노대통령이 첨단 방탄차인 '벤츠 S600 가드'에 탑승해 청와대 정문을 나서자 바로 뒤에 두 대의 경호차량이 경광등을 번쩍이며 경호에 나섰다. 이 차량은 포드社의 SUV인 '익스커션(Excursion)'으로 미국을 비롯한 세계 각국 원수들의 경호차량으로 인기를 끌고 있는 모델이다. 지난 2002년 청와대 경호차량으로 전격 발탁된 포드 익스커션은 청와대가 보유하고 있던 GMC 서버번이 10년이나 지나 노후화 되자 그중 6대를 7인승 익스커션으로 바꿨으며 통신용 차로는 포드의 이코노라인 모델을 도입한 것으로 알려졌다. 전문가들에 따르면, 청와대 경호실의 익스커션 모델은 차체를 방탄금속과 각종 경호작전에 필요한 첨단 시스템으로 개조해 유사시 가장 효율적으로 대처한다. 대통령 전용차량의 자체 방탄 성능도 우수하지만, 초대형 SUV로 꼽히는 익스커션은 차체내에 각종 중화기와 통신장비를 싣고 있고, 피폭은 물론 외부에서 총기 난사시 '큰 덩치'로 대통령 전용차를 차단 경호 하며 적의 목표시야를 가릴 수도 있다.

http://www.cbs.co.kr/Nocut/Show.asp?IDX=631428(2008년 8월 13일 검색)[2007-10-03] 노컷뉴스 김민수 기자

▲ 사진① 가운데 대통령 전용차량과 양쪽의 익스커션 모델, 사진② 통신장비가 설치된 이코노라인 모델, 사진③ 다양한 후방경호와 감시가 가능한 장비를 탑재한 익스커션 모델, 사진④ 익스커션 차량에서 '썬루프 경호'를 펼치고 있는 경호원들. (사진=청와대사진기자단)

청와대는 현재 방탄기능과 특수장비를 갖춘 보안용과 경호원들이 타고 다니는 일반용, 무선통신용, 의전용 등 200여대의 차량을 보유하고 있는 것으로 알려졌다.

이중 의전용이나 경호용 차량으로 50여대의 수입차를 보유하고 있는데, 주로 특수장치가 추가된 벤츠와 BMW, 캐딜락 세단 모델 등이다. 나머지는 경호원들의 경호용 밴이다. 국산차로는 의전용 에쿠스가 가장 대표적이다. 익스커션을 도입한 청와대 경호실은 이 차를 경호업무에 맞도록 '전문 기술자'들에게 맡겨 튜닝했다. 차량이 주행중에도 사방을 360도 감시할 수 있도록 고성능 카메라를 장착하고, 뒤쪽에는 양문개폐형에다 후방 창문만 별도로 개폐할 수 있도록 해 위기 상황시 후방사격도 가능하도록 개조한 것으로 알려졌다.

실내는 자동소총 등 중화기를 탑재할 수 있도록 개조하고 특히, 차량경호시 가장 눈에 띄는 '썬루프 노출경호'가 가능하도록 천장을 일반형보다 세로로 넓게 뚫었다. 이라크전에서 명성을 날린 지프 '험비'가 천장에 기관총수를 배치해 전방 시계를 확보하고 이동시 외부로부터의 피격에 능동적으로 대처할 수 있도록 한 것과 비슷한 이치다. 외부창은 방탄필름을 입힌 뒤 짙은 색으로 썬팅을 하고, 차량

하부에 발판을 달아 저속 주행시 차체에 부착한 손잡이를 잡고 경호원의 외부경호가 가능하도록 부가장치도 설치했다. 통신용 차량으로 활용하는 이코노라인은 앞좌석에 3명이 타고 뒤의 빈 공간에는 각종 통신설비가 설치됐다고 한다. 일부 경호용 밴에는 전파탐지가 가능한 특수장비를 설치해 일정 지역내 주파수를 수집하는 임무를 수행하기도 한다.

http://www.cbs.co.kr/Nocut/Show.asp?IDX=631428(2008년 8월 13일 검색)[2007-10-03]노컷뉴스 김민수 기자

4) 전직대통령예우에관한법률

(1) 현 황

동법은 경찰관직무집행법에 대하여 특별법적 지위를 갖는다. 제6조 제3항에 "전직대통령 또는 그 유족에 대하여는 관계법령이 정하는 바에 따라 필요한 기간의 경호·경비를 할 수 있다"라고 규정하고 있다. 그런데 퇴임 후 7년이 경과한 전직대통령에 대한 경호·경비는【대통령 등의 경호에 관한 법률】이나【전직대통령예우에관한법률】및【경찰관직무집행법】등에서 직접적으로 규정한 것은 없다.

단지 경찰관직무집행법(제2조 제2호)상의 "요인경호" 개념에 의거하여 전직대통령을 요인의 범주에 포함시키고, 전직대통령예우에관한법률상의 "필요한 기간의 경호·경비" 및 경찰청 훈령인【경호규칙】제3조에서 "전직대통령"을 경호대상으로 규정함으로써, 퇴임 후 7년이 경과한 전직대통령에 대한 경호는 경찰이 맡고 있는 셈이다.

(2) 문제점

대통령경호실이 담당하고 있는 경호대상자의 경우, 가족범위(배우자 및 직계존비속)가 명확하게 규정되어 있지만, 경찰의 경호대상자인 퇴임 후 7년이 지난 전직대통령의 "유족"의 범위에 대해서는 명확하게 규정하고 있지 않다.[154] 또한 동법 시행령이

154) 한편 미국의 경우, 전직대통령의 16세 이전의 자녀로 한정하고 있다고 한다.

규정하고 있는 "…필요한 기간의 경호·경비"와 관련, 경호직무의 시기는 있으나 종기가 없는 셈이다.[155] 현행 법령체계상으로는 전직대통령에 대한 필요한 경호·경비가 경호대상자가 사망할 때까지 실시되며, 유족 역시 사망시까지 경호해야 하는 직무부담이 있다.

특히, 김영삼 전대통령의 경우 경호실에서 맡아 오던 경호업무가 2005년 2월 25일경 경찰로 이관되었다. 김대중 전대통령에 경호업무는 2010년 2월경 경찰소관으로 이관될 것이다. 이처럼 매 5년마다 전직 대통령에 대한 경호업무가 동일한 방식으로 경찰로 이관될 것인 바, 신변(수행)경호 및 사저경비 경찰력이 최소한 150여 명씩 투입될 예정이다. 따라서 전직대통령 경호업무 이관시 필요한 조직, 경찰력 및 이에 상응한 예산편성이 긴요시 되고 있다. 향후 전직대통령에 대한 필요한 경호경비를 10년 이내로 축소하는 것도 고려할 필요가 있다.

한편, 전직대통령예우에관한법률[일부개정 2005.12.29 법률 7796호] 제7조(권리의 정지 및 제외 등) 제2항에 따르면, 전직대통령이

- 재직 중 탄핵결정을 받아 퇴임한 경우,
- 금고이상의 형이 확정된 경우,
- 형사처분을 회피할 목적으로 외국정부에 대하여 도피처 또는 보호를 요청한 경우,
- 대한민국의 국적을 상실한 경우에는

동법 제6조 제3항 제1호의 규정에 의한 예우(필요한 기간의 경호·경비)를 제외하고는 동법에 의한 전직대통령으로서의 예우(교통·통신 및 사무실의 제공 등의 지원, 本人 및 그 가족에 대한 가료, 기타 전직대통령으로서의 필요한 예우)를 하지 아니한다고 규정하고 있다.

이와 관련, 전직대통령이었던 전두환·노태우 양인의 경우 금고 이상의 형이 확정된 바 있다.[156] 그래서 대부분의 예우가[157] 박탈됨에도 불구하고 유독 "필요한 기간의

155) 미국은 지난 1997년 전직대통령 경호기간을 "퇴임 후 평생"에서 10년으로 단축 개정하였다.

경호경비"를 실시하고 있는 것과 관련, 국민들의 法감정에 맞지 않는 무리한 입법이라는 비판이 일각에서 제기되고 있는 실정이다.[158]

뿐만 아니라 최근 전직대통령에 대하여 교통관리 등 과잉예우를 하고 있다는 비판여론이 제기되고 있는 바, 경호경비상 필요한 최소한도내에서 조치(Massnahme)하는 것이 바람직하다. 특히 경찰작용은 비례원칙에 입각하여 보호될 법익과 제한 혹은 침해될 법익간의 균형을 맞추는 것이 바람직하다.

(3) 개선방향

동법 제6조 제3항에 규정된 전직대통령의 "유족에 대한 범위"를 명확하게 할 필요가 있으며, 향후 유족에 대한 경호·경비는 제외하는 것이 바람직하다.

또한 "필요한 기간의 경호·경비"규정과 관련하여 기간을 명시하고, 퇴임한 지 7년이 지난 전직대통령에 대한 경호·경비직무 수행기관을 명시적으로 규정할 필요가 있다. 예를 들면, "퇴임 후 7년 이내의 전직대통령 경호는 대통령실 경호처, 퇴임 후 7~12년 이내의 전직대통령은 경찰청이 각각 담당한다"는 식으로 규정한다.

참고로 미국은 지난 1997년 전직대통령에 대한 경호 기간을 "퇴임 후 평생"에서 10년까지로 축소하는 내용으로 법령을 개정하였다. 특히 국토안보부(DHS) 소속 경호실(Secret Service)은 현직대통령, 부통령 및 전직대통령에 대한 경호업무를 전담수행하고 있다. 따라서 향후 한국에서도 전직대통령에 대한 필요한 경호·경비를 10년 이내로 축소하는 것도 고려할 필요가 있다.

---

156) 1997년 4월 17일12.12 및 5.18사건과 관련, 피고인 전두환·노태우에 대한 상고심에서 전두환(보안사령관 중앙정보부장 서리겸임)피고인에게는 반란 내란수괴 상관 살해미수 및 살인추징금 2,205억원 무기징역이, 노태우 (9사단장 수경사령관)피고인에게는 반란·내란중요임무종사, 상관살해미수죄로 추징금 2,628억원 징역 17년이 각각 선고되었다.

157) 본인 및 유족에 대한 연금지급의 정지, 교통·통신 및 사무실 제공 등의 지원, 본인 및 그 가족에 대한 加療, 기타 전직대통령으로서의 필요한 예우 등 각종 권리가 정지되고 제외된다.

158) 전직대통령예우에관한법률은 행정안전부 소관법령으로서 1995년 12월 29일 관련규정 개정시 신설되었는 바, 비판이 제기되고 있다.

또한 법규의 불명확성-경호대상 및 경호·경비 기간-과 형평성 문제-금고 이상 형확정된 자에 대한 예우박탈-를[159] 해소하기 위해서는 【전직대통령예우에관한법률】, 【동법시행령】 혹은 경찰청 훈령인 【경호규칙】에 구체적으로 명시해야 한다.

5) 기타 하위법령

(1) 대통령경호안전대책위원회규정[160]

대통령 경호임무 수행에 있어서 관계부서의 책임을 명확히 하고 관계부서간의 협조를 원활히 함으로써, 대통령경호임무 수행에 만전을 기하기 위하여 경호안전대책위원회의 구성, 운영, 관계부서의 책임사항 등을 규정하고 있다. 특히, 경찰청의 책임은 입수된 경호유관 첩보 및 정보의 신속한 전파, 보고 등이다.[161]

(2) 경호규정 및 경호규칙

대통령 등의 경호에 관한 법률시행령 제14조(위임규정)에 의거, 이 令의 시행에 관하여 필요한 사항은 경호실장이 이를 정하도록 위임하고 있다. 이에 근거하여 경비업무규정 등 수 십 개의 경호규정을 제정·시행하고 있다.

한편, 경찰청장이 1991년 7월 31일 훈령 제12호로 【경호규칙】을 제정·시행하고 있다. 이는 경호경비에 관하여 필요한 사항을 규정한 (경찰청)훈령으로써 경호의 대상, 행사경호의 유형, 경호의 종류, 기능별 임무, 경호계획, 경호경찰관의 임무, 안전대책, 행사장경호, 연도경호, 숙소경호, 교통관리, 경호보안 등에 대하여 규정하고 있다. 다만, 부칙에서 대통령경호실지침과 경호규칙이 상이할 경우에는 대통령경호실지침이 우선한다고 규정하고 있다.

---

159) 금고 이상의 형이 확정된 전직대통령에 대하여 다른 모든 권리와 예우를 박탈하면서 유독 필요한 기간 동안 경호경비만을 예외적으로 제공하는 것이 바람직한가의 문제가 있다.
160) 1981. 3. 2 대통령령 제10233호로 제정된 바 있다.
161) 동위원회에는 경찰청 보안국장이 위원으로 참여한다.

⑶ 경호편람

대통령실 경호처의 “경호안전업무지침”, “유관기관용 경호경비업무지침” 및 “경호규칙” 등에 따라 경찰의 경호업무에 대하여 세부적인 업무편람을 규정한 내용이다. 경호업무와 관련하여 모든 내용이 상세히 수록되어 있다.

6) 경호대상자별 적용법규의 혼재

2008년 12월 현재 김대중, 노무현 전대통령의 경우,【대통령 등의 경호에 관한 법률(퇴임후 7년 이내)】,【전직대통령예우에관한법률】 전부,【경찰관직무집행법】이 각각 적용되어 경호직무가 실시된다. 퇴임 한 지 7년이 지난 김영삼 전대통령의 경우,【전직대통령예우에관한법률】이 적용된다 할 것이다. 그런데 전두환·노태우前대통령의 경우, 금고 이상의 형이 확정된 경우이기 때문에 전직대통령예우에관한법률내용 가운데 극히 일부분만(필요한 기간 동안 경호·경비에 국한)적용되며, 경찰관직무집행법상의 “요인”개념에 포함시킬 수 있을지 논란이 되고 있다.[162] 즉 “요인”에 대한 개념 정의는 불확정적 개념으로서 위험방지 직무를 전문적으로 수행하는 경찰관청의 견해가 우선되어야 할 것으로 판단된다.

---

162) 퇴임한 지 10년 이상 된 전직대통령(전두환, 노태우)을 어느 시기까지 “요인”으로 인정할 것인지에 대하여 경찰청과 행정자치부(現행정안전부) 간에 의견이 달랐다고 한다. 미국의 경우, 퇴임한지 10년이 지난 전직대통령에 대하여 공식적 경호업무를 실시하지 않고 있는 바, 향후 한국에서도 이와 관련된 논의가 필요한 것 같다. 일부 전직대통령들이 범죄자로 刑이 확정되어 추징금 환수 등 불미스러운 내용이 언론매체를 통하여 보도되자, 이들을 경호하는 경찰에 대한 비판여론마저 제기되고 있는 동향이다.

제3장

한국의 경호체제의 변천과 현황

비/교/경/호/제/도/론

제3장

한국의 경호체제의 변천과 현황

경호의 개념은 왕이나 최고지도자 또는 집권자(권력자)에 대한 신변경호 필요성에 의하여 자연발생적으로 나타났다고 한다.[163) 우리나라에서는 고대국가시절부터 군사업무와 병행하여 경호 관련 업무가 수행되었으며 경호라는 개념을 지닌 독자적 국가기관이 분화되지는 않았다. 즉 경호직무는 군사행정과 사법행정에 혼입되어 이루어졌다. 근세 조선시대의 사례를 보더라도 경호업무가 자체적으로 독립하여 수행된 것이 아니었으며 각 행정부서, 군사, 경찰조직에 의하여 부문별로 수행되었다.[164) 이러한 경호직무는 넓게 보면 포도, 왕실 및 국가 중요기관의 경비, 순찰 등 경찰직무의 일환으로 이루어졌다.

한국 역사상 경찰활동의 시원적인 발전은 고대국가의 확립과 함께 가능했다고 할 수 있다. 고대국가 시대에 경찰행정의 독립적인 체계화가 이룩된 것은 아니며 경찰행정의 한 영역인 경호 및 경비경찰은 군사행정, 사법행정에 혼재 및 포괄되었다 할 것이다.[165) 경호 및 경비경찰은 일반경찰행정과 분리되지 않은 상태였으며 군사행정의

163) 김두현, 「경호학개론」(서울 : 도서출판 쟁기, 2000), p. 73.
164) 김두현, 2000, p. 73.
165) 김형중, 「한국고대경찰사」(서울: 수서원, 1992), p. 63.

일환으로 수행되었다.

고대국가(고구려, 백제, 신라), 통일신라, 고려시대(중세), 조선시대(근세)에 이르면서 경찰 및 경호직무를 전문적으로 담당했던 여러 군사조직이 모습을 드러냈다. 도성(도성, 수도)을 경비하는 군사조직과 임금(국왕)이나 세자 등이 거처하는 궁궐(왕궁)을 수비(경비)하는 조직 및 국왕이나 권력자의 근접에서 신변경호를 담당하는 조직으로 세분될 수 있다.

특히 고려시대 무신들의 권력 쟁탈기에는 많은 실력자들이 자신들의 사저 및 신변경호를 담당하는 사병화된 군사조직을 거느린 경우가 있었다. 이는 국가의 공식적 군사조직이라기보다는 반관반민적 경호경비적 성질을 갖고 있었다 할 것이다.

경호조직의 역사를 연구하는 의의는 현재의 경호제도 및 그 실제상의 운용을 합리적으로 행하기 위하여 그 변천과정을 분명히 하는데 있을 것이다. 경호사의 연구는 그 작용과 조직의 변동을 대상으로 한다.

한국경호제도사는 일반경찰분야와 특별경찰인 대통령실 경호처(이하 경호처) 영역으로 나누어 고찰해 볼 수 있다. 경찰분야는 고대국가시절, 고려시대, 조선시대 및 갑오개혁기, 식민지 시대 일부, 미군정기, 정부수립 후 경찰법 제정(1991) 전, 경찰법 제정 후의 경찰경호제도로 나누어 고찰해 볼 수 있다. 그리고 경호처는 당해 조직이 설치된 제2공화국에서 최근까지 조직변동 및 직무영역을 살펴볼 수 있다.

제1절 경찰경호제도의 변천과정

1. 삼국시대의 경찰 및 경호제도

1) 서 설

고대 원시사회는 그 시대에 관하여 직접적으로 전해 오는 자료가 거의 없으므로 경찰제도와 관련을 갖는 고조선의 법속관계 문헌을 통해 당시 사회생활을 추측해 볼 수

밖에 없다. 고조선은 단군신화로 표현되는 제정일치의 단계를 거쳐 부족연맹체를 형성하고 위만조선의 단계에 와서는 우리나라 기록상 최초의 왕조가 세워졌다. 고조선은 치안유지를 위한 법률로서 만민법적 성격을 가진 8조의 금법을 남기고 있는데, 그중 3조목이[166] 지금까지 전해져 내려오고 있다.[167]

고대국가의 성립은 영토의 확장, 중앙집권체제의 강화, 제도와 법령의 비약적인 발달을 가져오게 되었다. 삼국시대에는 고구려, 백제, 신라가 등장하면서 왕을 중심으로 하는 중앙집권적 국가가 성립되었으며 통치를 위한 율령이 반포되고, 제도의 발전이 이루어졌으며 경찰(경호)기능도 어느 정도 모습을 드러내고 있었다. 이때에는 경찰기능의 분화가 아직 이루어지지 못했으며 군대가 경찰기능, 즉 방범 및 경호경비 직무를 동시에 수행해왔다.[168]

2) 고구려

고구려의 관제는 초기 국가 때부터 상가 등 10개 관등이 마련되어 있었으며 12등급으로 분화 발달되고, 나중에 고대국가로 발전하면서 14관등으로 정비되었다.[169] 특히 제1관등(官等)에서 제5관등인 대대로(大對盧), 태대형(太大兄), 울절(鬱折, 主簿), 태대사자(太大使者), 조의두대형(早義頭大兄 두태형 - 頭太兄, 從大相)은 최고관 등으로 이들만이 국가의 기밀에 참여할 수 있고, 또한 장군이 될 수 있었다. 이들 상위의 5등급을 차지한 귀족관료들이 중앙에서 중요한 국사를 논의, 총관하였던 것으로 알려지고 있다.[170] 즉 귀족들이 정치와 군사, 경찰권을 장악하였음을 의미한다.[171] 고구려 시대에도 군경의 분리는 뚜렷하지 않았으며 제제도가 아직 확연히 분화되지 못했

166) 오늘날까지 알 수 있는 것은 3조로서, 1. 사람을 죽인 자는 사형에 처한다. 2. 남에게 상해를 입힌 자는 곡물로서 배상한다. 3. 남의 물건을 훔친 자는 데려다가 노비로 삼는다. 다만, 자속(自贖)하려는 자는 1인당 50만전을 내야 한다. 동지 이현종, 「한국의 역사」(서울: 대왕사, 1986), p. 63.
167) 경찰대학, 「한국경찰사」(서울: 미진문화사, 1990), p. 52.
168) 김형중, 1992, p. 19.
169) 김형중, 1992, p. 64.
170) 한우근, 「한국통사」(서울: 을유문화사, 1987), p. 55.
171) 김형중, 1992, p. 65.

다.[172] 중앙집권적 고대국가의 정비과정에서 제정된 율령(律令)은 부족국가시대의 관습법이 그대로 나타나고 있다. 이 시대에는 아직도 경찰법규의 현저한 분화가 없었다고 할 수 있다.

고구려는 여러 나라들 중에서 제일 먼저 고대국가를 형성하였으며, 중국과 북방민족들과의 투쟁과정에서 부족연맹체를 형성하였다. 1세기 후반 태조왕 때에 이르러 일련의 시책을 실시해가면서 고대국가의 체제를 정비하였고, 4세기 중엽의 소수림왕 때에는 국가통치의 기본이 되는 성문법인 율령반포를 통하여 국가체제를 정비하였다. 5세기 장수왕 때 정치, 경제, 군사제도를 완비하는 등 대제국으로 발전하였다. 또한, 지방을 5부로 나누어 욕살(褥薩)이라는 지방장관을 두어 통치했으며, 이들 지배세력이 경찰권을 행사했을 것으로 추정된다.[173]

고구려는 왕위계승을 둘러싸고 주살(誅殺)사건들이 빈발하였기 때문에[174] 신변경호의 필요성이 대두되었다.[175] 초기에는 왕위계승이 형제상속에서 제11대 산상왕 이후부터는 부자상속으로 변했다. 산상왕 이후 봉상왕(봉상왕, 제14대 292~300)까지는 형제상속과 부자상속의 마찰로 인하여 왕의 형제에 대한 주살(誅殺)이 많이 일어났다. 왕의 사후 초래되는 왕자와 왕제 및 왕후, 선왕의 왕자들 간에 왕위계승을 둘러싼 골육상쟁은 심각했다. 특히 안원왕(安原王, 제23대 531~545) 사후 왕위계승을 둘러싼 수년 간의 분쟁은[176] 사병집단(私兵集團)을 거느린 귀족들의 연립을 구축하

172) 김형중, 1992, p. 75.

173) 경찰대학, 「경찰학개론」(서울: 대한문화사, 1992), p. 92.

174) 고구려 제9대 고국천왕(179~197) 사후 왕위계승을 둘러싸고, 형제들간에 골육상쟁이 벌어졌다. 서거한 고국천왕의 형(兄)이었던 발기(發岐)는 몰래 왕위를 가로채려는 동생 연우(연우, 후일 산상왕이 된 자)에 대해서 노발대발하면서 그의 처자를 죽이고 궁성을 공격했다. 이에 여의치 않자, 중국 한나라 요동 태수 공손도를 찾아가 군사 3만을 빌려 연우를 재차 공격하였으나 실패하면서 발기는 자결했다. 고국천왕의 동생인 연우는 후일 왕위(산상왕)에 올랐다. http://blog.daum.net/pds2402/15476623(2008년 12월 12일 검색).

175) 김두현, 2000, p. 75.

176) 안원왕 (安原王 ?~545) 고구려 제23대 왕(531~545). 이름은 보연(寶延). 안장왕의 동생으로, 형이 후사 없이 죽자 즉위하였다. 535년부터 홍수·가뭄·전염병 등 재난이 계속되고 후사를 둘러싼 귀족세력 간의 암투가 벌어졌다. 왕의 후사를 둘러싼 두 왕비 간에 각기 자기 소생을 왕으로 세우려 하여 그들을 후원하는 귀족세력들인 이른바 추군(麤群)과 세군(細群)의 암투는 고구려사회 전반에 동요를 가져왔던 것 같다. 즉 재위 말년에

게 만들었다.

고려 후기 최고 무관직으로 대모달(大摸達, 고구려말로 장군이라는 뜻)이라는[177] 직책이 있었는데 조의두대형 이상이 그 직을 맡았다. 언제부터 대모달이라는 관직이 생겨났는지 정확하지 않으나 왕권을 강화하기 위하여 수도의 방위와 중앙군을 지휘할 직위가 필요했던 것 같다. 대모달 밑에는 말객(末客 - 당나라의 中郎將 같은 것)이란 무관직이 있었는데, 일명 말약(末若) · 군두(郡頭 - 관아목장 인부의 우두머리)라고 하였다.[178] 대형(大兄, 5품) 이상의 관등에서 임명했다. 1,000명의 군사를 지휘하는 무관으로서 궁성을 경비하였다고 한다.[179]

3) 백 제

백제는 한강유역(위례성)을 중심으로 부족연맹국가로 크게 성장하였으며, 고대국가 체제를 갖춘 시기는 3세기 중엽인 제8대 고이왕(古爾王, 재위234~285)이었다. 근초고왕(재위 346~375) 때 중앙집권적 국가체제를 갖추었다.[180]

삼국사기에 의하면, 백제의 관계에는 육좌평과 십육품이 있었다고 기록되어 있다. 고이왕 27년에 관제를 정해 6좌평과 16품의 관계를 두었다고 한다. 이 관제는 고구려와는 달리, 중국식 전제왕국의 체제를 모방하여 관계와 관직을 분리시켰다. 좌평

왕의 정부인(正夫人)에게 아들이 없자 중부인(中夫人)과 소부인(小夫人)이 서로 자기 아들을 왕위에 앉히려고 했는데, 이 때 그들을 후원하는 귀족세력이었던 추군(麤群)과 세군(細群)은 전투를 방불케 하는 무력충돌을 벌였고, 이 과정에서 세군 측의 2,000여 명이 죽었다.

http://kr.dic.yahoo.com/search/enc/result.html?pk=15805300;http://mtcha.com.ne.kr/king/goguryo/king23.htm (2008년 12월 12일 검색).

177) 막하라수지, 대당주라고도 하며, 조의두대형 이상의 관등을 갖는 자만이 역임할 수 있는 고구려 후기의 최고 무관직이다. 당나라 위장군(衛將軍 –각지방의 전각묘를 수호하는 병력을 말한다– 김두현, 2000, p. 76)에 비견되는 것으로서, 주로 수도의 방위를 담당하는 중앙군의 지휘자로 짐작된다. http://100.empas.com/dicsearch/pentry.html?i=123705 (2008년 12월 12일 검색).

178) http://100.empas.com/dicsearch/pentry.html?s=B&i=136083&v=45(2008년 12월 12일 검색).

179) 김두현, 2000, p. 76.

180) 이현종, 1986, p. 68.

(佐平, 1품)에서부터 나솔(奈率, 6품)까지의 제솔(諸率)이 최고의 관등으로 되어 있었다.[181]

백제의 왕은 세습하는 것이 원칙이었으며, 그 밑에는 6좌평(佐平 - 오늘날의 內閣과 유사)을 두고 정무를 분담 처리하였다.

- 내신좌평(內臣佐平, 首相, 王命출납)
- 내두좌평(內頭佐平, 재정 및 회계)
- 내법좌평(內法佐平, 의례 및 제사)
- 위사좌평(衛士佐平, 王宮宿衛 및 守衛)[182]
- 병관좌평(兵官佐平, 國防, 地方軍事)
- 조정좌평(朝廷佐平, 司法, 刑獄 및 警察)[183]

이 중 경찰기능은 위사좌평, 조정좌평, 병관자평과 관련이 있는 것으로 추정된다. 백제의 관제 중에서 제1품관인 위사좌평은 궁중 및 국부의 경비에 해당하는 숙위병(宿衛兵, 경비경찰)을 통솔하던 최고 군관이었다. 즉 숙위병사(親衛)를 관장하였다.[184] 같은 제1품관인 병관좌평은 지방의 상비군마를 관장하던 최고책임자였는데, 이는 동시에 국내 치안을 담당하였다고 볼 수 있다.[185]

수도를 5부(五部 - 上, 下, 前, 後, 中)로 나누고, 각 부는 다시 5방으로 나누었으며 달솔(達率)이 다스렸다.[186] 그 아래 각 부에는 500명씩의 상주군, 즉 합계 2,500명의 군사를 두어 교대로 왕궁을 경호하고 도성을 수비하는 등 치안을 담당하게 하였다.[187] 이들은 오늘날 청와대 외곽을 경비하는 101경비단과 비슷한 기능을 가지고 있었다고 볼 수 있다.[188] 전국을 5방(方 - 中, 東, 西, 南, 北)으로 나누고 각 방에는 방령(方

181) 김형중, 1992, p. 80~81.
182) 궁궐을 경비하는 등 경호직무를 수행한 것으로 추정된다.
183) 좌평(佐平), 달솔(達率), 은솔(恩率), 덕솔(德率), 우솔(扞率), 나솔(奈率), 장덕(將德), 시덕(施德), 고덕(固德), 계덕(季德), 대덕(對德), 문독(文督), 무독(武督), 좌군(佐軍), 진무(振武), 극우(剋虞) 등이다.
184) 김형중, 1992, p. 81.
185) 김형중, 1992, p. 86.
186) 이현희, 「한국경찰사」(경기 파주: 한국학술정보, 2004), p. 21.
187) 이현희, 2004, p. 21.

領), 군(郡)에는 덕솔(德率)이라는 책임자가 치안을 담당하였다.[189] 500명 내지 1,200명의 군대를 두었으며 기병(騎兵)이 중시되었다.[190]

지방행정은 군사적 행정체제 및 효율적인 지방치안을 유지하기 위하여 군사적 임무를 수행하게 되었다. 지방관제는 순수한 경찰제도와 국방이 분화됨이 없이 경찰관이면서 군인이 평소에도 군사적 업무와 경찰업무를 겸했을 것이다.[191]

4) 신 라

지금의 경주를 중심으로 한 사로(斯盧)부족 세력이 신라(新羅)라는 고대왕국으로 성장하게 된 것은 대체로 4세기 중엽 이후의 일이다. 부족의 칭호가 군왕을 의미하는 마립간(痲立干)으로 바뀌어진 것이 동사실을 말해준다.[192] 제17대 내물마립간(재위 356~402) 때에 와서 비로소 김씨(金氏) 왕권의 전제화가 이루어졌다. 제22대 지증왕(智證王, 재위 500~514) 때부터 크게 발전되면서 국호를 신라로 정했다.[193] 뒤를 이은 법흥왕(法興王, 재위 514~540) 때에 율령을 반포하여 고대왕국으로서의 지배체제를 갖추었다.[194]

신라는 고구려, 백제와는 달리 독특한 정치사회 제도인 골품제도가 있었다. 골품제도는 혈통의 높고 낮음에 따라 성골, 진골(1~5관등), 6두품(6~9관등), 5두품(10~11관등), 4두품(12~17관등) 등이 있었다.[195] 중앙관계조직이 17등급으로 분화, 발전되었던 것이 어느 시기에 갖추어진 것인지는 정확히 알 수 없지만, 아마도 법흥왕(514~540년)대 이후의 일로 추정된다.[196] 이같은 관등은 이벌찬(伊伐湌) 등 17등급으로 구성되었으며 지증왕 때까지는 8등급이었다가, 법흥왕 이후 17등급으로 개편 확정되

188) 김형중, 1992, p. 20.
189) 이현희, 2004, p. 21.
190) 이현종, 1986, p. 76.
191) 김형중, 1992, P. 87.
192) 한우근, 1987, p. 47.
193) 이현종, 1986, p. 71.
194) 한우근, 1987, p. 50.
195) 이현희, 2004, p. 24.
196) 한우근, 「한국통사」(서울: 을유문화사, 1987), p. 60.

었다. 실제로 정치, 집행기관으로는 10개의 관부(官府)가 설치되었다. 그 우두머리를 상대등(上大等)이라 하였으며 신라가 통일할 때까지 지속되었다. 10관부는,

- 집사부(執事部, 국가기밀) : 최고행정부로서 국가의 기밀사무를 담당했다.
- 병부(兵部, 군사 및 국방) : 내란 방지와 진압을 담당하였다.
- 조부(調部, 貢賦)
- 예부(禮部, 외교 및 의례)
- 창부(倉部, 재정)
- 사정부(司正部, 감찰 및 탄핵) : 감찰과 정보업무를 담당했다.
- 예작부(例作部, 영선)
- 영객부(領客部, 외빈접대)
- 위화부(位和部, 관리임명)
- 좌우이방부(左右理方部, 형옥, 법률)[197] 등으로 분담처리케 하였다.

특히, 삼국통일 전, 신라시대의 경찰업무는 좌우이방부에서 담당처리하였다고 한다.[198] 병부, 좌이방부, 사정부 및 우이방부가 집사부(執事部)로부터 차례로 분리됨에 따라 이들 기관이 각각 경비경찰사무와 사법경찰사무, 즉 규탄사무와 형률사무 등을 분장하게 되었을 것으로 추정된다.[199]

신라의 중앙군사제도는 시위부와 9서당으로 나눌 수 있다.[200] 원래 왕도의 시위부를 위시하여 왕도부근에 대당(大幢), 지방에는 정(停)이라 일컬어지는 군단을 배치했었다.[201] 중앙(王宮)에는 궁성의 호위를 목적으로 하는 시위부(侍衛府, 궁성경찰)를 설치하고 있었다. 동시위부야말로 신라시대의 대표적인 경호조직이었다. 시위부는 명칭 그대로 왕을 시위할 목적을 가진 금위병이었다. 시위부는 그 운용에서 병부 또는 병부령의 지휘통솔체계에서 벗어난 국왕 직속의 군사조직이었다. 동 부서의 역할은 궁성의 숙위(宿衛)와 왕 및 왕족의 행차시 수행(扈從-호종)하는 것이다. 시위부 소속

197) 김형중, 1992, p. 96. 범죄수사와 집행을 담당했다.
198) 이현희, 한국경찰사, p. 25.
199) 김형중, 1992, p. 91.
200) 김형중, 1992, p. 98.
201) 한우근, 1987, p. 88.

의 금군은 만약 모역을 꾀하여 궁궐을 침범하는 자들이 있으면 이들을 격퇴하거나 체포하여 차렬(車裂)하였다. 반란을 일으켜 왕궁을 포위하는 경우에도 시위부 군사들이 평정하였다. 이들은 국왕의 친위대로서 항상 궁궐 내에 거주하면서 경호·경비근무에 임하였다.[202)]

> 시위부는 왕의 동생이 이끄는 경우도 있었는 바, 왕위 쟁탈전이 한창이던 신라후기에는 시위부가 강화되어 국왕의 핵심적인 무력기반으로 기능했다. 종종 왕을 시위하다가 왕과 함께 피살되는 사례도 있었다. 예를 들면, 신라 제40대 애장왕(哀莊王, 재위 800~809년, 성은 金氏, 이름은 淸明, 나중에 重熙로 바꾸었다)은 800년 즉위하였을 때, 13세에 불과하였다. 작은 아버지(숙부)인 병부령(兵部令) 김언승(金彦昇)의 섭정을 받았다. 사치와 향락을 일삼던 애장왕에 대해서, 809년 김언승(숙부)과 동생 김제옹이 반란을 일으켜 대궐로 쳐들어갔고, 이 때 애장왕의 동생이었던 김체명(金體明)은 왕을 시위하다가 함께 피살된 바 있었다.[203)]

한편, 시위부는 국왕이나 왕실세력의 행차시 이들을 수행(扈從)했다. 왕실세력인 왕자의 행차에 수행했으며 국왕 자신의 행차인 사냥이나 순행(巡行)에도 수행했다. 이러한 수행은 국왕이나 왕실세력을 보호하는 역할 외에도 국왕의 권위를 과시하는 상징적 의미도 있었다고 한다.[204)]

시위부는 이처럼 치안업무(경호경비업무)를 담당하는 관서였으며[205)] 처음 진평왕(眞平王, 재위 579~632) 46년 조직되어 대감 6명을 배치하였다. 그 후 진덕왕(眞德王, 재위 647~654) 5년에 시위부를 3도(徒)로 나누어 편성하였다. 신문왕(神文王, 재위 681~691) 원년에는 시위감을 면하고 장군 6명을 두었다. 이에 소속된 병원(兵員)의 수는 장군 이하 졸(卒)까지 합하여 180명이었다고 한다. 시위부대의 규모는 작았지만, 전제왕권의 보호에 크게 기여했음을 알 수 있다.[206)]

---

202) 김두현, 2000, p. 77~81.

203) 김두현, 2000, p. 79; http://ko.wikipedia.org/wiki/%EC%8B%A0%EB%9D%BC_%EC%95%A0%EC%9E%A5%EC%99%95(2008년 12월 13일 검색).

204) 김두현, 2000, p. 79.

205) 김형중, 1992, p. 96.

9서당(誓幢)은 신문왕 대에 편제된 중앙의 군단으로서, 왕경(王京) 주변의 방위를 위하여 배치하였다.[207] 서당(誓幢)이란 모병에 의해서 조직된 군대로서 통일 전부터 있었지만, 통일 후 9서당으로 완성되었다. 이들은 왕경에 주둔하면서 직속된 특수부대의 성격을 갖고 있었으며 왕에게 충성을 맹서(盟誓)하는 직속부대였던 것 같다.[208] 이들은 옷깃(衿)의 색깔에 따라 부대 명칭을 구별하였다고 한다.[209] 통일 전의 군사조직인 각 정(停)과[210] 당(幢)은 군무와 동시에 치안과 경비경찰을 담당하였다고 볼 수 있다.[211]

신라는 백제(660)와 고구려(668)를 차례로 정복하고 반도를 통일하면서 백제, 고구려 지역 등 넓은 영토를 통치하게 되었다. 통일 후에도 행정관제는 삼국시대의 것을 답습하여 그대로 존속되었다. 경찰사무는 국방안보를 주관하는 병부(兵部)에서 맡았으며 사법경찰사무는 좌이방부 속에 각기 분장되었다. 지방경찰은 9서당(誓幢 - 궁성을 중심으로 중앙을 맡은 전투경찰본부에 해당), 10정(停), 3천당(千幢)과 같은 군대조직이 이를 담당하였을 것으로 추정되고 있다.[212] 통일신라시대의 경호조직은 통일 전 경호조직인 시위부를 그대로 답습한 것으로 보여진다.[213]

2. 고려시대의 경찰 및 경호제도

우리나라에서 경찰기능은 고려시대에 이르기까지 각 행정부문에 포괄되어 분리되지 않은 상태로 있었다. 국가의 치안유지업무는 삼국시대나 고려시대를 통하여 군부나 일반 행정기관이 담당하여 행정의 일부분으로서 수행되었다. 중앙에서는 병부가 경찰

206) 김형중, 1992, p. 98.
207) 한우근, 1987, p. 88.
208) 박범래, 「한국경찰사」(용인: 경찰대학, 1988), p. 69.
209) 김형중, 1992, p. 98.
210) 10정(停)은 각 주에 배치되었던 지방방비를 위한 10개의 군단이었으며, 국방상의 요지인 한산주(漢山州)만은 2개의 정을 배치했다. 同旨 박범래, 1988, p. 69.
211) 김형중, 1992, p. 20.
212) 이현희, 한국경찰사, 2004, p. 26.
213) 김형중, 1992, p. 126.

권을 행사했으며, 지방에서는 주, 군, 현의 행정관이 경찰권을 행사했다.[214] 고려시대 역시 독립된 경찰기구는 없었다. 따라서 정치, 군사제도에서 그 기능을 찾을 수 있다 할 것이다.[215]

고려시대(중세시대)[216]에 접어들면서 경찰제도에 있어서 다소 주목할 만한 발전을 보였다. 단지 제도사적 관점에서 보면, 이 시대의 경찰은 아직도 독자적 위치를 차지 하지 못하고 국가의 타행정부면에 혼입되어 있었다. 아울러 치안유지 임무도 독립된 하나의 경찰을 둠이 없이 병사들로 하여금 치안을 담당하게 하였기 때문에 자연히 경찰행정이 군사행정과 혼동되어 있었다.[217]

특기할 만한 것은 제한적이고 일시적이긴 하지만, 다소 분리 독립된 경찰경비기관이 설치되었다는 것이다.[218] 즉 왕명의 출납, 군기 이외에도 왕궁의 경비경찰을 중요한 임무로 하는 중추원(中樞院), 관기숙정(官紀肅正)과 아울러 풍속경찰을 관장하던 어사대(御史臺) 등이[219] 이에 해당한다. 다시 말하면, 왕궁경비(王宮警備)를 중요한 임무의 하나로서 인식하고 중앙군 중군, 이군 및 내순검군 그리고 순찰, 방범, 경비를 본래 임무로 수행했던 야별초 등이 그 사례이다. 그 외에도 몽고의 간섭정치 하에서 설치된 순군부(循軍部)가 있었는데, 이는 경호(警護) 유사기관 중의 하나였다고 한다.[220]

중앙관제의 중추기관은 3성 6부였다.[221] 정치제도는 당나라 제도를 본받아 중앙에 최고 정부기관으로 왕밑에 3성(중서성, 문하성, 상서성) 밑에 실무분담 부서인 6부(이부 · 호부 · 예부 · 병부 · 형부 · 공부), 서무분장기관인 9사를 각각 설치하여 국가의 중요 의안을 처리하였다. 그 외 특별관청으로는 중추원(中樞院, 후일 추밀원(樞密院))이 있

214) 김형중, 1992, p. 20.
215) 이현희, 한국경찰사, p. 29.
216) 한우근 교수는 고려시대를 서술하면서, "중세귀족국가"로 표현하고 있다. 同旨 한우근, 1987, pp. 119~203.
217) 박범래, 1988, p. 70.
218) 박범래, 1988, p. 71.
219) 이현희, 2004, p. 29. 관리의 비행과 부정을 감찰 탄핵하는 어사대(御史臺, 司憲府)를 설치 운용하였다.
220) 김두현, 2000, p. 81.
221) 한우근, 1987, p. 126.

었다.[222] 3성과 더불어 중앙관제의 쌍벽을 이루는 것은 바로 성종때 처음 설치된 중추원이었는데, 나중에 추부(樞府)라고도 불리었다. 왕명의 출납, 숙위, 군국기무를 장악했다.[223]

고려의 중앙 군사조직은 태조가 후삼국 통일의 중심병력이 그 근간이 되었으며 크게 보아 이원조직을 이루고 있었다.[224] 2군 6위로 대표되는 경군(정치적 성격)과 주현군으로[225] 불리는 지방군(국방군의 성격)이다.[226] 중앙 군사기구로서 6부의 하나인 병부가 2군 6위 등의 협력을 얻어 군정권을 관장하였다. 지방은 주현군 등이 치안을 맡아 수행했으며, 북쪽의 동·서 양계에도 병마사 등이 관장하여 실시해왔다.[227] 정종때 지방호족들의 사병을 연합하여 광군이 조직되었으며 이를 뒤에 개편한 것이 주, 현군이었다.[228]

성종 14년(995)에 정비된 것으로 믿어지는 경군으로서 군·위는 먼저 6위가 조직됨으로써 비롯되었다.[229] 6위는 좌우위, 신호위, 홍위위, 금오위, 천우위, 감문위의 6개 군단을 말한다.[230] 이들은 각기 수도방위, 경찰, 의장, 궁성의 수비를 담당하였다. 이밖에 좌우위, 신호위, 홍위위 세 부대는 핵심군단으로서 개경수비와 변방에 대한 방술(防戌)의 임무도 맡고 있었다. 금오위는[231] 경찰임무, 천우위는 의장(儀仗), 감문위는 궁성의 제문(諸門) 수비를 맡았다.[232] 6위보다는 약간 늦게 형성된 2군은 응양군(鷹

222) 이현희, 2004, p. 29.
223) 한우근, 1987, p. 126.
224) 이현종, 1986, p. 160.
225) 지방군의 효시는 정종(定宗2~947)대에 조직된 광군(光軍)으로, 뒤에 그 것을 개편한 것이 주현군이다. 동지 한우근, 1987, p. 129.
226) 한우근, 1987, p. 129.
227) 김두현, 2000, p. 81.
228) 이현종, 1986, p. 161.
229) 한우근, 1987, p. 129.
230) 이현종, 1986, p. 160.
231) 6위 중에서 오늘날의 경찰과 같은 업무를 대부분 담당했던 것은 금오위라고 할 수 있다. 즉 병력으로 구성된 강력한 경찰기관인 금오위는 고려개국 초 순군부(循軍部, 巡軍部) 내군부(內軍部)를 대신하여 수도 개성을 중심으로 궁권, 도성이 수비, 순찰 및 내외의 포도, 금란을 맡아 국내의 치안유지를 담당하였다고 한다. 동지 박범래, 1988, p. 76.
232) 이현종, 1986, p. 160.

揚軍), 용호군(龍虎軍)을 가리키며 이것은 국왕의 친위부대(親衛軍)로서 그 지위가 6위보다 상위에 있었다.[233] 동 2군 6위 아래에는 1천명의 군사를 1령으로 하는 45령이 소속되고 있어서 편제상 경군은 4만 5천명이었다.[234]

중앙의 경찰기관으로는 병부(兵部), 형부(刑部), 중추원(中樞院, 혹은 樞部), 2군 6위가 있었다. 먼저 병부의 집무(무선, 군무, 호위, 우역) 가운데 호위는 곧 경비사무를 주로 맡아 처리하던 곳이었다. 형부는 곧 사법경찰의 역할을 수행했다. 중추원은 왕실의 경호 및 기밀(경호 기밀), 군기를 주무로 하였다. 경비경찰기관을 겸무한 것이라 할 수 있다.[235]

경찰업무의 일환으로 궁중경호(宮中警護) 임무를 담당하였던 부서로서 내군부(內軍部)가 있었다.[236] 동내군부에 대해서는 고려사(高麗史, 卷76) 백관지(百官志) 위위사조(衛尉寺條)에 「태조원년(太祖元年) 치내군경(置內軍卿) 광종11년 정내군물(政內軍物) 장위부(掌衛部) 후칭 사위부(後稱司衛部) 성종14년 개위위사(改衛尉寺)」라고 그 변천경로를 기술하고 있다. 그러나 위위사(衛尉寺)의 관장업무에 대해서 단지 왕궁(王宮) 소용(所用)의 모든 기물을 관리하는 것이라고 하였는데, 이는 적어도 성종 14년 관제대(官制大) 개편에 따라서 위위사로 개편된 다음의 직능이다. 내군부(內軍部)시대는 물론, 장위부(掌衛部)로 개편되었을 때의 직능 전부를 말한 것도 아니라고 보는 경우도 있다. 그리고 후일 위위사가 맡았던 궁중기물 관리업무와 "내군", "장위", "사위" 등의 명칭으로 본다면 내군부는 왕궁경호를 담당하였던 친위군(親衛軍)으로 보여진다고 한다.[237]

내군부는 오늘날 경찰관서와 똑같은 임무만을 수행하던 경찰전담기관은 물론 아니다. 그러나 질서유지가 군대의 힘에 의하여 수행되고, 군과 경찰이 분화되지 않았던 시기에 있어서 이러한 국가의 안녕질서 유지 및 왕궁경호의 임무를 수행하던 것으로 보여지는 내군부는 중앙경찰기관의 일종으로 볼 수 있다고 한다.[238]

233) 한우근, 1987, p. 129.
234) 이현종, 1986, p. 161.
235) 이현희, 2004, p. 32.
236) 박범래, 1988, p. 74.
237) 이기백, 「高麗京軍考」(이병도박사 화갑기념 논총): 박범래, 1988, p. 74에서 재인용.

이러한 경찰업무를 수행하던 중앙기관의 일종이었던 내군부는 그 후 어떻게 변천되었는가? 먼저 내군부는 장위부 → 사위부 → 위위사로 개편되면서 그 소관 직무도 변천되었다. 고려사(高麗史, 卷77) 백관지(百官志) 서반조(西班條)에 의하면, 2군(응양군, 용호군)의 상장군(上將軍), 대장군(大將軍)은 다같이 근장상장군(近仗上將軍), 근장대장군(近仗大將軍)으로 호칭하고 있었다. 장군은 친종장군이라고 하고, 중랑장 이하의 장교도 역시 근장(近仗)이라고 불렀다고 한다. 또한 충선왕 때에는 용호군을 친어군으로 고친 적도 있었다. 여기서 언급되는 근장, 친어, 친종 등의 명칭은 모두 왕궁에 근위, 친위하는 의미의 칭호라고 한다. 따라서, 2군은 모두 이전의 내군의 임무를 대신한 왕궁경호의 군대였던 것으로 파악할 수 있다고 한다.[239)]

고려말기 병제에 있어서는 몽고의 영향이 현저하였는 바, 원나라 치하 수도(개경)에는 독립경찰기관인 순마소(巡馬所, 巡軍萬戶府)가 설치되어 경찰, 근위의 임무를 맡게 하였다. 이는 수도의 일선 경찰서로서의 기능을 담당하면서 순찰과 경비사무를 맡았다.[240)] 총관, 만호, 천호 등 몽고식 무관직이 부여되었다. 홀적(忽赤), 속고적(速古赤), 팔가적(八加赤) 등 몽고식 숙위군사의 칭호가 사용되었다.[241)]

이와 같은 순군만호부는 고려가 원(元)나라 영향을 받을 때 설치된 순찰, 포도, 형옥관련 업무를 담당하던 관서이다. 그 창설은 제25대 충렬왕 초의 일로 추정된다.[242)] 고려사 충렬왕 세가 중에는 이 관서가 모두 「순마소」로 기록되어 있다. 이것은 아마도 업무수행의 신속을 요하는 이 관서의 관리들이 대개 말을 타고 기마경찰의 역할을 하였던 데에서 연유한 것으로 보여진다고 한다.[243)] 고려사 세가, 열전, 형법지 등의 기사에는 단순히 「순군」 또는 「순군부」로 기록되어 있지만, 이 관서의 고위 관원에 만호, 천호 등이 있었던 만큼 「순군만호부」의 명칭도 순마소가 순군부로 개칭될 때 이루어진 관서명이었던 것으로 추정된다.

---

238) 박범래, 1988, pp. 74~75.
239) 박범래, 1988, p. 75.
240) 이현희, 2004, p. 33.
241) 박범래, 1988, p. 84.
242) 김형중, 1992, p. 21.
243) 박범래, 1988, p. 88~89.

순마소가 순군부로 고쳐지기까지에는 종래 치중하던 포도, 옥수, 순찰 등의 사무는 물론 민간인들의 쟁투, 살상과 우마의 도살 및 전지, 노비 관련 업무를 모두 맡아서 처리했다. 이 후 왕의 전지(傳旨)에 의하여 포도, 순찰 및 옥수의 사무와 민간인들의 투쟁, 살상 및 우마도살 등의 업무만을 처리하고 전지(田地), 노비에 관련되는 일을 관계하지 않기로 되었다. 이는 오늘날의 경찰업무와 근사하게 되었다.[244]

이 순군만호부의 명칭은 충렬왕 말, 충선왕 초에 순마소가 순군부로 개칭되고, 그 후 제31대 공민왕(恭愍王, 18년(1369)) 때에 사평순위부(司評巡衛府)로 개칭하였다. 동사평순위부는 제32대 우왕(禑王) 때에 다시 순군만호부로 고쳐졌으며 고려조 말까지 계속되었다.[245]

한편, 무신집권기의 경호기관이라고 볼 수 있는 것은 바로 도방과 내도방이다.[246] 무신 정권때 경대승(慶大升)이 설치한 도방은 처음으로 사병조직으로 나타났다.[247] 경대승은 자신의 신변경호를 위하여 100명의 용사로 구성된 도방이라는 사병집단을 두었다.[248] 처음에는 단순히 경대승의 신변경호를 목적으로 등장했으나, 뒤에는 비밀탐지, 반대세력의 숙청을 비롯해 주가(主家)의 권세를 배경으로 약탈·살상 등을 자행하여 그 폐단이 컸다. 1183년 경대승이 병사하자, 도방은 일시 해체되고 그 무리는 귀양을 가게 되었다. 대부분은 고문에 못견뎌 중도에서 거의 죽고 생존자는 4, 5인에 불과했다고 한다. 도방은 일시 폐쇄되었다.[249]

경대승 (慶大升, 1154~1183)

고려 중기의 무신(武臣). 본관은 청주(淸州). 중서시랑평장사(中書侍郞平章事) 진(珍)의 아들로 아버지가 불법으로 탈취한 토지를 선군(選軍)에 바치고 청백한 생활을 하였다. 15세에 가문의 덕으로 교위(校尉)에 임명된 뒤 점차 벼슬이 올라 장군이

244) 김형중, 1992, p. 21.
245) 박범래, 1988, p. 89.
246) 김두현, 2000, p. 85.
247) 이현종, 1986, p. 161.
248) 한우근, 1987, p. 164.
249) http://100.empas.com/dicsearch/pentry.html?i=273096(2008년 12월 14일 검색).

되었다. 1178년(명종 8)에 평소 불만이 많던 집권 무신 정중부(鄭仲夫) 일파를 제거하고자 결심, 허승(許升) 등과 모의하여 정중부 부자와 송유인(宋有仁) 등을 죽이고 정권을 장악하였다. 집권 후에는 종전까지 최고권력기구 기능을 하던 중방(重房)의 존재를 무력화시키고 자신의 사적 집단인 도방(都房)을 두어 정권유지의 바탕을 마련하였다. 한편, 무력으로 정권을 탈취했으나 관리등용에는 문·무신을 고루 기용하려는 노력을 게을리 하지 않았으며, 허승·김광립(金光立) 등이 자신의 공(功)을 믿고 많은 민폐를 끼치자 이들을 제거하였다. 그러나 그의 집권동안 도방(都房)의 무리라 일컫는 도둑이 횡행하고 잦은 민란이 발생하는 등 사회가 어지러웠으며, 그는 집권 5년여 만에 30세로 병사하였다.

http://kr.dic.yahoo.com/search/enc/result.html?pk=10558200&p=%B0%E6%B4%EB%BD%C2&subtype=enc&type=enc&field=id(2008년 12월 14일 검색)

이 후 집권한 무신 최충헌은 상하의 적대자들로부터 신변을 보호하기 위하여 도방을 부활시켰다. 문무관, 한량, 군졸 중에서 유력한 자 3천여 명을 모아 이를 반(班)으로 편성하여 교대로 그의 집(私第)을 지키게 했다.[250] 그가 출입할 때는 6번이 모두 함께 호위하게 해 그 위세는 마치 전쟁에 나가는 것과 같았다고 한다.[251]

도방(都房)이란?

고려 무신정권의 사병 집단이며 숙위기관(宿衛機關). 경대승(慶大升)에 의하여 처음 설치된 도방은 일종의 사병집단제로서 원래 사병들의 숙소를 가리키는 말이었으나, 뒤에는 숙위대의 명칭으로도 사용되었다. 처음에는 단순히 경대승의 신변경호를 목적으로 등장하였으나 후에는 비밀탐지, 반대세력의 숙청을 비롯하여 주가(主家)의 권세를 배경으로 약탈·살상 등을 자행하여 그 폐단이 컸다. 경대승이 병사한 이후 최충헌(崔忠獻)이 집권하자, 도방의 기능을 강화시켜 6번(番)으로 나누어 자기 집을 숙직하게 하였다. 이때의 6번 도방은 다음 최우(崔瑀) 때에 집권 전부터 거느리던 사병과 합병하여 내외도방으로 확장·강화하였다. 삼별초가 조직되자 공적인 임무는 삼별초가 맡게 되고, 도방은 오직 사적인 숙위(宿衛)만을 맡게 되었다.

250) 한우근, 1987, p. 164.
251) http://100.empas.com/dicsearch/pentry.html?i=273096(2008년 12월 14일 검색).

최항(崔沆) 때에 이르러서는 분번제가 더욱 확대되어 36번이 되었고, 이 도방 36번은 최의에 의하여 계승되었으나, 1258년 최의가 유경·김인준(金仁俊 ; 金俊)·임연(林衍) 등에게 피살되어 최씨 정권이 몰락함으로써 한때 왕권에 예속되는 듯하였으나, 실제로 정권을 장악한 김준 등에 의하여 계승되었다. 그러나 원종이 홍문계(洪文系)를 시켜 그 일당을 제거함으로써 무신정권은 100여 년 만에 끝나게 되었으며, 그들의 세력기반의 하나였던 도방(都房)도 아울러 폐지되었다.

http://kr.dic.yahoo.com/search/enc/result.html?pk=12611300(2008년 12월 14일 검색)

최씨 정권의 사적 정치기구는 1219년(고종6) 최충헌의 뒤를 이은 최우(崔瑀, ?~1249)에 이르러 한층 더 정비되었다. 최우는 고종12년 사제(私第)에 정방(政房)을 설치하고 여기에 문사들을 소속시켜 문무 관료에 대한 인사권을 장악하였다. 또한 문인들을 중심으로 서방을 설치하여 도방과 더불어 사제를 숙위(宿衛)케 하였다. 그 밖에 의장기병대(儀仗騎兵隊)로서 마별초(馬別抄)를 조직하고 도적을 막기 위하여 야별초(夜別抄 - 나중에 좌우별초로 나뉨)를 조직하였다.[252] 이리하여 종래 3성 6부와 2군 6위가 담당하던 정치, 군사상의 임무가 교정도감, 도방, 정방, 서방, 별초 등의 기구로 옮겨지게 되었다.

서방(書房)

고려시대 무신정권기에 국정 자문기관으로서 설치했던 특별관청. 1227년(고종14) 무렵 최우(崔瑀)가 자기 집에 임시로 설치하였다. 설치목적은 무신정변 이후 소외되었던 문신과 유학자에게 고문(顧問) 역할을 맡김으로써 그들을 회유하고, 최씨 무신정권을 강화하려는 데에 있었다. 이 기관은 서방삼번(書房三番)이라 하여 문신과 유학자를 3번으로 나누어서 교대로 숙직하게 하며 국정에 관한 자문을 담당하게 하였다. 서방은 도방(都房)·정방(政房)과 함께 최씨정권의 권력기구였으나, 도방은 무신의 숙위기관이고 정방은 인사행정기관이라는 점에 차이가 있다. 최씨정권의 몰락 후에는 김준(金俊)에게 계승되어 임연(林衍)을 거쳐 임유무(林惟茂) 때까지 존속하였다.

252) 한우근, 1987, p. 165.

http://kr.dic.yahoo.com/search/enc/result.html?pk=14747900&p=%BC%AD%B9%E6&field=id&type=enc(2008년 12월 14일 검색)

최우는 집권하기 전부터 수많은 사병을 거느리고 있었으나, 집권 후에는 그의 사병과 6번 도방을 병합, 개편해 내외도방으로 확장, 강화하였다. 이 내외도방의 편성은 최우의 사병으로 내도방을 조직하고, 최충헌의 도방을 계승해 외도방을 조직한 것 같다. 그리하여 내도방은 최우와 그 사저(私邸)의 호위를 맡고, 외도방은 그 친척과 외부의 호위를 맡은 것으로 짐작된다. 내외도방은 각각 6번으로 편성되었던 것으로 추측된다. 최우 때의 도방은 분번해 교대로 숙위하는 것 외에 반도의 토벌 및 외적의 방어, 토목공사에의 취역, 비상시의 비상경비 등의 공적인 임무도 수행하였다.[253] 후일 무신정권은 100여 년 만에 끝나게 되었다. 이로써 그들의 세력기반의 하나였던 도방도 아울러 폐지되었다.

최씨 집권 때에는 마별초(馬別抄), 삼별초(三別抄)가 조직되었다.[254] 특히 삼별초는 처음 최우가 도적을 막기 위하여 야별초를 두었다가, 인수가 증가하여 좌별초, 우별초, 신의군으로 구성되었다. 최씨의 권력유지 배경이 되었던 것은 물론이려니와 훗날 진도와 제주도로 이동하면서까지 철저한 항몽전(抗蒙戰)을 전개하여 고려군인의 상무정신과 우리 민족의 자주정신을 잘 보여 주었다.[255]

마별초(馬別抄)

고려 최씨 무신정권의 기병부대. 최우(崔瑀)가 몽골의 영향을 받아 편성한 것으로 보인다. 마별초는 그 명칭이 뜻하듯이 기병(騎兵)의 별초인데, 별초라 함은 가려뽑은 특별군대를 뜻하는 것이다. 마별초의 편성은 최씨 무신정권의 가병(家兵)으로서 그 호위체제의 발전을 뜻한다. 최씨 무신정권의 호위체제로 마별초가 편성되기 전에는 도방(都房)을 중심으로 한 보병이 주력이었으나, 마별초의 편성으로 기동

253) http://100.empas.com/dicsearch/pentry.html?i=273096(2008년 12월 14일 검색).
254) 이현종, 1986, p. 161.
255) 이현종, 1986, p. 162.

력이 강한 기병을 갖추게 된 것이다. 마별초는 사열할 때 장니(障泥 ; 마구의 하나)를 황금으로 장식하고, 말의 머리와 꼬리에 금엽나화(金葉羅花)를 꽂았다고 한다. 이처럼 마별초는 단순한 기병만이 아니라 의장대(儀仗隊)의 구실도 하였음을 알 수 있다.

http://kr.dic.yahoo.com/search/enc/result.html?pk=13198000&p=%B8%B6%BA%B0%C3%CA&field=id&type=enc(2008년 12월 14일 검색)

삼별초(三別抄)

고려시대 경찰 및 전투의 임무를 수행한 부대. 좌별초(左別抄)·우별초(右別抄)·신의군(神義軍)을 말한다. 최씨 무신정권의 최우(崔瑀) 집권기에 나라 안에 도둑이 들끓자 용사를 모아 매일밤 순찰, 단속하게 하여 그 이름을 야별초(夜別抄)라 하였는데, 도둑이 전국적으로 일어나자 군사의 수를 늘리고 이를 나누어 좌별초와 우별초라 하여, 몽골에 포로로 잡혀갔다 도망온 자들로 편성된 신의군과 함께 삼별초라 하였다. 삼별초는 무신정권 말기에 만들어진 사병(私兵)이기는 하지만 경찰·전투를 맡아 공적인 성격이 강한 군대였기 때문에, 도방(都房) 등의 사병보다 움직이기가 쉬웠다. 이 때문에 김준(金俊)·임연(林衍) 등이 정변을 일으킬 때 중요한 무력기반으로 삼는 등 권신(權臣)들에 의하여 설치되고 지휘되었다. 대몽강화 이후에는 진도를 본거지로 몽골과의 항전을 전개하였다.

http://kr.dic.yahoo.com/search/enc/result.html?pk=14598500&p=%BB%EF%BA%B0%C3%CA&field=id&type=enc(2008년 12월 14일 검색).

3. 조선시대의 경찰경호제도 - 갑오경장 이전

1) 중앙관제 및 군사제도

(1) 조선시대 중앙관제

조선시대의 정치기구는 국왕의 무제한한 권력을 집행하거나 또는 대행하는 것으로서, 당시 관료는 문무로 나누어졌다. 일정한 신분계층을 이룩하며 국왕에 대한 충성봉사가 제일의 의무였다.

당시 중앙의 최고 정치기구는 의정부(議政府 - 명종 이후는 備邊司)였다. 이는 고려의 도평의사사(都評議使司)를 이은 것이다. 성종 때 법제적 기틀인 경국대전(經國大典)의 완성과 더불어 정립되었다. 관등은 9품으로 정하고 다시 정·종 18등급으로 나누고 당상관, 당하관으로 구분했으며, 이는 1894년 갑오경장 때까지 존속되었다. 의정부는 영의정, 좌의정, 우의정의 3정승으로 구성되는 합좌기관으로서 국가의 중요한 정무를 논의하며 합의사항을 왕에게 아뢰고 재가를 얻어 해당관서에 알렸다. 6조(六曹)의 실무기능이 대폭 강화되어 의정부의 거의 모든 임무가 6조로 이관되었다. 고려 때의 6부(吏·兵·戶·刑·禮·工)에 해당되었지만 정치적 중요성이 보다 컸다. 판서(장관급)와 참판(차관급)으로 하는 이·호·예·병·형·공 순으로 고려시절과는 서열이 달리 구분되었다.[256)]

왕명의 출납을 맡은 승정원(承政院 - 長은 都承旨)은 국왕의 비서기관으로 중요한 구실을 하였다. 비대한 행정기관의 권력을 견제하는 기관으로서 홍문관(弘文館 - 長은 大提學, 집현전의 후신)은 국왕의 고문기관의 역할을 담당했다.

사헌부(司憲府 - 長은 大司憲) : 감찰기관으로서 시정을 논하고 백관을 규찰하며 임명된 관리의 신분, 경력 등을 조사하여 가부(可否)를 승인하는 서경(署經)도 맡았다. 관리의 풍속교정을 다스렸다. 사간원(司諫院, 長은 大司諫)은 국왕의 전제적인 권리를 견제하는 임무로 간쟁논박(諫諍論駁)을 맡았다. 임금을 타일러 정치를 바로하게 하며 탄핵기관의 역할을 수행했다. 언론 문필기관인 홍문관, 사헌부 및 사간원을 소위 삼사(三司)라 일컬었다.[257)]

중앙에서 일반적인 재판을 담당한 형조, 사헌부, 한성부의 삼법사가 있었다. 특수 사법기관으로서 의금부(義禁府 - 長은 判事)는[258)] 왕명에 따라 고관 귀족의 중죄를 다스려 왕권부지(王權扶持)의 핵심기관이었다. 사법기관으로서 양반을 다스렸으며 특

256) 이현종, 1986, p. 220~221.
257) 이현종, 1986, p. 223.
258) 한우근, 1987, p. 211. 태종 2년에는 고려말 이래의 순군만호부(巡軍萬戶府)를 순위부(巡衛府)로 고치고, 다시 의용순금사(義勇巡禁司)로 개편했다가, 태종 14년에 의금부로 개편하였다. 이는 국왕 직속의 최고 법사(法司)로서 방도(防盜), 금란(禁亂)의 광범위한 직권을 가지고 역모방지의 중책을 맡게 하였다.

별재판소였다. 포도청(捕盜廳 - 長은 捕盜大將)은 상민(평민과 천민)의 죄를 다스렸으며 경찰청의 역할을 담당했다. 이는 갑오경장 이전까지 우리나라에서 가장 전문화된 경찰기관으로 평가된다.[259)]

(2) 조선시대 중앙군사제도

조선의 군제는 고려말기에 설치된 삼군도총제부(三軍都摠制府)를 계승하였다. 태조 이성계는 왕위에 오른 즉시 종래의 군제를 혁파하고 새로 의흥친군위(義興親軍衛)라는 친위병 조직을 핵심적인 병력으로 삼았다.[260)] 즉 고려 중앙군 조직인 8위(八衛)에 태조의 친병(親兵)을 바탕으로 하는 의흥친군좌위(義興親軍左衛)와 의흥친군우위(義興親軍右衛)를 가설해 10위의 중앙군 조직을 갖추었다.[261)] 태조2년(1393) 9월에는 군권을 통제하기 위해 군제를 개편, 의흥친군위를 의흥삼군부(義興三軍府)로 개편하였다.[262)]

왕조 개창 당시에 종친, 훈신(勳臣)의 호위를 위하여 유지케 했던 사병을 정종2년(1400)에 혁파하여 병권의 집중을 기했다.[263)] 1400년에 중추원을 합쳐 1401년(태종1) 승추부(承樞府)로 개편하였다.[264)]

1403년 다시 삼군도총제부(三軍都摠制府)로 개칭하고 승추부를 분리, 독립시켰다가 승추부는 1405년 병조(兵曹)에 통합되었다. 1409년 병조에 치우쳐 있던 군무를 분산하여 삼군진무소(三軍鎭撫所)를 설치하였다. 그 뒤 변화를 겪으면서 부대 조직도 처음의 10위[265)]로 바뀌고, 10사에서 다시 12사로 바뀌어 문종 때 5사가 되었다.[266)]

---

259) 이현종, 1986, p. 223.
260) 한우근, 1987, p. 207.
261) http://100.empas.com/dicsearch/pentry.html?i=233740(2008년 12월 15일 검색).
262) http://100.empas.com/dicsearch/pentry.html?i=233749(2008년 12월 15일 검색).
263) 한우근, 1987, p. 236.
264) http://kr.ks.yahoo.com/service/wiki_know/know_view.html?tnum=64362(2008년 12월 15일 검색).
265) 십위(十衛)라 함은 의흥친군좌위, 의흥친군우위, 응양위, 금오위, 좌우위, 신호위, 홍위위, 비순위, 천오위, 감오위를 말한다.
266) http://kr.blog.yahoo.com/shim4ro/1792(2008년 12월 15일 검색).

1457년(세조3) 삼군이 5위 제도로 개편되면서 다시 오위진무소(五衛鎭撫所)로 되었다가, 1466년(세조12)에 오위도총부(五衛都摠府)가 되어 일단 정비되었다.[267] 이처럼 조선시대 초·중기 군제는 의흥삼군부(義興三軍府)를 거쳐 오위도총부로 확정된 중앙군은 세조 때 정비된 5위(五衛)가[268] 핵심을 이루었다. 서울에는 중, 좌, 우, 전, 후의 지구에 각기 한 개의 위를 두어, 이를 의흥위, 용양위, 호분위, 충좌위, 충무위라 하였다.[269] 이 5위는 도총관(都摠管)을 수반으로 하는 오위도총부의[270] 통할을 받았다. 5위의 평상시 임무는 병종별로 입직(入直)·행순(行巡)하는 것이었다.[271]

군역을 보건대, 병종에는 특수층 자제의 특수부대 무과출신의 직업군인은 갑사(甲士), 일반 량민인 정병이 있었다. 특권층과 갑사는 대개 5위의 핵심이 되었으며 정병은 진수군(鎭守軍, 지방의 영진(營鎭)에 소속된 군인)에서 군역을 맡았다.[272]

5위(五衛)

조선 초·중기에 근간을 이루었던 군사조직이다.

1394년(태조 3) 10위(十衛)를 10사(十司)로 개칭하고, 그 가운데 4개의 시위사(侍衛司-의흥시위사, 충좌시위사, 웅무시위사, 신무시위사)가 중군(中軍)을 이루어 궁궐을 시위하고, 6개의 순위사(巡衛司)는 좌군(左軍-용양시위사, 용기순위사, 용무신위사)과 우군(右軍-호분순위사, 호익순위사, 호용순위사)을 이루어 경성(京城)을 순찰하게 하였다.

1400년(정종 2) 사병이 혁파되면서 병권이 정부에 귀속된 뒤, 갑사(甲士)도 하나

---

267) http://100.empas.com/dicsearch/pentry.html?i=233749(2008년 12월 15일 검색).

268) 이현종, 1986, p. 225. 5衛는 다음과 같다: 의흥위(義興衛- 中衛, 수도의 중부지역을 담당하였으며, 경기, 강원, 충청, 황해도 출신자로 편성, 14,500명), 용양위(龍讓衛-左衛, 동부지역을 담당했으며, 경상도 출신자로 편성, 4,500명), 충좌위(忠佐衛-前衛, 남부지역을 담당했으며, 전라도 출신자로 편성, 2,500명), 호분위(虎賁衛-右衛, 서부지역을 담당했으며, 평안도 출신자로 편성, 5,000명) 그리고 충무위(忠武衛-後衛, 북부지역을 담당했으며, 함경도 출신자로 편성됨, 500명)이다.

269) 한우근, 1987, p. 236.

270) 1882년 고종 19년 군제개혁으로 완전히 폐지되었다.

271) http://100.empas.com/dicsearch/pentry.html?i=233741(2008년 12월 15일 검색).

272) 이현종, 1986, p. 226.

의 병종으로 확립되어 10司의 조직은 중앙군으로서의 지위가 확실해졌다.

1409년(태종 9) 10司의 임무를 바꾸어 순위를 맡은 1사를 제외한 나머지 9사가 모두 시위(侍衛)를 맡게 되었다. 1418년(태종 18)에는 12사로 증설해 왕궁시위(王宮侍衛)에 치중하였다.

1422년(세종 4)에 다시 10사로 되돌아갔고, 1445(세종27)에는 또다시 12사로 환원되었다. 이 사이 갑사를 주축으로 하는 중앙군에 교대제가 나타나고 양계 갑사(兩界甲士)가 따로 구분되는 등 상당한 변화가 있었다.

1451년(문종 1) 12사가 5사로 개편되어 중군에 의흥사(義興司)·충좌위(忠佐衛)·충무사(忠武司), 좌군에 용양사(龍驤司), 우군에 호분사(虎賁司)를 분속시켰다. 그리고 이 때 갑사 이외에 별시위(別侍衛)·총통위(銃筒衛)·방패(防牌)·섭육십(攝六十) 등 중요 병종(兵種)이 5사에 고르게 분속되었다. 이렇게 만들어진 5사는 2사가 입직(入直)하고 나머지 3사가 출직(出直)해 3일마다 교대하도록 규정되었다.

1457년(세조 3) 5사를 5위로 개편하였다.

http://100.empas.com/dicsearch/pentry.html?i=233740(2008년 12월 15일 검색)

2) 국왕경호 및 궁궐경비

(1) 궁궐 내외 경호경비 조직과 역할

궁궐경호의 사례는 궁궐의 담장을 경계로 하여 궁궐 안에서 이뤄지는 경비와 궁궐 외곽에서 이뤄지는 방위가 있었으며, 일정한 시간마다 궁궐 내외의 방위 지역을 순환하면서 이상 유무를 확인하는 순찰이 있었다.

① 궁궐 내의 경호경비 조직과 역할

궁궐 내의 경비는 여러 기관이 업무를 분담하였다. 궁궐 내의 경비는 내병조(內兵曹)가 업무를 총괄하고, 창덕궁(昌德宮)과 창경궁(昌慶宮)을 둘러싼 담장 네 곳에 설치된 5위(五衛)의 위장소(衛將所)가 주로 담당하였다. 먼저 국왕의 침소와 가장 인접한 지역은 국왕의 호위를 담당한 금군청(禁軍廳), 호위청(扈衛廳), 선전관청(宣傳官廳) 소속의 군관들이 경비하였다.

▶ 금군청 군사는 인정전(仁政殿) 뜰에서,

▶ 호위청 군사는 인정전 밖 월랑(月廊)에서,

▶ 선전관(宣傳官)은 선정전(宣政殿) 앞에 위치한 선전관청에 배치되었다.[273)]

궁궐 내 주요 거점과 궁궐 문에는 병조의 기병과 삼군영(三軍營) 군관이 경비를 섰다. 병조의 기병 중에는 궁궐 내 각 지역에 시각을 알리는 전루군(傳漏軍)이 포함되어 있었다. 궁궐 문 8곳에는 수문장(守門將)이 배치되어 있었는데, 창덕궁(昌德宮)의 정문인 돈화문(敦化門)에는 특별히 2명의 수문장이 경비를 섰다. 창덕궁과 창경궁(昌慶宮)의 담장에는 동소(東所), 서소(西所), 남소(南所), 북소(北所)로 이루어진 사소(四所)가 있었다. 5위의 위장(衛將)과 부장(部將)은 사소에 거점을 두고 궁궐 내부를 경비하였으며 시각을 나누어 궁궐 내부를 순찰하였다.[274)]

(표 1) 조선시대의 국왕경호체계 - 궁궐내부의 경비체계 사례

국왕 숙소의 근접 경호 - 선전관의 대내 입직 (大內入直)과 禁軍의 입직
조선 후기의 국왕들은 주로 창덕궁에서 거주했다. 궁궐 내에서 국왕이 위치하는 곳은 일정하지 않지만 대체로 아래 그림 1, 2, 3, 4번 지역에서 가장 많은 시간을 보냈다. 그림에서 1번 지역은 법전인 인정전으로 공식적인 의전행사가 주로 이루어지는 곳이다. 2번 지역은 편전인 선정전으로 국왕이 평소 근무하는 곳이다. 3번 지역은 침전인 희정당으로 국왕의 공식 숙소이다. 4번 지역은 대조전으로 왕비가 거처하는 곳이다. 국왕이 1번인 법전에 위치했을 때는 공식적인 행사 중일 때가 많으므로 이때는 의장적인 요소가 가미된 평소보다도 더욱 복잡한 경호체계가 적용된다. 국왕이 2~4번에 위치했을 때 경호를 하는 것이 바로 아래에 설명할 대내 입직이다(그림에서 호위청의 위치는 추정 위치이다). 그림 속의 승정원(청와대 비서실)은 국왕의 비서실이며, 내병조는 궁궐 경비업무를 총괄지휘하기 위해 궁궐 내에 설치한 병조의 내아문이다. http://hackjaponaise.cosm.co.jp/archives/websites/etica13/3-9-3.htm(2008년 12월 16일 검색)

273) http://culturedic.daum.net/dictionary_content.asp?Dictionary_Id=10011305&mode=title&query=%C1%B6%BC%B1+%B1%C3%B1%C8+%3Cb%3E%B9%E6%C0%A7%3C%2Fb%3E+%BB%E7%B7%CA&dircode=0(2008년 12월 15일 검색).

274) http://culturedic.daum.net/dictionary_content.asp?Dictionary_Id=10011306&mode=title&query=%C1%B6%BC%B1+%B1%C3%B1%C8+%3Cb%3E%B9%E6%C0%A7%3C%2Fb%3E+%B1%E2%B0%FC&dircode=0(2008년 12월 15일 검색).

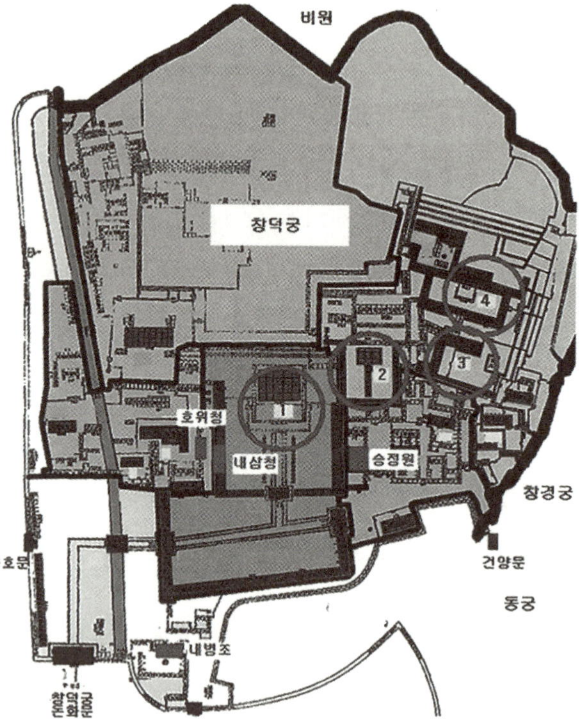

〈그림 1〉 조선시대 궁궐내 국왕 근접 경호체계[275)]

(표 2) 조선시대 궁궐 내 행사시 국왕 경호 사례

국왕이 궁궐 안에 있더라도 인정전이나 명정전에서 국가의 주요 행사를 주관하면 경호 인원이 늘어난다. 많은 사람이 있는 장소에서 국왕의 경호에 신중을 기하기 위함이기도 하고, 의장(儀仗) 성격이 강한 경호 인원도 다수 동원하여 국왕이 참석하는 행사의 격을 높이기 위함이다. 국왕을 경호하던 인원의 직책과 위치에 대해 살펴보면 다음과 같다. 국왕을 중심에 놓고 최측근에서 앞쪽에는 보검(寶劍), 뒤쪽에는 협시(挾侍)가 국왕을 수행한다. 이들 보검과 협시는 실제 경호 인원이라기보다는 국왕의 위엄을 더하기 위한 의장이나 시중을 드는 역할을 담당하였다.

275) http://hackjaponaise.cosm.co.jp/archives/websites/etica13/3903-01.jpg(2008년 12월 16일 검색).

국왕을 둘러싸고 있는 보검과 협시 옆에는 군사관계 업무를 총괄하는 병조(兵曹)의 우두머리인 병조판서(兵曹判書)가 군복을 입고 왕을 호위하였다. 병조판서의 옆에는 별운검(別雲劍)이 위치하고 있다. 별운검은 행사 때 임명되는 임시 관리로 문관이 임명되기도 하는 등 의장 성격이 강한 직책이다.

별운검의 뒤쪽으로 별군직청(別軍職廳)의 군관들이 위치하고 있다. 이들은 국왕의 친위부대로 국왕을 지척에서 호위하는 병력이다.

이들 옆에는 궁궐 내의 경비를 총 책임지는 병조와 오위도총부(五衛都摠府)에서 나온 당상(堂上)과 낭청(郎廳), 오위장(五衛將)이 위치해 있다.

국왕 앞에는 왕명을 전하는 승지(承旨)가 엎드려 있고, 승지 뒤로 기록관이 사관(史官)들이 엎드려 있다. 사관 서쪽에는 세자(世子)가 춘방관(春坊官)의 시중을 받으며 앉아 있다. 사관의 동쪽에는 국왕에게 올릴 음식을 관리하던 사옹원(司饔院) 소속의 제조(提調)가 위치해 있다.

국왕이 위치한 단 앞쪽에는 국왕이 움직일 때 따라다니며 호위하는 운검차비(雲劍差備)와 무예 훈련 및 병서 습독을 관장하던 훈련원제조(訓練院提調)가 국왕을 호위하고 있다. 선전관청(宣傳官廳) 소속의 선전관(宣傳官)과 무겸선전관(武兼宣傳官)도 국왕이 위치한 단 앞쪽에 도열해 있다. 이들은 평상시 군명(軍命)에 관계된 왕명을 처리하고 국왕을 지척에서 호위하였다.

국왕이 위치한 단 좌우에는 무예별감(武藝別監), 가전별초(駕前別抄), 가후금군(駕後禁軍), 사금차비(司禁差備) 등 수십 명에 달하는 실질 경호 인원이 위치해 있다. 이들이 도열해 있는 단의 끝 모서리에는 내취(內吹)를 이끌고 있는 선전관이 서 있다.

금군별장(禁軍別將)이 이끄는 금군(禁軍)이 월대의 아래에 도열해 있다.

서쪽 월대 아래에는 내금위(內禁衛)와 우림위(羽林衛)가 위치해 있고,

동쪽 월대 아래에는 내금위와 겸사복(兼司僕)이 도열해 있다.

이들 금군의 뒤쪽을 훈련도감(訓練都監) 소속의 협련군(挾輦軍)이 위치해 있다. 그리고 금위영(禁衛營) 소속의 창검군(槍劍軍)이 행사장의 앞쪽에 위치하여 협련군과 함께 행사장 전체를 둘러싸고 있다. 이들 창검군과 협련군의 뒤쪽은 의장물을 든 군사들이 노열해 있다.

의장물들은 국왕이 주관하는 행사임을 나타내고 행사에 위엄을 더하는 역할을 한다. 명정문(明正門)에는 조총과 깃발을 든 병사들이 지키고 서 있다. 명정문 밖에는 담을 따라 의장물을 든 군사들이 도열해 있고, 옥천교 앞을 호위별장(扈衛別將)이 이끄는 호위군관(扈衛軍官)들이 막고 서 있다.

http://culturedic.daum.net/dictionary_content.asp?Dictionary_Id=10011301&mode=content&query=%C1%B6%BC%B1+%B1%C3%B1%C8+%B3%BB+%C7%E0%BB%E7+%BD%C3+%B1%B9%BF%D5+%B0%E6%C8%A3&dircode=0(2008년 12월 16일 검색)

② 궁궐 외곽의 경호경비 조직과 역할

궁궐 방위를 담당한 기관에는 내병조, 오위도총부, 수문장청, 삼군영이 있었다.

▶ 내병조는 궁궐 안에 설치된 병조의 지부로서 궁궐 방위를 총괄 감독하는 기관이었다.

▶ 오위도총부는 궁궐 내부(담장안)의 경비를 실질적으로 담당하는 기관으로 궁궐의 담장에 설치된 네 곳의 위장소를 중심으로 경비업무를 수행하였다.

▶ 수문장청은 궁궐 각 문의 개폐(大門 防衛)를 담당하였는데, 창덕궁과 창경궁에는 모두 9곳에 수문장청이 설치되어 있었다. 단 궁문을 개폐할 때에는 내병조(內兵曹), 승정원(承政院), 오위도총부(五衛都摠府), 액정서(掖庭署)의 관원도 함께 참여하였다.

▶ 한편, 궁궐 외곽의 방위(都城)는 주로 삼군영이 담당하였다.[276] 창덕궁, 창경궁, 종묘(宗廟) 일대를 둘러싼 궁궐 담장의 외곽에는 삼군영 예하의 여러 분영(分營)이 설치되었고, 이곳을 거점으로 궁궐 외곽의 방위가 이루어졌다. 그러나 삼군영의 군사들은 궁궐 안에 있는 주요 거점 지역에도 파견되어 궁궐 안 경비를 맡기도 하였다.

276) http://culturedic.daum.net/dictionary_content.asp?Dictionary_Id=10011307&mode=title&query=%3Cb%3E%C1%B6%BC%B1%3C%2Fb%3E+%3Cb%3E%B1%C3%B1%C8%3C%2Fb%3E+%3Cb%3E%B9%E6%C0%A7%3C%2Fb%3E%C1%B6%C1%F7&dircode=0(2008년 12월 16일 검색).

▶ 궁궐 외곽의 방어는 주간의 파수(把守)와 야간의 포로 구분되었는데, 삼군영에서 각각 방위하는 구역을 나누었다.

▶ 순찰은 궁궐 내부와 외부에서 동시에 이뤄졌다. 궁궐 내부의 순찰은 오위의 위장(衛將)과 부장(部將)이 주로 담당하였고, 궁궐 외곽의 순찰은 삼군영의 군관이 담당하였다. 궁궐 내외를 순찰할 때는 순찰조마다 출발 시간과 지역에 차이를 두어 한 지역의 경비상황을 반복해서 관찰할 수 있도록 조치하였다.[277)]

③ 주간(晝間)의 궁궐 외곽 방위

주간에는 궁궐을 둘러싸고 있는 삼군영의 분영들은, 즉 훈련도감(訓練都監)의 분영인 광지영, 금호문과 홍화문에 속한 훈련도감 입직소, 금위영의 분영인 서영, 어영청의 분영인 집춘영, 동영을 중심으로 궁궐의 외곽을 방위하였다. 이들은 각 분영의 위치에 따라 궁궐의 외곽을 여섯 지역으로 나누었다. 금호문 옆에는 훈련도감에 속해 있는 훈련도감 초관입직소와 훈련도감군 파수직소가 있다. 이곳에 속해 있는 금호문 입직군은 돈화문과 명례문에 이르는 지역을 방위하였다. 이들의 인원은 파총 1명, 초관 1명, 보군 100명이다. 금위영의 분영인 서영은 명례문의 바깥쪽에 위치해 있다. 이곳에 속해 있는 서영군은 명례문과 공북문에 이르는 지역을 방위하였다. 이들의 인원은 초관 1명, 지방군 40명이다. 훈련도감의 분영인 광지영은 후원의 북쪽 응봉 아래에 위치해 있다. 이곳에 속해 있는 광지영군은 공북문에서 집춘문에 이르는 지역을 방위하였다. 이들의 인원은 초관 1명, 보군 50명이다. 어영청의 분영인 집춘영은 집춘문 옆에 위치해 있다. 이곳에 속해 있는 집춘영군은 집춘문에서 통화문에 이르는 지역을 방위했다. 이들의 인원은 초관 1명, 지방군 50명이다. 홍화문 옆에는 훈련도감에 속해 있는 훈련도감군번소가 있다. 이곳에 속해 있는 홍화문 입직군은 통화문에서 내사복 수문에 이르는 지역을 방위했다. 이들의 인원은 초관 1명, 보군 100명이다. 어영청의 분영인 동영은 선인문 아래에 위치해 있다. 이곳에 속하는 동영군은 내사복 수문에서 돈화문에 이르는 지역을 방위했다. 이들의 인원은 기사장 1명, 파총 1명, 초관

---

277) http://culturedic.daum.net/dictionary content.asp?Dictionary_Id=10011305&mode=title&query=%C1%B6%BC%B1+%B1%C3%B1%C8+%3Cb%3E%B9%E6%C0%A7%3C%2Fb%3E+%BB%E7%B7%CA&dircode=0(2008년 12월 15일 검색).

1명, 기사 25명, 지방군 61명이다. 만일 파수지역 내 담장이 무너지면 그 지역을 담당하는 분영에서 군사들을 보내어 무너진 곳을 지킨다. 무너진 정도가 1칸이면 8명, 2칸이면 10명, 3~4칸이면 15명, 5~6칸이면 20명의 군사를 보내어 무너진 곳을 지키는데, 이보다 더 많은 담장이 무너져 있으면 적당한 숫자의 군사를 더해서 무너진 곳을 지킨다.[278)]

④ 야간(夜間)의 궁궐 외곽 방위

야간에 이루어지는 궁궐 외곽 방위는 주간과는 다른 방식으로 이루어진다. 일단, 삼군영에서 담당하는 구역에 변화가 생긴다. 주간에는 여섯 지역으로 나누어 삼군영의 분영에서 방위를 담당하였지만, 야간에는 담당 지역을 세 지역으로 나눈다. 훈련도감은 공북문(拱北門)에서 집춘문(集春門)에 이르는 지역, 어영청(御營廳)은 집춘문에서 종묘 대문(宗廟 大門) 동쪽에 이르는 지역, 금위영(禁衛營)은 종묘 대문 서쪽에서 공북문에 이르는 지역을 담당하였다. 그리고 삼군문의 담당 지역에 지금의 초소에 해당하는 포를 설치하여 야간 경계를 강화하였다. 훈련도감 구역에는 여섯 개의 포를, 금위영 구역에는 여덟 개의 포를, 어영청 구역에 여섯 개의 포를 설치하였다. 만약 포가 무너지면 담당 구역의 군영과 영선사(營繕司)가 함께 수리하였다.[279)]

(2) 국왕경호 방법

조선시대 국왕은 하늘의 명을 받아 천인합일(天人合一)을 실현하는 초월적 존재이자 입법권, 사법권, 행정권과 같은 세속적 권력을 장악하고 국가를 대표하는 존재였다. 이처럼 신성하고 막중한 권한을 가진 국왕을 경호하는 것은 중요한 직무였다. 국왕의

---

278) http://culturedic.daum.net/dictionary_content.asp?Dictionary_Id=10011311&mode=title&query=%3Cb%3E%C1%B6%BC%B1%3C%2Fb%3E+%3Cb%3E%B1%C3%B1%C8%3C%2Fb%3E+%BF%DC%B0%FB+%3Cb%3E%B9%E6%C0%A7%3C%2Fb%3E+%2D+%C1%D6%B0%A3&dircode=0(2008년 12월 16일 검색).

279) http://culturedic.daum.net/dictionary_content.asp?Dictionary_Id=10011310&mode=title&query=%3Cb%3E%C1%B6%BC%B1%3C%2Fb%3E+%3Cb%3E%B1%C3%B1%C8%3C%2Fb%3E+%BF%DC%B0%FB+%3Cb%3E%B9%E6%C0%A7%3C%2Fb%3E+%2D+%BE%DF%B0%A3&dircode=0(2008년 12월 16일 검색).

경호를 위한 국가시스템이 매우 잘 갖추어져 있었다. 평상시 국왕은 궁궐 안에 머물러 있는 것이 상례였으므로 국왕경호는 궁궐을 중심으로 이루어졌다. 국왕의 최측근에는 밤낮으로 내시(內侍)들이 수행하고, 주간에는 승지(承旨: 국왕 비서)와 사관(史官 : 기록 담당관)이 있었지만 이들을 경호요원으로 보기는 어렵다. 국왕을 수행하는 인원을 제외하면 국왕이 거처하는 지역을 경비하는 선전관청(宣傳官廳), 금군청(禁軍廳), 호위청(扈衛廳)에 소속된 군관이 있었다. 이들은 국왕의 최측근 경호를 담당하는 인원으로 국왕경호에 있어 가장 중요한 역할을 담당하였다.[280)]

궁궐 내 주요 거점지역에는 병조와 삼군영, 즉 훈련도감, 금위영, 어영청에서 파견된 군사들이 방위를 담당하였다. 국왕의 경호 및 궁궐의 방위는 여러 부대에 소속된 군사들이 함께 담당하였는데, 이는 한 기관이 국왕의 경호를 전담할 경우 발생할 수 있는 위험을 방지하고자 했기 때문이었다. 한편, 국왕이 이동을 하면 장소에 따라 경호시스템이 변화하였다. 궁궐의 안과 밖을 지키는 군사들이 상주하고 있었으므로 만일 국왕이 궁궐 안에서 이동하면 경호가 비교적 간단하였다. 그러나 국왕이 궁궐을 벗어나 도성 안에 행차하거나 도성을 벗어나 장거리 행차를 하면 경호인력은 점차 강화되었다. 조선시대에는 궁궐의 담장 안팎으로 방위선이 있었고, 도성에 또 하나의 방위선이 있었는데 국왕이 이 방위선을 하나씩 벗어날 때마다 경호인력은 늘어날 수밖에 없었던 것이다.[281)]

---

280) http://culturedic.daum.net/dictionary_content.asp?Dictionary_Id=10011291&mode=content&query=%C1%B6%BC%B1+%B1%B9%BF%D5+%B0%E6%C8%A3&dircode=0(2008년 12월 15일 검색).

281) http://culturedic.daum.net/dictionary_content.asp?Dictionary_Id=10011291&mode=content&query=%C1%B6%BC%B1+%B1%B9%BF%D5+%B0%E6%C8%A3&dircode=0(2008년 12월 15일 검색).

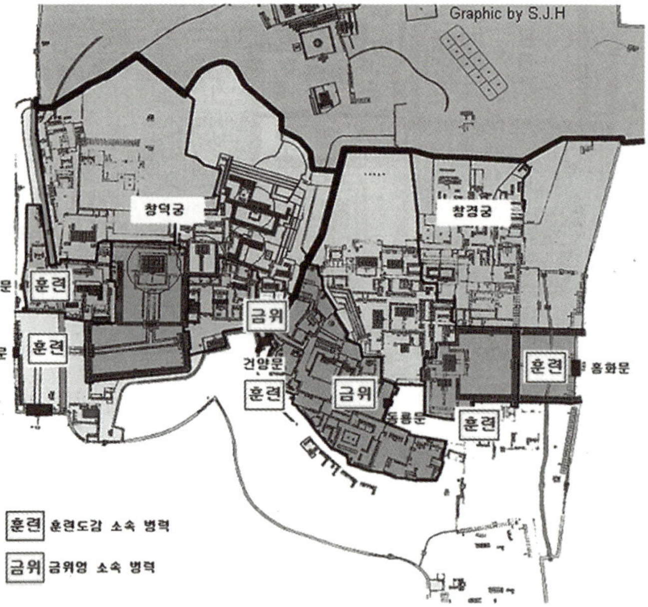

〈그림 2〉 훈련도감과 금위영 소속 병력의 궁궐 내 주둔 위치도(만기요람 기준)[282]

3) 경호관련 조직

조선시대의 경호기관은 전기와 후기로 구분할 수 있는데, 전기에는 갑사(甲士), 의홍친군위, 의홍삼군부, 10사(十司), 별시위(別侍衛), 겸사복(兼司僕) 등이고, 후기에는 호위청, 어영군, 금군, 숙위소, 장용위 및 장용영 등이 설치 운용되었다.[283] 중요한 경호경비기관으로서 국왕을 호위하는 내금위(內禁衛, 官衛陛扈-관위폐호), 겸사복(兼司僕, 國王親兵) 등 수 개의 특수부대와 군대훈련 및 무관시험을 관장하는 훈련원(訓練院, 長은 知事) 등의 별도기관이 설치 운용되었다.[284]

---

282) http://hackjaponaise.cosm.co.jp/archives/websites/etica13/3-9-3.htm(2008년 12월 16일 검색). 그림에서 동룡문과 영숙문은 위치는 추정 위치이다. 동룡문의 경우 그림 상에 표시된 위치가 아니라 명정전 서쪽 부근에 위치했을 가능성도 있다.

283) 김두현, 2000, p. 96.

284) 이현종, 1986, p. 225.

(1) 병조(兵曹)

병조는 고유 업무의 하나로 왕실호위 업무를 담당했다. 왕실의 호위와 호위군의 선발, 호위근무, 호위용 기구 및 궁궐문의 열쇠관리 등을 관장했다. 병조에는 3개의 기관이 설치되어 있었다. 무선사(武選司)에서는 호위군 임명의 직무를 맡았고, 승여사(乘輿司)에서는 왕과 왕비의 행차, 왕의 가마, 말과 마구간 등의 업무를 맡았다. 무비사(武備司)에서는 군적(軍籍), 숙위(宿衛), 순찰 등의 직무를 수행했다. 그리고 중(中), 좌(左), 우(右)의 3군을 비롯하여 훈련관(訓練官), 사복시(司僕時 - 교통수단을 관리하는 부서) 등 관서들과 소속기관들을 관리했다.285)

(2) 갑사(甲士)

갑사는 조선시대에 존재하였던 직업 군인제도로서 간단한 시험을 거쳐 선발하였다. 근무기간에 따라 품계와 녹봉을 받았다. 5위의 의흥위(義興衛-中衛)에 소속되었으며, 5위의 중심 병력을 이루는 직업적인 군인이었으며 무예시험을 거쳐서 선발된 정예부대였다.286)

갑사라는 명칭은 이미 고려 때부터 사용되었고, 조선 건국 초에도 태조가 사병적(私兵的)인 성격이 강한 내갑사(內甲士)를 두고 있었다. 그러나 이 때 갑사는 수하병적(手下兵的)인 군사로서 사위 임무의 성격을 띤 것이었다. 그 뒤 1401년(태종1)부터 왕권 호위를 담당하는 하나의 특수 병종(兵種)으로 제도화하여 사병적인 성격의 갑사는 국가의 녹으로 운영되는 기간병으로 정착되었다.287) 갑사는 조선 초기 서울에 올라와 시위병(侍衛兵)으로서 숙위(宿衛)를 담당하였으나, 뒤에 평안도·함경도에서 변경의 수비를 담당하는 양계갑사(兩界甲士), 호랑이를 잡기 위한 착호갑사(捉虎甲士)가 생겨났다.288)

---

285) 김두현, 2000, p. 96~97.

286) http://ko.wikipedia.org/wiki/%EA%B0%91%EC%82%AC_(%EC%A7%81%EC%97%85)(2008년 12월 15일 검색).

287) http://chang256.new21.net/board/board.php?db=536&no=674(2008년 12월 15일 검색).

288) http://ko.wikipedia.org/wiki/%EA%B0%91%EC%82%AC_(%EC%A7%81%EC%97%85)(2008년 12월 15일 검색).

갑사에 입속할 수 있는 요건은 첫째 대부분 부유한 지배계층의 자제가 아니면 어려웠다. 특히, 기갑사(騎甲士)는 본인이 말을 준비해야 했다. 그러나 양반자제나 한량·양인들도 봉족을 받고 갑사가 될 수 있는 길은 있었으며, 실제로 시위패(侍衛牌)·영진군(營鎭軍)·선군(船軍) 등도 취재 시험을 거쳐 갑사가 된 예가 많았다. 둘째 갑사는 의장(儀仗) 군사의 성격도 겸했으므로 용모가 준수하고 무용이 있는 자만이 입속할 수 있었다. 그렇기 때문에 아무리 부유한 양반 자제라 하더라도 시위 군사로서의 자질을 갖추고 있지 않으면 입속할 수 없었다. 갑사에 대한 시취제도가 완비되기 시작한 것은 세종 때 이후부터이다. 갑사의 수는 처음 2,000인에서 점차 증가했고, 양계갑사·착호갑사 등으로 종류도 다양해져 1448년(세종 30) 이후에는 7,500인으로 늘어났다. 1475년(성종6) 이후에는 14,800인으로 대폭 증가되어 ≪경국대전≫에 그대로 반영되었다.[289)]

⑶ 의흥친군위 및 의흥삼군부

태조 이성계는 왕위에 오른 즉시 종래의 군제를 혁파하고 새로 의흥친군위(義興親軍衛)라는 친위병 조직을 핵심적인 병력으로 삼았다.[290)] 즉위 열흘 만인 7월 말에 신속하게 관제를 개정하고 공신들을 주요 관직에 임명했다. 이들 가운데 대부분은 의흥친군위(義興親軍衛)와 팔위(八衛) 등 군사를 직접 거느리는 기구의 요직도 겹치기로 맡았다.[291)] 즉 고려 중앙군 조직인 8위(八衛)에 태조의 친병(親兵)을 바탕으로 하는 의흥친군좌위(義興親軍 左衛)와 의흥친군우위(義興親軍右衛)를 가설해 10위의 중앙군 조직을 갖추었다.[292)] 그 임무는 궁성을 시위하고 임금의 행행(行幸)에 시종하는 것이 가장 중요했다.[293)]

1393년 9월에는 군권을 통제하기 위해 군제를 개편, 의흥친군위를 의흥삼군부(義

---

289) http://chang256.new21.net/board/board.php?db=536&no=674(2008년 12월 15일 검색).
290) 한우근, 1987, p. 207.
291) http://www.pressian.com/article/article.asp?article_num=60011231092452&Section=(이재황 실록연구가 자료, 2008년 12월 16일 검색).
292) http://100.empas.com/dicsearch/pentry.html?i=233740(2008년 12월 15일 검색).
293) 김두현, 2000, pp. 109~110.

興三軍府)로 개편하여 시위와 순위를 분담케 하였다.[294] 의흥삼군부는 숙위를 담당하는 기능 외에 군사전반에 걸쳐 중신들에게 소속되어 있던 시위패를 흡수하는 등 강력한 통어권을 가졌다.

(4) 10사(司)

10사(司)는 태조 3년(1394년) 5월에 10위(고려시대 2군 6위 + 의홍친군(左衛), 의홍친군(右衛))를 개편한 것이다. 후일 태조 3년에 의흥삼군부의 10위를 10司로 개편하는 과정에서 궁궐을 시위하는 시위사와 경성을 순작(巡綽)하는 순위사의 비율을 4대 6으로 하였다고 한다. 이들은 각각 궐내 시위와 성내 순찰, 경비를 맡았다. 국방 병력으로서 보다는 수도치안에 주력하는 군인들이었다.[295]

(5) 별시위(別侍衛)

조선시대 오위 중 좌위에 속하였던 중앙군의 한 병종이다. 1400년(태종 즉위년)에 고려 말 이래의 성중관(成衆官)을 폐지하는 대신 설치한 국왕의 친병이었으나 뒤에 위병(衛兵)으로 바뀌었다. 정원은 1419년(세종1)의 200명에서 1458년(세조4)에는 5,000명으로 늘어났으나, 《경국대전》에는 1,500명으로 줄어들었다. 1차 선발은 서울에서는 훈련원, 지방에서는 병마절도사가 양반자제 가운데서 매년 봄·가을에 선발했다. 2차 선발은 키·용모·득점수 등을 참고해 복시(覆試)를 보아 우수한 자를 뽑았다. 별시위의 근무는 1,500명이 5교대로 6개월씩 근무했다.[296]

(6) 내금위(內禁衛)

조선 1407년(태종7)에 임금의 호위와 궁중을 지키기 위해 설치된 군대 조직이다. 유명무실한 궁중 숙위를 담당했던 내상직(內上直)을 정리, 개편하여 조직한 왕의 친

---

294) 한우근, 1987, p. 207.
295) 김두현, 2000, pp. 100~101.
296) http://kr.dic.yahoo.com/search/enc/result.html?pk=14017800&p=%BA%B0%BD%C3%C0%A7&field=id&type=enc(2008년 12월 15일 검색).

위군 혹은 금군이다. 처음에는 태종의 신임을 받는 수하병들을 중심으로 편성되었다. 그 수가 불과 60~90인에 지나지 않는 정예부대로서 내금위절제사(內禁衛節制使)에 의해 영솔되었다. 그 뒤 국가의 기틀이 잡히고 왕권이 강화되면서 1424년(세종6) 내금위와 같은 임무를 띠고 있던 내시위(內侍衛)를 통합해 그 수가 200인에 이르렀다. 이들은 교대로 근무하는 병종이 아닌 장번군(長番軍)으로서 엄격한 시험을 통해 선발되었다. 주로 양반 자제로 편제되었으며 다른 병종보다는 후대하였다. 이들의 주된 임무는 왕을 직접 호위하는 것이었으나, 무재(武才)가 뛰어나기 때문에 때로는 양계(兩界)에 부방(赴防)했으며, 조선 전기 무장 중에는 내금위 출신이 많았다.[297)]

그러나 빈번한 부방 등으로 왕의 호위의 약화를 가져와 이를 보충하기 위해 연산군·중종 때에는 예차내금위(預差內禁衛)의 제도를 실시하였다. 연산군 때에는 내금위를 충철위(衝鐵衛)로 개칭했고, 예차내금위는 소적위(掃敵衛)로 개칭되어 그 수가 700인에 이른 때도 있었다. 그러나 중종 때 다시 내금위로 환원하고 1510년(중종5) 실차(實差) 190, 예차(預差) 200, 가예차(假預差) 100으로 정해지는 등 금군의 중추를 이루었다. 후기에 와서 내금위는 겸사복(兼司僕)·우림위(羽林衛)와 함께 금군청에 속하였다. 그러다가 1775년(영조51)에는 용호영에 속했는데 당시 수는 300인으로 금군 700인 가운데 가장 많은 수를 차지하여 핵심을 이루었다. 그 뒤 1892년(고종29)에는 무위영(武衛營)에 속했다가 1894년에는 통위영(統衛營)에 속하게 되었다.[298)]

(7) 내시위(內侍衛)

조선 전기 궁궐의 경비와 왕의 신변경호를 맡아보던 시위군이다. 동일한 성격의 내금위가 먼저 설치되어 있었으나 인원이 부족하다 하여 1409년(태종9)에 새로 내시위가 구성된 것이다. 이들은 모두 120인으로 40인씩 세 번으로 나누어 숙위하였는데, 각 10인마다 총제(摠制) 1인이 절제사로서 통솔하였으며 삼군에 소속되어 있었다. 여러 면에서 내금위와 기능이 유사하여 '내금내시위'로 통칭되다가 1424년(세종6) 내금위에 통합되었다. 이들은 같은 시위군인 충의위(忠義衛)·별시위(別侍衛) 등과 비교

---

297) http://100.empas.com/dicsearch/pentry.html?i=233459(2008년 12월 15일 검색).
298) http://100.empas.com/dicsearch/pentry.html?i=233459(2008년 12월 15일 검색).

할 때 그 서열이 첫째였기 때문에 선발기준이 몹시 엄격하였다. 즉 탁월한 무예와 확실한 신분은 필수불가결한 선발요건이었다.[299)]

⑻ 겸사복(兼司僕)

조선시대 정예 기병 중심의 친위병이다. 고려시대의 상승승지(尙乘承旨)에 기원을 둔 내사복시제도(內司僕寺制度)에서 비롯되어 1409년(태종9)에 처음 창설되었다. 그 뒤 1464년(세조10)에 정비된 조직을 갖추었으며 주로 국왕의 신변 보호와 왕궁 호위 및 친병 양성 등의 임무를 맡았던 금위(禁衛)의 군사였다. 임용에는 사회적인 신분보다 무재(武才)가 더 중시되었다. 따라서 양반으로부터 서얼·양민·천인, 심지어 향화인(向化人)·왜인(倭人)들까지 포함되어 여러 계층으로 구성되었다. 그러나 친위병이었던 관계로 용모·학식·신장·시수(矢數) 등이 중요한 자격 요건이었다. 임용은 원칙적으로 〈내금위 시취례, 內禁衛試取例〉로써 하였다. 그러나 특수성 때문에 북계인(北界人)을 우대하는 임용 규칙을 제정해 임용하거나 국왕의 신임으로 수시로 임용하는 등 여러 차례 변경되었다. 왕권 강화에도 한 몫을 했기 때문에 더욱 강화시킬 목적으로 역대 국왕들은 여러 가지 시책을 펴기도 하였다.[300)]

겸사복장(兼司僕將)

조선시대 정예 친위대(親衛隊)의 하나였던 겸사복의 지휘관. 내장(內將)이라고도 하였다. 종2품의 무관직으로 정원은 3인이었으나, 모두 다른 부서의 관원들로 겸직하게 하였고 문관들이 겸하는 경우도 많았다. 겸사복이 편성된 것은 1409년(태종 9)이었으나, 겸사복장은 1461년(세조 7)에 와서 처음으로 4인이 임명되었는데, 여기에는 홍달손(洪達孫)·구치관(具致寬)·조석문(曺錫文)·김순(金淳) 등 당시 핵심적인 세조공신들이 망라되었다. 1464년에는 겸사복의 조직이 정비되어 종2품 아문으로 직제화되고 특수병종인 겸사복 50인이 배속되었는데, 이 때 겸사복장의 정원도 3인으로 정해졌다. 이들의 임무는 궁궐의 경비와 궐내 순찰, 국왕 행차시의 경호 등이었고, 정예군이 되기 위하여 끊임없이 훈련에 종사하였다. 겸사복장은 겸사복을 4번으로 나누어 1인씩 번갈아 인솔하여 궁궐의 경비에 입직하였다.

299) http://100.empas.com/dicsearch/pentry.html?i=246135(2008년 12월 15일 검색).
300) http://100.empas.com/dicsearch/pentry.html?i=233706(2008년 12월 15일 검색).

또, 이들은 왕의 행차시에 사복시(司僕寺)의 말을 타고 호위하였고, 상참(常參 : 매일 가지는 약식 조회)에도 여러 위장(衛將)들과 함께 참가하였다. 효종 때, 겸사복은 내금위(內禁衛)·우림위(羽林衛)와 합쳐 내삼청(內三廳) 혹은 금군청(禁軍廳)이라 하였고, 1755년(영조31) 용호영(龍虎營)으로 개칭되었으나 겸사복장의 직명은 조선 말기까지 존속하였다.

http://100.empas.com/dicsearch/pentry.html?i=282351(2008년 12월 15일 검색)

(9) 우림위(羽林衛)

우림위는 조선 1492년(성종23)에 서얼의 진출로를 열어준다는 취지 아래 신설된 군대조직이다.[301] 중앙의 친위부대 가운데 하나로 당시 금군인 겸사복과 내금위가 다수 변방으로 파견되어 서울에 있는 금군의 부족이 문제가 되어 이를 강화하기 위한 조처로 만들어졌다.

무재가 특이한 서얼 가운데 시취(試取)한 50인을 정원으로 하여 장번(長番) 근무를 하도록 되어 있었는데, 모두 체아직(遞兒職)을 받았다. 다른 금군과는 달리 체아록 이외에 급보(給保)의 혜택이 주어져서 1보가 지급되었다.

우림위는 180일에 가계(加階)되지만 서얼이기 때문에 한품서용(限品敍用)의 제약을 받았다. 금군으로서 겸사복이나 내금위보다는 낮지만 갑사(甲士)보다는 상위에 위치하였다. 그 지휘관은 종2품의 우림위장(羽林衛將) 3인이었다. 1504년(연산군10)에 폐지되었다가 1506년(중종1)에 복립되었으며 1666년(현종7)에 금군청(禁軍廳)이 설치되면서 겸사복·내금위와 더불어 그에 속하게 되었다.

(10) 호위청(扈衛廳)

조선 후기 궁중 호위를 위해 설치된 군영(軍營)이다. 1623년(인조1) 인조반정 직후 공(功)이 있었던 훈신들이 숙위(宿衛)가 소홀하다고 왕권호위라는 명분으로 조직되었으나 반정공신들이 군사적 세력기반을 유지하기 위하여 모집한 군사들로 구성되었다.[302] 설치 당시 표면적인 이유는 왕권호위였으며 '호위4청'이라 하여 반정 공로자들

301) http://100.empas.com/dicsearch/pentry.html?i=233744(2008년 12월 15일 검색).

을 대장으로 임명하고, 각각 100명의 군관을 거느리게 하였다. 이 밖에 심기원(沈器遠)·김자점(金自點)은 당상관이라 하여 각 50명의 군관을 거느리게 했다. 그 수는 모두 500명에 달했다.[303)]

이와 같은 편제는 현종 때 호위3청으로 개편되었으며 각 청에는 군관 350명씩을 편제하여 이른바 최고 관료층의 군사기반화 형태를 갖추었다. 그러나 1778년(정조2) 정조가 왕권 호위기관으로 숙위소 등을 설치하면서 다시 호위1청으로 축소하였다. 이 때부터 왕권견제의 구실에서 왕권호위의 친위체제로 변혁되었다. 군사는 대궐 내의 입직은 물론 국왕의 교외행행 및 도성 안 동가(動駕) 등의 배위(陪衛)를 담당하였다.[304)] 1881년(고종18) 폐지되었다가 다시 설치되는 등 개편을 거듭하다 1894년 군제개편으로 폐지되었다.[305)]

(11) 어영군(御營軍)

인조 반정을 성공시킨 서인정권은 도성 가까이에 있는 군사들을 국왕 호위병력으로 만들 계획을 세웠다. 인조(仁祖) 원년(1623) 7월에 이귀(李貴)는 명(明)나라 군제를 원용하여 경기의 속오군(束伍軍)을 정비하고, 정예병을 골라 별도의 금위군을 만들어 국왕 호위병력으로 삼고자 건의하였다. 이로써 독립된 군영으로 호위병력인 어영군이 발족되었다.[306)] 1682년(숙종3)에는 도성방어의 강화를 위하여 따로 금위영을 설치하여 정예기병과 훈련도감군의 일부로서 그 주력부대를 편성하였다.[307)]

(12) 용호영(龍虎營)

조선 초기에 국왕의 친위군인 금군으로서 내금위·겸사복·우림위를 설치하고 각기

---

302) http://kr.dic.yahoo.com/search/enc/result.html?pk=20179900&p=%C8%A3%C0%A7%C3%BB&field=id&type=enc(2008년 12월 15일 검색).
303) http://100.empas.com/dicsearch/pentry.html?i=246945(2008년 12월 15일 검색).
304) http://100.empas.com/dicsearch/pentry.html?i=246945(2008년 12월 15일 검색).
305) http://kr.dic.yahoo.com/search/enc/result.html?pk=20179900&p=%C8%A3%C0%A7%C3%BB&field=id&type=enc(2008년 12월 15일 검색).
306) 김두현, 2000, p. 110.
307) 한우근, 1987, p. 308.

王을 호위하도록 하다가 효종 때에 이르러 왕권이 강화되자 3위를 통합, 일원화하고 1,000명으로 증원하였다. 1666년(현종7) 내삼청(內三廳)을 금군청으로 개칭함과 동시에 수(數)를 700명으로 하였다. 1755년(영조31)에 궁궐의 숙위(宿衛)와 호종(扈從)을 담당하던 동금군청(禁軍廳)을 용호영으로 개칭하였는 바, 조선 후기에 설치된 친위군영(親衛軍營)이다.[308)]

원래 국왕의 호종(扈從)부대인 금군청은 무반(武班) 출신 가문에서 취재(取才)에 합격한 자만이 소속될 수 있으며, 일정기간이 지나면 무관직(武官職)에 나갈 수 있는 길이 마련되어 있었다. 그러나 1682년(숙종8) 왕의 호위부대로 금위영이 설치되면서 금군은 금위영의 마대(馬隊) 역할을 할 정도로 그 기능이 약화되었고 무관직에 나가는 길도 점점 줄어들었다. 영조 즉위 후 왕권강화책이 추진되면서 금군청에 대한 개혁도 실시되었다.[309)]

그 후 용호영은 1881년(고종18) 별기군(別技軍)이 창설되면서 실시된 구군영 개편에 의하여 1882년(고종19) 무위영(武衛營)에 통합되고, 그 뒤 1885년 친군(親軍)용호영으로 다시 복설되었다가, 1894년(고종31) 갑오개혁에 따른 군제개편으로 재차 통위영에 합쳐졌다.[310)]

⒀ 금군(禁軍)

고려·조선시대에 설치되었던 국왕의 친위군(親衛軍)이다. ≪고려사≫에 따르면, 고려 현종 때 왕의 친위병으로 금군이 있었던 사실은 확인되나 자세한 것은 알 수 없다. 조선시대 금군으로는 1407년(태종7) 10월 종래의 내상직(內上直, 內廂直)을 내시위로 고쳤다가 다시 내금위로 고쳤는데, 오위와는 별도로 무예가 특이한 자 190인으로 편성하였다.[311)]

---

http://kr.dic.yahoo.com/search/enc/result.html?pk=16589300&p=%BF%EB%C8%A3%BF%B5&field=id&type=enc(2008년 12월 15일 검색).

309) "용호영" 한국 브리태니커 온라인 <http://preview.britannica.co.kr/bol/topic.asp?article_id=b16a3076a> (2008년 12월 15일 검색).

310) http://100.empas.com/dicsearch/pentry.html?s=&i=174948(2008년 12월 16일 검색).

311) http://100.empas.com/dicsearch/pentry.html?i=236688(2008년 12월 15일 검색).

왕과 가장 가까이에서 입직(入直)·시립(侍立)·호종(扈從)을 맡았으므로 선발에 있어서도 탁월한 무재(武才)는 물론, 왕의 신임이 중요하였다. 그렇기 때문에 일반적으로 양반층 유음자손(有蔭子孫)의 업무자(業武者)가 이에 속하는 것으로 이해되었다. 이어서 1409년에 왕의 신변 보호·왕궁 호위 및 친병 양성 등을 맡은 기병(騎兵) 중심의 친위군으로 겸사복이 설치되었다. 1492년(성종23)에는 궁성 수비를 맡은 정원 50인의 우림위가 설치되어 금군은 내금위·겸사복·우림위 등 삼청(三廳)으로 구분하게 되었다. 이들을 합칭, 금군삼청 또는 내삼청이라 하여 왕의 친병으로 가장 좋은 대우를 받았다. 해를 거듭할수록 금군의 수는 늘어 1528년(중종 23)에는 600인을 넘었는 바, 그 가운데 100여 인을 방수군으로 보내기도 하였다. 임진왜란 이후 군량의 부족으로 녹봉을 지급하지 못하게 되어 금군은 매우 용잡(庸雜)하였다. 1602년(선조 35)에는 그 수가 1,217인에 이르렀다.[312)]

1623년 인조반정을 주도한 공신세력에 의해 호위청(扈衛廳)이 설치, 이들이 새로 왕의 숙위(宿衛)를 맡게 되어 본래의 금군인 내사청의 기능은 약화되었다. 그 뒤 1666년(현종7) 금군청(禁軍廳)을 설치하고 금군삼청 소속 700인을 통합, 병조판서 겸임의 대장(大將)과 금군별감(禁軍別監, 종2품)을 두어 통할하게 하였다. 이때부터 금군은 기병(騎兵)으로 편성되었으며 1755년(영조31) 용호영(龍虎營)으로 개칭되었다. 임진왜란 뒤 금군을 선발하는 기준으로 철전취재(鐵箭取才) 합격자와 6품 이상 실직을 지낸 50세 이하 자를 원칙으로 하였다. 그러나 1760년 금군 중 취재에 합격되지 않은 자를 골라 변원충군(邊遠充軍)한 것으로 보아 이 원칙은 제대로 지켜지지 않았던 것 같다. 금군으로서 비록 절충장군(折衝將軍)·가선대부(嘉善大夫) 등 당상계(堂上階)에 오르더라도 경질하지 않고 그대로 용호영에 배속하도록 하였다. 그리고 수어청(守禦廳)·총융청(摠戎廳)의 교련관(敎鍊官) 1인은 금군으로 차정(差定)하도록 규정하였다. 오위의 군제가 폐지된 뒤에는 그 관직만 군함체아직(軍銜遞兒職)으로 남게 되었다.[313)]

---

312) http://100.empas.com/dicsearch/pentry.html?i=236688(2008년 12월 15일 검색).
313) http://100.empas.com/dicsearch/pentry.html?i=236688(2008년 12월 15일 검색).

입직(入直)

조선시대 장수와 군사가 궁궐 안에 들어가 직숙(直宿)하는 제도. 출직(出直)의 반대되는 개념이다. 직숙의 교대는 3일이 대부분이며 兵曹만 매일 교대한다. 임무를 총괄하는 부서는 병조(兵曹)로서, 직숙하는 담당 지역과 시간을 나누어 정한 뒤 왕의 허락을 받는다. 왕의 허락을 받은 다음 담당 지역과 직숙 관계에 대한 공문서의 역할 수행을 맡은 오위도총부에 이첩한다. 이 때 위장(衛將)도 왕의 낙점을 받아 군사를 1부(部)씩 분령(分領)하게 되는데, 겸사복장(兼司僕將)·내금위장(內禁衛將)·수문장 등도 똑같이 왕의 낙점을 받아야 한다. 특히, 직숙을 받은 수문장은 서반 중에서도 4품 이상이어야 하며, 왕에게 추천된 뒤에 임명될 만큼 중요한 임무를 띠고 있었다. 분령에 따른 직숙 장소의 구성은 중소(仲所)를 기본 단위로 분장하게 된다. 이들 중소에 병조의 당상관 1인과 도총부 당상관 2인이 위문(衛門)을 설치하여 임무를 수행하였다.

그리고 제위(諸衛)의 직숙소 이외에 별도로 중소를 두었으며, 사복·내금위 등도 중소의 옆에서 직소를 마련하여 직숙하면서 중소와 서로 협조 또는 보조를 이루었다. 이들 사복·내금위·상호군·대호군·호군 등은 각각 3번 내지 5번으로 나누어 호군청(護軍廳)에서 입직을 하게 된다. 이와 같이, 윤번제로 임무를 수행함에 따라 교대에 따른 일정한 규칙이 따랐다. 일반적으로 직숙을 교대하는 날, 제장(諸將)은 숙배(肅拜 : 왕에게 공손히 절하는 예)한다. 대궐 안에서 직숙할 때 임무 수행을 띤 패(牌)를 전번 직숙자에게서 전달받거나 후임 직숙자에게 전해주는데, 병조와 도총부는 항상 척간패(擲奸牌)를 주고받았다. 한편, 대궐 밖에서 행하는 직숙으로 왕의 행재시(行在時)가 있었다. 이때는 유도삼대장(留都三大將)이 세 곳에 나누어 주둔하였으며, 매일 장소를 바꾸어 임무를 수행하였다. 이와 같은 입직 규정은 조선 後期로 내려오면서 약간의 변동이 있었지만, 큰 골격은 유지되었던 것으로 보인다.

http://100.empas.com/dicsearch/pentry.html?i=246900(2008년 12월 15일 검색)

⒁ 숙위소(宿衛所)

조선시대 왕을 호위하기 위하여 설치한 임시관청이다. 1777년(정조1) 11월 대전(大殿)을 숙위하는 금군의 신변숙위 실수를 염려하여 건양문(建陽門) 동쪽에 별도로 설치한 왕의 호위소이다. 당시 세도가였던 홍국영(洪國榮)이 숙위대장으로 제수되어 금군의 숙위를 통솔하였다. 숙위대장은 궐내 각처의 위장·부장·금군·도감군병, 각 문의 수문장, 각 국(局)의 별장으로 하여금 매일 궐 내외와 3영(三營 - 훈련도감·금위영·어영청)의 입직·순라의 유무상황과 군병의 교체를 보고하도록 통솔하였다. 또 위장·부장·내삼청금군, 금호문(金虎門)·홍화문(弘化門)·건양문의 장병, 각 국의 별장, 각 관청의 군병에 이르기까지 8일마다 교대할 때에는 숙위소에 그 내용을 정단(呈單 - 서면을 관청에 제출함)하도록 하였으며 숙위소로부터 숙위할 宮을 정해 보낸 뒤에야 이를 행하도록 하였다.[314)]

한편, 병조에서도 순검(巡檢)에 관한 모든 일을 숙위소를 통하여 거행하게 하였으므로 무릇 모든 문서는 숙위대장을 거치게 되는 폐단이 나타났다. 1780년 홍국영이 대역죄로 폐출된 이후 숙위소도 또한 혁파되었다.

⒂ 장용위(壯勇衛) 및 장용영(壯勇營)

정조는 새로운 금위체제를 위해 1785년에 장용위라는 국왕 호위(護衛)의 전담부대를 창설하였다. 장용위의 총책은 장용영병방(壯勇營兵房)이라 했고, 그 아래에 무과 출신의 정예 금군을 두어 국왕의 호위를 담당하는 친위체제(親衛體制)로 만들었다. 그 뒤 1793년에 그 규모를 더욱 확대시켜 하나의 군영으로 발전시키니 이것이 곧 장용영이다. 장용영은 조선 후기 1793년(정조17)에 왕권 강화를 위해 설치한 군영이다. 장용영은 크게 내영과 외영으로 나누어졌다. 내영은 도성을 중심으로 외영은 수원 화성을 중심으로 이루어졌다. 이와 같이 장용영은 그 설치목적이 왕권강화에 있었으므로 편제도 중앙집권적인 오위체제를 도입, 강력한 왕권의 상징으로 삼으려 하였지만, 정조가 승하하자 1802년(순조2)에 혁파되고 말았다.[315)]

---

314) http://100.empas.com/dicsearch/pentry.html?i=246349(2008년 12월 15일 검색).
315) http://100.empas.com/dicsearch/pentry.html?i=242795(2008년 12월 15일 검색).

금위영(禁衛營)

조선 후기 국왕호위와 수도방어를 위해 중앙에 설치되었던 군영. 1682년(숙종 8) 병조판서 김석주(金錫冑)의 건의에 따라, 종전에 병조 소속의 갱번군(更番軍)이었던 정초군(精抄軍)과 훈련도감 소속의 갱번군이었던 훈련별대 등을 합쳐 하나의 군영으로 탄생시킨 것이다. 즉 당시 훈련대장을 겸했던 김석주가 국가재정으로 운용되던 장번급료병(長番給料兵 : 현재의 장기복무군과 같음)인 훈련도감병 5,707인 가운데 707인을 병조로 옮겨 도감병을 줄였다. 동시에 정초군과 훈련별대를 합쳐 1영·5부·20사·105초(哨)로 편제하고, 다시 이들을 10번으로 나누어 교대로 번상(番上)하게 하되, 그 운용을 위해 보(保)를 설정해서 '금위영'이라 하였다.

훈련도감·어영청과 더불어 국왕 호위와 수도 방어의 핵심 군영의 하나였던 금위영은 그 임무가 중요해 병조판서가 그 대장직을 겸직했고, 그 아래 금군인 기·보병과 짝을 이루는 체제를 갖추었다. 뒤에 금위영은 그 수가 증가해 5부·25사·125초에 평안도아병(平安道牙兵)으로 편제된 별좌우사(別左右司) 10초, 별중초(別中哨) 1초 등이 추가되어 135초로 편제되었다. 군사의 주축은 평안·함경도를 제외한 6도 향군이었다.

http://100.empas.com/dicsearch/pentry.html?i=236693(2008년 12월 15일 검색)

4. 구한말 및 근대경호제도

1) 구한말 경호제도

(1) 무위소(武衛所) 및 무위영(武威營)

홍선대원군의 10년간에 걸친 집권은 1873년(고종10) 10월 말을 기하여 막을 내리고, 친정을 하게 된 고종은 우선적으로 궁궐숙위를 강화시켰다. 대원군과 연결된 재난(災難 - 당시 경복궁 화재 발생) 등이 겹쳐서 일어나고 있었으므로 왕권호위 및 궁중수비 강화 필요성이 절실히 제기되었다.[316] 이러한 필요성에서 궁궐숙위(宮闕宿衛)를

316) 김두현, 2000, pp. 116~117.

전담하는 무위소(武衛所)의 설치였다.[317]

이와 같은 궁궐수비병의 강화문제가 제기된 것은 고종 11년 4월부터의 일이다. 당시 궁궐수비병은 불과 400명으로 그 정도의 군사만으로는 궁궐 수비가 너무 허술하다는 것이다. 새로운 군영을 또 하나 창설한다는 것은 재정적 뒷받침이 문제되었다. 그래서 이전에 존치되어 있던 무예청과 훈련도감의 보군(訓局步軍) 가운데서 선발된 4초 500명의 파수군(把守軍)이었다. 이들은 5번으로 나누어 100명씩 차례로 입번토록 했다. 파수군은 1874년 6월 무위소(武衛所)라 칭하였다. 따라서 무예청군은 궁내를 잘 안다고 하여 내문을, 훈련도감군은 외문을 담당하도록 하였다. 이들은 훈련대장의 지휘관리에서 벗어나 독립하여 무위소의 창설로 이에 속하게 되었으며, 그 지휘관을 무위도통사(武衛都統使)라 칭하고 금위대장(禁衛大將)인 조영하(趙寧夏)로 하여금 예겸하였다.[318]

무위소 군사는 각영에서 가장 우수한 자들로 편제되었으며 대우도 다른 영의 군병보다는 우대를 받았다. 고종 11년 7월에는 훈국과 금위영·어영청에서 표하군(標下軍) 519명, 복마군(卜馬軍) 71명을 이속시켰으며, 8월에는 훈련도감의 별파군(別破軍) 26명, 9월에는 역시 훈국의 표하군 100명, 금위영·어영청군의 선방아병(善放牙兵) 각 5명, 순수(巡守) 10명을 초택(抄擇) 이속시켜 무위소의 병력을 급속도로 증가시켰다. 그래서 무위소군(武衛所軍)은 왕권호위의 최강군으로 등장하였으며 무위도통사의 권한도 막강하게 되었다. 무위도통사는 금위영·어영청과 훈국 등 3영의 제조(提調)를 겸하고 용호영과 총융청까지는 통할하였으며, 심지어는 치안의 임무를 띠고 있는 포도청(捕盜廳)에 관여하게 되는 등 방대한 권한을 행사했다.[319]

또한 고종 16년 8월에 북한산성(北漢山城)에 있던 경리청(經理廳)을 합속시키고 총융청(摠戎廳) 소속의 북한성관장(北漢城管將) 이하의 관원 및 이곳의 군기집물(軍

317) http://seoul600.visitseoul.net/seoul-history/sidaesa/txt/5-3-4-3-1.html(2008년 12월 16일 검색).
318) http://seoul600.visitseoul.net/seoul-history/sidaesa/txt/5-3-4-3-1.html(2008년 12월 16일 검색).
319) http://seoul600.visitseoul.net/seoul-history/sidaesa/txt/5-3-4-3-1.html(2008년 12월 16일 검색).

器什物)·전곡(錢穀)·둔토(屯土) 등도 이속시켜 막강해지는데, 심지어는 대원군의 집권 당시 삼군부가 행사하던 역할까지도 침해할 정도로 막강했다. 이처럼 무위소는 단순한 파수군을 넘어서 국왕의 친위군적인 성격을 띠면서도 수도의 전군무(全軍務)에 관여하는 군영이 되어 앞으로 있을 국왕 중심의 중앙집권적 군제개혁의 중추적 존재가 되었다.320)

1880년 12월 정부에서는 새로운 정세에 적합한 관제의 개혁에 착수하여 청나라의 통리아문을 모방하여 의정부 아래 통리기무아문(統理機務衙門)을 설치하고, 그 아래 12사를 두는 한편 군제도 개혁했다. 종래의 훈련도감·어영청·수어청·금위영·총융청 등 5군영제를 무위영(武衛營-왕궁호위 親軍)·장용영(壯勇營-수도방위 부대)의 2영으로 개편했다. 1881년(고종18) 11월 군제개편에 따라 새로운 군영으로서 무위영이 설치되었다.321) 또한 별도로 무위영 소속 하에 별기군을 창설하여 新式군대로 편성하여 훈련하기도 했다.

무위영은 1874년 4월에 설치되었던 무위소의 후신이라고 할 수 있으며, 왕궁을 지키는 임무를 담당하는 친위군이었다. 편제는 대장 아래 중군이 있으며 중군 밑에 좌별군·우별군이 있어서 그 휘하의 각 초관(哨官)을 통솔했다. 1882년 6월 별기군에 대한 차별대우를 도화선으로 일어난 임오군란의 결과, 대원군이 정권을 잡은 후 군인들의 요청에 따라 군제를 개혁하여 무위영·장용영·별기군을 폐지하고 5군영을 다시 설치함으로써 폐지되었다.322)

(2) 친군용호영(親軍龍虎營)

국왕의 호위대인 용호영은 1884년(고종21) 8월 금위영, 어영청, 총융청과 함께 친군 4영에 분할 이속되어 해산되었다.323) 중앙군(中央軍)의 4영체제로서의 변통은 모든 중앙군 특히 왕권의 호위군까지도 이에 속하게 하였다. 그러나 이러한 영체제는

320) http://seoul600.visitseoul.net/seoul-history/sidaesa/txt/5-3-4-3-1.html(2008년 12월 16일 검색).
321) http://100.empas.com/dicsearch/pentry.html?s=B&i=141276(2008년 12월 16일 검색).
322) http://100.empas.com/dicsearch/pentry.html?s=B&i=141276(2008년 12월 16일 검색).
323) 김두현, 2000, p. 119.

왕권을 직접 수호하는 금군의 약화를 가져왔으니 이의 강화책으로 성립된 것이 친군용호영이다. 친군용호영(親軍龍虎營)은 기왕에 존치되었던 마군소(馬軍所)를 변개하여 왕의 호위를 전담하도록 한 것이다.324)

당시 마군소의 구성을 보면 다음과 같다:

금군별장 1명, 기사별장 2명, 각번장 12명, 가전가후 100명, 금군 550명, 기사 300명, 집사 27명, 별무사 18명, 마의 3명, 문여수 40명, 뇌자(牢子-죄인을 다루는 병졸) 14명, 순령수 11명, 장막군 17명, 등롱군 8명, 표하군 및 유료군 120명 등이었다. 금군별장과 기사별장을 중심으로 약 1,000명의 보군(步軍)과 기병(騎兵)으로 편제되었다.325)

동 마군소는 중앙군의 개편과정에서 주의가 소홀해져서 중앙군 가운데서 가장 쓸모없고 유명무실한 지경에 놓여 있었다. 이러한 유명무실한 금군의 구제 방법을 모색하고 이의 강화를 서두르게 된 것은 고종29년부터의 일이었다. 즉 그 해 12월에 「용호영(龍虎營) 금군변통절목(禁軍變通節目)」을 마련하여 병력을 증강하고 금군 500명을 4번으로 나누어 각 번장 영솔(領率) 아래 수회입직(輪回入直)하게 하고 금군에 궐원(闕員)이 있을 때에는 당자는 물론 번장도 엄한 책임을 묻게 하였다. 뿐만 아니라 그 이전인 9월 11일에는 각 영의 칭호 위에다가 친군이란 이름을 모두 붙이게 함으로써 용호영도 친군용호영으로 불리게 되었다.326)

2) 갑오개혁기 경호제도

(1) 시위대(侍衛隊)

조선 말기 왕권호위부대의 하나이다. 훈련대를 폐지하고 1895년(고종32)에 설치한

324) http://seoul600.visitseoul.net/seoul-history/sidaesa/txt/5-3-4-4-3.html(2008년 2008년 12월 16일 검색).
325) http://seoul600.visitseoul.net/seoul-history/sidaesa/txt/5-3-4-4-3.html(2008년 2008년 12월 16일 검색).
326) http://seoul600.visitseoul.net/seoul-history/sidaesa/txt/5-3-4-4-3.html(2008년 12월 16일 검색).

군대로 왕성수비(王城守備)의 임무를 담당하였다.[327] 처음에는 2개 대대를 1개 연대로, 1개 대대를 2개 중대로, 1개 중대를 3개 소대로 편제하였으며 1개 중대에는 약 200명이 소속되었다. 처음 설치되었던 시위대는 1895년 8월 을미사변 후 곧 훈련대에 편입되었으나, 1896년 아관파천(俄館播遷) 후 친러시아 내각을 조직하면서 이듬해 재조직되었다. 1898년 10월 대한제국 선포 이후에는 군제를 확충·강화하여 1~2대대를 합쳐 연대로 하였으며 2개 연대에 포병대대까지 편제하여 전투부대로서의 면모를 갖추었고 군악대까지 두었다. 1900년에는 다시 시위독립기병 대대를 창설하여 2개 연대와 독립기병 대대로 조직하였다. 1902년 10월에는 총병력 5,000명으로 대폭 증강되었는데 러·일전쟁에서 승리한 일제는 1905년 4월 병력을 강제로 감축하였다.[328] 국왕의 호위를 위해 궁궐에 남아있던 약 2,000명이었고, 시위대는 1907년 8월 일본의 강요로 훈련원에서 군대해산식을 거행당하고 폐지되었다.[329]

사진_해산되기 직전의 舊한말 국왕 시위대 모습[330]

327) http://kr.dic.yahoo.com/search/enc/result.html?pk=15394000&p=%BD%C3%C0%A7%B4%EB&field=id&type=enc(2008년 12월 16일 검색).

328) http://kr.dic.yahoo.com/search/enc/result.html?pk=15394000&p=%BD%C3%C0%A7%B4%EB&field=id&type=enc(2008년 12월 16일 검색).

329) http://www.donga.com/fbin/output?rellink=1&code=nc_&n=200408120353:동아일보 자료사진 (2008년 12월 16일 검색).

330) http://www.donga.com/fbin/output?rellink=1&code=nc_&n=200408120353:동아일보 자료사진 (2008년 12월 16일 검색).

(2) 친위대(親衛隊)

친위대는 일본군에 의하여 훈련되고 이용되었던 훈련대를 해산하고 1895년 설치되었다. 을미사변(乙未事變)이 일어난 직후인 9월 13일 김홍집(金弘集) 내각은 칙령 169호로 훈련대를 해산하는 동시에 같은 날 칙령 170호로 이른바 「육군편제강령(陸軍編制綱領)」을 반포하였다. 이 칙령에 의하여 국내의 육군은 친위대와 진위대의 두 종류로 나누어지게 되었다.331) 즉 친위대는 처음 출발은 황궁 수비를 위한 보안대로 출발한 것이었으며332) 서울에 주둔하여 왕성수비(王城守備)를 전담하고, 진위대는 부 혹은 군의 중요한 지방에 주둔하여 지방진무(地方鎭撫)와 변경(邊境) 수비를 전담하게 한 것이다.

사진_1895년 전후 친위대의 훈련 모습333)

중앙군으로서의 친위대는 1개 대대를 4개 중대, 1개 중대를 3개 소대로 하고 중앙에 친위 2개 대대를 두게 되었으며 제1대대장에 참령(參領) 이범래(李範來), 제2대대장에 참령 이진호(李軫鎬)가 임명되었다. 친위대 1개 대대 병력은 대대장을 비롯하여 兵卒에 이르기까지 884명으로 당시 친위대(2개 대대) 총수는 근 1,700명에 달했음을 알 수 있으나, 그 수는 지극히 적은 수에 불과한 것이다.334)

---

331) http://seoul600.visitseoul.net/seoul-history/sidaesa/txt/5-3-4-5-2-4.html(2008년 12월 16일 검색).

332) http://ko.wikipedia.org/wiki/%EC%B9%9C%EC%9C%84%EB%8C%80_(%EB%8C%80%ED%95%9C%EC%A0%9C%EA%B5%AD)(2008년 12월 16일 검색).

333) http://blog.daum.net/_blog/BlogView.do?blogid=08EXL&articleno=7622325&categoryId=456703#ajax_history_home(2008년 12월 16일 검색) 육조 앞에서 러시아 군사교관으로부터 훈련을 받고 있는 친위대의 모습이다. 당시의 총은 러시아製 베르당이었다.

334) http://seoul600.visitseoul.net/seoul-history/sidaesa/txt/5-3-4-5-2-4.html(2008년 12월 16일 검색).

사진_한말(1898년) 친위대 모습[335)]

더욱이 명성황후 시해사건과 단발령(斷髮令) 등으로 말미암아 전국민의 울분과 반발이 폭발하여 전국 각 곳에서는 의병(義兵)활동이 활발하게 일어남으로 부득이 친위대가 지방에 파견되었다고 생각하면 이 수(數)로는 왕성수비(王城守備)를 해낼 수 없었다. 결국 중앙군인 친위대가 의병 등의 봉기 때문에 지방에 파견되는 불안한 상황에서 마침내 고종의 아관파천(俄館播遷)이 일어났다.

이와 같이 불안한 상태 속에서 고종은 아관파천 직전인 건양원년(建陽元年, 1896) 1월 27일에 친위대에 다시 공병으로 편성된 친위 제3대대를 설치하였다. 그리고 고종이 러시아공사관으로 파천한 직후인 3월 4일에는 다시 친위대 제 4·5대대가 편성되었으며 4월 19일에는 공병과 치중병(輜重兵)이 폐지되었다.

1896년 4월 23일에는 마침내 친위 제1연대가 편성되어 기왕의 1·2·3대대가 이에 속하게 되고, 4·5대대는 아직 연대 규모가 되지 못하기 때문에 그대로 독립대대(獨立大隊)로 존치하게 되었으나 대대 편제 자체는 설치 당시와 거의 변동이 없었다. 다만 대대 본부에 배치되었던 무기주임(武器主任)이 대대본부에 존치하게 됨으로서 이를 폐지한 정도였다. 그 해 6월 8일에는 마병대를 폐지하고 새로이 친위대 기병대가 설치되었으며 전마병대 가운데서 치중마병(輜重馬兵) 100명을 설치하였다. 이와 같은

335) 출처 http://www.nojum.co.kr/(포졸과 군인), 2009년 1월 7일 검색) 서울에는 궁성수비를 위해 친위대를 두고 지방에는 진위대를 설치했다. 그러나 1897년 9월에 이를 시위연대로 개편했다. 이 사진은 프랑스 선교사가 촬영한 것이라고 한다.

중앙군의 증강편제(增强編制)는 모두 고종이 아관에 있으면서 개편되었기 때문에 그 실용성이 문제였고, 또한 이는 일본 영향 하에 놓여 있었기 때문에 재편성이 불가피하였다.336)

1900년 9월 19일, 《제국신문(帝國新聞)》은 서울의 군인수는 친위대 3,000명, 시위대 2,000명, 평양병 1,000명, 포병 1,000명, 기병 1,000기라고 보도하였으나, 실제 전력은 미지수이다.337) 친위대 및 시위대는 의병 운동 진압을 위해 지방으로 출동하는 경우가 잦았다. 이러한 확장, 개편, 훈련은 계속되었으나 친위대는 1905년 4월 일본에 의한 군제 개혁으로 해산, 시위대는 1907년 7월 31일에 각각 해산되었다.338)

(3) 궁내경무서

1894년 8월 2일(음 7월 1일)의 「군국기무처의안」에 경무관제직장을 새로이 의정한 뒤 이를 내무아문에 소속시킨다고 결의하였다.339) 그래서 결국 8월 2일 경찰이 내무아문 소속으로 변경되었다. 이는 왕의 무더기 인준을 받고서 비로소 경찰사무가 내무대신 지휘 하에 속하게 되었다.

1894년 8월 15일(음 7월 14일)에는「경무청관제직장」과 「행정경찰장정」을 제정하였다.340) 이를 통해 새로이 창설된 경무청은 사실 좌·우포도청과 좌우순청의 후신이다.341)

---

336) http://seoul600.visitseoul.net/seoul-history/sidaesa/txt/5-3-4-5-2-4.html(2008년 12월 16일 검색).

337) http://ko.wikipedia.org/wiki/%EC%B9%9C%EC%9C%84%EB%8C%80_(%EB%8C%80%ED%95%9C%EC%A0%9C%EA%B5%AD)(2008년 12월 16일 검색).

338) http://ko.wikipedia.org/wiki/%EC%B9%9C%EC%9C%84%EB%8C%80_(%EB%8C%80%ED%95%9C%EC%A0%9C%EA%B5%AD)(2008년 12월 16일 검색).

339) 한국경찰사편찬위원회, 「한국경찰사」(서울: 내무부치안국, 1972), p. 318. (議案) 警察官制·職掌을 議定한 뒤 內務衙門에 所屬시키는 件(고종 31년 -1894년- 陰7월 1일-) "1. 警務官制·職掌과 一體 事宜를 議定한 뒤 內務衙門에 소속시킨다."

340) 한국경찰사편찬위원회, 1972, pp. 321~322. 동법령은 일본에서 1875년 제정된 「行政警察規則」과 1885년 제정된 「違警罪卽決例」를 합쳐 이를 한국어로 번역 제정한 것이다.

341) 1894년 이전에 조선에서는 수도인 한성부에 左·右捕盜廳이 지방에는 일반행정관청인

경무청관제 제1조에 의거, "좌·우포청을 합쳐 경무청을 설립, 내무아문에 예속시켜 한성부 오부자 내의 일체의 경찰사무를 관장(左右捕廳 合設警務廳 隷屬內務衙門 掌漢城府五部字內 一切警察事務)"케 하였다. 그 장으로는 「경무사(서울경찰청장에 해당)」를 두고 그로 하여금 경찰사무와 감옥사무를 총괄토록 하였다. 범죄인을 체포·수사하여 법사(法司)에 이송토록 하는 임무를 부여받았다. 동관제에 의하여 최초로 서울시내에 5개 경무지서(경찰서)를 설치하고 「경무관」을 서장으로 보하였다.342)

1894년 7월 14일(음력)에 창설된 경무청은 그 다음 해인 1895년 4월 29일 경무청관제(勅令 제85호 개국 504년 - 1895년 - 음 4월 29일) 개정을 통하여 경무청 경무국(警務局)에 서무, 회계의 2개과를 설치하고 감독관을 두었다. 경무청직제규정에 의하면, 1895년 경무청 산하에 궁내경무서(宮內警務署) 설치근거가 마련되었다. 경무청(警務廳)을 설치하고 한성부 5부에 각기 경찰서를 설치할 때 궁내에도 경무관(警務官) 1명을 두어 궁내서장(宮內署長)이라 하였다.343)

〈표 3〉 1895년 궁내경무서 설치관련 법령

「경무청(警務廳) 직제규정(職制規程)」

....

제17조 궁내경무서(宮內警務署) 외(外)에 한성부 5부자(五部字) 내에 5개의 경무서를 두는데 관할구역은 따로 정한다.

제18조 경무서장(警務署長)은 주임 6등 경무관으로써 충당하는데 상관의 지휘를 받아서 그 서(署)의 사무를 관리하고 소속관리를 감독한다. 경무서장이 유고시에는 그 서(署)의 상석(上席) 총순(總巡)에 그 사무를 대리한다. 총순은 상관의 지휘를 받아서 그 서(署)의 사무에 종사하고 순검을 지휘 감독한다.

八道監營(觀察使), 一道按撫營(按察使)이 각각 그 관내의 경찰권을 행사하고 있었다. 당시 조선에는 각 관청이 필요에 따라 직접 경찰권을 행사하는 등 각 관청의 권한범위가 반드시 확정된 것은 아니었다. 동지 이운주 외, 「한국경찰사」(용인: 경찰대학교, 2000), p. 153.

342) 이운주 외, 2000, p. 155.

343) http://seoul600.visitseoul.net/seoul-history/sidaesa/txt/5-3-1-3-3-12.html(2008년 12월 17일 검색).

1900년(광무4) 6월 – 1902년(광무6) 2월에 이르는 1년 8개월 동안 우리나라에서 처음으로 경찰이 내무행정기관에서 독립하여 하나의 국무위원급(장관급 행정부서)으로서 존재한 시기가 있었다.[344)]

1900년 6월 9일 고종황제는 "갑오경장(甲午更張)할 때에는 경무청이 내부 직속으로 되어 있으나, 지금에 이르러서는 국내의 경찰사무가 점차로 은번(殷繁)하여 현재의 제도가 적당치 않으니 경부를 따로 설치하되 관제를 새로 정하여 드리도록 하라"는 조칙(詔勅)을 내렸다.[345)]

이에 의하여 3일 후인 1900년 6월 12일에는 경부 관제를 새로 정하여 칙령 제20호로 반포하였다. 경부(警部)에서는 국내의 일절의 경찰사무를 관장하였으며 한성부와 각 지방 개항시장(開港市場)의 경무(警務)와 감옥서(監獄署)를 통할(統轄)하고 전체의 경찰관리를 감독하였다. 그 하부조직으로서는 경무국(警務局)과 서무국(庶務局)의 2개 국(局)이 설치되었으며 경무국에는 경무과와 신문과, 서무국에는 문서과와 회계과를 두었다. 황실의 보호를 위하여 궁내경무서(宮內警務署)를 설치하고 경무관(警務官) 5인과 하부관리를 두었다고 한다.[346)]

(표 4) 1900년 6월 경부관제(警部官制)

경부관제(칙령 제30호 광무 4년-1900년- 6월 12일)
제1조 경부에서 국내 일체 경찰사무를 관리하며 한성 급 각지방 개항장경무와 감옥서를 통할하고 경찰관사를 감독할 사.
제2조 경부에 좌개직원을 치할 사. 대신 1인 칙임 1등, 협판 1인 칙임 2등 혹 3등, 局長 2인 칙임 혹 奏任, 경무관 15인 주임, 주사 8인 판임, 총순 40인 판임, 감옥서장 1인 주임, 간수장 2인 판임, 주사 2인 판임.

344) 한국경찰사편찬위원회, 1972, p. 432.

345) 고종실록(高宗實錄) 광무 4년 6월 9일조 http://seoul600.visitseoul.net/seoul-history/sidaesa/txt/5-3-3-5-1. html(2008년 12월 16일 검색)에서 재인용.

346) http://seoul600.visitseoul.net/seoul-history/sidaesa/txt/5-3-3-5-1.html(2008년 12월 16일 검색).

제3조 경부대신은 각부관제통칙에 게한 바를 종하여 각부 대신과 동일한 직권이 有하고 의정부찬정을 예겸할 사.

제4조 대신은 소속관리를 통독하고 경찰사무를 지휘할 사.

제5조 협판은 대신을 佐하여 부중 사무를 정리하고 각 국 과 사무를 감독할 사.

제26조 황실보호를 특위하야 궁내경무서를 별설하고 경무관 5인 이하 관리를 치할 사

제27조 궁내경무서 외에 한성부관 내에 5경무서를 치하니 기 관할구역은 사정한 바를 의할 사.

3) 근대 경호(警護)제도

(1) 경위원(警衛院)

갑오경장 이후 근대 경찰조직에는 많은 변화가 있었다. 경호임무를 담당한 경찰기구로서 1901년(광무5) 11월 17일 궁내부관제 개정(布達 제77호)을 통하여 궁내에 경위원을 설치하였다.[347] 경위원은 을미년(1895년)에 창설되었던 경무청 산하에 설치되었던 궁내경찰서의 후신인 듯하다.[348] 경위원은 궁내부 소관으로 소속이 바뀌었기 때문에 당시 궁중, 부중의 사무를 구별한다는 뜻에서는 일반경찰에서는 제외되기는 하지만, 이것도 경찰기관이기는 틀림없다. 경위원은 황궁내외의 경비와 수위(守衛)를 담당하며, 수상한 자와 위법자를 단속 또는 체포하는 사무에 종사했다. 요즘의 경호경비경찰의 업무임이 분명하다. 그리고 순검(巡檢 - 하위직 경찰관계급)의 정원을 총관(摠管)이 직접 왕의 재가로 정한다 하였으며, 총관의 지위는 각부, 부, 원 장관과 평행으로 문서를 조회할 정도의 지위의 특수성이 있었음을 짐작할 수 있다.[349]

---

347) http://seoul600.visitseoul.net/seoul-history/sidaesa/txt/5-3-1-3-3-12.html(2008년 12월 17일 검색).

348) 한국경찰사편찬위원회, 「한국경찰사」(서울: 내무부 치안국, 1972), p. 446.

349) 한국경찰사편찬위원회, 1972, p. 446. 궁내부관제 개정건(광무 5년 11월 17일 布達 제77호) 제26조 궁내부 소속직원중 철도원 차에 궁내경위원을 증치함이라. 경위원 皇宮內外 경비 수위 급 수상위법자를 규찰 집포하는 사무를 전관하니 직원을 좌와 같이 置함이라……총관은 원무를 관리하고 소속관리를 감독진퇴하되 그 주임사무로 직권범위 내에 각부, 부, 원 장관에게 평행조회할 사……

이와 같은 경위원은 그 후 수차례 개정되어 정원이 증가하다가 대경무청시대 말기에 1905년(광무9) 3월 4일자로 경위원을 폐하고 주전원(主殿院)에 황궁경위국을 두었다.[350] 조직 및 구체적인 인력규모는 다음과 같다: 총관(總官) 1인[칙임(勅任) 또는 장령관(將領官)], 총무국장 1인(勅任 또는 奏任), 경무관 7인(警務官 ; 奏任), 주사 6인(主事 ; 判任), 총순(摠巡 ; 判任) 16인을 두었다. 경위원은 총관 관방(官房)에 비서과, 총무국 소속에 4개과(警務官 課長)를 두었는데 경위과·문서과·신문과·회계과이다.[351]

⑵ 황궁경위국(皇宮警衛局)

경부시절에 「경위원」으로 개편되어 궁내부관제에 들어갔던 「궁내경무서」는 다시 대(大)경무청 시기를 지나 1905년(광무9) 3월 궁내부 관제개혁(1905년 3월 4일 포달 제126호)에 의하여 궁내부 주전원(주전원의 장은 卿) 내에 황궁경위국으로 개편되었다.[352] 궁내부 관제개정(抄) 제42조(포달 제126호)에 의하면[353] 황궁경위국장(奏任及)은 궁전, 별궁의 수문(守門), 소화(消火), 경찰사무를 관장하고 부하를 감독하는 업무를 맡았다.[354] 이는 현재의 경호경비 업무에 속한다.[355] 1908년(융희 2)에는 왕궁내의 경호임무를 담당하는 호위대에서 60명을 선발하여 소방졸(消防卒)로 삼고 소방펌프 4대와 기타 기구를 갖추고 소방대를 편성한 바 있었다.[356] 황궁경위국은 1910년 일제에 의하여 황궁경찰서로 통합되었다.

⑶ 일제 하 황궁경찰서(皇宮警察署)

일본은 1905년 11월 한국의 외교권을 빼앗기 위하여 강제로 위협하여 을사보호조

350) 한국경찰사편찬위원회, 1972, p. 447.
351) 한국경찰사편찬위원회, 1972, p. 447.
352) 한국경찰사편찬위원회, 1972, p. 509.
353) 제 42조 주전원에 좌같이 직원을 치하야 궁전 이궁 어원 鑽鑰(궤약) 려소 포설하는 사보와 皇宮警衛(황궁경위) 扈衛(호위) 급 전무에 관한 사무를 관리하고 주관에 속한 회계를 장함이라……
354) 한국경찰사편찬위원회, 1972, p. 509.
355) 김두현, 2000, p. 124
356) http://seoul600.visitseoul.net/seoul-history/sidaesa/txt/5-3-6-3.html(2008년 12월 17일 검색).

약(을사늑약)을 맺게 한 후, 점차 국권, 경찰권을 침탈하였다. 이윽고 일본은 1910년 한국의 경찰사무 위탁에 관한 각서를 체결하고, 뒤이어 통감부 경찰관서관제(1910년-명치 43년-6월 29일 칙령 제296호)를 공포하여 한국 경찰권을 완전히 장악했다.[357] 이하 내용은 다음과 같다:

제1조 통감부 경찰관서는 통감의 관리에 속하고 한국에 있어서의 경찰사무를 管掌한다.

제2조 통감부 경찰관서는 경무총감부, 경무부 및 경찰서로 한다.

제3조 경무총감부는 이를 경성에 두고 한국에 있어서의 경찰사무를 총리하고 겸하여 황궁 및 경성의 경찰사무를 관장한다.

이에 한국의 경찰권을 장악한 일본은 1910년「경무부 및 경찰서명칭, 위치 및 관할구역의 건(명치 43년 8월 5일 통감부령 제44호)」을 통하여 궁내부 소속 황궁경위국(皇宮警衛局)을 통합하여 경무총감부(警務總監部) 소속으로 8개 경찰서를 두고, 그 가운데 황궁경찰서(창덕궁소재, 후일 창덕궁경찰서)를 설치하여 북서와 서서로 관할을 구분하였다. 즉 북서(北署)는 창덕궁 지역을 담당하고, 서서(西署)는 덕수궁지역을 담당하여[358] 궁에 대한 경호업무를 관장하였다.[359]

일제시기에 우리 왕실을 탄압하고자 창덕궁의 일부(승화루 - 承華樓)를 창덕궁경찰서로 사용했다. 1915년 신문계(新文界), 1915년 8월호에 최찬식(崔瓚植)이라는 자가 기고한 "창덕궁배관기(昌德宮 拜觀記)"에 따르면, 돈화문 동측(敦化門東側)에는 이왕직 사무실(李王職事務室)이 유(有)하고, 북변(北邊) 규장각(奎章閣) 박고지(博古趾)는 입직보병(入直步兵)이 주찰(駐紮)하며, 금호문외(金虎門外) 대루원적(待漏院跡)에는 창덕궁경찰서(昌德宮 警察署)가 재(在)하더라……라고 하면서 창덕궁경찰서의 상태를 언급하고 있다. 해방직후에 경무대경찰서로 고쳐졌다.[360]

조선 박문사에서 1926년에 발행한「순종국장록(純宗國葬錄)」86면에 실린 "간단

357) 한국경찰사편찬위원회, 1972, p. 718
358) 한국경찰사편찬위원회, 1972, p. 727.
359) 김두현, 2000, p. 124.
360) http://blog.daum.net/historyjang/11652430(2008년 12월 11일 검색).

하신 취미, 문명의 선구로 시계"라는 제하의 기사에 따르면, 당시 순종황제와 그의 근접경호를 담당하고 있던 창덕궁경찰서 소속 경호경찰관이었던 이병호 경부(警部)와의 흥미있는 일화가 소개되고 있다. 관련내용은 다음과 같다:

현재 창덕궁경찰서 경부로 항상(恒常) 근측(近側)에 모시고 있는 이병호(李秉浩)라는 경찰관에게 매일 정오가 되면 어용(御用)의 시계와 그 시계를 대조하시사 시간을 정확히 하셨으므로 이병호는 매일 시계와 시간을 정확케 함이 또한 큰 일이었다. 후로 일반 근측자(一般 近側者, 다른 경호경찰관들로 추정)에게 이병호의 시계를 찬양하사, "너희들도 시간을 정확히 하며 엄수(嚴守)하라시는 황송한 처분을 내리셨다" 한다.[361)]

사진_창덕궁 금호문밖 대루원 자리에 세워졌다는 '창덕궁경찰서' 모습[362)]

사진_일제시대 창덕궁경찰서로 사용되었던 승화루 모습[363)]

일제시기에 창덕궁경찰서로 사용하였던 승화루(承華樓)는 세자 전용 도서실이었던 건물로서 당시엔 소주합루(小宙合樓)라고 했다. 원래 이 부근에 중희당(重熙黨)이라

---

361) http://cafc.daum.nct/distorted(2008년 12월 11일 검색).
362) http://blog.daum.net/historyjang/11652430(2008년 12월 11일 검색).
363) http://blog.naver.com/unesco114/110006588647(2008년 12월 11일 검색).

는 큰 건물이 있었는데, 바로 왕세자와 왕세자빈이 머물던 동궁(東宮)이었다.[364] 해방 후 대한민국 정부는 1949년 2월 23일 구왕궁을 관할하는 창덕궁 경찰서를 폐지하고, 경무대경찰서를 신설하였다.[365]

5. 현대 경찰경호제도

1) 대한민국 임시정부 하 경호제도

1919년 9월 대한민국 임시헌법(민국원년~1919)에 의하면, "내무총장은 憲政籌備 의원선거, 지방자치, 경찰, 위생, 농상공무와 종교, 자선에 관한 일체 사무를 통할한다"라 하면서 경찰 위생에 관한 최고관청임을 규정하였다. 경찰의 최고관청인 내무총장의 보좌기구로서 내무부에 비서국, 지방국, 농상공국과 함께 경무국을 설치하였다.[366]

이와 같은 헌법에 따라 대한민국임시정부는 민국원년(1919) 11월 대한민국 임시관제(대한민국원년 11월 5일 국무원)를 제정(「대한민국임시관제초 법률 제2호」하여 제3장 제2절 내무부 관련 항목(제1조, 제2조, 제5조-경무국-[367]))에서 경찰관련 사항들을 규정하였다. 임시정부 경찰의 실질적 기능은 「백범일지」에 의하면 "경무국의 임무는 기성국가에서 하는 보통 경찰행정이 아니요 왜인의 정탐활동을 방지하고 독립운동자가 왜(倭)에게 투항하는 것을 감시하며 왜의 마수가 어느 방면으로 들어오는가를 감시하는 데 있다"라고 하였다. 이를 위하여 "정복과 사복의 경호원 20여 명을 썼다" 그리하여 "홍구의 왜영사관과 대립하여 암투"하는 것이 경무국의 임무였던 것이다.[368] 경무국장 하에 경호부장과 경호요원을 두었으며, 경호부는 임시정부의 대통령 등 주요 인사의 경호를 담당하였다.[369]

---

364) http://blog.naver.com/unesco114/110006588647(2008년 12월 11일 검색).
365) 김형중, 「韓國古代警察史」(서울: 修書院, 1992), p. 151.
366) 한국경찰사편찬위원회, 1972, p. 657.
367) 제5조 警務局은 左開事務를 掌握함. 1. 行政警察에 관한 사항 2. 高等警察에 관한 사항 3. 圖書出版 及 著作權에 관한 사항 4. 一切 衛生에 관한 사항.……
368) 한국경찰사편찬위원회, 1972, p. 659.
369) 김두현, 2000, p. 126.

2) 대한민국 정부수립 전후 경호제도

1945년 8월 15일 해방이 되고, 1945년 9월 9일 미군이 진주하여 왜군의 무장을 해제하였다. 동시에 군정을 시행하여 기존기구를 활용하여 치안을 확보하게 되었다. 동년 10월 21일 군정청에 경무국(The Bureau of Police, The Police Bureau-관방, 총무과, 수사과, 통신과)을 창설하였다. 이것이 곧 국립경찰의 발족이었다.[370] 한국경찰은 식민지 경찰체제를 탈피해야 했지만 잠정적으로 군정경찰체제로 이어졌다. 1946년 1월 군정청의 경무국을 경무부로 승격·개편하였다.

1946년 4월 1일 행정개혁에 따라서 동대문경찰서는 수도관구 경찰청의 지휘감독을 받게 되었고, 1949년 2월 23일 구황궁(舊皇宮)을 관리하던 창덕궁 경찰서가 폐지되고 모든 업무를 동대문경찰서가 담당하게 되어 동대문경찰서 소속으로 창덕궁 지서를 새로 설치하고 비원(秘苑) 및 창덕궁에 구황궁 재산경비를 담당하였다.[371]

1947년 당시 요인들이 암살 위협을 받고 있었기 때문에 경찰에서는 주요 인물들에 대해 경호직무를 수행했다. 이승만 박사가 돈암장, 마포장을 거쳐 이화장에 안착하게 되면서 경호요원들이 파견되었던 것이다. 1948년 7월 7일에 신공화국의 헌법을 공포하고 이 헌법에 의거하여 초대 대통령을 선출하여 이승만이 당선되었다. 동년 7월 24일에 대통령 취임식을 갖게 되었다.[372] 1948년 8월 15일 대한민국 정부가 수립되면서 경찰은 제헌헌법에 따라 새로운 행정조직의 체계 속에서 미(美)군정 하의 경무부가 내무부의 치안국으로 격하 조정되었다. 일제 치하에서 독립해 대한민국 정부를 다시 세우자, 대한제국 때의 전통이 되살아나 내무부 치안국(경찰청의 전신) 산하 경위부가 이승만(李承晩) 대통령 호위를 담당하게 되었다.[373]

---

370) 한국경찰사편찬위원회, 1972, p. 930.

371) http://seoul600.visitseoul.net/seoul-history/sidaesa/txt/7-2-7-1-4-5.html(2008년 12월 16일 검색).

372) 김두현, 2000, p. 125.

373) http://www.pss.go.kr/warp/kr/data/old_security/.: 1948년 8월15일 대한민국 정부가 수립되자 李承晩 대통령은 거처를 경무대로 옮기게 되었다. 경찰에서는 서정학 경무과 과 총경이었던 金正旭 씨가 경무대로 파견을 나가게 되었다. 金正旭 씨는 내무부 치안국 소속이면서 경무대에서 근무하게 된 것이다.

3) 경찰경호조직으로서의 경무대(景武臺)경찰서

그러던 중 1949년 2월 23일 구왕궁을 관할하던 창덕궁경찰서는 폐지되고 경무대경찰서(청와대의 옛 이름)[374]가 신설되었다.[375] 종로경찰서 관할인 중앙청 및 경무대 구내가 경무대경찰서의 관할구역이 되었다. 경무대경찰서가 대통령의 경호[376] 및 관저의 경비를 맡게 되었다. 같은 해 12월 29일 내무부훈령 제25호로 "경호규정"이 제정되면서 "경호(警護)"라는 용어가 처음 쓰이게 되었다. 즉 경호는 경찰이 대통령을 호위한다는 뜻에서 만들어진 말이다. 경호라는 용어의 상용과 경호업무체제가 정비되었음을 의미한다. 이 규정은 전문 26조로 구성되어 있다.

(표 5) 1949년 제정된 경찰 【警護規程】

경호규정(檀紀 4282년 12월 29일, 내무부훈령 제25호)
제1조 경찰경호에 관하여는 따로 정한 것을 제한 외 본령에 의한다.
제2조 本令에 의한 경호는 左의 자에 대하여 행한다. 가. 대통령, 부통령 및 외국의 원수 나. 국회의장, 대법원장, 국무총리 및 각부장관 또는 외국의 사절 다. 기타 내무부장관 및 도지사가 필요하다고 인정하는 인사
제3조 경호원은 도상(途上), 숙소, 열차 및 선박 기타 필요하다고 인정하는 장소에 소정의 경호원을 배치하여 피경호자의 신변의 안전을 기한다.
제4조 경호에 當하여서는 미리 관계기관과 긴밀히 협조한 후 면밀주도한 경호계획을 수립하여 유루(遺漏)없도록 하여야 한다. ……
제22조 숙소경호는 左의 요령에 의한다.……

374) 본래 경무대는 고종 5년(1868) 경복궁이 중건되면서 그 후원에 지어진 건물이었다. 조선을 병합한 일제는 경복궁 후원의 시설들을 철거하고 그 자리에 1939년 총독 관저를 지었다. 관저의 명칭은 헐린 건물 중 하나인 '경무대'의 이름을 땄다. 이름의 기원에 대해서는 여러 說이 있지만 경복궁의 '경(景)'과 궁의 북문인 신무문(神武門)의 '武'에서 따왔다는 설이 우세하다.http://www.donga.com/fbin/dfsrchview?n=D123024457071287 (2008년 12월 17일 검색).

375) 경찰서의위치및관할지역변경에관한건(1949.2.23대통령령 제59호); 김두헌, 2000, p. 127에서 재인용.

376) 경무대에서 이승만(李承晩) 건국 대통령의 경호를 맡았던 경호원은 스무 명 정도였다고 한다.

이 후 경무대 경찰서장은 경호책임자로서 주로 대통령 경호임무를 수행하였다. 당시 경무대 경찰서 조직은 경무계, 사찰계, 경비계로 구성되었다.377) 1953년 3월 20일에는 경찰서직제를 개정하여 그 관할구역을 경무대 구내로 제한하였다.378)

사진_이승만 대통령이 백악관에 도착, 아이젠하워 미대통령의 영접받는 모습379)

대통령관저 폭발물 장치사건(1948년 10월)

서울시 효자동 전차길로부터 대통령관저에 이르는 대로 하수도 속의 3개 장소에 3미터 간격으로 '다이너마이트' 6개를 매설하고, 전선으로 300미터 떨어진 곳까지 끌어놓은 다음, 거기서 전기로 폭파할 수 있도록 장치한 것을 1948년 10월 18일 오후 9시경 서울시 경찰국 기마대 소속 鄭경위가 순찰 중 발견함으로써, 이승만 대통령에 대한 암살음모가 사전에 발각되었다.

사건발생 즉시 수도경찰청에서는 범인수사에 착수한 결과, 사건발생 후 17시간만

377) 1950. 4. 21 대통령 경호는 경무대 경찰서가 담당하였으며, 경무대경찰서 편제는 다음과 같다: 경무계 → 경무, 통신, 경리업무; 사찰계 → 사찰 형사업무; 경비계 → 경비, 보안, 수행, 차량, 이화장 관리업무 등이었다.

378) 김두현, 2000, p. 127.

379) http://ehistory.kr/pop/photo_pop2.jsp?photo_PhotoSrcGBN=BK&photo_PhotoID=2&detl_PhotoDTL=136(촬영일 : 1954-07-27, 2009년 1월 8일 검색).

인 10월 19일에 범인 전원을 일망타진하였다. 이들은 공산도배의 지령에 의하여 경무대 부근의 폭파뿐만 아니라 시내 노량진 월파동에 있는 장택상 외무부장관 사저부근에도 폭발물을 장치한 것으로 봐서 장관 및 정계요인을 암살하려던 것이 경찰에 의하여 사전에 발견된 것이다. 범인들은 박춘호(당시 38세) 등 5명이었다. 이 일당은 1948년 4월 평양에서 개최된 남북협상에서 조직된 전국구국투쟁위원회 산하 핵심체인 남조선구국투쟁위원회 간부 이 영의 지령하에 특별공작대를 극비리에 조직하고, 상기 박춘호가 주동이 되었다.[380]

4) 4·19혁명과 경무대경찰서 폐지

1960년 3월 15일 정·부통령 부정선거로 4·19혁명이 발발하였으며(제1공화국 붕괴), 4월 26일 이승만 대통령은 하야하였다. 4·19혁명 이후 민주당이 정권을 인수하여 제2공화국이 탄생하였다. 당시 부통령 경호는 서울시경이 담당하였다. 1960년 4·19혁명로 제1공화국과 이승만 정권이 무너지고 동년 6월 15일 제3차 개헌을 통하여 대통령 중심제에서 내각책임제로 전환되었다. 권력이 대통령에서 총리로 이동하자, 제2공화국 시대에 국무총리의 지위가 크게 강화되고 대통령 경호를 담당해오던 경무대경찰서는 1960년 6월 29일 폐지되었다.[381]

5) 청와대경찰관 파견대 시절

대통령 경호를 담당하던 경무대경찰서가 1960년 6월 29일 폐지되고, 경무대 지역의 경비업무는 서울시경찰국 경비과에서 담당하게 되었다. 1960년 8월 13일 민주당 정부의 제2공화국이 수립됨에 따라, 서울시경찰국 경비과에서 「경무대 경찰관 파견대」를 설치하여 대통령의 경호 및 대통령관저의 경비를 담당하였다.[382] 이 조직은 경무대경찰서의 경무계 및 사찰계가 폐지된 경비계와 수행계 및 행정반으로 편성되었다.

---

380) 한국경찰사편찬위원회, 1972, p. 1038.
381) http://www.pss.go.kr/warp/kr/intro/history/.
382) 김두현, 2000, p. 128.

1960년 12월 30일 윤보선 대통령이 경무대를[383] 청와대로 개칭함에 따라서「경무대경찰관 파견대」는「청와대경찰관 파견대」로 명칭이 변경되었다.[384] 즉 서울시 경찰국 경비과 소속 경찰이 청와대경호를 담당했다.[385]

그런데 이후 매일 계속되는 데모로 국가와 사회는 안정되지 못하고 위기를 맞이하게 되었다. 이듬해인 1961년 5·16 군사쿠데타가 발발하였으며, 박정희(朴正熙) 소장이 주도한 군사혁명은 형식적 의미의 경찰경호시대를 마감시켰다.[386] 전권을 장악한 朴소장이 국가재건최고회의를 만들어(1961년 5월 20일 발족) 의장에 취임하자, 박종규(朴鐘圭) 소령을 중심으로 한「국가재건 최고회의 의장 (軍)경호대」가 창설돼 朴소장을 경호했다.

6) 제3공화국에서 최근까지 경찰경호조직

경무대경찰서가 폐지된 후, 경찰은 현직 대통령에 대한 경호직무와 관련하여 대통령실 경호처에 파견형태로 근무하고 있는 실정이다. 다음은 101경비단 및 22특별경호대를 중심으로 소개한다.

---

383) 경무대 (景武臺)는 대한민국 대통령의 관저이다. 서울특별시 종로구(鍾路區) 세종로 1번지에 있다. 북악산(北岳山)을 배경으로 대통령 집무실·회의실·접견실·주거실 등이 있는 본관과 경호처·비서실 및 영빈관 등의 부속건물이 있고, 정원과 북악산으로 이어지는 후원 및 연못 등을 갖추고 있다. 고려시대 남경(南京)의 이궁(離宮)이 있던 곳이며, 조선시대에 들어와 1426년(세종8) 경복궁이 창건됨에 따라 궁궐의 후원으로 정해져 경무대(景武臺)라 하였다. 어영(御營)의 연무장(鍊武場), 과거장(科擧場), 친경의 장소로 사용되었고, 융무당(隆武堂)과 경농재(慶農齋) 등이 있었으나, 1927년 일제에 의하여 헐리고 조선총독 관저가 세워졌다. 8·15 뒤에는 조선주둔군 사령관 하지 중장이 사용하다가 정부수립 후에 이승만(李承晩) 대통령의 관저로 사용되면서 경무대라는 이름을 되찾았다. 대통령 관저로서의 경무대는 3·15부정선거로 인하여 독재와 비밀공작정치의 대명사처럼 인식되어 1960년 8월 윤보선 대통령이 입주하면서 청와대로 명칭을 바꾸었다. 출처 http://kr.dic. yahoo.com/search/enc/result.html?pk=10567600&p=%B0%E 6%B9%AB%B4%EB&field=id&type=enc (2008년 12월 17일 검색).

384) 장기붕, 2001, p. 10.

385) http://www.donga.com/docs/magazine/new_donga/200103/nd2001030150.html.

386) http://www.donga.com/docs/magazine/shin/2005/04/27/200504270500006/200504270500006_2.html(2008년 12월 17일 검색).

1949. 2. 23. 「경무대 경찰서」가 신설, 유지

1956. 8. 15. 제3대 이승만 대통령 취임

1960. 3. 15. 正(정)·副(부)통령 부정선거 → 4·19혁명 발발로 제1공화국 붕괴. 당시 副(부)통령 경호는 서울시경에서 담당

1960. 4. 26. 이승만 대통령 하야

1960. 6. 15. 제3차 개헌을 통해 대통령 중심제에서 내각책임제로 전환

1960. 6. 28. 경무대경찰서 폐지

곽영주(郭永周, 1924~1961)

경기도 이천(利川) 출생하였다. 경성직업학교 기계과 2년을 마친 후 태평양전쟁 때 일본군 지원병으로 입대, 헌병 하사관으로 복무하였다. 해방이 되자 곽영주는 수도경찰학교에 입교, 그곳을 수료한 후, 1947년 3월 수도경찰청 순경에 임명되었다. 같은 해 9월 경사로 승진하여, 경무대 경찰서에 배치되었다. 1947년 10월 경무대(당시 하지 미군사령관 관사) 경비경찰로 파견되어 활동하다가 1948년 정부수립 후에는 경무대 경찰경호계에서 줄곧 근무하면서 경위(1950년), 경감(1952년), 총경(1954년), 1956년 경무대 경찰서장으로 승진, 경무관(1957년)으로 승진하였다. 이승만(李承晩) 대통령 경호책임자가 되었다.[387)]

한편, 이승만 대통령의 초대 경호책임자는 김장흥(金長興)이었다. 김장흥은 미군정기에 서울중부경찰서 외근주임으로 계급은 경위였는데, 이승만의 거처였던 돈암장 경비책으로 배속된 이래 줄곧 이승만의 호위를 담당했다. 정부가 수립되고 이승만 대통령이 경무대로 들어가고 나서도 그는 계속해서 경호실 책임을 맡았다. 김장흥은 약 4백여 명의 경무대 경찰서 서원들을 지휘하였다. 얼마 후에는 대통령의 경호만을 전담하는 경호계(警護係)를 별도로 두었다. 이에 따라 경무대 경찰서는 경무대 일대의 경비 임무를 총괄하고, 경호계는 이승만 대통령의 집무실과 침실 및 대통령 행차시의 호위경비를 직접 담당하였다. 이 경호계 인원은 20~30명 정도였으며, 여기에 곽영주가 당시 경사계급으로 배속되었다. 후일 김장흥의 후임으로서, 김국진(金國振)이 경호실장으로 근무했으며, 그 다음에 곽영주가 발탁되었다. 자유당 말기 경무대 경찰서장(1956년)이 된 곽영주는 얼마 안되어 경무관으로 승진하였다. 그때부터 세도를 부리며 천하를 호령했다. 그래서 주위의 핀잔을 많이 받았지만, 여전히 안하무인격이 되었다고 한다. 경무대 경호책임자라면 글자그대로 경무대라는 대통령부(大統領府)를 잘 경비하고, 대통령의 신변안전을 위해 호위

자로서의 소임을 다하면 그만인 것이다. 경호책임자의 행정적 신분은 경찰관이므로 경찰관 신분으로서의 직책수행에 그쳐야만 했다. 대통령의 정치적·행정적 업무를 보좌하는 직분은 경호관이 아니라, 비서관들이 수행해야 마땅하다. 그러나 곽영주는 자신의 업무범위를 넘어서 권세를 마구 휘둘렀다.[388] 그는 경무대 부부통령으로 불릴 정도로 월권을 행사하는 한편, 독재권력의 하수인으로 정치깡패를 교사·비호하기도 했다. 4·19 당시 부정선거를 규탄하는 학생 시위대에 직접 발포명령을 내린 인물로서 1961년 12월 사형되었다.[389]

1960. 8. 13. 제4대 윤보선 대통령 취임했다. 서울시경 경비과 소속「경무대 경찰관 파견대」가 설치되어 대통령 경호직무를 담당하였다. 12월 30일 경무대가 청와대로 개칭되었다.[390]

1960. 12. 30	경무대가 청와대로 개칭
1961. 5. 16	군사쿠데타 발발
1967. 1. 12.	「청와대 파견대」를 경호실「경비과」로 개칭
1967. 2. 6.	경호실「경비과」를「제7과」로 개칭
1974. 10. 31.	서울시경 소속의「22특별경비대(대장: 總警)」가 설치[391]
1975. 3. 8.	경호실「제7과」를「101경비대」로 개칭

387) http://kr.dic.yahoo.com/search/enc/result.html?pk=10965500(2009년 1월 3일 검색).
388) http://blog.empas.com/ys0316/26438706(2009년 1월 3일 검색).
389) http://kr.dic.yahoo.com/search/enc/result.html?pk=10965500(2009년 1월 3일 검색).
390) 1960년 8월 취임한 윤보선(尹潽善) 대통령은 대통령 관저 이름을 바꾸어야 한다는 잇단 건의를 받았다. '경무대'라는 이름이 이전 정권의 고압적인 통치를 떠올리게 한다는 것이다. 서울시사(市史)편찬위원장이었던 김영상(金永上) 씨는 '화령대(和寧臺)', '청와대(靑瓦臺)'라는 두 가지 이름을 제시했다. 고고학을 전공한 윤 대통령은 "푸른 기와집이라는 뜻의 '청와대'가 우리나라 고유의 전통을 나타내는 점에서 바람직하니 청와대로 하자"는 결정을 내렸다. 결정된 이름은 12월 30일 발표와 함께 공식 통용되기 시작했다. 출처 http://www.donga.com/fbin/dfsrchview?n= D12302 4457071287(2008년 12월 17일 검색).
391) 같은 해 8월 15일 대통령 영부인 육영수 여사가 광복절기념식 도중 괴한의 피격을 받아 서거한 사건이 발생하였다. 이와 관련 경호직무에 대한 새로운 인식과 함께 경찰조직이「치안국」→「치안본부」로 승격되는 등 일대변화를 경험하기도 하였다. 당시 22특별경호대는 서울시경찰국 소속 직할대였다.

1975. 9. 30. 치안본부 경비과에 「경호계 · 방호계」가 신설

1976. 3. 29. 101경비대를 「101경비단(단장 : 警務官)」으로 개칭

1979. 10. 26. 이른 바 10 · 26사태(박정희 대통령 시해사건)를 경험

1983년 의무경찰제도를 도입하여 치안업무를 보조

1991년 경찰법을 제정하였고, 치안본부 → 경찰청 시대로 전환

1999. 1. 1. 서울지방청 기동단 소속의 「120경비대」를 지방청차장 소속 직할대로 전환, 명칭을 「202경비대」로 변경[392)]

2001. 12. 27. 「22특별경비대」 명칭이 「22경찰경호대」로 변경

2004. 10. 21. 4개 경비대로 개편

2006. 3월을 전후하여, 101경비단 단장의 직책이 총경급으로 변경[393)]

7) 각급 경찰경호조직 및 경찰력

경찰경호조직은 대체로 전 · 현직대통령 및 국회의장 · 대법원장 · 헌법재판소장 · 국회의장 등 각급 요인의 신변(주로 수행경호), 공관 및 사저 경호경비조직으로 나뉜다. 경찰청의 경호담당 부서는 경비국 산하 「경호과」,[394)] 지방청단위에서는 서울지방경찰청[395)] 소속의 경비2과 「경호계」 등이 있다.[396)] 상시 경호경비 경찰력 동향은 다음과 같다.[397)]

---

392) 경찰청, 「경찰백서 2000」(서울: 경찰청, 2000), p. 343.

393) 2006년 3월을 전후하여, 101경비단 단장은 경무관급에서 총경급(19, 20대 101경비단장)으로 낮추고, 대신에 경무관급 경찰관은 '경찰관리관'이라는 명칭으로 변경되었다. 경찰관리관(경무관)은 101경비단과 22경찰경호대 등 대통령실 경호처에 파견된 경찰부대를 총괄 지휘하는 직책으로 바뀌었다고 한다. 2008년 12월 현재, 청와대 101경비단장은 총경급 경찰관이 맡고 있다. 서울지방경찰청직제에는 여전히 101단경비단장이 경무관급 경찰관으로 배치된 것으로 나타나 있는 바, 정확한 직제와 계급이 확정되지 않은 것인지 의문이 든다.

394) 경찰청 경비국에는 경비1과, 경비2과 및 경호과가 설치되어 있다.

395) 기타 지방경찰청(부산, 경기, 제주제외)의 경우, 경비교통과에서 경호직무를 담당하고 있다.

396) 경호계에서는 다음과 같은 직무를 수행하고 있다:

- 경호경비 계획수립 및 지도감독
- 경호경비 자료의 관리에 관한 사항
- 경호경비 교양에 관한 사항

(1) 현직 대통령경호 경찰력

현직 대통령 및 그 가족의 경호경비관련 직무를 수행하기 위해 청와대에 파견된 「101경비단」 및 서울시경 직할대로 편성된 「22경찰경호대」, 외곽경비를 맡은 「202경비대」 등 총 ㅇ,ㅇㅇㅇ여 명에 이른다.

(2) 전직대통령 경호 경찰력

전직대통령 및 그 가족 신변경호 및 사저 경비를 담당하고 있는 특별경호대 및 경비관련 경찰력 규모는 약 ㅇㅇㅇ여 명에 이른다.

〈표 6〉 前職대통령 신변 및 사저경비 경찰력 동향

경호대상 및 경찰력동향	전두환	노태우	김영삼	김대중	노무현 (유가족)
수행경호 경찰력	경정 이하 ○○명	경정 이하 ○○명	경정 이하 ○○명	–	–
부서명칭	12경호대	13경호대	14경호대	경호처소관	경호처소관
사저경비경찰력 (기동중대)	1개 중대 ○○○명		1개 중대 ○○○명	1개 중대 ○○○명	–
간접경비경찰	서대문경찰서		동작경찰서	마포경찰서	–
합계	○○○명		○○○명	○○○명	–

퇴임 후 7년 이내인 전직대통령에 대한 경호직무는 대통령실 경호처 부책 하에 실시하고 있는 바, 김영삼 전대통령의 경우 지난 2005년 2월 24일 경호처의 경호임무가 해제되어 경찰에서 경호를 전담하게 되었다. 뿐만 아니라, 2006년 10월 22일 최규하 전대통령이 별세함에 따라 그동안 수행해 오던 경찰경호임무가 종료되었다. 2010년 2월 이후에는 김대중 전(前)대통령에 대한 경호업무는 경찰청소관으로 이관된다.

• 경호장비 지원 및 운용
• 외빈경호대 운용
• 전직 대통령 경호업무 등이다.

397) 이외에 관련법령에 의거하여 외교사절 등에 대하여 수시로 경호경비 직무가 부여될 수 있다.

(3) 각급 요인경호 경찰력

경찰청 훈령인 「경호규칙」제3조(경호의 대상) 제1항에 의거하여 다음의 요인(乙호)에 대하여 경호를 실시하고 있는 바,

▶ 국회의장 수행경호 및 숙소/의장공관경비 경찰력,

▶ 대법원장 수행경호 및 공관경비 경찰력,

▶ 헌법재판소장 수행경호 및 공관경비 경찰력,

▶ 국무총리 수행경호 및 공관경비 경찰력 등 총 ㅇㅇㅇ여 명이다.

이상과 같이 상시 경호경비 직무를 수행하는 경찰력은 약 ㅇ,ㅇㅇㅇ여 명에 이른다.[398)]

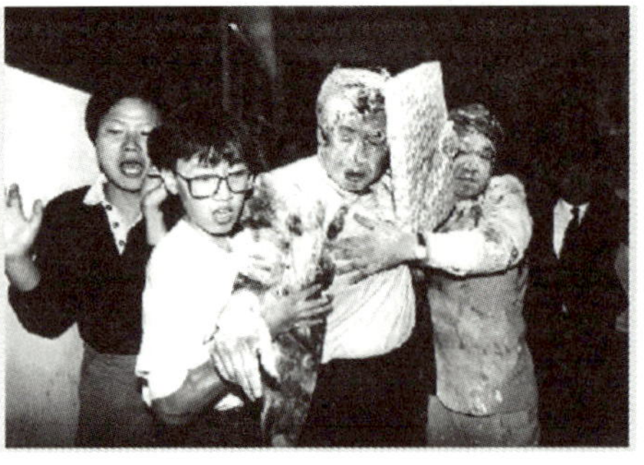

사진_1991년 정원식 전국무총리 계란 투척사건[399)]

(4) 문제점

퇴임 후 7년이 경과한 전직대통령에 대하여 대통령실 경호처로부터 경호업무를 이관받을 시 필요한 조직, 인원, 예산(차량, 총기 및 각종 장비) 등의 지원 없이 업무만 이관되어 서울지방경찰청 자체로 정원을 조정하여 운용하고 있는 실정이다.

특히 김영삼 전대통령의 경우, 최근까지 경호처에서 맡아오던 경호업무가 2005년

398) 물론 간접적으로 경호경비직무와 관련을 맺고 있는 경호과 및 경호계 그리고 순찰지구대까지 포함하면 경찰력은 이보다 훨씬 더 많다. 또한 대통령선거후보자 등에 대한 경호직무를 수행하는 경우, 더 많은 경찰력이 소요될 것이다.

399) http://haru.blog.seoul.co.kr/tag/%EA%B9%80%EC%98%81%EC%82%BC(2009년 1월 4일 검색).

2월 25일경 경찰로 이관되었다. 이처럼 매 5년마다 전직대통령에 대한 경호업무가 동일한 방식으로 경찰로 이관될 것인 바, 신변경호 및 사저경비 경찰력이 투입될 예정이다.

한편, 경찰청에서는 1999년 11월 12일 당시 퇴임대통령 경호보완대책과 관련하여 경호대 경찰관을 증원하고, 경호대장을 경감급 → 경정급으로 격상토록 하부기관에 지시한 바 있다.[400] 전두환·노태우 전대통령들의 경우, 경호대장을 경정으로 보하고 있으나, 지방경찰청의 계단위 조직 및 경정급 직책이나 편제는 경찰청장의 승인사항으로서 2004년 12월까지 승인되지 않았다고 한다.[401]

뿐만 아니라 전직대통령 특별경호대가 확대되어 가는 추세인 바, 소속 경찰관 숫자가 수 십 여명에 이르게 될 것이다. 따라서 전직대통령 경호업무 이관시 필요한 조직, 경찰력 확보 및 이에 상응한 예산편성이 긴요시 되고 있다. 전직대통령 사저경비는 기동대 소속 경비중대 혹은 경찰서 소속 방범순찰대로서 책임은 관할 "동작, 마포 및 서대문경찰서"가 맡고 있다.

청와대 외곽경비를 맡고 있는 「202경비대」 및 「22경찰경호대」는 "서울지방경찰청 차장 소속 직할대"로 편성되어 있고, 전직대통령 수행 및 신변경호를 맡고 있는 「특별경호대」는 서울지방경찰청 "경비 2과"에 소속되어 있는 등 조직이 매우 다양하다. 또한 경비2과에는 작전계, 경호계, 항공대 및 3~4개의 「특별경호대」가 소속되어 있는 등 인원이 비대하여 실질적인 관리감독이 어렵고, 경비2과장의 업무가 과중하다는 견해가 제시되고 있다.

한편, 경호 목적상 경찰관의 무기사용에 대한 법적 근거가 이원화 되어 있다. 현직대통령 경호경비와 관련하여 경호처에 파견된 101경비단 소속 경찰관은 【대통령 등의 경호에 관한 법률】 제2조에 의거, 경호처 소속공무원에 속한다("소속공무원"이라 함은 경호처 직원과 경호처에 파견된 자를 말한다). 따라서 해당 경찰공무원은 동법 제19조상의(무기 휴대 및 사용) 규정을 적용받는다.[402] 그렇지만, 전직대통령에 대한

---

400) 경찰청 경호과 내부 공문서 참조..

401) 일선에서는 경정급 경호대장 T/O 확보가 어려우면, 경감급으로 하향하는 방안을 검토하고, 지방청 계단위 조직 승인이 어려우면 관할경찰서로 조직이관을 검토하는 것이 필요하다고 주장하고 있다.

402) 제19조(무기의 휴대 및 사용) ① 처장은 직무를 수행하기 위하여 필요하다고 인정할 때

경호직무를 수행하는 일반경찰관들의 경우에는 경찰관직무집행법(제10조의 4)상의 총기사용 규정의 적용을 받는 바, 적어도 경찰관이 경호처의 경호대상자를 경호할 목적으로 총기를 사용하는 경우, 【대통령 등의 경호에 관한 법률】상의 총기사용 요건의 적용을 받도록 해석할 필요가 있다.

8) 경호직무경찰관 인사관리

청와대「101경비단」근무경찰관(순경급)은 서울지방경찰청에서 별도의 공개경쟁을 통해 선발하며 신규임용 24주 교육기간 중 경호직무와 관련하여 101경비단 소속 지도교관에 의한 자체 경호교육을 5주간 실시한다.

근접경호경찰인「22경찰경호대」요원은 일반경찰(순경급) 중에서 개인희망에 따라 1개월 간의 교육 후[403] 소정의 점수를 취득한 자를 선발하여 충원하고 있다. 대략 6년간 경호업무(국빈에 대한 근접경호 기회를 가짐)를 수행하며 경사까지 승진한 후 일선경찰에 복귀한다.

외빈(外賓)경호대는[404] 일반경찰 중에서 개인희망을 토대로 서류심사와 서울지방

에는 소속공무원에게 무기를 휴대시킬 수 있다.<개정 1999.12.31, 2008.2.29> ② 제1항에 의하여 무기를 휴대하는 자는 그 직무를 수행함에 있어서 필요하다고 인정하는 상당한 이유가 있을 경우 그 사태에 응하여 불득이하다고 판단되는 한도 내에서 무기를 사용할 수 있다. 다만, 형법에 규정한 정당방위와 긴급피난에 해당하는 때 또는 다음 각호의 1에 해당하는 때를 제외하고는 사람에게 위해를 주어서는 아니된다.<개정 1981.1.29, 1999.12.31, 2008.2.29> 1. 제4조의 직무진행중 인지하는 소관에 속하는 범죄에 관하여 사형·무기 또는 장기 3년이상의 징역 또는 금고에 해당하는 죄를 범하고 또는 범하였다고 의심할 만한 충분한 이유가 있는 자가 소속공무원의 직무집행에 대하여 항거하거나 도피하려고 할 때 또는 제3자가 그를 도피시키려고 소속공무원에게 항거할 때에 이를 방지 또는 체포하기 위하여 무기를 사용하지 아니하고는 다른 수단이 없다고 인정되는 상당한 이유가 있을 때, 2. 야간이나 또는 집단을 이루거나 흉기 기타 위험한 물건을 휴대하여 경호업무를 방해하기 위하여 소속공무원에 항거할 때 이를 방지 또는 체포하기 위하여 무기를 사용하지 아니하고는 다른 수단이 없다고 인정되는 상당한 이유가 있을 때.

403) 22경찰경호대는 선발과정에서 4주간교육을 실시하는 바, 경호관련법규, 경호처무, 우발상황조치, 수행경호, 행사장경호 등이다.

404) 한국경찰의 외빈경호대는 미국무부 산하 경호보안국(Bureau of Diplomatic Security)의

경찰청 경호계의 면접을 통해 선발, 신규 편성된 직원에 대해 1주간의 실무위주 교육을 실시한다. 그리고 전직대통령 경호대는 개인희망을 토대로 경호대장과 전직대통령 비서관의 면접을 통하여 선발한다. 또한, 국무총리 경호대는[405] 총리비서실에서 서울지방경찰청의 추천을 받아 비서실면접을 거쳐 선발한다. 경찰교육기관에서의 경호직무관련 정규교육 프로그램은 없으며, 자체 직무교육을 실시하는 수준이다.

이와 같이 선발·신규 편성된 경찰관은 경호전문경과제가 시행되지 않는 관계로, 경호임무를 종료하고 일선경찰관서에 복귀하면, 별도의 인사관리가 이루어지지 않는다. 다만 유경험자로서 차후에 경호업무를 수행하고자 할 때에는 우대를 받을 뿐이다.[406]

제2절 대통령실 경호처의 변천과 현황

1. 국가재건최고회의 의장 경호대

1961년 5·16 군사쿠데타 당시 주도자인 박정희 장군의 신변경호를 위하여 소수정예의 군인이 경호임무를 수행하였다. 박정희 소장이 주도한 군사혁명은 경찰 경호를 마감시켰다.[407] 1961년 5월 20일 군사혁명위원회가 국가재건최고회의로 발족하면서 쿠데타 지도본부가 육군본부로부터 국회의사당으로 이동하였고 국가재건최고회의 의장 경호대가 임시로 편성되었다.[408] 전권을 장악한 박소장이 국가재건최고회의를 만들어 의장에 취임하자, 박종규 소령을 중심으로 한 "군경호대"가 창설되어 박정희 소장을 경호했다. "국가재건최고회의 의장경호대"는 경호를 담당하였으며, 당시 청와대

경호팀을 모델로 하여 최근 창설되었으며, 해외관련기관에서의 연수 등을 통하여 질적 향상을 도모하고 있다.

405) 국무총리공관파견대에는 정부중앙청사경비대에 소속된 경찰관들이 파견된다.

406) 변관수, "韓國警察의 要人近接警護 發展方案에 관한 硏究", 연세대학교 행정대학원석사학위논문, 2004, p. 1.

407) 예외적인 몇몇 국가들(미국, 러시아, 이스라엘 등)을 제외하고는 대부분의 선진 가국(영국, 독일, 일본, 프랑스, 캐나다 등)에서는 경찰에서 대통령경호를 담당하고 있다.

408) 김두현, 2000, p. 129.

의 경비담당은 서울시경 소속 "청와대 경찰관 파견대"가 맡았다. 당시 군경호대는 국가원수, 최고회의의장, 부의장, 내각수반, 국빈 및 기타 경호대장이 지명하는 주요인사의 신변경호 임무를 수행하였다.[409)]

사진_5 · 16 당시 박정희 소장, 박종규 소령과 차지철 대위[410)]

1961년 6월 1일 창설된 중앙정보부는 창설과 동시에[411)] 군경호대를 흡수하고 그 해 9월 9일에는 중앙정보부 내훈 제2호로 경호규정이 제정 시행되었다.[412)] 그리고 그 동안 5 · 16 군사쿠데타 후 잠정적으로 편성하여 업무수행을 해 온 경호대가 11월 8일 정식으로 중앙정보부 경호대로 발족하게 되었다.[413)]

중앙정보부는 11월 14일 【경호대설치령(중앙정보부령 제25호)】을 제정하여, 1961. 11.18 "중앙정보부 경호대"가 발족되었다. 즉 행정과 · 기획과 · 경호과 · 정보과 · 기동경호의 5개 과, 37명으로 편제된 중앙정보부 경호대가 발족되었다.[414)]

---

409) 김두현, 2000, p. 129.

410) http://kr.image.yahoo.com/GALLERY/img_viewori.html?img_path=http://kr.img.image.yahoo.com/ygi/gallery/img/7d/82/41a6da9844b11.jpg?41a6dae5(2009년 1월 2일 검색).

411) 이처럼 경호처와 중앙정보부(現 국가정보원)는 5 · 16 군사쿠데타를 거치면서, 일반경찰조직에서 분리된 채, 군출신 인사들을 중심으로 한 특별조직으로 발전되었다. 이 후 정보조직과 경호조직은 지난 40여 년간 권력의 부침과정에서 막강한 권부로서의 위상을 누리면서 현재의 국가정보원, 경호처로 변천되었다.

412) 김두현, 2000, p. 129.

413) 경호대의 정원은 37명으로 구성되고 조직은 행정과, 사전기획과, 경호과, 정보과 및 기동경호과의 5개 과로 편성되었다(경호대 설치령 1961.11.14. 중앙정보부령 제25호). 김두현, 2000, p. 128에서 재인용.

1962. 3.22 윤보선 대통령 사임

1962. 3.24 박정희 국가재건최고회의 의장이 대통령 권한대행

1962. 9.29 경호대를 "경호실"로 개칭하였다. 이로써 특별전문 경호기관이 정착[415]

2. 제3공화국에서 2008년까지 경호(실)처

박정희 의장이 대통령에 취임하기 사흘 전인 1963년 12월14일【대통령경호실법(법률 제 1507호)】이 공포되었다. 이틀 후 동년 12월 16일 각령 제1679호로【대통령경호실법시행령】을 각각 제정·공포하였다.

1963년 12월 17일 박정희 장군이 제5대 대통령에 취임과 동시에 제3공화국이 정식 출범하였다.[416] 동년 12월 17일에 대통령 경호를 담당하는 독립된 전문기구로서【대통령경호실】이 발족되었다.

(표 7) 대통령경호실 창설배경에 얽힌 비사

대통령 경호실의 창설배경을 소개한 자료에 의하면,[417] 정치적 측면과 경호적 측면으로 나눌 수 있다. 정치적 목적 가운데 하나는 5·16군사쿠데타와 함께 창설된 경호실은 군사적 정변이라는 시대적 상황에 따라 혁명지도자에 대한 완벽한 신변경호는 물론 반혁명세력의 견제와 군대의 안정 그리고 대통령 취임이후 대통령의 지도력의 확립 등의 원초적인 정치적 목적과 배경을 갖고 창설될 수밖에 없었다는 점이다. 그 이후에도 정치적 목적을 수반하여 지속 발전되었다.

414) http://www.donga.com/docs/magazine/new_donga/200103/nd2001030150.html.

415) 대통령실 경호처와 국가정보원은 5·16군사혁명을 계기로 탄생한 조직으로서, 특별한 시대적 상황의 부산물이라고 할 수 있다. 국가정보원과 경호처는 학문상 실질적 의미의 경찰작용을 수행하는 국가기관으로 분류되기도 한다.

416) http://www.pss.go.kr/warp/kr/intro/history/.

417) 장기붕, 2001, p. 12. 이하.

두 번째 정치적 이유로는 4·19혁명 이전 자유당정권의 대통령경호제도와 군 통수의 관계에서 찾아볼 수 있을 것이다. 당시 대통령에 대한 경호는 경찰이 경무대 경찰서를 설치하고 경호를 전담하면서, 국가원수 경호에 필수적인 군사적 지원요소를 특별한 관계법령이나 규정 없이 경찰이 군을 일방 지휘하는 체계를 갖추었고, 특히 4.19 혁명당시 경호책임자였던 경무대경찰서장 곽영주는 그 직책을 이용하여 고령의 이승만 대통령으로부터 개인적 신뢰를 독차지하고, 대통령의 막강한 권력의 그늘 아래서 대통령을 호위호가하면서 군인사 등에 개입함을 물론 대통령→국방장관→각 군총장의 정상적인 군권의 指揮(지휘)계통을 무력화하는 전횡을 일삼기도 하였다.

또한 1956년 5월 15일 정부통령의 부정선거 이후 정부 및 이승만 대통령에 대한 민심 이반의 올바른 실상파악과 곽영주의 지나친 군인사 등의 군권개입은 물론 軍고위장성의 경무대 방문시 경호를 빙자한 일정의 제한 및 대통령 보고내용의 사전청취 등의 월권행위와 지나친 검색행위 등 곽영주 개인과 경찰에 대한 매우 좋지 않은 군심이 태동되었으며, 이것이 군으로 하여금 이승만정권으로부터 이탈하게 되는 가장 큰 이유로 제시되기도 하였다.

이러한 몇몇 관점에서 5·16군사쿠데타 세력은 정권의 위기시 정권유지에 도움을 주기보다는 오히려 정권의 몰락을 촉진시켰던 경찰의 전횡을 방지하기 위하여 경찰전담의 경호제도를 폐지하고 새로운 경호제도를 도입한 것이라는 해석도 제기되고 있다. 한편, 전문경호기관으로 탈바꿈했던 대통령 경호실에서 제3대 경호실장으로 재직했던 차지철이 경호실장이라는 직책과 대통령의 측근임을 이용한 초법적이며 월권적인 행위로 인하여, 급기야 국가정보기관의 수장이 대통령을 직접 시해하게 만드는 원인이 되기도 했다. 이처럼 몇몇 경호실장의 전횡으로 말미암아 국가의 명운이 좌우되기도 하였음을 역사를 통해 경험한 바 있다.

대통령 경호실에는 경호실장을 두고 그 직속으로 행정차장 및 계획차장을 두도록 하였다.[418] 하부조직에 대해서는 실장이 정하도록 하였다. 대통령 등의 경호에 관한 법률은 수차에 개정되어 오늘에 이르렀다. 1963년 대통령경호실법시행령(제정 1963. 12.16 각령)에 따르면, 대통령경호실 소속 직원들은 경호관 혹은 경호사(통상 경호원으로 호칭)로서 별정직 공무원 신분이었다.

418) 행정차장은 실의 인사관리·교육훈련·예산의 심사분석 및 관리에 관한 업무를 계획차장은 경호·경비·수사 및 정보에 관한 업무와 행사계획에 관한 업무를 각각 처리한다.

(표 8) 1964년 전후 대통령경호실 공무원 정원 현황

	별정직	일반직 2급 내지 4급	경찰직	기능직
공무원 현황	경호처장 1 경호관(1급상당) 2 경호관(2급갑류상당) 5 경호관(2급을류상당) 13 경호관(3급갑류상당) 23 경호관(3급을류상당) 37 경호사(4급갑류상당) 15 경호사(4급을류상당) 16	행정이사관 2 행정부이사관 4 행정서기관 6 재경서기관 1 행정사무관 10 재경사무관 1 행정주사 9 재경주사 1	경 무 관 1 총 경 2 경 감 5 경 위 10 경 사 10 순 경 10	2등급 통신원 4 2등급 난방원 1 3등급 조무원 31 3등급 정비원 4 3등급 정리원 4 3등급 건축원 3
소 계	112명	34명	38명	75명
총 계	262명			

당시 미국의 재무부 산하 경호실(Secret Service · 약칭 SS)이 대통령 경호를 맡고 있는 것에 착안하여 당시 한국의 대통령 경호실은 강력한 힘을 상징하는 PSF (Presidential Secret Force)로 정했다. 그러나 1980년대에 접어들면서 국민에게 봉사한다는 개념으로 PSS(Presidential Security Service)로 정했다.

대통령 경호실이 창설된 후, 대통령이나 VIP의 경호에 있어서 측근경호는 경호실이 전담하게 되었고, 경찰은 외곽(제2선 및 제3선)경호를 담당하는 역할분담이 이뤄졌다. 1968년 6월 당시 대통령 경호실 소속 공무원 정원은 별정직 경호원 112명, 경찰직공무원 38명 등 총 262명 정도였다.[419] 1963년 창설된 대통령 경호실은 경천동지할 엄청난 사건을 네 차례나 겪으며 성장했다. 북한군 특공대의 청와대 기습사건('68년 1 · 21사태), 문세광의 육영수 여사 저격사건('74년 8월 15일), 김재규 중앙정보부장의 박대통령 저격사건('79년 10 · 26사건), 북한군 정찰국 요원에 의한 아웅산 묘소 폭파사건 (1983년 10월 9일)이 그것이다.[420]

419) 대통령경호처공무원정원표(대통령 등의 경호에 관한 법률시행령 일부개정 1968.6.4 대통령령 제3479호)를 기준.

420) http://www.donga.com/docs/magazine/shin/2005/04/27/200504270500006/200504270500006_1.html(2008년 12월 17일 검색) 신동아 통권 498호(이정훈 기자)의 자료임.

경호실의 임무는 창설 당시에는 대통령과 그 가족, 대통령으로 당선이 확정된 자 및 경호실장이 특히 필요하다고 인정하는 국내·외 요인에 대한 경호와 대통령관저의 경비에 관한 사항을 담당하도록 되어 있었다. 그러나 1981년 1월 29일 법률 제3358호로 【대통령경호실법】이 1차 개정되어, "전직대통령 및 그 배우자와 자녀의 호위"가 추가되었다.

2008년 2월 개정된 【대통령 등의 경호에 관한 법률】상 경호대상자들은 다음과 같다 :

동법 제4조 (임무) ① 경호처의 경호대상은 다음과 같다. <개정 2008.2.29> 1. 대통령과 그 가족, 2. 대통령 당선인과 그 가족, 3. 본인의 의사에 반하지 아니하는 경우에 한하여 퇴임 후 7년 이내의 전직대통령과 그의 배우자 및 자녀. 다만, 대통령이 임기만료 전에 퇴임한 경우와 재직 중 또는 퇴임 후 사망한 경우의 경호기간은 그로부터 2년으로 하되, 퇴임 후 사망한 경우의 경호기간은 퇴임일을 기산일로 한다. 4. 대통령권한대행과 그 배우자 5. 방한하는 외국의 국가원수 또는 행정수반과 그 배우자 6. 그 밖에 처장이 경호가 필요하다고 인정하는 국내·외 요인, ② 제1항제1호 또는 제2호의 규정에 따른 가족의 범위는 대통령령으로 정한다.[421]

이하 내용은 대통령실 경호처 홈페이지에서 제공하고 있는 자료를 참고하여 중요 사항을 시대 순으로 정리하였다.[422]

1963.12.17 대통령경호실 독립조직으로 정식 창설[423]

1967. 7. 1 제6대 박정희 대통령 취임

1968. 1.21 무장공비 청와대 습격 미수사건(1·21사태)

421) 【대통령 등의 경호에 관한 법률(일부개정 2008.2.29 법률 제8872호)】 제4조, 同法시행령 제12조 참조.

422) http://www.pss.go.kr/warp/kr/data/old_security/old3.html.

423) 선진 각국의 사례와는 달리 미국의 경호실(SS)은 일반경찰 소속이 아니었으며, 창설당시 재무부소속이었다. 또한 최근에는 9.11테러사건 이후 국토안보부 소속으로 변경되었다. 이러한 미국의 경호실(Secret Service)은 한국 경호처가 추구하는 목표점이자, 한국 경호처의 모델이 되었다 해도 과언이 아니다. 한국 경호처가 영문 이름을 PSS로 정한 이유도 여기에 있다할 것이다.

1·21사건……김신조 등 31명 청와대 습격

1968년 1월 21일 청와대 습격사건과 푸에블로호 피랍사건이 발생했다.

'1·21사태'로 불리는 북한 무장게릴라들의 청와대 습격사건은 1968년 1월 21일 북한이 박정희 대통령과 정부요인들을 살해하기 위해 청와대 침투를 시도한 사건이다. 당시 북한 특수부대인 124군 소속 침투조 31명이 수류탄과 기관단총 등으로 무장하고 서울 세검정고개까지 침투했다. 세검정고개에서 경찰 불심검문에 걸리자 이들은 수류탄을 던지고 총기를 난사했다. 이에 군·경이 긴급 출동, 현장에서 28명을 사살하고 1명을 생포함으로써 사태를 종결지었다. 당시 유일하게 생포됐던 김신조씨는 남한에 귀순, 현재 선교활동을 하고 있다(여시동 기자 작성자료).[424]

1968. 3.30 대통령경호실법 시행령 개정, 청와대 방어계획 및 보안활동 강화편성 : 실장, 차장, 행정처, 보안처, 기획처, 경호처, 통신처

1971. 7. 3 제7대 박정희 대통령 취임

1971. 7.31 청와대 폭파기도 미수사건(중앙정보부 부산지부 검거)

1972.12.27 제8대 박정희 대통령 취임, 유신헌법 공포

1974. 8.15 박정희 대통령 저격사건 및 육영수 여사 피격사건 발생

사진_1974년 8월 15일 박정희 대통령 저격사건[425]

424) http://www.chosun.com/w21data/html/news/200101/200101290307.html(2009년 1월 4일 검색)

425) 1974년 8월 15일 서울 장충동 국립극장에서 개최된 광복절 기념식 도중 박정희 대통령의 부인 육영수 여사(한복차림)가 문세광이 쏜 총탄을 맞고 쓰러져 있다. 출처

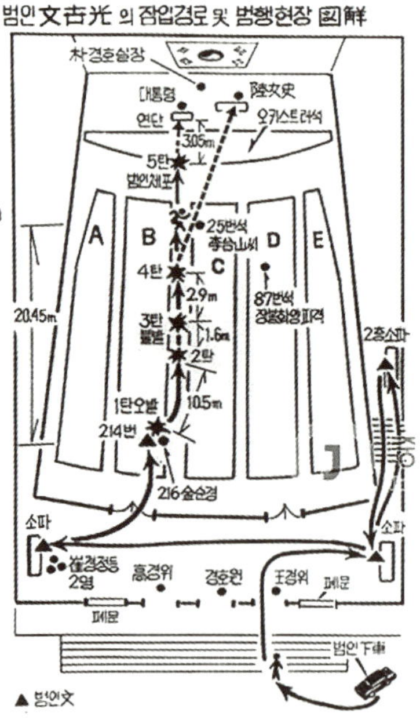

사진_8·15 경축식장에 앉아있던 범인 문세광이 통로를 달려 나오며 권총을 겨누는 장면[426]

당시 한국측 수사본부는 저격범 문세광이 1972년 9월 5일경 조총련에 포섭돼 반정부 활동을 펴오다가 1974년 5월 5일 북한 공작선 겸 무역선인 만경봉호에서 북한공작원으로부터 제29회 광복절 기념식(1974년 8월 15일)에서 박대통령을 암살하라는 지령을 받고 서울로 잠입했다고 설명했다. 수사본부는 또 범행을 위해 일본인 요시이 유키오라는 이름의 위조 여권을 사용했던 문세광의 배후에는 50세가량의 이름을 알 수 없는 북한 공작지도원과 조총련 오사카 이쿠노 서지부 정치부장 김호용 등 2명이 있다고 밝혔다.

문세광의 범행 동기에 대해서도 수사본부는 문세광이 김호용과 접촉하며 북한 및 조총련에서 발간한 각종 팸플릿과 공산서적에 현혹돼 공산사상에 물들었고, 김호용은

---

http://news.nate.com/service/news/shellview.asp? LinkID= 11&ArticleID=2005012018173849112(경향신문 자료사진, 2009년 1월 4일 검색).

426) http://www.donga.com/fbin/output?f=a_s&n=200501200047&main=1(동아일보 자료사진, 2009년 1월 4일 검색).

427) http://www.pressian.com/article/article.asp?article_num=30050120125452&Section

남한 내에서 인민민주주의 혁명을 일으키기 위해서는 무엇보다도 대통령을 암살, 이를 인민봉기의 기폭제로 삼아야 한다고 문세광을 선동, 성공했다고 밝히고 있다.

이밖에 수사본부측은 매월 평균 2차례씩 약 1년간 문세광과 내왕했던 김호용은 1974년 정월에는 한덕수 조총련 의장의 '혁명을 위해 일층 노력해주도록'이라는 말과 함께 정초 선물로 인삼주와 과실주를 문세광에게 전달했고 1백30만엔의 거사 자금을 1973년 1월과 1974년 7월 24일 각각 50만엔과 80만엔씩 문세광에게 건넸다고 수사결과를 발표한 바 있다.[427]

▲1974.9.12 = 수사본부, 문세광을 내란목적의 살인죄 등 6개 죄목 구속 기소

▲1974.10.19 = 서울형사지방법원 합의 8부, 선고공판. 사형 선고. 문세광 서울고법에 항소

▲1974.11.13 = 서울고법 제2형사부 항소심 첫 공판. 사형 구형. 문세광 "박대통령과 대한민국 국민에게 죄송하며 지은 죄를 깊이 반성하고 있다"고 최후 진술

▲1974.11.20 = 서울고법 제2형사부 항소심사 및 공판. 항소기각, 사형선고

▲1974.12.17 = 대법원 제1형사부 상고심 판결공판. 상고기각, 사형 확정

▲1974.12.20 = 문세광 서울구치소에서 교수형(絞首刑)(서울=연합뉴스)[428]

사진_체포된 저격범(문세광)이 호송되는 장면[429]

사진_공판정에서의 범인 문세광 모습[430]

01(2009년 1월 4일 검색).

428) http://www.donga.com/fbin/output?f=aBs&n=200501200051(2009년 1월 4일 검색).

429) http://www.pressian.com/article/article.asp?article_num=30050120125452&Section=01(2009년 1월 4일 검색).

430) http://www.donga.com/fbin/output?f=a_s&n=200501200047&main=1(동아일보 사진

1974. 9.11 대통령경호·경비안전대책위원회 설치
관계부서 책임을 명확히 하고, 관계부서 간 협조를 명확히 함

저격사건 후폭풍…차지철 시대 개막

1974년 8월15일 오전 10시 23분 서울 장충동 국립극장의 29주년 광복절 행사장에서 발생한 문세광(文世光)의 박정희(朴正熙) 대통령 저격 사건은 예기치 못한 사건의 폭발성만큼이나 정치권에 대한 후폭풍도 컸다. 사건 8일 후인 22일 '피스톨 박'으로 상징되는 무소불위의 권력자였던 박종규(朴鐘圭) 청와대 경호실장은 충성경쟁을 벌이던 차지철(車智澈) 국회 내무위원장에게 자리를 물려줌으로써 15년 남짓 누려온 '대통령 오른팔' 지위도 함께 내줬다.

8·15 사태로 공화당 정권의 권력이동이 시작된 순간이었다. 박 실장은 5·16 쿠데타 직후 박정희 국가재건최고회의 의장 경호를 맡은 이래 '63년 경호실 창설시 차장 취임에 이어 실장으로 승진하면서 2인자 역할을 해왔다. 8·15 사건으로 '피스톨 박' 인맥이 '땅을 친' 반면, 차지철 사람들은 하나 둘 권력실세 자리에 오르는 등 8·15의 여진은 공화당 권력지형의 변화를 가져왔다. 또 5·16 거사 후 숱한 외유 등 부침끝에 철옹성을 구축했던 김종필 총리는 물론 신직수(申稷秀) 중앙정보부장, 김정렴(金正濂) 비서실장 등에게도 타격이 컸다. 또, 사건과 직접 관련이 없던 김용태(金龍泰) 원내총무 등 공화당 지도부와 백두진(白斗鎭) 의장, 민병권(閔丙權) 원내총무 등 유정회 간부들도 일괄사표를 냈다.

박 대통령이 당시 인책 범위를 치안 총수인 홍성철(洪性澈) 내무장관과 박종규 실장 등 두 명으로 매듭짓고 사표를 대거 반려했지만, 사건 당시 휴가중이었던 김총리는 여론의 질타에 시달렸고, 김 총무 등 당정 지도부의 위상도 실추됐다. 당일 경축식전을 맡았던 양택식(梁鐸植) 서울시장 역시 8·15 사건의 불똥으로 사퇴한 케이스. 양 시장은 사건 당시 단상에서 자취를 감췄다는 보도 이후 여론의 따가운 눈총을 받으면서도 자리를 지키다가 열흘만에 사표를 냈다. 그는 김용태 총무가 "사임해야 마땅하다"고 질타한 지 일주일만인 9월 3일 자리에서 물러났다(서울=연합뉴스).[431]

자료, 2009년 1월 4일 검색).

431) http://www.donga.com/fbin/output?rellink=1&code=aB_&n=200501200054(2009년 1월 4일 검색).

1975. 8. 2 대통령경호·경비안전대책통제단 설치

> 문세광 사건이 던져준 교훈을 제대로 분석했다면, 경호실은 비약적으로 발전했을 것이다. 그러나 경호실장이 박종규에서 차지철(車智澈)로 바뀌었을 뿐, 경호실의 질적인 성장은 전혀 이뤄지지 않았다. 차실장 시절 경호실은 오히려 퇴보했다. 차 실장은 경호 연구에 주력하지 않고, 대통령의 권세를 이용해 야전부대 사령관을 불러 사열을 받는 호가호위(狐假虎威)를 즐겼다. 경호실을 사병(私兵) 집단화한 것이다.[432)]

사진_차지철 경호실장이 경호실 소속 병력들을 사열하는 모습[433)]

1978.12.27 제9대 박정희 대통령 취임식

1979.10.26 박정희 대통령 서거(10·26사건)

> 10·26 사건의 경호는 문세광 사건 때보다 못한 사상 최악의 경호였다. 문세광 사건 때는 그래도 박종규 실장이 뛰어나와 암살자와 대적자세를 취했으나, 10·26사건 때의 차지철 실장은 '혼자 살기 위해' 대통령을 버리고 화장실로 도망쳤다. 박 대통령은 두뇌도 없고 용기도 없는 자들에게 자신의 목숨을 맡겼기 때문에 비극적인 최후를 맞았다. 그리고 한국은 헌법이 바뀌고 혁명적인 변화를 맞았다. 경호의 실패는 곧 국가의 위기로 이어질 수 있다는 교훈을 잊지 말아야 한다.[434)]

---

432) http://www.donga.com/docs/magazine/shin/2005/04/27/200504270500006/200504270500006_4.html(2008년 12월 17일 검색).

433) http://kr.img.search.yahoo.com/search/images?p=%EC%B0%A8%EC%A7%80%EC%B2%A0&b=1&imgseq=2&oid=3_41a6da9844b11&subtype=Image_DB&target=detail&top=frame(2009년 1월 2일 검색).

사진_박정희 전대통령과 김재규 전중앙정보부장 및 차지철 전경호실장[435]

사진_최초로 공개된 10·26 사건 직후 사건 현장[436]

1979.12.21 제10대 최규하 대통령 취임

1980. 8.16 최규하 대통령 하야

1980. 9. 1 제11대 전두환 대통령 취임[437]

---

434) http://www.donga.com/docs/magazine/shin/2005/04/27/200504270500006/200504270500006_5.html(2008년 12월 17일 검색).

435) http://kr.img.search.yahoo.com/search/images?p=%EC%B0%A8%EC%A7%80%EC%B2%A0&subtype=Alta_Image&target=detail&b=11&imgseq=11&top=frame(2009년 1월 2일 검색).

436) http://kr.img.search.yahoo.com/search/images?p=%EC%B0%A8%EC%A7%80%EC%B2%A0&subtype=Alta_Image&target=detail&b=11&imgseq=11&top=frame(2009년 1월 2일 검색).

437) http://www.pss.go.kr/warp/kr/data/old_security/old5.html.

1981. 3. 3 제12대 전두환 대통령 취임

1983.10. 9 동남아 순방시 위해 기도(미얀마 아웅산 묘소 폭파사건)

아웅산사건, 검색요원의 실수

한국 경호처는 SS처럼 지부도 없고, 한국 외교부는 RSO와 같은 공안기관도 없다. 한국 정보기관 중에서 해외에 요원을 파견해 놓고 있는 것은 안기부(현, 국가정보원) 뿐이다. 대통령의 방문이 결정되면 방문국가에 주재하는 안기부 요원(IO)과 현지 대사관 요원들이 경호실 선발대와 함께 사전 점검에 들어간다. 전대통령이 미얀마에 도착한 것은 '83년 10월 8일이었다. 전대통령 일행은 미얀마 주재 한국대사관과 안기부 주재원으로부터 '문제가 없다'는 연락을 받고 들어간 것이었다. 그러나 이들은 미얀마에 상주한 북한인들의 움직임을 놓치고 있었다. 전대통령의 미얀마 방문에 앞서 북한 선박이 미얀마에 들어왔는데 그에 대한 경계를 게을리 한 것이다. 이런 가운데 10월 9일 전대통령 일행이 아웅산 묘지를 참배하러 갔다가 엄청난 폭파사고를 당했다(아웅산 사건).[438]

전두환 대통령 일행은 1983년 10월 8일 저녁 서남아시아 태평양 지역 6 개국(인도, 스리랑카, 오스트레일리아, 뉴질랜드 등) 순방의 처음 방문국인 미얀마의 수도 랑군(Rangoon)에 도착해 미얀마 각료들의 마중을 받았다. 대한민국의 국가 원수의 미얀마 방문은 사건 당시 처음으로 미얀마에서의 4일간의 일정을 마치고 10월 11일에는 2번째의 방문국인 인도로 출발할 예정이었다. 도착 다음날인 10월 9일 오전 세계를 뒤흔든 중대사건이 랑군Rangoon(현 양곤)시의 국립묘지인 순교자 묘역(미얀마명 : 아자니 공)에서 일어나게 된다. 아웅산 국립묘지는 쉐더공파고다의 북쪽의 한적한 언덕에 있는데 미얀마 독립과 건국의 영웅들 아웅산 장군과 독립 운동 지도자 9인을 모시는 묘소로 버마를 방문한 국빈은 미얀마에서의 공식 일정 중 처음일정으로 참배하는 것이 관례로 되어 있다.

438) http://www.donga.com/docs/magazine/shin/2005/04/27/200504270500006/200504270500006_6.html(2008년 12월 17일 검색).

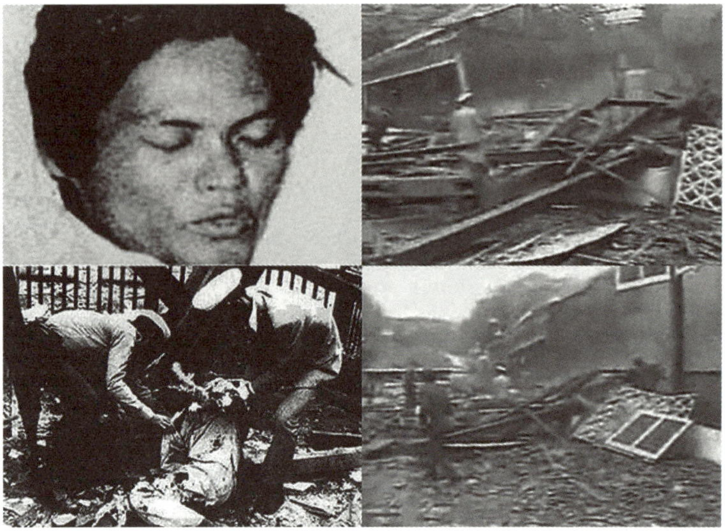

사진_미얀마 아웅산국립묘지 테러사건의 범인(강민철)과 현장 모습[439)]

1983년 10월 9일 오전 10시 25분(현지 시간) 아웅산 묘역의 건물 천장에 설치되고 있던 무선 조종 폭탄이 폭발하고 서석준 부총리 등 4인의 각료의 희생을 시작으로 한 다수의 희생자를 낳는 대 참사를 일으켰다. 그러나 아웅산묘에서 헌화를 할 예정이었던 전두환 대통령 부부는 우연히 영빈관에서 아웅산묘역으로의 출발이 지연되고 도착 예정 5분 전에 폭발이 일어나 대통령 부부는 구사일생으로 희생을 면했다. 사건 발생 당시의 발표로는 19인 사망(한국측은 4명의 각료 포함한 16명 사망 미얀마측은 3명 사망) 48명 부상(한국 15명, 미얀마 33명)한 것으로 되어 있지만, 사건 후 중상자 중 한국인과 미얀마인이 추가로 사망하여 최종적으로 사망자 21명 부상자 46명이 발생한 대 참사였다.

한국측은 경제전문가 출신인 서석준 부총리겸 경제기획원장관 등 4인의 각료와 수행인사 13명이 순국했으며, 미얀마측은 아웅 초 민 정보문화부 장관, 딴마웅 정보문화부 대변인 등 4명이 사망했다. 사건 직후 전두환 대통령은 모든 일정을 중지하고 양곤공항에서 특별기로 귀국했다. 정부는 사건이 일어났던 당일 오후 긴급 각료회의를 소

439) http://ii.reviewstar.net/data/200805/21/20080521131438.jpg(2009년 1월 4일 검색).

집하고 군과 경찰에 "특별 비상경계령"을 내렸다. 또한 동사건에 대해 전두환 대통령의 암살을 노린 북한의 소행이라고 단정, 발표했다.440) 이와 같이 아웅산 테러사건은 1983년 10월 9일 당시 미얀마를 방문한 전두환 대통령을 암살하려고 북한이 아웅산 국립묘지에 장치한 폭탄이 터져 부총리와 장관 등 한국 외교사절들이 순직한 사건이다. 북한이 파견한 특수요원 3명 가운데 신기철 상위(대위)는 현장에서 사살되고, 체포된 진아무개 소좌(소령)는 사형선고 뒤 처형됐다. 당시 상위(대위) 계급의 강민철은 테러사실을 자백하고 수사에 협조해 종신형을 선고받았다. 강씨는 현재 교도소 안의 철조망으로 둘러싸인 작은 오두막에서 살고 있다.441)

사진_아웅산 묘소 폭파사건 직전 도열해 있는 중요인사들442)

440) http://blog.chosun.com/blog.screen?blogId=8745&listType=1&menuId=40043&from=19000101&to=29991231(2009년 1월 4일 검색).
441) http://www.hani.co.kr/arti/politics/defense/205096.html(2009년 1월 4일 검색).
442) http://img.blog.yahoo.co.kr/ybi/1/94/9f/lhd1487/folder/57/img_57_2688_2?1170232089.jpg(2009년 1월 4일 검색).

미얀마 아웅산 묘지 폭파사건 범인체포 및 처벌

- 1983년 11월 4일 : 미얀마 정부는 북한 공작원의 범행이라고 단정하고 북한과의 외교 관계를 단절. 또한 외교 단절 조치로서 가장 강력한 국가 승인을 취소.
- 1983년 11월 22일 : 아웅산 폭발 테러사건의 진범으로서 양곤에서 체포된 북한인 용의자 2인에 대한 재판 절차개시. 양곤 지방재판소(1심 법원)의 특별법정으로 양곤의 육군시설 내에 재판소 설치. 경찰측은 용의자 2인의 신원을 북한군의 진모 소령(30) 강민철 대위(28)라고 그들의 신원을 확실하게 발표.
- 1983년 12월 1일 : 제 7차 공판을 끝으로 검찰측의 증인 심문 종료.
- 1983년 12월 6일 : 제 9차 공판, 양곤 지방재판소(1심 법원)의 "마웅 마웅에" 재판장이 피고인에 대해 유죄를 선고, 진모 소령은 시종 묵비권 행사. 강민철 대위 죄목 인정.
- 1983년 12월 9일 : 피고인 2명에 대한 판결 공판, 사형 판결.
- 1983년 12월 15일 : 피고인 강민철 대위 미얀마 중앙 법원(최고재판소)에 상소. 진모 소령은 상소포기.
- 1984년 1월 11일 : 최고 재판소 재판 개시.
- 1984년 2월 9일 : 피고 강민철 대위 상소를 기각 사형판결 확정.[443]

〈아웅산 묘소 폭파사건 당시 현장 경호원의 경험담〉

……"뭐니뭐니 해도 가장 기억에 남는 건 아웅산 폭발사건이죠. 당시에 이범석 장관님 등 요인들과 경호원 두 명이 죽었습니다. 현장에서만 12명이 죽었는데, 천운이었는지 저는 행사장 입구 쪽 하차지점에 있었어요. 행사장 바깥쪽으로 서서 경계하는데 갑자기 쾅 소리가 나길래 예정에 없던 예포를 왜 쏘는가 했어요. 그와 동시에 허리와 등에 폭풍이 덮쳤는데, 아마 방탄복이 없었다면 저도 즉사했을지 모릅니다. 나중에 방탄복을 털어보니 직경 2밀리짜리 쇠구슬 파편이 30개나 나오더군요."

한마디로 아비규환이었다. 앞이 잘 보이질 않고 정작 자신도 머리가 아프고 어지러웠지만 폭파 지점으로 달려가 현장을 수습한 뒤 부상자를 끌어내 후송차에 태웠다. 부상자를 구조하는 동안 볼펜만한 대못이 구두를 뚫고 발바닥을 찢었지만, 그 상황에선 고통을 느낄 수도 없었다고 한다.

현장을 대충 수습한 뒤 대통령에게 보고하기 위해 5km 남짓 떨어진 버마 대통령궁 영빈관까지 뚫린 구두를 신고 정신없이 뛰었다는 장기붕 씨. 피투성이가 된 복장 때문에 대통령에게 직접 보고는 못 올렸지만, 문틈 사이로 대통령의 침통한 표정을 볼 수 있었다. 이미 폭발사고 소식을 들었던 대통령은 경호실장이 들어서자마자 누가, 몇 사람이나 죽었냐고 서둘러 묻더라는 것. 그날의 참상은 정신을 차린 뒤의 자신의 모습과 대통령의 참담한 표정에 그대로 녹아 있었다.[444)]

1987. 12. 대통령 당선확정자 전담경호대 편성 및 운영

1988. 2.25 제13대 노태우 대통령 취임

1988. 8.22 제1차 대통령 경호실 경호요원 공개채용 실시

1993. 2.25 제14대 김영삼 대통령 취임[445)]

1993. 2.26 제9대 대통령 경호실장으로 전문경호관 출신의 박상범 취임[446)]

1998. 2.25 제15대 김대중 대통령 취임[447)]

1999년 12월 31일 법률 제 6087호로【대통령경호실법】이 2차 개정되어 경호공무원의 신분이 별정직에서 특정직으로 변경.[448)]

---

443) http://blog.chosun.com/blog.screen?blogId=8745&listType=1&menuId=40043&from=19000101&to=29991231(2009년 1월 4일 검색).

444) http://board.whois.co.kr/cgi-bin/bbs1/bbs.cgi?mode=read&num=5&db=db7759&backdepth=1(2009년 1월 4일 검색)동기사는 장기붕 교수와 조선일보기자와의 인터뷰내용이 실린 경비회사 홈페이지의 내용이다.

445) http://www.pss.go.kr/warp/kr/data/old_security/old7.html.

446) http://www.donga.com/docs/magazine/new_donga/200103/nd2001030150.html 문민정부의 초대 경호실장은 경호실에서 잔뼈가 굵은 박상범 씨가 임명되었다. 박상범 씨의 별명은 "불사신"이다. 그는 문세광 사건 때 총을 들고 연설대 뒤에 숨은 박대통령을 지켰다. 10·26사건 때는 궁정동 안가에서 총을 맞았으나, 확인사살을 당하지 않아 목숨을 건졌다. 아웅산사건 때도 폭발이 일어나는 현장에 있었다고 한다.

447) http://www.pss.go.kr/warp/kr/data/old_security/old8.html.

448) 김두현, 2000, p. 129.

1999년 6월3일 김포공항에서 일어난 김영삼 전대통령의 계란 세례 사건을 되짚어 보자. 김 전대통령은 퇴임한 지 7년이 지나지 않은 시기에 가장 경호를 잘한다는 대통령 경호실의 경호를 받고 있었지만 '계란 테러'를 당했다.

사진_김영삼 전대통령에 대한 페인트계란 투척사건[449]

2000. 1. 1 대통령경호실법을 개정하여 별정직신분 → 특정직으로 전환[450]

---

449) http://www.donga.com/news/d_story/culture/wpp/2007/photo/k_005.jpg;http://news.chosun.com/site/data/img_dir/2007/12/03/2007120301143_2.jpg(2009년 4월 7일 검색).

450) http://www.donga.com/docs/magazine/new_donga/200103/nd2001030150.html 대통령경호실법 개정안은 수평적인 정권 교체가 이뤄진 다음인 1999년 국회를 통과했다. 이로써 경호 공무원은 특정직으로 인정받게 되었고 신규직원은 전부 7급으로 공채하게 되었다. 이 法은 또 경호사무관제를 채택함으로써 행정고시에 합격한 엘리트들이 경호공무원으로 진출할 수 있는 길도 터주게 되었다. 특정직 공무원은 일반직 공무원처럼 공개경쟁을 통해 선발하고 신분도 보장받게 되지만, 별정직 공무원은 신분보장이 되지 않는 등 그야말로 그때그때의 필요에 따라 채용하는 방식이다. 대통령경호처 직원은 창설 이래 1999년 12월 31일 대통령경호실법의 제2차 개정까지 직원의 신분을 규정하는 동법 제5조에 따라 별정직 국가공무원의 신분을 가질 수 밖에 없었으며, 하나밖에 없는 목숨을 담보로 하여 국가원수의 경호라는 중차대한 임무를 수행하면서도 신분보장이 전혀 되지 않았던 특징을 가지고 있었다고 한다. 대통령에 의하여 정치적으로 임명된 경호실장은 절대적인 인사권자로서 소위 당근과 채찍을 들고 무조건적인 충성을 강요하기 위하여 경호원의 신분을 담보하였던 것이다. 장기붕, 2001, p. 121. 이하.

2000.10.19 제3차 아시아·유럽 정상회의 개최(경호안전통제단 운용)[451]

사진_2002년 11월 새천년민주당 대선후보 계란투척 사건[452]

2003. 2.25 제16대 노무현 대통령 취임(국회의사당)[453]

2003. 3. 3 제12대 대통령경호실장 김세옥 취임[454]

2004. 3.12~5.14 최초로 대통령 탄핵에 따른 대통령권한대행 경호임무 수행-대통령권한대행(고건 국무총리)과 그 배우자

451) http://www.donga.com/docs/magazine/new_donga/200103/nd2001030150.html.:ASEM(아시아-유럽회의)은 26명의 국가원수가 한 자리에 모인 우리에게는 유례가 없는 행사였다. 경호실 인력으로는 이렇게 많은 정상을 경호할 수가 없었다. 이를 통하여 경호실·국정원·경찰청·합참·육본·기무사·수방사 등 13개 기관이 참여한 "경호안전대책위원회"가 열려 경찰청특공대(868부대), 수방사 헌병대와 특수임무대, 특전사 특수임무대 등 대(對)테러 훈련을 받은 모든 부대가 출동했다. 이렇게 많은 기관이 출동했는데도 경호실은 ASEM 경호를 매끄럽게 마무리 지었다고 평가되고 있다. ASEM 경호에 성공하자 경호실의 국제적 위상이 크게 높아졌다. 소식통에 따르면 SS는 우리 경호실(現 경호처)을 "꽤 경호를 잘하는 그룹"으로 분류하고 있다고 한다.

452) http://haru.blog.seoul.co.kr/tag/%EA%B9%80%EC%98%81%EC%82%BC(2009년 1월 4일 검색).

453) http://www.pss.go.kr/warp/kr/data/old_security/old9.html.

454) 경무대경찰서가 폐지되고 경호실이 설치된 후, 경호공무원 혹은 軍장성 출신이 아닌 경찰청장출신 인사가 처음으로 경호실장에 임명된 사례이다. 향후 대통령실 경호처와 경찰과의 협력 및 인사교류에 있어서 중요한 계기가 될 것으로 판단된다.

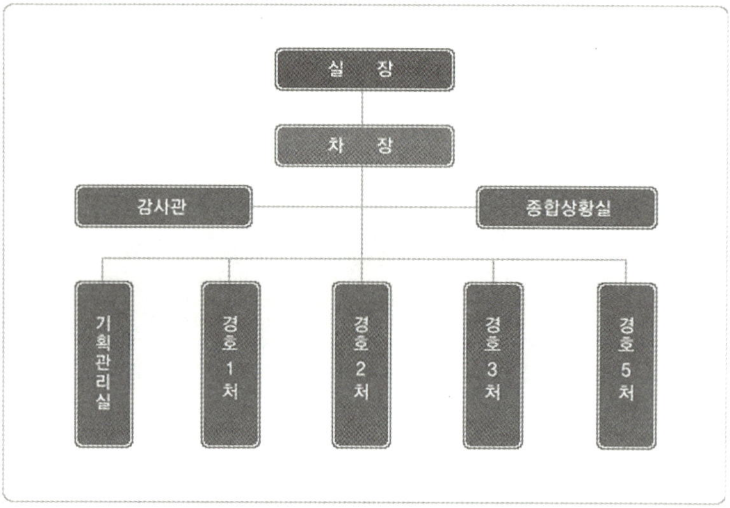

〈그림 3〉 2004년 대통령경호실 직제표

2006. 1. 2【대통령경호실법시행령】제19260호 개정을 통하여, 본부－팀제 도입 등 대대적인 조직 개편을 단행한 바 있다.[455]

김세옥 靑 경호실장 교체……

노무현 대통령은 사의를 표명한 김세옥 청와대 경호실장을 교체할 방침이라고 청와대 홍보수석이 2007년 3월 7일 밝혔다. 홍보수석은 정례브리핑에서 "김실장이 지난 해 연말부터 쉬고 싶고, 남은 1년을 앞두고 새롭게 진용을 짤 때 바꾸는게 어떻겠느냐는 의사를 표명해왔다"면

455) http://www.pss.go.kr/warp/kr/intro/constitution/(2007년 3월 31일 검색)대통령경호실은 혁신기획식, 행정본부, 경호본부, 안전본부 및 감사관으로 편성되며 경호전문교육기관을 위한 소속기관으로 경호안전교육원을 두게 되었다.

서 "청와대는 여러 사람을 놓고 후임자를 물색중"이라고 말했다.

국민의 정부 시절 경찰청장을 지낸 김실장은 경찰총수 출신 첫 경호실장으로 4년째 노무현 대통령의 경호업무를 수행해왔다. 후임에는 경호실 내부 출신 발탁차원에서 염상국 경호실 차장을 승진기용하는 방안이 유력하게 검토되고 있는 것으로 알려졌다. 염차장은 1982년 청와대 경호실에 들어와 경호부장, 경호2처장, 부산 APEC(아시아태평양경제협력체) 경호안전통제실장 등을 지내며 경호실 실무요직을 두루 거쳤다. 이와 함께 이상업 전국정원 2차장 등 경찰출신도 함께 거론되고 있는 것으로 전해졌다.

http://kukinews.com/news/article/view.asp?page =1&gCode=pol&arcid=0920471501& code= 41111111(2009년 1월 30일 검색)

2007. 3. 12. 제13대 대통령경호실장 염상국 취임

사진_2007년 10월 노무현 대통령 방북시 경호장면[456)]

2007년 3월 현재, 대통령경호실 소속 공무원은 경호실장 및 차장은 정무직(2명), 특정직 366명(전문경호공무원) 등 525명에 이르고 있다. 특이한 것은 경호실 소속 공

456) http://www.cbs.co.kr/Nocut/Show.asp?IDX=633288(2008년 8월 13일 검색) 경호장벽 속에 손 흔드는 노대통령, 2007년 10월 4일 오후 평양 인민문화궁전 앞에서 열린 공식 환송행사에서 노무현대통령이 철통같은 경호 속에 손을 흔들며 시민들에게 인사하고 있다.

무원들 가운데 사무관급 이상의 고급 공무원의 비율이 무려 65.2%나 되고 있어 (240/368), 일반직 공무원에 비하여 형평성을 잃고 있다.[457] 또한 선진 각국의 일반적인 관행과도 배치되는 사례라 할 것이다. 신규채용 경호공무원들은 약 19주간에 걸쳐 교육훈련을 이수하면서 전문경호공무원으로 임용된다.[458]

(표 9) 2007년 3월 현재 대통령경호실공무원정원 현황

구분	정무직	특정직	기능직
경호공무원현황	경호실장 (장관급 또는 차관급) 1명 경호실차장 (차관급, 관리관, 1급 상당) 1명	관리관 또는 경호이사관	3
		관리관·경호이사관·별정직 1급상당 또는 별정직 2급상당	2
		경호이사관 또는 경호부이사관	1
		경호부이사관	18
		경호부이사관 또는 별정직 3급상당	3
		경호부이사관 또는 경호서기관	8
		경호서기관	48
		경호서기관·서기관 또는 기술서기관	2
		경호서기관 또는 별정직 4급상당	4
		경호서기관 또는 경호사무관	14
		경호사무관	122
		경호사무관·행정사무관·전산사무관·통신사무관·또는전자통신사무관	5
		경호사무관 또는 별정직 5급상당	8
		경호주사 또는 기록연구사 또는 별정직 6급 상당 등	99
		경호주사보·행정주사보·전산주사보등	29
합계	2명	366명	157명

457) 1999년 3월 31일 현재, 행정부소속 국가공무원 일반직 1급→9급까지 91,807명 중 5급 이상 공무원은 15.5%인 14,191명이었다. 同旨 행정자치부,「통계연보 1999」(서울: 행정자치부, 1999), p. 68; 한편 2003년 현재 경찰공무원 92,165명 중, 경정급 이상 경찰관의 비율은 겨우 1.8% 정도였다: 경찰청,「경찰통계연보」(서울: 경찰청, 2004), p. 19.

458) http://www.pss.go.kr/warp/en/info/education/.

사진_대통령 전용헬기에서 내리는 노무현 대통령과 경호실장(왼쪽)[459]

中東 왕실경호대 靑경호실에 '한수 가르쳐달라'

노무현(盧武鉉) 대통령의 중동 순방기간에 방문국인 쿠웨이트와 카타르의 왕실 경호대측이 한국 대통령 경호실측에 경호요원 교육을 요청한 것으로 2007년 3월 29일 알려졌다. 노 대통령을 수행중인 염상국 대통령 경호실장은 지난 26, 27일 각각 쿠웨이트와 카타르의 왕궁 경호실 책임자와 면담을 가졌으며, 이 자리에서 양국의 왕궁 경호실은 염 실장에게 대통령 경호실의 선진 경호 기법을 전수해달라고 요청했다고 청와대 경호실 관계자가 전했다. 쿠웨이트측은 10명 정도의 국왕 경호요원에 대한 무도, 사격, 경호기법, 대테러훈련 등의 교육을 요청하면서 경비는 모두 자신들이 부담하겠다는 뜻을 전했고, 카타르측은 한국의 전문 경호교육 교관을 현지로 파견해주거나 5명 정도의 정예 왕궁 경호요원을 선발해 특수 경호 기법을 전수해줄 것을 요청했다. 카타르 현지 신문인 '아라야'지는 염상국 경호실장과 왕실 경호대 副사령관과의 회담 사실을 보도하기도 했다. 대통령 경호실은 2006년 10월 우즈베키스탄 경호실과도 2명씩의 인력을 상호 파견하는 등 인적 교류를 실시하고 있다(도하=연합뉴스 2007.03.29).[460]

459) http://news.empas.com/show.tsp/20070628n08397/(2009년1월 2일 검색).
460) http://article.joins.com/article/article.asp?ctg=12&Total_ID=2678178(2009년 1월 2일 검색).

카타르 왕실 경호원 22명 청와대 경호실서 교육, '총보다 몸이 더 빠르다는 것 배워'

카타르 왕실 경호원들이 3주 일정으로 2007년 6월 25일부터 청와대 대통령 경호실의 노하우를 전수받고 있다. 사진은 경호훈련장에서 상황조치훈련을 받고 있는 모습.

"지금까지 경험하지 못한 새로운 경호 요령을 터득하고 있다. 배울 점이 너무 많다." 2007년 7월 11일 경기도 모처의 경호훈련원에서 카타르의 왕실 경호원 무하마드 알카비(31) 대위는 감탄을 연발했다. 그는 이날 한국 대통령 경호실 요원들에게서 귀빈용 차량이 이동할 때의 다양한 경호 요령을 배웠다.

대통령 경호실이 중동 국가인 카타르의 왕실 경호원들에게 선진 경호 기법을 전수하고 있다. 6월 25일 입국한 22명의 카타르 왕실 경호원들은 대통령 경호실이 마련한 3주 일정의 '국제 경호 안전과정'에 참여하고 있다. 이들은 경호의 기본이론에서부터 태권도·유도·검도 등 무술, 폭발물 훈련 등을 받고 있다. 2007년 3월 노무현 대통령의 중동 순방 때 카타르 왕궁 경호실이 한국의 선진 경호 기법을 배우고 싶다고 요청한 데 따른 것이다. 당시 카타르 왕실 경호대 알 차와니 경호대장은 염상국 경호실장에게 "대한민국 대통령 경호실의 교육 훈련에 참여하고 싶다"고 요청해 '한·카타르 경호 기관의 교류협력 증진을 위한 양해각서'를 체결했다.

알카비 대위는 한국 경호기법의 장점으로 다양한 상황 대처 능력을 들었다. 그는 "카타르 왕실 경호대의 경호 활동은 무기 중심이다. 상황이 발생하면 총으로 제압하는 식이다. 그런데 한국은 근접 상황에서 상대를 몸으로 제압하는 데 비중을 둔다. 1, 2초의 상황에서 총보다 몸으로 막는 게 빠르다는 말이 기억에 남는다"고 말했다. 또 "한국 경호원들이 미리 요인이 방문할 현장에 출동해 위해 요소를 점검·예방하는 모습이 인상적이었다"고 덧붙였다. 위탁교육 요청도 잇따르고 있다. 우즈베키스탄과 카자흐스탄 경호원들이 2006년 경호실을 방문한 데 이어 2007년 5월에는 5명의 캄보디아 경호실 요원들이 1주일간 교육받고 돌아갔다.[461)]

461) http://article.joins.com/article/article.asp?ctg=10&Total_ID=2789900(2009년 1월 2일 검색).

2008. 대통령경호실을 폐지하고, 대통령실 소속 경호처로 전환하였다.[462] 김인종 경호처장(前 2군사령관 출신) 취임.[463]

경호처장 김인종은 누구?

새 정부 초대 경호처장에 내정된 김인종(金仁鍾,62) 전2군사령관은 뚝심 있고 강단 있는 인물로 대통령의 신변경호 책임자로 적임이라는 평가를 받고 있다. 호방한 성격에 지도력과 조직 장악력을 갖춰 선후배들의 신망이 두터우며 군사 작전분야 최고의 전문가로 꼽힌다. 특히 서울지역의 방어책임을 맡고 있는 수도방위사령관을 역임했기 때문에 대통령의 경호업무도 간접적으로 나마 이미 경험했다는 것. 2001년 전역한 뒤 예비역 대장 출신으로는 한나라당에 가장 먼저 입당한 김 前사령관은 대선기간 예비역 장성들로 구성된 국방정책자문단을 이끌며 이명박 당선인의 경호자문도 해왔다.

그는 연합뉴스와의 통화에서 "경호처장에 기용해준 당선인에게 감사한다"며 "대통령의 신변안전과 경호야말로 모든 업무의 우선이다. 이런 중요 업무를 믿고 맡겨 준 데 대해 감사하다"고 말했다. 김 前사령관은 "과거 군에서도 전·후방 작전이나 전략, 정책분야 경험을 많이 했고 수방사령관으로 있으면서 경호, 경비업무를 경험했다"고 설명했다. 경호처장 직급이 차관급으로 낮아진 데 대해서는 "경호실 본연의 기능을 강화한것"이라며 "작지만 강한 정부를 표방하는 새 정부의 구상에 맞다"고 강조했다.

▲50사단장 ▲국방부 정책기획관 ▲수도방위사령관 ▲국방부 정책보좌관 ▲육군 제20야전군사령관

〈저작권자(C)연합뉴스〉http://news.hankooki.com/lpage/politics/200802/h2008020111083274740.htm(2009년 1월 30일 검색)

2008. 2. 25. 제17대 이명박 대통령 취임

462) http://www.pss.go.kr/warp/kr/intro/history/(2009년 1월 4일 검색).

463) 이명박 당선인이 군(軍) 출신 인사를 경호처장에 기용함에 따라 대통령 경호총책은 警察에서 다시 軍으로 넘어가게 됐다. 역대 정부에서 청와대 경호실장은 줄곧 軍 출신이 맡았으나 참여정부 들어 처음으로 경찰 출신이 발탁됐었다.한 측근은 "군과 경찰을 가리지 않고 최적임자를 찾다보니 김 前2군사령관을 낙점하게 된 것"이라면서 "다른 정치적 의미는 없다"고 말했다(2008.02.01) http://news.chosun.com/site/data/html_dir/2008/02/01/2008 020100527. html(2009년 1월 4일 검색).

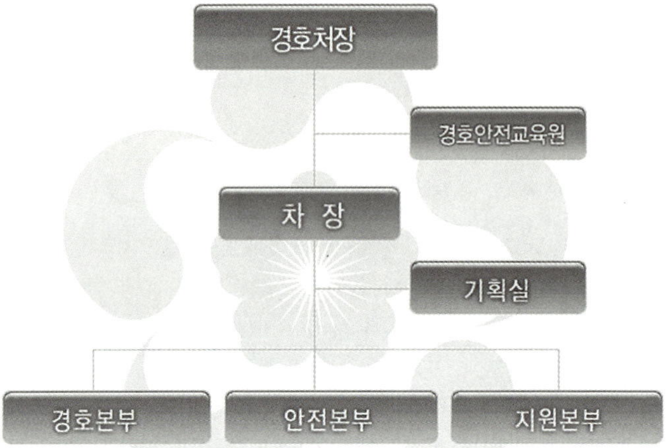

〈그림 4〉 2009년 1월 현재, 대통령실 경호처 조직도[464)]

대통령실 경호처는 기획실, 경호본부, 안전본부, 지원본부로 편성되어 있으며 경호안전교육원을 두고 있다. 특히 경호본부에서는 대통령 및 가족에 대한 경호업무, 방한하는 외국정상, 행정수반 및 전직 대통령 등 요인에 대한 경호업무를 수행하고 있다.[465)]

사진_이명박 대통령 경호행사 장면(2008년 2월)[466)]

464) http://www.pss.go.kr/warp/kr/intro/constitution/(2009년 1월 4일 검색).
465) http://www.pss.go.kr/warp/kr/intro/constitution/(2009년 1월 4일 검색).
466) http://hfkais.blogspot.com/2008/02/blog-post_26.html(2008년 12월 17일 검색).

한편, 시급히 고려되어야 할 문제 중의 하나로서 대통령실 경호처의 편제와 관련, 경호직무가 아무리 중차대한 국가임무라고 하더라도, 대통령의 경호임무만을 위하여 장·차관급을 수장으로 하는 대통령직속의 국가기관을 운영한다는 것은 선진외국에 그러한 사례가 없다는 것이 일부에서 지적되고 있다. 경호업무가 국민의 인권과 밀접한 관계가 있는 사법공안행정의 법집행 업무라는 본질과 국가기관으로서 존립을 위한 합리성과 효율성을 고려하고, 국가의 민주화로 인하여 대통령실 경호처 창설 당시의 정치적 상황이었던 대통령 1인 권력체계의 구축 필요성과 군사적 불안정성의 타개 등의 정치적 목적이 소멸됨에 따라서 대통령실 경호처 편제는 조정되어야 할 당위성을 갖고 있다할 것이다.[467)]

제3절 한국의 각급 경호조직

한국에서는 대통령실 경호처를 정점으로 각급 기관에서 경호경비관련 업무를 분담하고 있는 상황이다. 대통령경호안전대책위원회규정(대통령령 제21092호)에 따르면, 각급 정부부처 고위직 공무원들을 그 위원으로 정하고 있는 바, 당해 위원들은 다음과 같다:

국가정보원 6국장, 외교통상부 재외동포영사국장, 법무부 출입국·외국인정책본부장, 국방부 조사본부장, 문화체육관광부 관광산업국장, 방송통신위원회 통신정책국장, 국토해양부 항공철도국장, 관세청 조사감시국장, 대검찰청 공안기획관, 경찰청 보안국장, 소방방재청 소방정책국장, 해양경찰청 경비구난국장, 합동참모본부 작전부 작전처장, 국군기무사령부 1처장, 수도방위사령부 작전처장과 위원장이 임명 또는 위촉하는 자로 구성한다.

각 구성원 중 국가정보원 6국장의 분장책임은 입수된 경호 관련 첩보 및 정보의 신속한 전파·보고, 위해요인의 제거, 정보 및 보안대상기관에 대한 조정, 행사참관 해

467) 장기붕, 2001, p. 108.

외동포 입국자에 대한 동향파악 및 보안조치, 그 밖에 국내·외 경호행사의 지원이다. 그리고 경찰청 보안국장의 분장책임은 입수된 경호 관련 첩보 및 정보의 신속한 전파·보고, 위해가능인물에 대한 동향파악, 행사참석자 및 종사자의 신원조사, 입국체류자 중 위해가능인물에 대한 동향 파악, 행사장·기동로 주변 집회 및 시위관련 정보제공과 비상상황 방지대책의 수립, 우범지대 및 취약지역에 대한 검문·검색, 행사장 및 행차로 주변에 산재한 물적 취약요소에 대한 안전조치, 행차로 요충지 등에 정보센터 설치·운영, 총포·화약류의 영치관리와 봉인 등 안전관리, 불법무기류의 색출 및 분실무기의 수사, 그 밖에 국내·외 경호행사의 지원 등이다.

'한-아세안 정상회의' 철통경호 준비 돌입

2009년 6월 제주도에서 개최될 예정인 한-아세안 특별정상회의를 앞두고 정부가 철통경호 태세에 돌입했다. 청와대는 2008년 12월 29일 보도자료를 통해 김인종 경호처장을 단장으로 하는 '한-아세안 특별정상회의 경호안전통제단'(이하 경호안전통제단)이 2009년 1월 1일부터 공식 활동에 들어간다고 밝혔다. 한국과 아세안의 대화관계 수립 20주년을 기념, '신아시아 협력외교' 구현과 국가위상 제고를 위해 2009년 6월에 개최되는 한-아세안 특별정상회의에는 아세안 10개국 정상과 아세안 사무총장 등이 참석할 예정이다. 한-아세안 정상회의는 특히 이명박정부 출범 이후 처음으로 개최되는 다자간 정상회의다.

국가적 차원의 단일기구인 경호안전통제단은 이와 관련, 범정부 차원에서 경호안전에 관한 종합대책을 수립, 시행한다. 경호안전통제단에는 대통령실 경호처를 중심으로 국가정보원·국방부·경찰청·소방방재청·해양경찰청 등의 경호 유관기관이 모두 참여한다. 경호안전통제단 관계자는 이와 관련, "경호처는 아셈(ASEM·2000년)과 에이펙(APEC·2005년) 등을 성공적으로 치르면서 다자간 정상회의 관련 경호안전 노하우를 축적해왔다"며 "이를 토대로 제주도에서 최초로 개최되는 다자간 정상회의가 안전한 가운데 완벽하게 마무리될 수 있도록 하겠다"고 밖혔다. 경호안전통제단은 【대통령 등의 경호에 관한 법률】과 '대통령훈령'에 따라 2008년 11월 4일 출범, 두 달여 동안 경호안전 대책 수립을 위한 사전활동을 진행해왔다[아시아경제] 2008년 12월 29일(김성곤 기자 작성).[468)]

468) http://kr.news.yahoo.com/service/news/shellview.htm?linkid=4&articleid=20081229172528331f3&newssetid=746(2009년 1월 4일 검색).

특히, 경찰에서는 101경비단, 22경찰경호대, 군에서는 33헌병대, 55경비대 조직을 통하여 경호처 직무를 지원하고 있다. 경찰청 경비국 경호과를 정점으로 서울지방경찰청에서 운용하고 있는 전직대통령 경호대, 202경비대, 국무총리/국회의장 등 주요인사 경호대, 외빈경호대 조직 등을 통하여 요인에 대한 경호업무를 실시하고 있다.

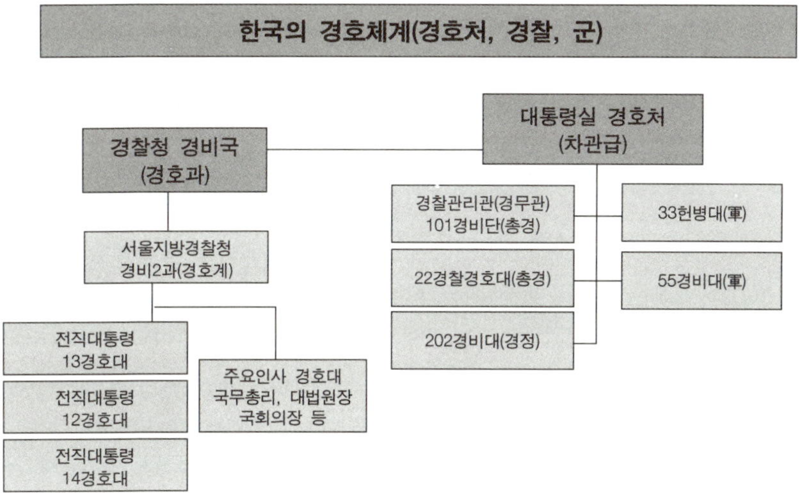

〈그림 5〉 한국의 대통령 및 요인 경호체계도(경호처, 경찰, 군)

헌병 내에서의 경호임무를 수행하는 대표적인 조직으로는 33헌병대와 특수임무대(前특별경호대)가 있으며, 두 조직은 '경호'임무를 수행한다는 공통점을 가지고 있지만 각기 다른 성격과 특성을 가지고 있다. 33헌병대는 대통령실 경호처를 지원하는 대한민국 유일의 군 경호작전부대로서, 경호처를 지원하여 대통령의 신변경호를 하는 데 큰 역할을 하고 있다. 33헌병대는 3선을 방호하며 저격·정찰(OP라고 칭함) 및 VIP동선상의 시설물 경계 등의 임무를 수행하고 있는데, 대통령실 경호처 및 그 소속의 직원(요원)들에 그 능력과 자질면에서 뒤지지 않을 만큼 철저한 조직 관리와 우수한 자질을 갖춘 선발된 요원들을 보유하고 있는 군 내 유일무이한 경호조직이라 할 수 있겠다. 특수임무대는 군 내의 SWAT으로 불리고 있으며 군 특수범인 타격 및 체포를 포함한 대테러 초동조치 이외에 요인 경호 및 기동타격, 기타 구난 및 구조 활동 등의 다양한 임무를 수행하고 있으며, 대테러 진압작전을 수행할 때에는 대테러 특공대에 준하여 통상 지휘조와 공격조, 지원조, 저격조로 편성 임무를 수행한다.

〈경호직무와 軍의 역할〉

軍은 어느 정도 나서야 하는가? 30경비단 퇴각 뒤 영향력 점차 약화

지난 1996년 12월17일 새벽, 한 무리의 전차와 장갑차가 서울 도심을 조용히 빠져나갔다. 61년 5·16 쿠데타 이후 '청와대 경비' 임무를 띠고 경복궁 경회루 뒤편에 주둔했던 30경비단이 35년 만에 해체되면서 경기도지역으로 주둔지를 옮긴 것이다. 군부정권시대의 종언을 알리는 상징적 사건인 30경비단 해체는 청와대 경호실에도 뜻 깊은 일이었다. 30경비단 해체는 경호 업무에서 군의 입김이 약화되는 하나의 상징적인 사건으로 받아들여졌다. 김영삼 정부에 참여했던 한 인사는 "5공과 6공 때도 30경비단을 서울 외곽으로 이전시키는 계획을 경호실에서 추진했으나 번번이 좌절됐다. 군은 항상 권력의 핵인 청와대에 부대를 들여보내고 싶어했다. 30경비단과 33경비단(독립문 부근)을 제1경비단으로 통합하고 30경비단 주둔지를 옮기는 데도 엄청난 압력이 군에서 경호실에 가해졌다"고 말했다.

청와대 경호실의 모태가 5·16 쿠데타 직후 창설된 박정희 국가재건최고회의 의장 경호대였던 만큼 경호실에 끼치는 軍의 영향력은 언제나 막강했지만, 군의 경호업무 참여가 더욱 확대된 것은 차지철 경호실장 때부터였다. 1974년 육영수 여사 저격사건 직후 경호실장에 임명된 車실장은 경호실 강화 목적으로 軍병력을 대거 경호실 산하에 편입했다. 경호실 차장 밑에 행정·작전차장보직을 새로 만들어 현역 준장으로 보임했고, 청와대 주변의 수도경비사령부(現 수도방위사령부) 30, 33대를 대대급에서 여단급으로 격상했다. 당시 경호실 행정·작전차장보는 정치군인들의 대표적인 출세 코스로, 전두환·노태우·김복동 준장이 차례로 발탁됐다.

또 33헌병대를 창설해 청와대 외곽경호를 담당시켰고, 공수특전단에서 180명의 정예요원을 차출해 경호실장의 직접 지휘를 받는 606부대를 구성했다. 1979년 12·12 직후 한때 보안사 서빙고분실 경비를 맡았던 606부대는 5공 때 이름을 27부대로 바꾸고 청와대에 들어가 대통령 경호업무를 맡게 됐다. 1979년 12·12쿠데타로 정권을 잡은 전두환 前대통령은 軍소속인 27특공대를 특히 신뢰했으나, 김영삼 정부 들어 특전사 산하 707특임대대로 흡수되며 해체됐다. 현재는 00헌병대가 청와대 경내 경비를 지원하고 있다.

청와대 경호에서 軍이 어떤 구실을 해야 하느냐에 대해선 의견이 엇갈린다. 군 출신의 전직 경호실 고위인사는 "북한과 대치하고 있는 우리나라의 특수한 상황에

선 국가원수인 대통령 경호를 위해 경호실과 군의 유기적 연결이 무엇보다 중요하다"고 군의 구실을 강조했다. 그러나 한 경호 전문가는 "대통령 경호를 위해 군부대가 청와대 경내나 바로 옆에 주둔할 필요는 없다. 오히려 전체적인 수도 방위 차원에서 軍부대 배치가 이뤄지는 게 효율적이다. 청와대 근접 경호는 전적으로 경호실에서 맡는 게 지휘계통의 일원화란 측면에서도 바람직하다"고 말했다.469)

한겨레21 1998년 12월 17일 제237호

이명박 대통령의 '벤츠 S600 가드' 벗겨보니

▲이명박 대통령 차량 행렬이 25일 국회에서 취임식을 마친 후 국회 정문을 나서고 있다. 가운데 있는 차가 '벤츠 S600 가드'. (연합뉴스)

메르세데스-벤츠의 'S600 가드'가 기존 기아자동차의 '카니발'을 대신해 이명박 대통령의 가드로 전면에 나섰다. 지난 20일부터 업무를 시작한 S600 가드는 그동안 주차장 신세를 면치 못했었다. 이 대통령은 앞으로 특수 방호차량인 벤츠 S600 가드를 비롯해 GM의 캐딜락 드빌 리무진, 포드의 링컨 컨티넨털, BMW Security 760Li 등의 전용차량을 이용하게 된다. 벤츠 S600 가드는 김대중 전대통령 시절부터 청와대 공식 의전 차량으로 쓰여왔다. 양산이 아닌 주문제작된 것으로 특수합금 재질의 몸체에 방탄유리로 뒤덮였다. 차량 문짝 한 개의 무게만도 100kg이 넘어 총 3700kg에 달한다. 전장은 5m가 넘는다. 타이어 역시 방탄 타이

469) http://www.hani.co.kr/h21/data/L981207/1p6kc704.html(2009년 1월 4일 검색).

어로, 4개가 한꺼번에 터져도 시속 80~100km로 달릴 수 있다. 엔진 배기량은 6000cc로 국내 수입 승용차 중 최고 수준이다. V12 트윈 터보 엔진으로 517마력에 84.5kg.m의 토크를 보인다. 정지에서 시속 100km에 도달하는 시간은 4.8초로 슈퍼카 급이다. 최고 속도는 시속 250km.

생화학 가스 공격에 대비해 공기 흡입구에 산소 공급 시스템도 갖춰져 있다. 화재 공격 때 스프링클러가 자동으로 작동되고 소형 미사일이 터지면 연료탱크가 자동으로 폐쇄돼 2차폭발을 방지한다. 또한 사고 때 8개의 에어백이 2단계로 펼쳐져 탑승자를 안전하게 보호한다. '벤츠 S600 가드'의 핸들은 이 대통령의 차를 10년 가까이 몰아온 신용구씨가 3주간의 경호운전 교육을 마친 후 잡게 될 것으로 알려졌다.

[노컷뉴스] 2008년 02월 27일(수)

제4장

경찰주도형 경호체제 국가

비/교/경/호/제/도/론

제4장

경찰주도형 경호체제 국가

제1절 영국의 경찰경호체계와 현황

1. 런던수도경찰청 조직

수도경찰청(MPS)은[470] 런던광역시를 포함해 수도권에 대한 치안수요를 담당할 뿐만 아니라 일정한 영역에 있어서는 국가적 치안사무를 담당하기도 한다.[471] 경찰청장(Commissioner), 부청장(Deputy Commissioner)[472] 그리고 업무분야별로 인사국

470) Metropolitan Police Service의 줄임말이다.

471) http://www.met.police.uk/so/index.htm.: 이러한 임무 중의 하나가 바로, 특별작전국에서 취급하는 직무라고 할 수 있다. 예를 들면, 정보, 경비(Security), 정치적으로 중요한 인물, 대사관, 왕실에 대한 경호(protection of politicians), 그리고 인종차별적·폭력범죄 그리고 테러와 같은 범죄유형에 대한 수사를 담당하고 있다.

472) 직속기관에는 Directorate of Strategic Development(차장보), Directorate of Professional Standards(차장보), Directorate of Information Director(정보화담당국장), Diversity(경무관급), Legal Services Director(법률지원국), Organisational Learning부서가 소속되어 있다.

(Human Resources), 지역경찰담당국(Territorial Policing, 치안감), 특별범죄수사국(Specialist Crime : AC, 치안감급),[473] 재정국(Resources Director), 특별작전국(Specialist Operations : AC 치안감급) 등이 있다.

수도경찰청은 수도 런던과 영국 전역에 걸쳐 다양한 특수 작전임무를 수행하고 있다. 이러한 몇몇 조직들의 하나는 다름 아닌 특별작전국(혹은 경호경비국, Specialist Operations)로 불리는 부서이다. 특별작전국(Specialist Operations)에서[474] 경호 및 경비업무를 수행하고 있다. 동 부서에는 왕실및요인경호부(Royalty and Personal Protection: DAC, SO1, SO14), 테러수사조정부(National Coordinator of Terrorists Investigations/Counter Terrorism Command: DAC), 경비보안단(Protective Security Command: SO2)이 설치되어 있다.[475] 런던수도경찰청 산하 경호경비부서의 조직도는 다음과 같다.[476]

473) 차장은 Deputy Commissioner로 표현된다. AC: Assistant Commissioner의 줄임말이다. 국장으로 번역하는 경우도 있으며 한국과 비교해보면 치안감급에 해당한다. 한편 DAC는 Deputy Assistant Commissioner의 줄임말이다. 통상 국장보라고 번역하기도 하며 치안감 및 경무관 중간 정도로 이해할 수 있다. Cmdr는 Commander의 약자이다. 총경 및 경무관 중간 정도의 계급으로 이해할 수 있다.

474) 한국의 일부 관계기관 자료에서는 "특수작전처"라고 번역·소개하는 경우도 있다.

475) http://www.met.police.uk/so/index.htm(2009년 1월 11일 검색).

476) http://www.met.police.uk/about/charts/MPSOrgChartMay2008.pdf(2008년 5월 현재 조직도: 2009년 1월 11일 검색).

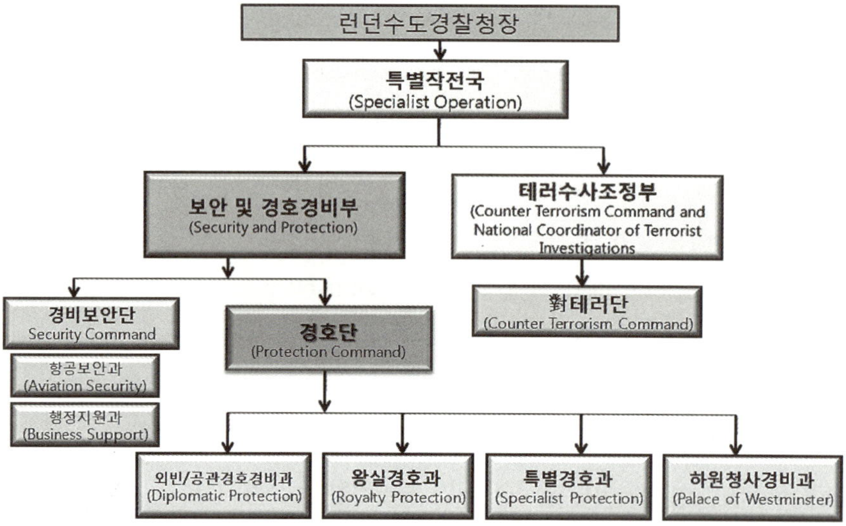

〈그림 6〉 런던수도경찰청 산하 경호경비부서 조직도(2006~2007년)[477]

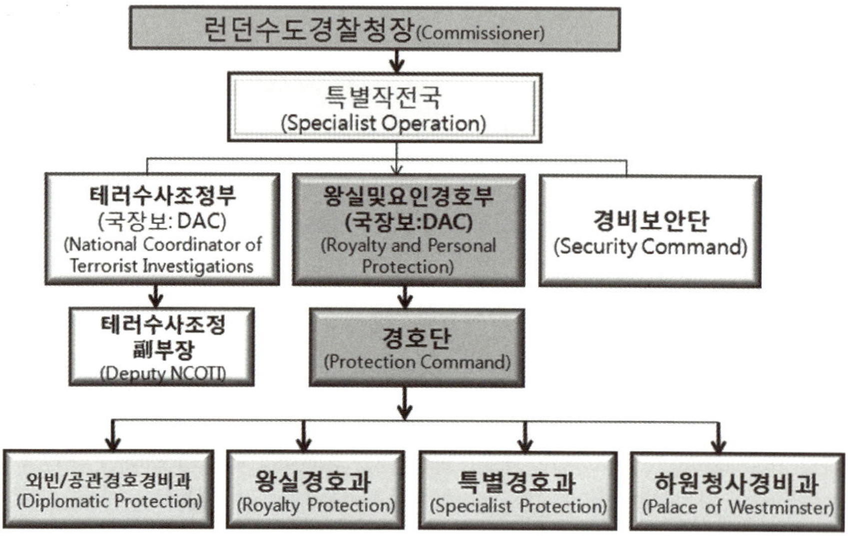

〈그림 7〉 런던수도경찰청 산하 경호경비부서 조직도(2007년 6월 현재)[478]

477) http://www.met.police.uk/so/structure.htm(2007년 3월 27일 검색; 2009년 1월 11일 재검색).

478) http://209.85.173.132/search?q=cache:HwVZgJVC4mwJ:www.hrmakeslondonsafer

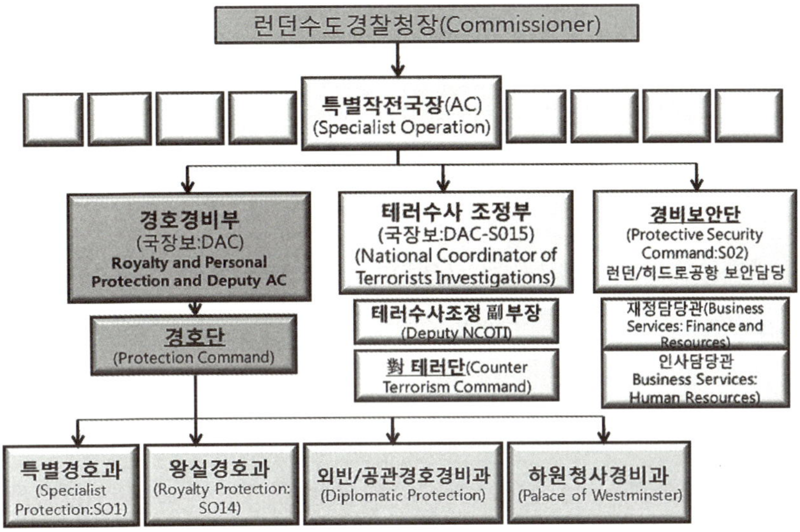

〈그림 8〉 런던수도경찰청 산하 경호경비부서 조직도(2008년 5월 현재)[479]

2. 영국경찰의 경호조직과 직무범위

1) 특별작전국 산하 경호경비부서

영국에서 경호임무를 수행하는 부서는 수도경찰청 특별작전국 산하 경호경비부(Royalty and Personal Protection)라고 할 수 있다.[480] 특별작전국(Specialist Operations)은 수도경찰청(Metropolitan Police Service: MPS)의 한 부서이다. 동 부서는 작전부서로 알려진 3가지 부서(three sections)로 나뉘어져 있다. 이러한 세

.co.uk/c083192_MPS%2520Organisational%2520Chart%2520-%2520Final%2520v.ppt+MPS+ORGANISATION+CHART+JUNE+2007&hl=en&ct=clnk&cd=1&gl=ca (2009년 1월 11일 검색).

479) http://www.met.police.uk/about/charts/MPSOrgChartMay2008.pdf(2009년 1월 11일 검색)

480) 동 부서의 책임자는 Deputy Assistant Commissioner(국장보)이다. 우리나라의 경무관에서 치안감 중간 정도에 해당하는 계급으로 비교될 수 있다.

가지 작전 부서(대테러단, 요인경호단, 경비보안단) 내에는 7가지 세부적인 단위부서들(seven units)이 설치되어 있다. 그 역할은 런던에 살고 있는 사람들, 일하고 있는 그리고 런던을 방문하는 사람들을 안전하게 보호해주는 역할을 한다.[481] 또한 대테러업무, 경비 및 보안업무 그리고 왕실가족/수상, 외교관 등 요인에 대한 경호 및 청사경비(정부관공서, 외교청사 및 의회청사)를 맡고 있다.[482] 이와 같이 특별작전국(SO)에 소속된 경찰관들은 정보, 보안업무, 경호/경비업무, 대테러업무 및 수도경찰청 관내에서 발생하는 심각하고 특별한 범죄수사를 담당하고 있다.[483] 이들 심각한 범죄유형에는 인종차별, 폭력범죄 그리고 테러행위들이 포함된다.

대테러단(Counter Terrorism Command: CT, SO15)의 목적은 테러의 위협으로부터 런던과 영국을 보호하는 임무를 띠고 있다. 대테러부는 정보를 수집하고 분석하여 수사 및 작전상의 지원활동을 발전시킨다.[484]

요인경호단(Protection Command)은 전문적인 경호부서이다. 동 부서에는 특별경호과와 왕실경호과 등이 설치되어 있다. 특별경호과(SO1)는 영국정부를 방문하는 외국의 수반 및 다른 중요한 인사들을 포함하여 장관들(ministers)과 공적으로 중요한 인사들을 테러위협으로부터 무장한 채 신변경호를 제공한다. 왕실경호과(Royalty Protection, SO14)는 영국여왕 및 왕실가족들에 대한 경호를 담당한다. 이 부서는 궁전경비팀(Residential), 신변밀착경호팀(Personal and Close Protection), 차량경호를 제공하는 특별경호팀(Special Escort Group) 등으로 세분된다.[485]

경비보안단(Protective Security Command, SO2)은 특별작전국의 행정부서를 위하여 재정, 자원 및 인사관리 지원을 통합하여 운영한다. 동 부서는 또한 런던을 위하여 추가적인 보안(Security) 및 대테러리즘 조정업무를 맡고 있다.[486]

---

481) http://www.met.police.uk/so/index.htm(2009년 1월 10일 검색).
482) http://www.met.police.uk/about/organisation.htm#metorg(2007년 3월 27일 검색).
483) http://www.met.police.uk/about/organisation.htm#metorg(2007년 3월 27일 검색).
484) http://www.met.police.uk/so/protection.htm(2009년 1월 10일 검색).
485) http://www.met.police.uk/so/protection.htm(2009년 1월 10일 검색).
486) http://www.met.police.uk/so/protection.htm(2009년 1월 10일 검색).

2) 요인경호부서(Protection Commands)와 경호대상

특별작전국 경호경비부 산하에【요인경호단(Protection Commands 혹은 경호처)】이 설치되어 있다. 특별작전국장은 우리나라의 경찰청 경비국장급(치안감급)에 해당한다.【경호경비부장】은 국장보급이며, 우리나라의 경무관급에 해당하는 고위경찰관이라고 할 수 있다.[487)]

【요인경호단】에는 외빈/외교공관 경호경비과(Diplomatic Protection), 왕실경호과(Royalty Protection), 특별경호과(Specialist Protection) 및 하원청사경비과(Palace of Westminster)가 각각 설치되어 있다.[488)] 영국경찰의 요인경호경비 부서인【요인경호단 혹은 경호처】에서는 대체로 여왕 및 4촌 이내의 왕실 직계가족 경호와 왕궁의 경비를 맡으며, 수상 및 각료, 중요 정치인의 신변경호, 각급대사관(관저 포함) 및 국빈에 대한 경호경비 업무를 수행한다.[489)] 각 부서별로 경호대상자들이 구분되어 있다.[490)]

① **특별경호과**(Specialist Protection)

- 특별경호과의 경호대상자들은 현직 수상, 전직 수상들, 행정각부의 장관들, 일부 대사들, 영국 내에서 혹은 해외에서 테러공격의 위협을 받고 있는 것으로 추정되는 중요한 인사들이다.[491)]

---

487) http://www.met.police.uk/about/organisation.htm#rank(2007년 3월 28일 검색) 런던 수도경찰청의 경찰계급구조를 다음과 소개한다: The rank structure of Metropolitan Police officers is as follows: Commissioner(경찰청장), Deputy Commissioner(수도경찰청 부청장), Assistant Commissioner(경찰청 국장급, 치안감), Deputy Assistant Commissioner(경찰청 국장보, 치안감-경무관급), Commander (경무관-총경급), Chief Superintendent(총경급), Superintendent(경정급), Chief Inspector(경감급), Inspector (경위급), Sergeant(경사급), Constable(순경-경장급) 등이다.

488) http://tripatlas.com/Metropolitan_Police_Service#Specialist%20Operations(2009년 1월 11일 검색).

489) http://www.met.police.uk/about/organisation.htm#metorg(2007년 3월 27일 검색).

490) http://www.met.police.uk/so/protection.htm(2006년 10월 6일 검색).

491) http://www.met.police.uk/so/protection.htm(2007년 3월 29일 검색).

사진_2008년 3월, Gordon Brown영국 수상 경호장면[492)]

- 비엔나협약(under the Vienna Convention)에 의거, 영국을 방문하는 외교사절에 대한 경호도 포함된다.
- 또한 정보나 첩보에 의거, 신변경호가 필요하다고 인정되는 장소 혹은 국가적 이익이 있는 장소에 있는 중요한 인사에 대한 경호를 포함한다.
- 중요한 공적인 인물에 대하여 신변경호 조언을 제공한다.
- 높은 위험성이 존재하는 해외지역에 배치되어 근무하는 런던수도경찰청 소속 경찰관들에 대한 신변안전에 대한 평가를 수행한다.
- 영국이나 해외에 파견된 공식인사들과 외교관들의 안전상의 요구를 충족시켜준다.
- 영국이나 해외에서 전개되는 경호작전과 중요행사를 기획하고 조정하는 업무를 한다.
- 영국에서 신변경호에 관한 교육훈련을 받는 자에 대하여 공적으로 자격인증을 해주는 것 등이 동 부서의 임무영역이다.[493)]

---

492) http://www.coventrytelegraph.net/news/coventry-news/2008/03/31/gordon-brown-unveils-police-pledge-on-coventry-visit-92746-20697455/(2009년 2월 1일 검색).
493) http://www.met.police.uk/so/protection.htm(2009년 1월 10일 검색).

사진_2008년 6월, 영국을 방문한 Bush 미국대통령과 Brown 수상 경호장면[494]

▶ 동 부서의 상시 경호대상은 다음과 같다.

Prime Minister(VIP), 자녀들과[495] 영부인에 대한 비노출경호,

전직 수상(ex-Prime Minister, 마가렛 대처 및 토니 블레어 등),

부수상(Deputy Prime Minister)

외무부장관(Foreign Secretary)

내무부장관(Home Office Secretary)

사진_영국 Gordon Brown수상과 유럽의회정상들[496]

▶ 필요시 경호대상은 다음과 같다.

국방부장관(Defence Secretary)

북아일랜드담당 장관(Northern Ireland Secretary)

전직 북아일랜드담당 장관(ex-NI Secretary)

---

494) http://www.freerepublic.com/focus/f-news/2032072/posts(2009년 2월 1일 검색).

495) 2009년 1월 현재, Gordon Brown 수상은 두 명의 자녀를 두고 있다.

496) http://www.dailymail.co.uk/news/article-1068779/Gordon-Brown-asks-EU-12bn-small-business-lifeline.html(2009년 2월 1일 검색).

미국 대사(US Ambassador)

이스라엘 대사(Israel Ambassador) 등이다.[497]

사진_다우닝가 10번지에서 출발하는 토니블레어 수상과 경비경찰[498]

사진_다우닝가 10번지에서 토니블레어 수상 가족들 및 경비경찰[499]

---

497) 관련내용은 필자가 2006년 동연구를 위하여 런던수도경찰청 경호관계자를 면담하여 입수한 자료의 일부이다.

498) http://graphics8.nytimes.com/images/2007/06/25/world/25blair533.jpg(2009년 1월 9일 검색).

499) http://www.abc.net.au/reslib/200706/r156042_563801.jpg(2009년 1월 9일 검색) British Prime Minister Tony Blair and his wife Cherie say farewell with children

② **왕실경호과**(Royalty Protection: SO14)

- 왕실경호팀은 국내외에서 여왕 및 왕실가족들의 신변경호를 담당하며,
- 런던, 윈저 그리고 스코틀랜드에 소재한 궁전들을 경비한다.
- 국왕의 궁전을 방문하는 공식인사들을 경호한다.
- 몇몇 궁전에서 제복을 착용한 요원들이 24시간 동안 안전 및 경호직무를 수행한다.
- 영국을 방문하는 유럽의 다른 나라 왕실가족에 대한 신변경호업무도 수행한다.
- 런던시내에서 경호대상자들 및 그들과 연관된 재산, 매우 위험한 죄수들, 그리고 취약한 재산에 대해서 경호하고, 국경을 넘나드는 범위의 작전을 위하여 이동경호를 실시한다.
- 합동 경호작전을 기획하고 조정하는 임무를 수행한다.[500)]

▶ 왕실경호과의 경호대상 우선순위는 다음과 같다:

1. 엘리자베스여왕 부부(Queen Elizabeth Ⅱand Duke, Husband)
2. 찰스왕세자 부부(Prince Charles, His Wife)
3. 찰스왕세자의 아들(두 명의 왕자들: Two sons)
4. 엘리자베스여왕의 왕자(Andrew: Son of Queen)
5. 엘리자베스여왕의 왕자(Edward and his wife)
6. 엘리자베스여왕의 공주(Princess Ann)
7. 엘리자베스여왕의 손녀들(Andrew's two daughters)……

LtoR Euan, Kathryn, Leo, and Nicky, on the steps of 10 Downing Street, London, June 27, 2007. (AFP: Adrian Dennis).

500) http://www.met.police.uk/so/protection.htm(2009년 1월 10일 검색).

사진_영국 왕실경호요원(Royal Protection Officers)들이 여왕과 찰스왕세자를 경호하는 모습[501]

③ 외교사절 경호 및 외국공관 경비과(Diplomatic Protection: SO16)

- 영국을 방문하는 외국의 국가원수, 행정부 수반 그리고 외무장관들의 숙소경비를 담당한다.
- 위험성이 높다고 판단되는 행사들, 외교적 기능이 있다고 판단되는 행사 혹은 중요한 장소에 대한 감시와 수색/정찰을 실시한다.
- 민감한 장소들, 중요한 행사지역 그리고 범죄현장 등에서 테러대응 활동을 전개하기 위하여 전문화된 수색요원들을 파견한다.
- 런던수도경찰청 청사 및 다우닝가(수상관저)에 접근하는 방문객들과 차량에 대해서 접근통제활동과 수색활동을 전개한다.
- 외교관련 및 정부의 공식행사에 있어서 전문화된 안전지침을 제공하는 것 등이 포함된다.

501) http://farm4.static.flickr.com/3201/2296525849_33230ebec8.jpg?v=0;http://farm4.static.flickr.com/3001/2297320086_23c7198e29.jpg?v=0(2009년 5월 19일 검색).

사진_2008년 3월, 프랑스 대통령 내외를 맞이하고 있는 영국 수상내외[502)]

동 부서 소속 요원들은 총기를 휴대한다. 이 부서에 근무하는 자들에게는 수도경찰청이 무기를 제공한다. 관할구역 내의 비상사태를 담당하며 다우닝(Downing)가 10번지에 소재한 수상 관저 및 사저에 대한 경비를 맡고 있다. 비엔나협약(1961년)에 의거, 외교관계부서의 구성원들, 영국정부 각 부처의 구성원들(수상 및 장관들)에 대한 경호와 이를 지원하는 부서이다. 영국정부에서 중요한 지위를 차지하고 있는 장관들 및 외국의 요인에 대한 경호를 지원한다. 주로 외교적 사무와 관련하여 비엔나협약 22조에 따라서 고정된 장소의 대사관, 영사관, 각급 국제기구에 대한 경비를 실시한다. 웨스트민스터궁을 경비하고 있는 비무장 경찰관들을 지원하는 임무도 맡고 있다.

502) http://www.zimbio.com/pictures/RxEYxmA20z3/Gordon+Brown+Greets+President+Sarkozy+Downing/asJTmgPz7Fs/Sarah+Brown(2009년 2월 1일 검색)(L-R) Sarah Brown, British Prime Minister Gordon Brown greet French President Nicolas Sarkozy and Carla Bruni-Sarkozy in front of Downing Street on March 27, 2008 in London, England. President Sarkozy and Carla Bruni-Sarkozy are on a two day state visit to London and Windsor(Photo by Pascal Le Segretain/Getty Images Europe).

사진_무장경찰관이 런던시내 다우닝가 입구를 경비하고 있는 모습[503)]

④ **하원청사 경비과**(Palace of Westminster: SO17)

- 동 부서 소속 경찰관들은 하원의원들, 그 직원들 그리고 일반인들에게 안전하고 보안이 잘된 환경을 제공하기 위하여 하원청사 내 보안요원들과 함께 근무한다.
- 하원청사인 웨스트민스터 궁전을 순찰하며,
- 그 지역을 통과하는 사람들의 모니터링하고 신원을 체크하기도 한다.
- 하원청사에 출입하는 방문객, 직원들의 개인소지품과 차량을 수색하기도 한다.
- 질서를 잘 유지하여 하원의 업무가 방해받지 않도록 한다.
- 범죄발생 기회를 최소화할 수 있는 안전조치들을 강구한다.
- 하원의원들과 소속 직원들에게 범죄예방, 보안 및 신변안전에 대한 조언을 제공한다.
- 폐쇄회로 및 경보장치 그리고 경찰무전기를 수시로 모니터링 하면서, 사건사고에 대응한다.[504)] 우리나라의 국회경비대와 비교될만한 부서이다.

---

503) http://en.wikipedia.org/wiki/File:Police.gun.1.london.arp.jpg(2009년 1월 10일 검색) A police officer guards the entrance to Downing Street, London, home of the Prime Minister.

504) http://www.met.police.uk/so/protection.htm(2007년 3월 29일 검색).

동 부서에는 경찰, 소방 및 경비원이 포함되어 있다. 웨스터민스터궁에 소재한 영국 하원이 제정한 정책과 규정을 집행한다. 하원의원들과 그 보좌진들의 숙소로 사용되는 다양한 건물들에 대한 경비를 맡고 있다. 하원청사에는 하원의원과 직원 등 4,000여 명이 근무하고 있는 시설이다. 범죄의 위협을 막아내고 청사 내의 안전유지, 절도방지, 비인가된 출입의 금지, 회기 중의 무질서 내지 장애를 제거하는 임무를 각각 맡고 있다. 일부직원들은 범죄수사를 위하여 사복을 착용하기도 한다. 동 부서 직원들은 요인들의 하원청사를 방문하는 과정에서 잠재적인 위험이 있을 경우에는 수행경호를 실시하기도 한다.

사진_웨스트민스터 궁전(영국 하원)을 경비하고 있는 정복경찰관들[505)]

3) 각급 경호부서의 근무형태 및 경찰력 배치사례

특별경호과 및 왕실경호과는 주로 근접 신변경호를 위주로 하고 있으며 사복을 착용한 채 비노출로 근무하는 경호요원들은 대체로 신변경호에 집중하고 있다. 사저, 관저, 궁전 등은 정복경찰관이 상시 (입초)경비근무를 수행하고 있다. 외교사절경호부서는 무장한 채 근무하는 것이 특이하다. 가장 경찰관들이 많이 배치되어 있다. 하원청사 경비과는 우리나라의 국회경비대와 같은 기능을 수행하고 있으며, 주로 청사외곽

505) http://www.raingod.com/angus/Gallery/Photos/Europe/UK/England/images/London CJBBigBen01.jpg(2009년 1월 10일 검색).

경비 및 출입자통제(검문검색 등)에 비중을 두고 있다. 구체적인 경찰력 규모 및 근무 형태는 다음 표와 같다.[506)]

(표 10) 영국 수도경찰청 각급 경호부서의 근무체제와 경찰력 배치동향

부서	SO1 특별경호과 (Specialist Protection)	SO14 왕실경호과 (Royalty Protection)	SO16 외교사절 경호 및 외국공관경비과 (Diplomatic Protection)	SO17 하원청사경비과 (Palace of Westminster)
근무인원	190명	70명	850명	120~130명
경호근무 방식	근접경호 close protection	근접경호 close protection	입초근무 및 근접경호(Uniform)	입초근무 및 일부 수행경호 (Uniform)
경호대상	Prime Minister ex-Prime minister	Royal family	Diplomatic	House of Parliament
무장여부	Intelligence Unit: meeting harmony		armed	unarmed
차량형태	비노출 형태	비노출 형태	red police vehicle	

3. 경호경찰관 인사관리제도

1) 경호전종요원 선발 및 교육

4년 이상 정복경찰부서에서 근무한 경력을 가진 런던수도경찰청 소속 일반(normal) 경력 경찰관들 가운데에서 선발한다. 주로 선발당시의 계급은 순경급(constable)이라고 한다. 선발된 경찰관들을 대상으로 추가적인 전문화 교육(additional special training)을 실시한 후 경호부서에 배치한다. 경찰작전활동에 적합하고(Operationally), 경호직무에 적합하며(Occupationally) 그리고 능력이 있는(Competently) 자를 대상으로 선발한다. 특히 비무장한 채로 경호상황을 잘 처리할 수 있는 능력(unarmed combat)을 점검한다.

506) 동자료는 필자가 경호관련부서의 현직경찰관들을 인터뷰한 내용을 간추린 것이다.

선발된 경찰관들에게는 다음과 같은 3단계의 전문화 교육과정이 제공된다.[507)]

▸ 첫 단계는 3주간에 걸쳐 실시되는 바, 화기조작 및 처리, 기본적인 활용능력배양, 경찰봉, 가스총사용, 권총 및 중화기, 신체보호, 사격연습을 진행한다.

▸ 두 번째 교육단계에서는 2주간의 교육 일정이 제공되는 바, 방어적인 경호훈련이 실시된다. 교육종반에는 평가(assessment)가 실시된다.

▸ 마지막 세 번째 교육단계에서는 기본교육과정이 혼합된 것(joint course)으로서 2주간에 걸쳐 선배 경호경찰관과 짝을 이루어서 중요인사 경호에 투입되어 실습을 하게 된다. 부드러운 기법(soft skill)을 익힌다. 그리고 육체적인 단련보다 상황판단이나 경계력, 주의력 등 경호직무에 있어서 정신적으로(mentally) 필요한 분야의 역량을 향상시키는 데 역점을 두고 있다.

중요인사의 이동상황에 맞는 환경(호텔 등)에서 그리고 일정한 시나리오를 토대로 실제상황처럼 훈련을 실시한다. 경호대상자의 실제생활(real life) 및 활동영역을 본따서(mimic), 그 상황에 맞게 훈련을 진행한다.

상황판단과 처리에 대한 논리적 사고역량(logical thinking)을 배양한다. 인식능력(awareness) 향상 훈련이 이틀간에 걸쳐 실시되며 경호관련 건물 및 지역에 대한 수색훈련(search), 응급조치훈련(first aid) 등이 실시된다. 교육 후반부에는 평가(assessment)가 이루어진다.

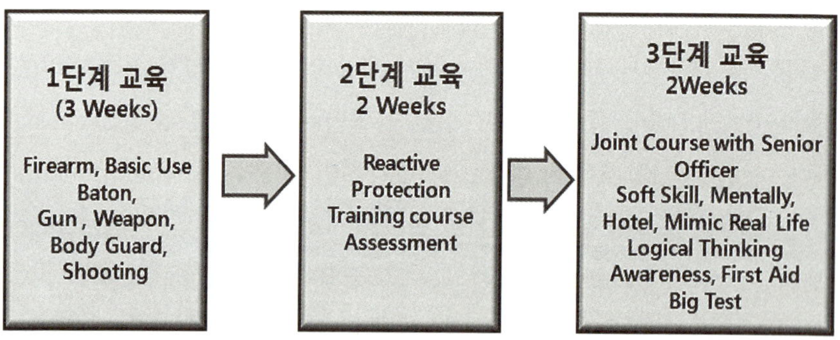

〈그림 9〉 영국 수도경찰청 전입 경호경찰관 신규 교육과정 개요

507) 이하 내용은 필자가 경호부서 담당자와의 인터뷰내용을 정리한 것이다.

2) 기본적인 인사관리 관행

기본교육과정을 이수한 후 일선 경호부서에 배치되면 배치 후에는 주당 2~3시간씩 훈련이 실시된다.[508] 1년에 6회 정도의 사격훈련이 실시된다. 사격점수에 있어서 90%이상을 받아야 합격한다고 한다. 4일 정도는 경호기법(tactical refresher)을 향상시키는 재교육을 받는다. 매 3년마다 사격실력 테스트를 실시하며 매 6개월마다 심장 등 신체검사를 받는다고 한다.

2006년 8월 현재, 경호부서에는 최소 25세, 최고 57세 정도의 경찰관이 근무하고 있으며 40대 이상의 경찰관들은 25% 정도 된다. 이들은 향후 5년 정도 되면 퇴직할 것이라고 한다. 일선 경호요원으로서 근무하는 계급은 순경에서 경사급까지라고 한다. 근무경찰관들의 정년은 60세까지이다. 그러나 경위 이상(Inspector) 계급으로 승진하게 되면, 경호부서의 내근요원으로 혹은 일반 정복경찰부서로 보직이동을 해야 한다고 한다(must).[509] 현재 신변경호요원으로 활동 중인 간부들은 경감급(Chief Inspector) 1명, 경위급(Inspector) 3명이 전부라고 한다. 1년에 한 번씩 경호요원들을 대상으로 체력테스트를 실시하고 있으며 시력검사, 혈압검사 등을 병행한다.

보수는 일반경찰과 동일(경찰보수 수준 높은편)하다. 단기간(3년) 근무 후 경찰 현업 복귀가 가능하다. 경찰기관 자체 능력으로 임무 수행하고 있으며 인사관리 문제점이 전혀 없다고 한다. 단점으로는 경호요원 수시 교체에 따른 전문성, 보안성이 결여될 가능성이 있다고 한다.

3) 경호근무방식 등

영국의 경호기관은 최상의 치안확보가 최고의 경호환경을 제공할 수 있다는 것과 자치경찰로서 영국 시민들을 우선한다는 기본적인 인식 하에 요란한 경호를 배제하고

508) 경호실에 근무했던 경찰관들은 3년 후 다른 경찰부서로 복귀가능하다. 보수수준은 일반 경찰관들보다 높은 편이다.

509) 필자가 본연구를 위해서 면담한 경호부서 경찰간부의 경험에 의하면, 본인은 일선 경호요원으로서 더 근무하고 싶었지만 경찰청의 지침에 따라서 신변경호요원이 아닌 경호교육부서에 교관으로 보직이 변경되었다고 한다. 일선 경호요원은 모두 순경-경사급 경찰관이라고 한다.

군(軍), 국가정보기관 및 관세청 등 유관기관에 대한 평시 긴밀한 공조와 국민들의 자발적인 협조 하에 보다 나은 치안환경을 조성하는 데 많은 노력을 기울이고 있다고 한다. 경호관련 대민통제는 영국 시민의 기본권 최우선 보장 관행에 따라 승·하차 지점과 행사장 핵심지역에 대한 순간 통제외에 일체의 검문, 검색 등을 실시하지 않는 것이 관행이며 순간통제는 사전 배치된 정복경찰관에 의해서 실시된다. 그러나 피경호인의 공연관람 등 개인적 비공식 행사시에는 경호차량 없이 수행경호원 1명만 대동하는 것이 일반적이며 이동시 교통통제는 하지 않는다.[510] 또 공식행사시에는 MPS의 "Escort Group"에서 "Auto - Bike"에 의한 교통관리를 실시하나 비상시를 제외하고는 일체의 Siren 취명은 하지 않는다. 이것은 아무리 교통이 혼잡해도 긴급하지 않는 일로 영국시민을 놀라게 하지 않겠다는 인식에서 비롯된 것이라고 한다.[511]

직무의 특성상(because of bad working condition) 불규칙적 음식습관, 불충분한 휴식 등이 제일 문제된다고 한다. 경호근무시 하루에 12~18시간 정도씩 근무하는 등 근무여건이 좋지 않다고 한다. 그래서 10일간 근무하고 4일씩 휴무하는 방식을 채택하고 있다.

4. 유관부서와의 관계: 정보 및 보안부서(MI5, MI6 등)

런던 이외의 지역에서 경호업무가 실시되는 경우, 지역경찰당국(Support by constabulary) 지원을 받고 있으며, 해당 지역경찰관서에서는 무장경찰 경력을 제공하고 있다. 1년에 3~4회 정도의 경호관련 회의를 개최한다.

MI5(British Security Service), MI6(the Secret Intelligence Service), 외무부, 국방부 등과 경호관련 정보교환 등을 위한 회의를 개최하며 관련정보는 slow time information 및 fast time information으로 분류하여 처리하고 있다고 한다. 특히,

510) 한편, 한국에서는 지난 2003년 7월 2일 민주노동당 이문옥 등 시민 315명이 "경찰이 법적 근거도 없이 전직대통령 행차에 주변차량 통제하는 것은 특혜"라면서 경호와 교통통제를 없애달라는 요지의 국민감사 청구를 한 바 있다.
511) 장기붕, 전게논문, 2001, p. 46.

MI6에서는 경찰에게 중요한 정보를 제공하고 있으며 상호협력관계를 유지하고 있다. 과거 정보기관 간의 상호협조가 잘 되지 않아서 경호업무에 있어서 심각한 실패경험을 갖고 있기 때문에 기관 간 협력은 중요시 여기고 있다.

예를 들면, 1984년 4월 17일 영국 런던에 소재한 리비아 대사관 내부 관계자가 발사한 총격에 의해 Woman Police Constable Yvonne Fletcher(25세, 수도경찰청 소속 여자경찰관)가 사망한 사건이 발생한 바 있었다.[512] 동사건은 관계 정보기관들 간에 관련 첩보가 제때에 제공되지 않아서, 즉 정보기관간 협력이 잘 이루어지지 않아서 빚어진 불상사였다고 한다. 동사건은 정보기관과 경찰, 특히 경호담당부서와의 정보교환이 부족한 상황에서 초래된 것으로 평가하고 있다.[513]

사진_1984년 리비아대사관 주변에서 저격당하여 사망한 영국수도경찰청 경호부서 경찰관 (Yvonne Fletcher, 女)

512) http://news.bbc.co.uk/onthisday/hi/dates/stories/april/17/newsid_2488000/2488369.stm(2007년 3월 30일 검색) “1984: Libyan embassy shots kill policewoman”-A police officer has been killed and ten people injured after shots were fired from the Libyan People’s Bureau in central London. WPC Yvonne Fletcher had been helping control a small demonstration outside the embassy when automatic gunfire came from outside. She received a fatal stomach wound and some of the demonstrators were also severely injured. WPC Fletcher, 25, died soon afterwards at Westminster Hospital......

513) 필자가 영국 수도경찰청 경호부서의 경찰관과 대화시 관계기관 간 경호관련 정보교환 등이 잘 이루어지고 있는지, 상호협력하고 있는지 등에 관한 질문을 함으로써 담당 경찰관이 언급된 사례이다.

Yvonne Fletcher(女)라는 여성경찰관이 런던시내 제임스 스퀘어광장 주변(St James's Square in London)에 소재한 리비아대사관(the Libyan Embassy) 앞에서 소규모 시위 군중들(당시 Colonel Gaddafi 정권에 반대하는 리비아사람들 75명)에 대하여 질서유지 업무를 수행하고 있었다.[514] 갑자기 대사관 안(from inside the Libyan embassy)에서 불상자가 발사한 총격에 의하여 사망하였다. 현장주변에 있었던 일반인들 10여명도 부상을 당했다고 한다. 동사건으로 런던주재 리비아대사관이 무장(武裝)한 영국 수도경찰청 경찰들에 의하여 무려 11일 동안이나 포위된 바 있었다.[515] 그렇지만 당시 리비아대사관의 저격 관련자는 외교특권(diplomatic immunity) 덕분에 영국경찰 당국의 어떠한 신문이나 조사도 받지 않은 채(unable to question suspects) 영국으로부터 추방되었다.[516]

한편, 1986년 리비아의 가다피 정권과 가까웠던 영국의 관계자의 언동에 따르면, 당시 영국경찰관을 저격하였던 대사관 관계자는 후일 리비아로 귀국하자마자 교수형에 처해졌다고 하며[517] 영국은 리비아정부가 경찰관 저격사건에 대한 책임을 인정함으로써 관계가 정상화되었다고 한다.[518] 또한 희생된 경찰관의 유족들에게 배상을 했다고 한다.

5. 경찰경호사례

본 항에서는 전수상이었던 마가렛 대처(Margaret Hilda Thatcher) 여사를 경호하는 사례를 소개한다. 동 부서는 특수경호과 소속요원들과 사저를 경비하는 정복경찰부서로 구분된다.

---

514) http://en.wikipedia.org/wiki/Yvonne_Fletcher(2007년 3월 30일 검색).

515) 한편, 이 사건으로 트리폴리 주재 영국대사관에 대해서 가다피정권은 무장군인들로 하여금 대사관을 포위시킨 바 있다. 이로 인하여 양국 간의 외교관계가 한동안 단절된 바 있었다.

516) http://news.bbc.co.uk/onthisday/hi/dates/stories/april/17/newsid_2488000/2488369.stm (2007년 3월 30일 검색).

517) WPC Fletcher's murderer was reportedly hanged after returning to Libya.

518) http://news.bbc.co.uk/onthisday/hi/dates/stories/april/17/newsid_2488000/2488369.stm (2007년 3월 30일 검색).

▶ 2006년 ○○월 ○○일

08:00 특수경호과 (사복)요원들(근접경호요원들, SO1, Plain Clothes)은 사저(私邸)를 경비하는 정복경찰부서(House)로부터 경호임무를 인계받는다. 대체로 5~10명 정도의 요원들이 일상적인 전직 수상경호에 투입된다. 2명의 차량운전요원은 10주 정도의 고도의 운전전문 훈련을 받은 요원들이다. 두 대의 차량으로 편성된 경호팀원들이 당일 경호업무에 투입된다.

▶ 09:00 전수상이 사저를 출발한다(위험요소가 증가한다).

재직시 정치적 이슈들과 관련하여 그녀에 대해서 반대하는 세력으로부터 위해요인이 상존하고 있다. 특히 북아일랜드의 테러위협 및 재직당시 구조조정 등으로 불이익을 받은 다수의 노동자들이 있다.

▶ 10:00 상원에 도착한다.

현재 그녀는 상원(귀족원)의원이다. 청사에 도착하면 상원을 경비하는 하원청사경비대(SO17, Palace of Westminster)의 정복경찰부서의 책임하에 청사내 경호경비가 이뤄진다. 위험요소는 감소하고 안전한 상태가 지속된다.

사진_미국 Reagan대통령과 영국 Thatcher 수상[519)]

519) http://rpm.cachefly.net/pictures/Margaret-Thatcher-Ronald-Reagan.jpg(2009년 1월 11일 검색).

▸ **12:00 상원청사를 출발하여 시내의 모처에 있는 식당으로 이동한다.**

식사하는 도중에 일반인들에게 전직 수상이라는 모습이 알려지기 전까지는 안전하지만 시간이 지나면서 신분이 노출되면 다시 위험요소가 증가한다고 판단한다.

▸ **14:00~18:00 시내모처로 이동하여 개인적인 접촉 등이 이뤄진다.**

비공개된 루트를 통하여 이동하기 때문에 위험요소는 감소하지만 특정한 공개된 행사에 참석하거나 체류시간이 길어지면서 또다시 위험요소가 증가한다.

▸ **19:00 사저에 도착하면 사저를 경비하는 정복경찰관서의 관할 하에 경비책임이 이관된다. 신변경호요원들은 철수한다.**

제2절 독일의 경찰경호체계와 현황

– 연방범죄수사청(BKA) 경호총국(SG)을 중심으로 –

1. 경찰사무의 배분원칙과 경찰조직

1949년 독일기본법(Grundgesetz)이[520] 제정되면서 독일연방공화국(BRD)의 경찰권행사는 州(Land)의 권한에 속하도록 규정하였다.[521] 경찰사무는 원칙적으로 각 주의 사무에 속하며 각 주별로 고유한 경찰법 및 경찰조직을 보유하게 되었다. 독일경찰을 지방자치 또는 분권화된 제도라고 하는 이유는 기본법 제30조와 제70조의 규정에 따라서 확인될 수 있다.[522] 기본법 제71조 이하에서 연방의 입법사항으로 규정하지

520) 1990년 10월 3일 본 기본법(Bonner Grundgesetz)이 통일과 동시에 독일전역에 발효되었다.

521) Semerak, Arved F., *Die Polizei*, 1988, p. 26.

522) Art. 30 Kompetenzverteilung zwischen Bund und Ländern: Die Ausübung der staatlichen Befugnisse und die Erfüllung der staatlichen aufgaben ist Sache der Länder, soweit dieses Grundgesetz keine andere Regelung trifft oder zuläßt. Art. 70 Verteilung der Gesetzgebungskompetenzen zwischen Bund und Ländern (1) Die

않은 사항에 대해서는 각주의 입법사항(각주의 권한)이다.[523] 이와 같이 연방(정부)경찰사무와 州(정부)경찰사무의 배분기준은 기본법의 근거규정에 의한다.

그렇지만 경찰사무가 각주의 사무라고 할지라도 기본법은 특별한 사무나 임무를 수행할 수 있도록 연방정부 차원의 경찰을 유지할 수 있도록 규정하고 있다.[524] 즉 전국적 사항, 긴급사태 등을 대비하여 제한된 범위 내에서 연방경찰의 관할권을 인정하고 있다.

(표 11) 독일경찰 일반현황

총인구	범죄발생건수	전체경찰관수	전체 공무원수
82,500,849명 2005년 1월 1일 현재	**6,391,715건** 2005년 12월 31일	**266,000여명** 2006년 11월 10일 현재	**4,610,000 여명** 2004년 6월 30일 현재

1) 연방의 독점적 입법사항과 연방경찰사무

기본법 제73조 이하에서는 국방, 국민의 보호, 국적사무, 통화, 도량형, 관세, 항공

Länder haben das Recht der Gesetzgebung, soweit dieses Gerundgesetz nicht dem Bunde Gesetzgebungsbe- fugnisse verteilt. (2) Die Abgrenzung der Zuständigkeit zwischen Bund und Ländern bemüßt sich nach den Vorschriften dieses Grundgesetzes über die ausschließliche und die konkurrierende Gesetzgebung.

523) 독일의 각주정부에는 내무부, 법무부, 교육부, 환경부 등 행정각부가 설치되어 있다. 州 법무부 산하에 각급 검찰청이 설치되어 있다고 하여 검찰사무가 지방자치사무라고 일컬어지는 것은 아니다. 검찰의 권한과 임무는 연방법의 규율사항이기 때문에 검찰권의 행사와 관련된 사항은 자치사무라 할 수 없다. 지방자치의 여부는 자기의 업무를 처리함에 있어서 독자적 입법권이 부여되어 있느냐가 관건이다. 미국의 경우, 연방형법과 州형법이 따로 존재하지만 독일의 경우는 형법, 민법, 형사소송법, 민사소송법 등이 연방법으로 규율되어 있어 독자적인 주법이 따로 있는 것이 아니다. 그러나 경찰법을 비롯한 상당수의 행정법적인 사항은 각주에서 입법권을 가지고 있다.

524) Volkmar Götz, *Allgemeines Polizei- und Ordnungsrecht*, 12. Aufl., 1995, pp. 177~179; Franz-Ludwig Knemeyer, *Polizei- und Ordungsrecht*, 6. Aufl., 1995, pp. 18~20.

교통, 철도, 우편, 통신, 상속, 출판저작권과 상업의 권리보호와 연방과 州정부 간의 공동협력에 관한 내용(동조 10호), 즉 수사경찰에 관한 사항, 자유민주주의적 기본질서와 헌법보호차원의 연방과 州의 안전에 관한 사항, 폭력의 사용이나 독일연방공화국의 대외적인 이익을 해할 목적으로 기도된 행위들에 대한 연방 내에서의 보호, 연방범죄수사청과 국제적인 범죄진압에 관한 사항 등에 대해서는 연방이 독점적인 입법권을 행사한다. 즉 요인경호직무에 관해서는 연방경찰이 담당한다.

2) 州정부 및 자치경찰사무

연방정부의 독점적, 병렬적 입법사항이 아닌 경찰사무에 관해서는 州(정부)경찰의 전속적 사무가 된다. 즉 수사업무에 관한 연방과 州정부 간의 협력사항에 관한 내용을 제외한 경무, 교통, 방범, 일반수사 및 경비업무에 관해서는 전적으로 州경찰의 사무로 이해할 수 있다.

3) 州경찰 간의 직무응원 및 공동협력의 문제

대규모 시위사태 및 경호경비 직무를 수행할 시 각 주 경찰 간의 응원, 협조문제에 있어서 1차적으로는 연방경찰(Bundespolizei)이 개별 州경찰을 지원하며 2차적으로 다른 州경찰은 연방과 州의 질서보호차원에서 협력할 의무를 지며(헌법사항), 이러한 경우에 연방내무부가 이를 통제·조정할 수 있다.

2. 연방경찰조직(Bundespolizei)

1) 개 요

연방경찰조직으로는 연방내무부 소속의 경찰업무국(Abteilung Polizeiangelegenheiten), 연방범죄수사청(BKA), 연방경찰청(Abteilung Bundespolizei), 연방헌법보호청이 있다. 한편, 연방총리실에 소속된 연방정보부(Bundesnachrichtdienst: BND), 국방부 소속 군기무사령부(Militärisches Abschirmdienst: MAD) 등도 직접

강제(直接强制)수단과 집행(執行)업무를 행하는 경찰은 아니지만 연방경찰기관에 속한다.[525] 사물관할에 따라 제한된 권한을 행사하는 "특별경찰"이 존재하기도 한다.[526] 본 항에서는 연방범죄수사청, 연방헌법보호청 및 연방경찰청에 대해서 상술한다.

2) 연방범죄수사청

연방범죄수사청은 1946년 1월 1일 함부르크에서 영국점령지역을 위한 "수사경찰관청(Kriminalpolizeiamt für die Britische Zone)"으로 처음 설치되었다. 1949년 5월 23일 독일연방공화국을 위한 【기본법(Grundgesetz)】이 공포되었다. 기본법 제 73조와 87조상의 규정을 토대로 연방범죄수사청의 설치근거가 마련되었다. 드디어 1951년 3월 15일 연방범죄수사관청의 설치를 위한 법률이 제정되었다. 연방정부는 동 부서의 본부를 Wiesbaden에 두고 연방경호총국(Abteilung "Sicherungsgruppe")은 Bonn에 설치하였다.[527] 동년 10월 31일 영국점령지 Hamburg에 소재했던 수사관서를 인수하고 대신에 Hamburg에는 연방범죄수사청의 지부형태("Außenstelle Hamburg")의 기관으로 남겨두었다.

연방범죄수사청(Bundeskriminalamt: BKA)은 연방내무부 산하 외청(外廳)이다.[528] 청장은 내무부장관의 추천에 의하여 연방내각에서 임명되는 정무직 공무원(B9)이다.[529] 특정한 범죄유형의 수사(국제적 범죄, 조직범죄, 마약, 폭발물관련, 화폐위조

525) Scholler · Schloer, *Grundzüge des Polizei- und Ordnungsrechts in der Bundesrepublik Deutschland*, 4. Aufl., 1993, p. 40.

526) Arved F. Semerak, *Die Polizei*, 1988, p. 37.

527) http://www.bka.de/profil/profil5.html(2007년 3월 27일 검색).

528) 한국 문헌에서는 연방수사청, 연방수사국, 연방범죄수사청 등으로 번역하는 사례가 있는바, 본고에서는 연방범죄수사청이라는 명칭을 사용하고자 한다.

529) 2006년 6월 현재 연방범죄수사청장은 Jörg Ziercke(1947년생)이다. 동인은 1967년 Schleswig- Holstein州 경찰관으로 입직하였다. 1992년부터 2004년까지 Schleswig-Holstein 경찰청에서 고위관리로 재직하면서 1995년부터는 州경찰청장을 지낸 바 있다. 2004년 2월 청장으로 임명되어 현재에 이르고 있다. 한편, 전임 청장이었던 Dr. Klaus Ulrich Kersten(April 1941 im Berlin)은 법률가출신으로 1973년 경찰직에 입문하여, 1996년 4월 연방범죄수사청장에 임명되어 약 8년간 재직다가 지난 2004년 2월 5일 퇴임한 바 있다. http://www.biologie.de/biowiki/Bundeskriminalamt# BKA-Pr.C3.A4sidenten (2007년 3월 27일 검색) 한편 동 부서의 청장(BKA-Präsidenten)으로 재직한

사건, 무기밀매, 요인암살기도 행위 등)에 있어서 관할권을 가지며 범죄정보수집, 분석업무 및 국가적 법익침해사범 수사직무가 부여되어 있다.[530] 외국과의 수사협조(인터폴총국), 경찰전산업무, 州경찰의 수사활동에 대한 장비, 인력지원 등의 임무를 수행하고 있다. 【연방범죄수사청설치법】에 의거, 각주의 내무부산하에 州범죄수사청(Landesk- riminalamt: LKA)이 설치되어 있다.

독일에는 별도의 경호실과 같은 기관이 없으며, 연방범죄수사청에서 요인경호 직무부서-Sicherungsgruppe: 경호총국-를 설치 운영하고 있다. 그리고 국가적 법익침해사건(Staatsschutzdelikte)에 대한 수사는 보안사범수사국(Abteilung ST)이 담당하고 있다.[531] 2005년 1월 현재 연방범죄수사청에는 일반경찰관(49.3%)을 비롯한 직원 4,729명이 근무하고 있고, 2005년도 예산규모는 약 3억9천2백만 유로(Euro)에 달한다.[532]

인사들의 주요 동향은 다음과 같다: Dr. Max Hagemann - 1951 bis 1952, Dr. Hanns Jess - 1952 bis 1955, Reinhard Dullien - 1955 bis 1964, Paul Dickopf - 1965 bis 1971, Horst Herold - 1971 bis März 1981, Heinrich Boge - März 1981 bis 1990, Hans-Ludwig Zachert - 1990 bis April 1996 Klaus Ulrich Kersten - April 1996 bis Februar 2004, Jörg Ziercke - amtierender Präsident (seit dem 26. Februar 2004) 등이다.

530) Möller · Wilhelm, *Allgemeines Polizei- und Ordnungsrecht*, 4. Aufl., 1995, p. 11.

531) 극단주의적 범죄 및 테러범죄를 지향하고 있는 바, 주로 정치적 동기에 의해서 저질러지는 범죄유형을 수사한다. 정치적 동기에 의해 저질러지는 범죄로서 극좌/극우주의적 범죄 및 테러행위, 정치적 동기에 의한 외국인 범죄 중 국제 테러행위, 정치적 동기에 의한 외국인 범죄 중 이슬람인에 의한 테러행위, 방첩(Spionagebekaempfung), 중요기술의 불법적 이전, 대량파괴 및 살상무기의 유포행위 등을 수사한다. 또한 테러단체 결성, 외국의 범죄조직 및 테러조직 등 관련범죄수사를 관할한다.

532) http://www.bka.de/profil/broschueren/bka_zahlen_fakten.pdf(2006년 4월 28일 검색) 2005년 1월 기준으로 연방범죄수사청에 근무하는 직원들은 4,729명이다. 절반정도는 경위급 이상의 정규 수사경찰관(Kriminalbeamte)이며, 32.8%는 기능직, 16.7% 행정직 및 기타 공무원이다. 교육생은, 1.2%이다. 한편 동 부서의 여성공무원 비율은 36.2% 정도이다. 2005년판 연방범죄수사청의 Broschure “Bundeskriminalamt Das FAKTEN UND ZAHLEN”참조. 한편, 1998년의 경우, 동 부서 소속 전체 직원들은 4,357명이었으며, 이 중 절반은 경위급 이상의 수사경찰관이었다고 한다. http://www.bk1.s.bw.schule.de/seitenwww/themen/projekte/bundeslandesverwaltung/bundeskriminalamt.htm (2007년 3월 27일 검색).

사진_Wiesbaden에 소재한 연방범죄수사청 본부533)

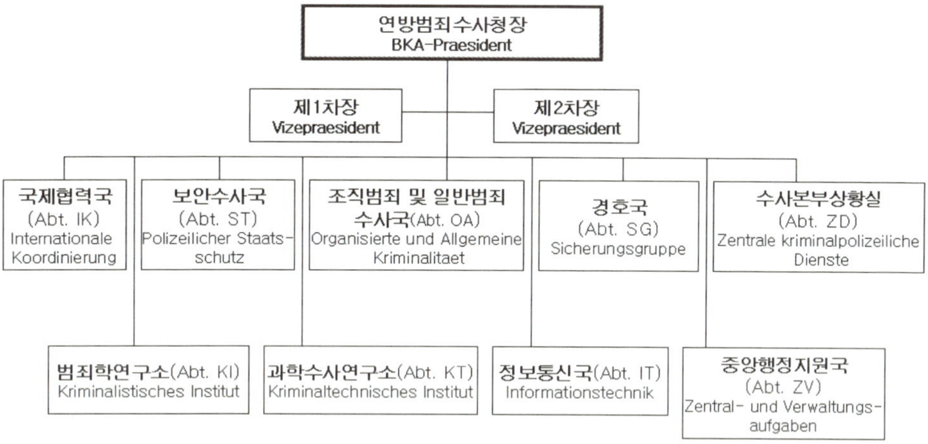

〈그림 10〉 독일연방범죄수사청 조직도

3) 연방헌법보호청

【연방헌법보호청법】에 의하면 연방헌법보호청(Bundesamt für Verfassungs-schutz: BfV)은 자유민주의적 기본질서, 연방과 개별 州의 안전과 평온상태를 보호하고, 연방과 각주 헌법기관을 보호하며 안전을 위협하고 비밀정보활동을 위태롭게 하는 외부세력으로부터 이를 보호하는 임무(방첩업무)를 수행한다. 즉 독일연방공화국의

533) http://www.nrhz.de/flyer/media/11482/113_Bka-wiesbaden.jpg(2009년 1월 12일 검색). 필자는 수년전 동 부서에서 실습을 한 바 있다.

내적 안전(innere Sicherheit) 유지 임무를 띠고 있다.[534] 국가의 존립과 안녕을 저해하는 세력 등의 국내에서의 스파이 활동에[535] 대한 정보수집과 배포, 연방헌법의 기본질서를 파괴하는 적대적인 세력 등에 대한 감시 업무 등을 담당한다. 즉 정보수집대상은 좌익테러, 군대 내의 극좌테러분자, 연방헌법의 기본질서를 파괴할 위험성을 갖고 있는 이념단체, 정당, 이들과 연계된 국제조직, 극우세력, 신나찌 추종세력 및 조직원, 이들과 연계된 단체, 출판물, 내적 안전을 위협하는 극단적인 외국인 관련사항 등이며 외국 첩보기관의 침투에 대한 방첩업무(스파이방지)를 맡고 있다.[536]

동 부서에는 일반적인 경찰 집행권한, 예를 들면, 체포, 압수, 수색권한이 부여되어 있지는 않다. 단지 국가적 법익보호와 관련된 정보(Erkenntnisse)를 일반경찰과 교류하고 있는 바, 反국가사범의 위법한 행위에 대한 정보를 경찰수사당국에 이첩하는 역할을 하며 보안사범수사는 일반(수사)경찰이 담당한다. 각주에는 州내무부 산하에 州헌법보호청(국)이 설치되어 있어 연방과 州정부 간의 협력체제를 유지하고 있다. 한국의 국가정보원과 같이 反국가사범(Staatsschutzdelikte)에 대한 수사권은 부여되어 있지 않다. 그리고 독일의 일반집행경찰은 정보수집업무를 담당하지 않고 있다.[537]

4) 연방경찰청(Bundespolizei)의 조직과 경호관련 직무

독일기본법(GG) 제73조 및 연방국경수비대설치법에 의거, 1951년 동독지역 1,393km, 체코지역 356km의 국경수비를 목적으로 1951년 3월 16일 서독지역 국경수비(Bundesgrenzschutz)를 목적으로 【국경수비법】을 근거로 설립되었다.[538] 1972년 對테러부대(연방경찰특공대, Grenzschutzgruppe 9: GSG-9)가 창설되어 테러

534) http://www.verfassungsschutz.de/de/publikationen/verfassungsschutzbericht/vsbericht_2003(2006년 4월 30일 검색).

535) 해외 스파이활동에 대한 정보 수집은 연방정보부(BND) 소관사항이다.

536) Bundesministerium des Innern, *Verfassungsschutzbericht* 1996, 1997, pp. 13-15.

537) 범죄정보수집, 분석업무가 연방수사국에 부여됨으로써 州수사국의 경우도 범죄정보수집, 분석업무가 연계적으로 부여된다고 할 수 있다. 범죄정보에 관한 수집, 작성, 분석, 배포 업무는 일반집행경찰에 의해서도 수행된다.

538) http://www.bundespolizei.de/cln_030/nn_484486/DE/Home/09__Historie/Historie__node.html__nnn=true(2006년 6월 20일 검색).

진압 업무도 수행한다.[539] 연방경찰청본부(Bundespolizeidirektion)는 Koeln에 소재하며 독일 전역을 5개 지역으로 분할하여 東·西·南·北·中 관구경찰국(Bundespolizeipräsidium)를 운용하고 있으며, 관구경찰국 산하 19개 경찰서 및 128개 지구경찰서가 설치되어 있다. 기동경찰대, 교육대, 항공대, 통신대 등으로 구성되어 있다.

주요임무는 국경지역의 감시, 국경 통과 차량 및 사람의 통제, 국경에서 30km 이내의 장해제거, 해상경비, 여권통제, 국가 비상사태시 위해방지, 재해경비, 다중범죄진압, 국제공항경비, 대테러업무,[540] 핵폐기물수송경비, 대규모 국제행사장 경비에 이르기까지 다양한 역할과 임무로 확대되어 오늘에 이르고 있다.

특히 지난 9·11테러사건을 계기로 관련법령이 개정된 바 있다. 조직 및 임무에 부합하도록 2005년 6월 30일자로 "국경수비대(Bundesgrenzschutz: BGS)"라는 부서 명칭을 "연방경찰(Bundespolizei)"로 개칭하게 되었다. 독일통일 당시 동독지역 국경경비대 소속원 7,000여명을 인수, 재임용한 바 있다.

헌법기관의 청사경비(특히 연방의회 청사, 연방대통령, 수상의 관저 및 연방헌법재판소청사)를 담당하며 외국기관의 보호업무(베를린 소재 외국 대사관 경비 등)를 수행한다. 대규모 시위사태를 비롯한 경비수요(대규모의 자연재해발생, 외국원수 등의 방문, 범죄자 수배 등)가 발생할 시에는 각 주경찰을 지원하는 업무를 맡고 있다. 2006년 4월 현재, 소속 공무원은 40,000여명이고 정규경찰관은 약 30,000여명이다. 이 부서에서도 경호업무를 분담수행하고 있다.

연방경찰의 경호임무와 구체적인 청사경비 대상(Schutz von Bundesorgan)은 다음과 같다. 연방수도인 베를린에 소재한 헌법기관들인

- 연방대통령 관저(Bundespraesidialamt)
- 연방수상 관저(Bundeskanzleramt)
- 외무부 청사(Auswartiges Amt)

---

539) Semerak, Arved F., *Die Polizei*, 1988, p. 40. 특히 1972년 뮌헨 올림픽대회 당시 "검은 9월단"에 의한 이스라엘선수단 피격사건 발생 후 실시된 부내이다. 물론 프랑스노이 사건을 계기로 자국 경찰조직에 이와 유사한 대테러부대를 창설, 현재에 이르고 있다.

540) 1972년 뮌헨올림픽 테러사건을 계기로 대테러특공부대(GSG-9)를 창설, 운용하고 있다.

▶ 연방내무부 청사(Bundesministerium des Innern)

▶ 연방법무부 청사(Bundesministerium der Justiz)

▶ 바덴 : 뷔르템베르크州 칼스루에市에 소재한 연방헌법재판소청사(Bundesverfassungsgericht in Karlsruhe)[541] 등에 대하여 경찰상 위험방지를 위해 필요한 경비업무를 담당하고 있다.[542] 연방경찰은 사람과 교통의 통제 그리고 경찰순찰근무를 통하여 가능한 위험을 방지한다.

또한 연방하원(Bundestag)의장의 명령을 받아서 연방하원 청사 내에서 경찰권 및 주거권 행사를 지원한다. 50여 개 이상의 외국에 설치된 독일대사관에 대한 위험방지 임무를 지원한다. 연방범죄수사청의 요인경호와 관련된 임무를 지원한다.[543]

3. 연방경호조직과 직무범위

독일은 연방제 국가이며 연방경찰이 요인경호임무를 맡고 있다. 연방내무부 외청격인 연방범죄수사청(BKA) 소속 수사경찰(Kriminalpolizei)이 요인경호임무를 담당하고 요인들의 집무실·중요청사경비 및 외곽경호는 연방내무부 소속의 연방경찰(Bundespolizei) 소속 정복경찰이 담당하고 있다.

1) 연방범죄수사청 내 경호총국조직과 책임자 위상[544]

연방경찰에서 경호직무를 전담수행하고 있는 바, 연방범죄수사청 소속의 연방경호총국이 해당부서이다. 연방경호총국 조직도는 다음과 같다.[545]

---

541) 필자는 연방헌법재판소 및 연방하원청사를 경비중인 경찰관들과 면담한 바 있다.

542) http://www.bundespolizei.de/cln_116/nn_251814/DE/Home/02__Aufgaben/sonstige__Aufgaben/sonstigeAufga ben__node.html?__nnn=true(2009년 1월 12일 검색).

543) http://www.bundesgrenzschutz.de/Aufgaben/index.php.(날짜 2009년 1월 12일 검색).

544) 필자는 그동안 연방경호국이라는 표현을 관련논문에서 사용하여 왔다. 그런데 한국경호관련 문헌에서는 경호총국이라는 명칭을 주로 사용하고 있는 바, 본 논문에서는 이러한 경향을 반영 경호총국이라는 명칭을 사용하기로 한다.

545) Rheinhard Scholzen, *Personnenshcutz: Geschichte, Ausbilding, Ausruestung*, 2.

경호국장은 우리나라의 치안감급에 해당하는 직책이다. 경호총국은 전문임무별로 2개의 하부조직(zwei Sachgebiete, 경호1처, 경호2처[546]))으로 나누어진다. 각 조직은 여러 가지 직무를 수행하기 위하여 다시 몇 개의 작은 부서(8개의 과)로 다시 나누어진다.[547]

경호1처는 주로 헌법기관구성원들에 대한 근접경호를 담당하고 있다. 동 부서는 4개과로 이뤄져 있으며, 과장급은 대체로 수사경찰 총경급(Kriminaldirektor 혹은 Leitender Kriminaldirektor)에 해당하는 직책이다.

경호1처 제1과(SG11)는 연방대통령(Schutz des Bundespräsidenten) 신변경호 경호직무를 담당하고 있다.

동 제2과(SG12)는 연방수상((Schutz des Bundeskanzlers)

동 제3과(SG13)는 연방각부의 장관들(Schutz der Bundesminister)

동 제4과(SG14)는 연방각부의 장관들(Schutz der Bundesminister)의 신변경호 경호직무를 담당하고 있다.[548]

사진_독일연방 대통령(Horst Köhler)을 경호하고 있는 BKA요원들[549]

Aufl.(Stuttgart: Motorbuch Verlag, 2004), p. 42에서 소개된 내용과 경호관련 문헌을 참고하여 작성한 것임.

546) 동 부서의 명칭은 한국의 경호실 관련문서들에서 사용하고 있는 용어를 참고하였다.

547) http://www.defence-net.com/magazin/122.html(2007년 3월 27일 검색).

548) http://www.defence-net.com/magazin/122.html(2007년 3월 27일 검색).

549) http://www.hl-live.de/aktuell/text.php?id=37493(2007년 10월 27일 촬영추정:2009년 1월 12일 검색).

한편, 경호2처는 일종의 지원/검측/작전 및 교육업무를 담당하고 있으며 외국국빈에 관련된 경호직무를 수행하고 있다. 경호2처 제1과(SG21)는 소속직원들에 대한 교육(Ausbildung)을 담당하는 부서이다.

동 제2과(SG22)는 경호직무관련 이슈들(안전검측 등)에 대한 조언, 정보의 수집, 상황처리(Beratung in Schutzfragen, Sammeln von Informationen, Erstellen von Lagebildern)

동 제3과(SG23)는 내외국의 요인들에 대한 경호 및 경호작전 지휘(in- und ausländische Schutzpersonen, Einsatzleitung)

동 제4과(SG24)는 경호작전을 위한 기법/기술, 상황해결 그리고 비밀작전을 위한 수색(Einsatztechnik und Aufklärung, vorbereitende Durchsuchungen, verdeckter Einsatz) 업무를 각각 담당하고 있다.[550)]

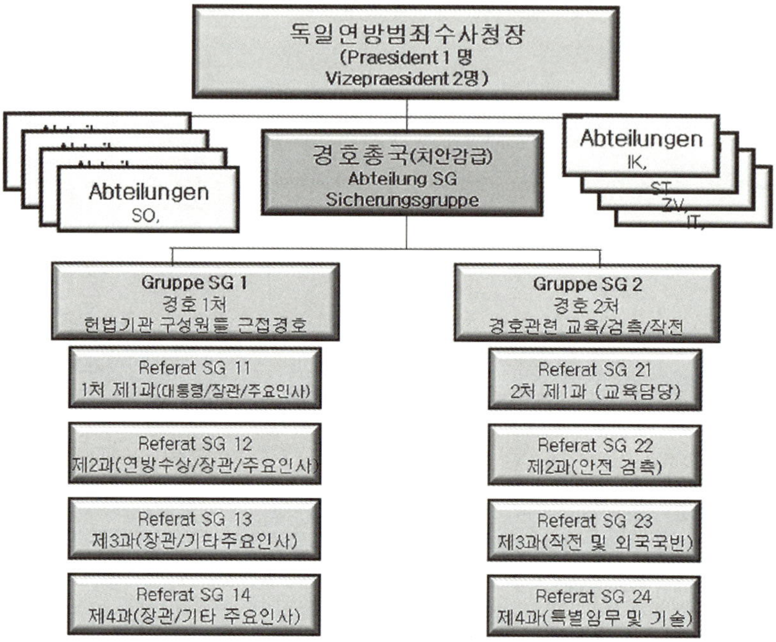

〈그림 11〉 독일 연방경호조직도

550) http://www.defence-net.com/magazin/122.html(2007년 3월 27일 검색).

경호직무에 관한 규정은 연방범죄수사청법(제1장 제5조-헌법기관구성원에 대한 보호: §5 Schutz von Mitgliedern der Verfassungsorgane)에 규정하고 있으며, 동직무와 관련된 경찰법상의 권한 규정(제2장 4절 이하 21조-25조 규정들)도 같은 법률에서[551] 규정하고 있다.

(표 12) 경호경찰의 직무와 권한에 관한 연방범죄수사청법 관련규정들

§ 5 Schutz von Mitgliedern der Verfassungsorgane (헌법기관 구성원들에 대한 보호: 경호관련 근거법령) (1) Unbeschadet der Rechte des Präsidenten des Deutschen Bundestages und der Zuständigkeit des Bundesgrenzschutzes und der Polizeien der Länder obliegt dem Bundeskriminalamt 1. der erforderliche Personenschutz für die Mitglieder der Verfassungsorgane des Bundes sowie in besonders festzulegenden Fällen der Gäste dieser Verfassungsorgane aus anderen Staaten; 2. der innere Schutz der Dienst- und der Wohnsitze sowie der jeweiligen Aufenthaltsräume des Bundespräsidenten, der Mitglieder der Bundesregierung und in besonders festzulegenden Fällen ihrer Gäste aus anderen Staaten. (2) Sollen Beamte des Bundeskriminalamtes und der Polizei eines Landes in den Fällen des Absatzes 1 zugleich eingesetzt werden, so entscheidet darüber das Bundesministerium des Innern im Einvernehmen mit der obersten Landesbehörde.

551) 관련법령의 정식 명칭은 다음과 같다: 【수사경찰영역에 있어서 연방과 각주간의 협력과 연방범죄수사청에 관한 법률】: Gesetz über das Bundeskriminalamt und die Zusammenarbeit des Bundes und der Länder in kriminalpolizeilichen Angelegenheiten (Bundeskriminalamtgesetz - BKAG) In der Fassung vom 07. Juli 1997 (BGBl. I S. 1650) Bundesgesetzblatt Jahrgang 1997 Teil I Nr. 46, ausgegeben zu Bonn am 10. Juli 1997 zuletzt geändert durch Artikel 10 Strafverfahrensänderungs gesetz 1999 (StVÄG 1999) vom 02.08.2000, (Bundesgesetzblatt Jahrgang 2000 Teil I, Nr38, Seite 1261).

Unterabschnitt 4 Schutz vor Mitgliedern der Verfassungsorgane
(헌법기관 구성원들인 요인에 대한 경호 직무수행을 위해서 경찰관에게 부여된 권한들)

§ 21 Allgemeine Befugnisse (일반적 조치권한)

§ 22 Erhebung personenbezogener Daten (인적 정보처리권한)

§ 23 Besondere Mittel der Datenerhebung (정보처리에 관한 특별한 수단)

§ 24 Daten bermittlung an das Bundeskriminalamt (연방범죄수사청에 정보이송)

§ 25 Verarbeitung und Nutzung personenbezogener Daten (인적 정보가공과 이용)

2) 경호대상과 직무범위 개요 범위

연방범죄수사청 경호총국(Sicherungsgruppe: SG)에서 요인경호직무를 수행한다. 경호국 소속 요원들은 수사경과에 속하는 경위급 이상의 경찰관(Kriminalbeamte)으로 구성되어 있다. 특별히 선발된 그리고 전문화 교육과 훈련을 받은 수사경찰간부들은 직무수행을 위하여 특수방탄 차량, 첨단장치가 부착된 특수화기 혹은 첨단통신기기와 같은 현대식 장비를 갖추고 있다. 자신의 생명과 신체상의 위험이 발생하지 않도록 무장한 채 근무하고 있으며 경호대상자들의 신체와 생명이 위태롭지 않도록 보호하고 있다.[552] 경호국은 베를린에 소재하고 있다.

연방범죄수사청법(Bundeskriminalamtsgesetz: BKAG) 제5조에 따르면,[553] 연방

552) 연방범죄수사청 본부청사는 현재도 Wiesbaden이라는 도시에 소재하고 있다. 통일 후 연방의 수도가 베를린으로 이전하기 전까지 경호국은 서독의 수도였던 Bonn 근처에 소재하였다. 2007년 3월 현재, 경호국의 주요부서는 베를린에 소재하며 일부 부서는 Meckenheim bei Bonn에 남아 있다.
출처 http://de.wikipedia.org/wiki/Bundeskriminalamt_(Deutschland)# Abteilung_SG_.E2.80.93_ Sicherungs gruppe(2007년 3월 27일 검색).

553) § 5 Schutz von Mitgliedern der Verfassungsorgane.

헌법기관 구성원들에 대한 경호임무를 수행하도록 규정하고 있다.[554]

독일연방의회 의장의 권한과 연방경찰의 권한(국경수비업무부서) 그리고 각주 경찰의 권한을 침해하지 않으면서 연방헌법기관의 구성원들(연방대통령, 연방수상, 연방상원과 하원의원들, 연방헌법재판소 재판관들,[555] 각부 장관들-Bundesminister[556]))의 신변경호와 숙소와 근무지(den Innenschutz ihrer Dienst- und Wohnsitze)에 대한 경호경비를 실시한다. 독일을 공식 방문하는 외국의 정치가들, 외국을 공식(公式) 방문하는 독일의 정치가(政治家)들에 대한 신변경호직무를 수행한다.[557]

또한 독일의 헌법기관 및 구성원들을 방문하는 외국의 귀빈(VIP)들에 대한 신변수행경호와 이들의 숙소(den Innenschutz ihrer Dienst- und Wohnsitze)에 대한 경호경비도 실시한다. 뿐만 아니라 연방외무부의 위탁과 연방내무부의 지시를 받아서 연방수사청은 연방정부를 대표하는 인사들에게 위험 발생 가능성이 있을 경우에 외국에 소재한 독일연방공화국 대사관 등에 신변경호를 위하여 경찰관들을 파견한다.[558]

연방범죄수사청의 경호총국 경찰관들과 각주의 경찰은 필요한 신변경호 직무를 수행하기 위한 경찰작전에 배치되어야 한다. 그래서 연방내무부장관은 최상급 경찰관청들과 협의를 하면서 그 사항에 대해서 결정한다.[559] 직무상의 필요한 조치를 수행함에 있어서 경호총국은 각주의 경찰관청들, 연방국경수비 임무를 수행하고 있는 경찰

---

554) http://www.datenschutz-berlin.de/gesetze/sonstige/bkag.htm#nr5.

555) 연방대법원 구성원들과는 달리, 연방헌법재판소 재판관들에 대한 신변경호를 실시하는 점이 특이하다.

556) 외무, 국방, 내무, 법무장관 등이 경호대상에 포함되고 있다고 한다. 2009년 5월 현재 연방내무부장관은 Dr. Wolfgang Schäuble이다. 동인은 1971년 바덴-뷔르템베르크州 재무부에 입직(사무관), 1978년부터 1984년까지 변호사를 지냈다. 이후 기독민주당(CDU)의 간부로 활동하였다. 1989년부터 1991년까지 연방내무부장관을 지낸 바 있으며 2005년부터 다시 연방내무부장관으로 재직 중에 있다. 그런데 장관으로 재직 중이던 1990년 10월 12일 선거관련 행사 직후, 약물 중독자였던 괴한(후일 재판과정에서 심신상실자로 판정, 정신병원으로 이송)으로부터 총격을 받아 심각한 부상을 입었다. 그 후 장애인이 되어 휠체어를 타고 다닌다. 당시 연방경호총국의 경호원 1명이 총상을 입었다.

557) http://www.defence-net.com/magazin/122.html(2007년 3월 27일 검색).

558) http://www.sondereinheiten.de/forum/viewtopic.php?t=8401&view=next&sid=bcb540f1 9a81b19b4418f93ebe57ce96(2007년 3월 27일 검색).

559) http://www.defence-net.com/magazin/122.html(2007년 3월 27일 검색).

부서 그리고 독일연방 의회소속 집행경찰 및 안전부서 그리고 외국정부의 정보보안기관들과 협력을 도모하고 있다.[560] 경호대상자들 가운데 한국과는 달리 장관급, 검찰총장급에 대한 경호직무를 수행하고 있는 점이 특이할만하다.

독일 Angela Merkel연방수상(기독민주당, CDU)은 두 대의 새로운 경호용 방탄승용차를 타게 되었다. 연방범죄수사청(BKA)은 Audi 방탄리무진을 주문한 바 있었다. 인수후 곧바로 시험에 돌입하였다. 전임 Gerhard Schroeder(사회민주당, SPD)수상은 당시까지 폭스바겐(Volkswagen) Phaeton과 BMW 7 시리즈 혹은 Mercedes S-Klasse를 타온 것으로 알려졌다. 새로운 두 대의 방탄승용차는 방탄유리, 강철로 된 차체, 비상탈출용 장치 등 최첨단 안전장치를 장착한 것으로 알려지고 있다. 7.62mm 탄환을 막아낼 수 있는 방탄유리, 소형화기 및 폭발장치에도 견딜 수 있으며, 450마력, 12기통을 갖추었다. 대당 가격은 약 25만 유로(Euro)정도이며, 대부분 수작업으로 제작되었다. 타이어가 펑크가 난 상태로 시속 80km의 속도로 100km를 더 달릴 수 있다고 한다(2005년 11월 30일자 기사).[561]

사진_독일 Angela Merkel 수상이 타는 Audi A8시리즈 방탄승용차(Audi A8 Security)

560) http://www.sondereinheiten.de/forum/viewtopic.php?t=8401&view=next&sid=bcb540f19a81b19b4418f93ebe57ce96(2007년 3월 27일 검색).

561) https://www.manager-magazin.de/life/auto/0,2828,387389,00.html(2009년 1월 12일 검색).

4. 경호경찰관 인사관리

1) 선발 및 배치 등 인사관리 개요

2005년 5월 현재, 약 550여명의 경찰관들이 경호국에 근무 중이다.[562] 그 중 순수한 경호경찰관은 350여명이고 연간 예산은 600억원대 규모라고 한다. 연방경호총국에 근무하는 직원들의 구성비를 보면 수사경찰관(경위 이상, Kriminalpolizei) 50%, 연방경찰에서 파견된 일반 정복경찰관(순경-경사급, mittleren Dienst) 35% 그리고 일반행정직원 15% 정도로 이뤄져 있다.[563]

신변경호직무를 수행하는 경호국 소속의 경호경찰관 채용은 신임직원을 별도로 채용하지 않고 연방범죄수사청(BKA)에서 3년 이상 재직한 (수사)경위급 이상의 경찰관, 연방경찰 혹은 다른 州 범죄수사청(LKA) 소속의 경찰관들 중에서 지원에 의하여 특별히 선발하며 선발된 경찰관들은 추가적인 직무전문화 교육 이수 후 경호총국(SG)으로 발령 근무하는 시스템이다. 경호직무 수행을 위하여 광범위한 직무교육을 실시하고 있다. 스포츠 역량이 아주 탁월하고 행동거지가 우수한 그리고 안정된 성격을 갖고 있어야 한다. 지적이고 창조적인 능력이 있으며 심리적인 부담을 충분히 감당해 낼 수 있는 능력, 의사소통능력과 주변 경계능력이 갖추어진 그리고 판단력 있고 정제된 행동을 할 수 있어야 한다.[564]

특수하게 보호된 차량을 완벽하게 운전할 줄 알아야 하며 사격실력이 뛰어나고 모든 상황 속에서 신속하고 적절하게 대응할 수 있어야 한다. 경호요원들에게는 매우 어려운 임무들이 부여될 수 있다. 가능한 공격으로부터 경호대상자를 보호하기에 앞서 경호대상자의 사생활도 보호해야 한다. 그럼에도 불구하고 아주 투명하게 그리고 시민들과 친화적인 경호직무를 수행할 수 있어야 한다.[565]

보수는 일반경찰관들과 동일하며 근무 시에는 위험수당(zwar keine Ge-

---

562) http://archiv.tagesspiegel.de/archiv/15.05.2005/1813867.asp(2007년 3월 27일 검색).

563) Scholzen, 2004, p. 51.

564) http://inhalt.oevs.monster.de/2126_de_p1.asp(2007년 3월 27일 검색).

565) http://de.wikipedia.org/wiki/Bundeskriminalamt_(Deutschland)#Abteilung_SG_.E2.80.93_Sicherungsgruppe(2007년 3월 27일 검색).

fährdungszulag)이 별도로 지급되는 것은 아니라고 한다.566)

재직 중에는 경감급(Erster Kirminalhauptkommissar)까지 승진이 가능하며 별도로 고급직 경찰관(경정급)으로 승진가능하다. 경정급 이상으로 진급하게 되면 관리자 직군으로 인사이동하게 된다. 따라서 경호실무자들은 대체로 경위, 경감급 경찰관들이 대부분이다.

여성들에게도 좋은 기회가 부여되고 있는 바, 전체 요원들 가운데 18% 정도가 여성경찰관들이라고 한다. 여성경호요원들은 어떤 특정한 상황에서 위험한 상황들을 감소시키는 데 영향을 미친다고 한다.567)

경호총국의 직원은 (수사)경찰관 신분으로서 현장 행사요원은 체력조건 등을 고려하여 45세 이하로 배치하고 정년은 계급에 상관없이 일반(수사)경찰관들처럼 연령정년이 적용되어 60세이다. 그러나 경호부서 실무요원들은 50세 정도까지 근무하는 것이 관례라고 한다. 다른 수사경찰관들은 계급불문하고 60세까지 동일하다. 대부분의 경호경찰관들은 본인의 희망에 따라 연방수사청 내 다른 부서로 보직변경이 가능하다고 한다. 매년 실시하는 체력테스트(jährlichen körperlichen Leistungstests)에 통과되어야 경호국에 계속해서 근무할 수 있다.568)

독일연방경호국의 경우, 젊고 체력이 뛰어난 경호요원들로 구성되어 있으며 요원들이 동일부서에 한 번 배치되면 장기간 근무할 수 있다는 장점이 있으며 직무전문성이 유지될 수 있다고 한다.

2) 경호요원 교육제도와 내용

수사경찰 경위급을 양성하는 연방수사경찰대학과 순경급 경찰관에 대한 신규교육을 실시하고 있는 연방경찰교육기관에 기본적인 경찰작전 및 경찰개입에 관한 문제, 자동차안전운전 훈련, 사격훈련, 응급조치 그리고 법률적 이슈들에 대한 내용을 포함한 신변경호직무관련 훈련과정이 개설되어 있다.569)

566) http://archiv.tagesspiegel.de/archiv/15.05.2005/1813867.asp(2007년 3월 27일 검색).
567) http://archiv.tagesspiegel.de/archiv/15.05.2005/1813867.asp(2007년 3월 27일 검색).
568) http://inhalt.oevs.monster.de/2126_de_p1.asp(2007년 3월 27일 검색).

경호총국의 교육훈련 및 기획은 경호2처(SG 2)내 제1과(SG21)가 담당하고 있으며 총무행정업무도 병행하고 있다. 경호2처 제1과 내 순수 교육훈련을 담당하고 있는 교관단은 총 20명으로서 현장 행사요원 중 장년기(30대 중반 이상)에 접어든 우수 인력을 대상으로 선발운용하고 있다. 별도의 복지 및 인사상 특혜는 없으나 직무에 대한 자긍심과 만족도가 높고 행사부서로 복귀시키지는 않는다고 한다.

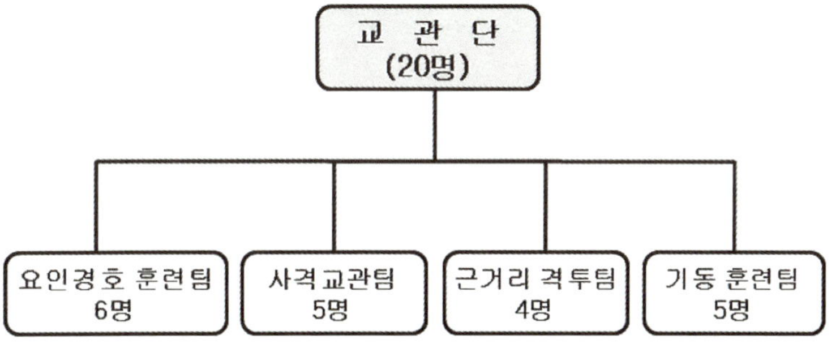

〈그림 12〉 독일연방범죄수사청 경호총국 교육담당부서 개요

훈련은 경호요원으로 선발된 후 8주간의 기본특수훈련이 실시된다. 첫 5주 동안은 기본교육(Grundlehrgang), 나머지 3주간(1주간은 직접 신변경호부서에서 나머지 2주간은 심화교육)은 신변경호 훈련을 실시하면서 심화교육 세미나로 진행된다.570)

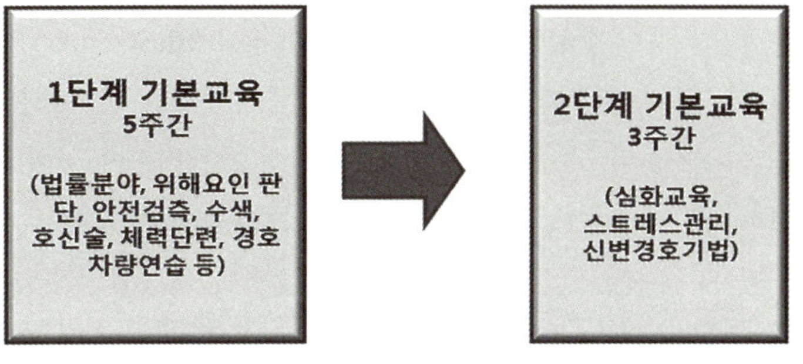

〈그림 13〉 독일연방범죄수사청 경호총국 전입 경호경찰 기본교육과정 개요

569) http://archiv.tagesspiegel.de/archiv/15.05.2005/1813867.asp(2007년 3월 27일 검색).
570) Scholzen, 2004, pp. 51-77.

이러한 기본교육 과정은 연간 3~4회씩 베를린에 소재한 경호총국에서 실시되고 있으며 중요한 교육내용은 다음과 같다:

▶ 법률분야 : 특히 연방범죄수사청법과 연방국경수비대법 그리고 직접강제력 행사에 관한 경찰법 등이다. 경호작전을 위해서 개별 경찰공무원들에게 어떤 유효한 법률적 가능성과 법률적 한계들을 제공할 수 있는지를 교육받게 된다. 특히 경호경찰관들은 경찰직무규정(PDV 100, 129, 130[571])들을 잘 숙지해야 한다.[572]

▶ 그 다음 교육단계에서는

경호대상자에게 위험이 발생할 시에 신변경호 기본원칙들, 기술적 측면, 행동원칙들이 교육된다.

- 독일을 방문하는 외국의 중요인사들(국빈) 경호
- 경호대상자들에게 발생할 수 있는 위해요인들의 판단
- 건물내부의 안전유지 및 검측/수색 폭발물 검색
- 경호근무에 필수적인 총기사격연습
- 무기 없이 호신술 체득하기
- 스포츠를 통한 체력단련
- 경호차량운전 연습 등[573]

이러한 기본적인 교육이 완료되면 심화교육 세미나(Aufbauseminar) 단계에서는 스트레스처리 및 갈등해결 훈련이 실시된다. 그래서 특수훈련을 받은 전문요원이 배치되어 태도훈련을 실시한다. 동훈련의 목적은 신변경호시 신경이 날카로워지는 것을 부분적으로 완화시킬 수 있는 능력을 사전에 배양하는 것이다.[574]

---

571) PDV 100 Führung und Einsatz der Polizei(경찰지휘 및 작전), - PDV 129 Personen- und Objektschutz(인적보호와 물적 보호), - PDV 130 Einsatz der Polizei bei Staatsbesuchen und sonstigen ausländischen Besuchen(외국의 국빈 및 그 밖의 외국의 중요한 인사들이 독일을 방문하는 경우에 대한 경찰작전).

572) Scholzen, 2004, p. 53.

573) Scholzen, 2004, p. 56.

이러한 기본적인 교육이 종료되면 경찰관들은 3일 간에 걸친 신변경호 기법에 대하여 안내교육을 받는다. 그 후 3일 간의 세미나가 진행된다. 이 시기에는 다양한 상황하에서 신변경호직무를 수행할 수 있도록 필요한 기법을 터득하기 위하여 특별히 단체근무 방법을 훈련받게 된다.[575] 경호대상자에 대한 위해뿐만 아니라 경호요원들에 대한 위해요인에 대한 대처훈련을 받게 된다. 그래서 경호대상자에게 위해를 가하려는 시도로부터 어떻게 대처할 것인 지를 포함하여 차량에 탑승한 채 이동하는 경우와 경호요원들 간에 서로 협력하는 방법들을 익히게 된다. 경호대상자가 차량으로 이동하는 경우, 훨씬 더 많은 이동수단들이 필요하게 된다. 그래서 더 많은 경호기법들이 요구된다. 4일 동안 경호차량 운전과 관련된 훈련이 실시되는 바, 경호요원들은 소위 방탄차량으로 알려진 차량을 운전하는 것을 배우게 된다. 특히, 악천후에 대비한 훈련이 실시되는 바, 우천시, 도로결빙시 그리고 강설에 대비하여 4톤이 넘는 방탄 리무진의 운전 훈련이 진행된다. 여러 가지 유형의 위해기도에 대비한 훈련이 실시되는 바, 특히 차량지붕 위쪽으로 탈출(脫出) 및 긴급하차(緊急下車)할 수 있는 훈련도 포함되어 있다.[576]

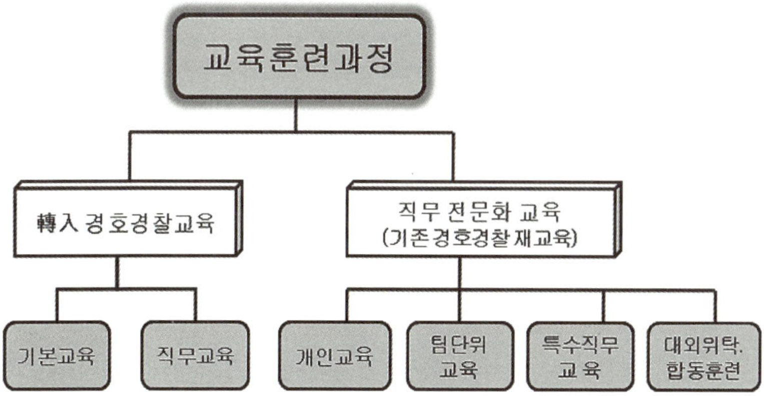

〈그림 14〉 독일연방범죄수사청 경호총국 경호경찰 교육과정 개요

574) Scholzen, 2004, p. 56.
575) Scholzen, 2004, p. 56.
576) Scholzen, 2004, p. 58.

경호요원 양성을 위한 교육의 또 다른 중요한 측면에는 이틀간에 걸쳐 실시되는 응급조치 훈련이 포함된다. 이 과정에서는 과거 연방범죄수사청(BKA)에서 경험한 사건 사례들을 분석한 것을 토대로 대처하는 훈련이 실시된다. 이러한 교육을 받은 경호경찰관들이 어떤 부서에 배치되느냐에 따라서 전문적인 교육을 추가로 받게 된다.[577] 이러한 연방수사청의 훈련과정이 부분적으로 알려지고 있으며 더 많은 내용들이 연방경찰 혹은 각주 경찰에서도 실시되고 있다. 그러한 광범위한 교육훈련에는 다음과 같은 내용들이 포함되어 있는 바,[578]

- 경호지휘관 훈련과정
- 건물내부 안전유지 및 소포/우편물통제(폭발물 및 발화물질)
- 차량이동시 작전, 작전상의 경호기법들, 위험상황의 조사, 비밀작전을 통한 정보수집, 협박편지 분석(Analyse von Drohschreiben)[579]
- 경호부서의 예산 및 재정, 관련물자의 조달 및 공급
- 인사관리
- 정보통신 기획 및 행정
- 물적 시설보호를 위한 자문
- 대사관 등 외교청사에 대한 안전유지
- 경찰작전 지휘 및 상황실운용 등이다.[580]

이러한 직무교육과 훈련과정을 한 번 거친 경호부서 단위조직 지휘관들 뿐만 아니라 개별 경호경찰관들 조차도 훈련받은 내용들을 쉽게 잊어버릴 수가 있다. 그래서 경호부서의 각급 지휘요원들마다 한 달에 이틀 정도씩 보수교육을 받고 있다. 기본적으로 이러한 교육은 단체적으로 실시된다. 다음과 같은 프로그램에 바탕을 두고 여러 영역에 걸쳐서 연습과 훈련이 이루어진다.[581]

577) Scholzen, 2004, p. 58.
578) Scholzen, 2004, p. 58.
579) Scholzen, 2004, p. 58.
580) Scholzen, 2004, p. 59.
581) Scholzen, 2004, p. 59.

▶ 사격연습 : 기본훈련과 특별훈련(신체상의 능력에 따라). 어두운 곳에서 사격훈련을 포함하여 장애물이 있는 상황에서의 사격, 단체를 이루고 있는 경호요원들 안에서의 사격훈련이 진행된다.582)

▶ 무기를 휴대하지 않은 상태에서의 자기방어훈련(호신술 연마), 기본훈련과 특별훈련 프로그램이 포함된다.

▶ 다른 추가적인 훈련에는 다음 사항들이 있다:

일반적인 신체단련, 응급조치, 폭발물 및 발화물질의 통제, 경호차량 운전연습, 심리학, 근무 및 법적인 문서처리, 경찰직무 관련 규정의 이해 등이다.583)

사진_독일 연방범죄수사청(BKA) 요원들의 훈련모습584)

5. 경호방법과 근무방식

1) 경호수준과 경호대상

헌법기관의 구성원들에 대한 경호는 3단계로 분류하여 국내 주요 요인에 대한 경호

582) Scholzen, 2004, p. 64.
583) Scholzen, 2004, p. 64.
584) http://www.faz.net/s/Rub594835B672714A1DB1A121534F010EE1/Doc~E28F9035848444550A4D7BD4BE8DCACF2~ATpl~Ecommon~Scontent.html?rss_aktuell(2009년 1월 12일 검색).

경비를 제공한다. 위험국가로 분류된 해외주재 대사와 위험국을 방문하는 연방의원에 대해서도 근접경호를 제공하는 등 한국에 비하여 경호대상 범위가 넓은 것이 특징이다.585)

경호수준은 Level 1~3으로 분류하며 2006년 6월 현재, 35명의 요인들에 대하여 경호를 실시하고 있다.

- ▶ Level 1: 연방대통령 및 연방수상(Bundeskanzlerin)
- ▶ Level 2: 연방의회 의장 등(24시간 경호제공)
- ▶ Level 3: 연방행정부 장관들

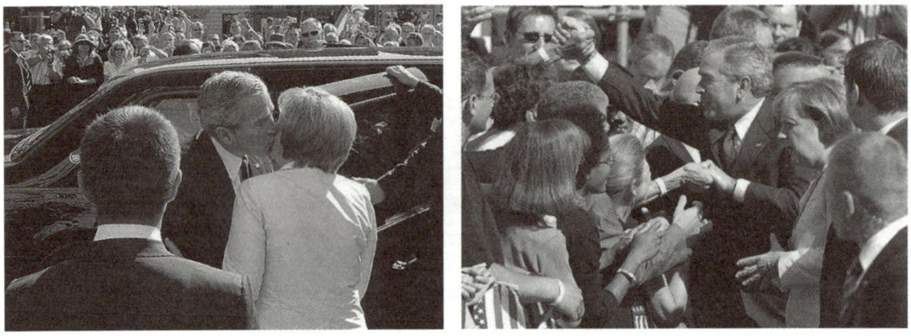

사진_2007년 7월, 독일을 방문한 Bush 美대통령과 Merkel 수상 경호장면586)

종종 독일의 유력한 정치가(Politiker)가 외국을 방문하는 경우, 경호국 요원들은 1주일 정도 미리 해당국에 도착하여 경호관련 위험요소들을 판단하게 된다. 그래서 적절한 경호프로그램을 결정하게 된다. 경호와 관련된 통신수단은 경호2처에 속하는 것인 바, 위험상황 분석에 관한 대비태세를 갖추기 위해서 동 부서가 책임을 지고 있으며 혹은 연방정보부(BND)와 같은 다른 같은 기관들과도 협력을 하고 있다.587)

---

585) 대통령 경호실의 내부자료임. 동자료는 경호실관계자가 2006년 6월경 독일연방경호총국을 견학한 후 정리한 내용임.

586) http://www.bundesregierung.de/Content/DE/Fotoreihe/2006/2006-07-13-Bush-in-Deutschland/fotoreihe-bush-in-deutschland(2009년 1월 12일 검색).

587) http://inhalt.oevs.monster.de/2126_de_p1.asp(2007년 3월 27일 검색).

이를 위해 연방경호총국 조직 내에는 한국 경호실의 정보팀과 같은 특수경호활동과(SG 24)를 두고 연방정보부(BND), 연방헌법보호청, 연방경찰 등 유관기관과 협조체제를 구축하여 경호첩보를 수집·분석하고 있다고 한다.

또한 경호국(SG)에서는 형사소송절차에서 진실을 발견하기 위하여 진술을 할 증인을 보호하며 그들의 가족이나 그들과 아주 가까운 사람들에게도 적용된다. 연방수사청과 州범죄수사청 간에 증인보호 직무가 경합될 때에는 州범죄수사청(LKA) 경찰관이 담당한다.

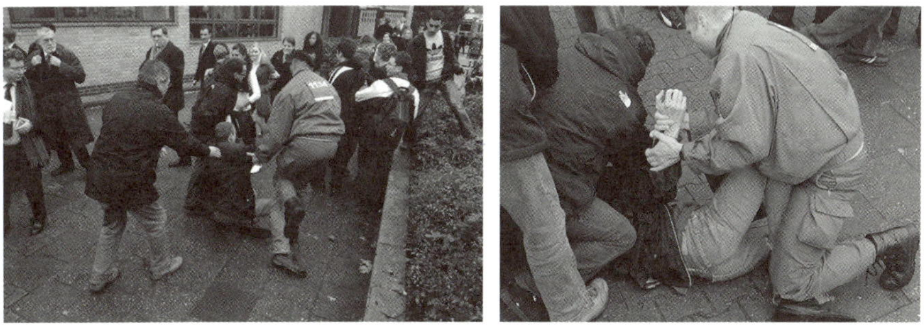

사진_연방 수상에 대한 공격행위(Attacke auf Merkel)를 한 청년체포[588)]

사건의 정황은 다음과 같다: 2007년 11월 12일 독일 베를린 인근 Reinickendorf에 소재한 한 학교에 프랑스 Nicolas Sarkozy 대통령과 독일 Angela Merkel수상이 방문한 바 있었다. 25세 된 청년이 군중들 가운데에서 뛰쳐나와 Merkel수상(女)의 면전 수미터 앞으로 소리치며 달려들었다. 청년은 현장에서 연방범죄수사청 경호요원(BKA-Beamten)에 의하여 신속하게 (sofort)체포되었다. 사진은 경호요원들이 청년을 땅바닥으로 제압하고 있는 장면이다.

청년은 연방 하원에서 전화 및 인터넷정보 저장에 관한 법안이 통과되었던 것에 대하여 이를 반대해왔다고 한다. 사건 당시 프랑스대통령과 독일 수상은 베를린

---

588) http://www.spiegel.de/politik/deutschland/0,1518,grossbild-1018167-516873,00.html;http://www.tagesspiegel.de/storage/pic/fotos/politik/172748_1_121107_merkel_dpa.JPG (2009년 1월 12일 검색).

인근에 소재한 Romain-Rolland-Oberschule(학교)를 방문하던 중이었다. 거기서 두 정상들은 학생들과 외국인들과의 통합문제(이민과 통합)에 관하여 토론을 하기로 예정되어 있었다. 그 청년은 이전에도 관련된 문제를 이슈화하기 위하여 Frankfurter에서 개최된 국제도서전을 방문하는 Horst Koehler독일 연방대통령을 상대로 그러한 시도를 한 적이 있었다고 한다.[589)]

2) 경호 위해요인과 경호방법

경호직무 수행과 관련한 위험단계의 수준은 경찰직무규정 제129조(PDV 129) 이하에서 규정하고 있다.

▸ 위험 제1단계(Gefaherdungstufe 1)[590)]

어떤 위해가 포함된 공격이 예측되는 그래서 특별한 보호가 요구되는 단계이다.[591)] 1995년의 경우, 16명의 경호대상자들이 이러한 범주에서 신변경호가 이뤄졌다.

이러한 그룹에 속하는 경호대상자들의 경우, 국내외에서 상시적으로 경호국 소속요원들이 수행하였다. 이러한 경호대상자들이 공개된 행사에 참석할 때 해당 지역을 관할하는 州경찰과 지역경찰들은 안전유지를 위하여 사전에 대비하였다. 부분적으로 선발경호팀들이 며칠 정도 미리 도착하여 위험예상상황을 처리하였다. 그리고 경호상 안전문제와 관련될 수 있는 모든 대상들을 검측하였다(ueberprueft).

이러한 경호상황에 배치된 요원들은 가능한 대피로(Fluchtwege 혹은 피난로)를 확정하고, 특별히 위험한 요소나 상황이 내재된 장소(gefahrentraechtigen stellen)에 대하여 사진 및 비디오촬영을 실시한다.[592)]

---

589) http://www.spiegel.de/politik/deutschland/0,1518,516873,00.html(2009년 1월 12일 검색).

590) Scholzen, 2004, p. 45. Die Person ist erheblich gefaehrdet, mit einem Anschlag ist zu rechnen.

591) http://inhalt.oevs.monster.de/2126_de_p1.asp(2007년 3월 27일 검색).

592) Scholzen, 2004, p. 46.

지난 2004년 4월경 베를린을 방문한 미국 국무부 장관인 Colin Powell의 경우, 위험 제1단계 수준으로 신변경호를 받게 되었다고 한다.593)

▶ **위험 제2단계**(Gefaherdungstufe 2)

위험한 공격상황을 완전히 배제할 수 없는 상태로서 경호대상자에게 위험이 발생할 수 있는 경우이다. 1995년의 경우, 연방범죄수사청 경호국에서는 23명의 경호대상자들에 대하여 이러한 범주의 경호를 실시하였다. 이러한 경호대상자들의 경우, 상시적인 위험상황이 존재한 것은 아니지만 아주 특별한 경우 혹은 특별한 시간에 (bestimmte Zeiten beschuezt)신변경호를 받아야 하는 상황이다.594)

경호대상자의 일상적인 생활에 대한 면밀한 분석 후에, 경호대상자가 집으로 귀환하는 노상과 특별히 위해를 가할 가능성이 있는 공식적인 행사시에 경호국 요원들이 수시로 신변경호를 실시한다.

▶ **위험 제3단계**(Gefaherdungstufe 3)

경호대상자에게 위해요소를 완전히 배제할 수 없는 경우이다. 이러한 신변경호 직무 범위에 속하는 대상자들을 위하여 1995년의 경우, 41명이 대상자로서 경호를 받았다. 특별히 위해가능성이 있는 경우에만 신변경호가 실시되었다.595)

6. 경호직무를 지원하는 州경찰의 경호담당부서

경호관련 직무는 연방경찰이 전종 수행하지만 경호상황이 각주 경찰관할에서 발생할 경우가 있다. 이러한 경우 각주의 범죄수사청(LKA)경호직무 관련부서에서 전문적으로 동업무를 담당하고 있다. 본항에서는 라인란트-팔츠州 범죄수사청의 사례를 간략하게 설명한다.

593) http://www.tagesspiegel.de/berlin/archiv/28.04.2004/1093883.asp(2007년 3월 27일 검색).

594) Scholzen, 2004, p. 46.

595) Scholzen, 2004, p. 46.

사진_라인란트-팔츠 州범죄수사청(LKA)청사

Rheinland-Pfalz州 범죄수사청(Landeskriminalamt:LKA)의 경우 州내무 및 체육부 직속기관(unmittelbar nachgeordnet)이다. 현대적인 정보센터로서 국내외로부터 입수된 범죄관련 경찰정보를 분석하여 관련정보를 각급 경찰관서에 배포한다. 또한 새로운 범죄대책전략, 형사정책적인 결정과 입법사항들을 위한 기본토대로서 범죄발생통계에 대한 자료(Polizeiliche Kriminalstatistik: PKS)를 수집 · 정리한다. 가장 최신의 과학적 방법에 따라 수집된 증거물을 감정 분석할 수 있는 과학수사 시설, 즉 DNA분석, 자동지문날인 및 확인시스템 – AFIS – 을 보유하고 있다. 그러한 감정 및 분석결과는 종종 범죄자를 확인하는 데 활용된다.[596)]

몇몇 심각한 범죄유형, 예를 들면 마약거래, 조직범죄, 환경 및 경제범죄 혹은 극단주의적/테러범죄에 대해서는 직접 수사관할권을 행사할 수 있다.

납치, 인질범죄 그리고 협박범죄가 발생하였을 때, 각 지방경찰청을 지원 · 조정하고 그러한 사건이 발생하면 기동성 있는 특공대(das Mobile Einsatzkommando)와 다른 전문작전팀 – 예를 들면, 협상팀 그리고 폭발물처리반-을 사건현장에 투입한다. 州내무 및 체육부의 승인을 얻어 예방적 범죄대책과 형사범추적 쪽으로 필요한 법적 절차를 제시할 수 있다. 위험방지 테크닉과 예방을 위하여 경찰의 마약범죄 예방과 같은 조치에 대하여 州전역에 걸쳐 조정한다.

596) http://www.polizei.rlp.de/internet/nav/ab4/ab4509c6-071a-9001-be59-2680a525fe06.htm(2007년 3월 30일 검색).

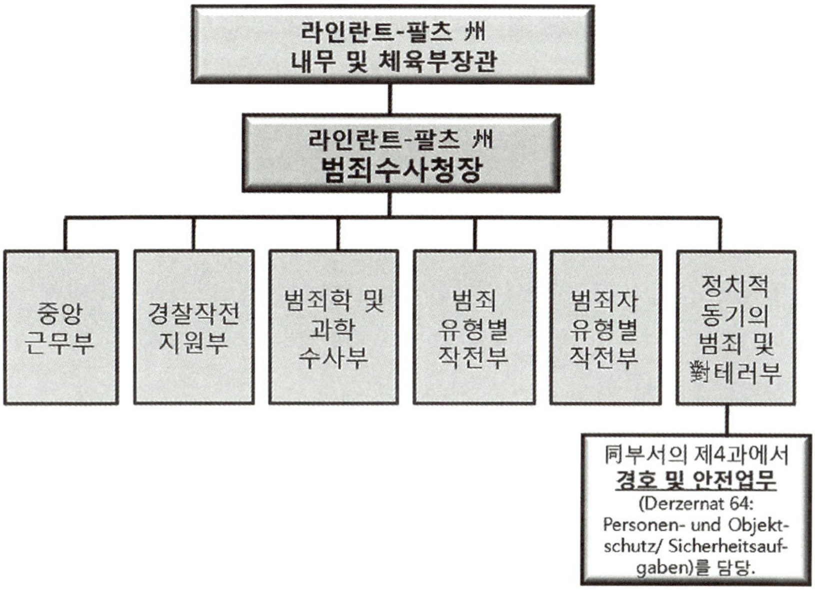

〈그림 15〉 라인란트－팔츠州 범죄수사청 조직 및 경호부서

州범죄수사청(LKA)은 크게 6개부로 편성되어 있는 바,

- 중앙근무부(Zentralabteilung),[597]
- 경찰작전지원부(Abt. 2- Einsatzunterstuetzung, 증인보호포함),
- 범죄수사학 및 과학수사부(Kriminalwissenschaft und -technik, 제3부),
- 범죄유형별 작전부(Deliktsorientierter Einsatz 혹은 Die Abteilung 4 "Delikts-orientierte Ermittlungen", 제4부),
- 범죄자유형별 작전부(Taterorientierter Einsatz, Die Abteilung 5, 제5부),
- 정치적 동기의 범죄 및 對테러부(Die Abteilung 6, 제6부): 특히 동 부서의 제3과에서 경호 및 안전업무(제4과 Derzernat 64: Personen- und Objekt- schutz/ Sicherheitsaufgaben)를 담당하고 있다.[598]

---

597) 주로 범죄수사청의 행정업무(재무, 법무, 인사관리)를 담당한다. 414명의 직원들이 배치되어 있는 바, 정규공무원 302명, 비정규공무원 102명이 근무하고 있다. 2002년도의 경우, 인건비로 1500만마르크, 장비구입비 등으로 230만 마르크가 지출되었다고 한다.

598) http://www.polizei.rlp.de/internet/nav/ab4/binarywriterservlet?imgUid=e031bf5e-99fe

제3절 캐나다 연방경찰(RCMP)의 경호체계와 현황

1. 연방경찰 및 경호부서 조직과 일반현황

오늘날 캐나다경찰의 독특성을 보이게 된 이면에는 광활한 국토의 크기도 한 몫 하였다. 전체 면적은 9,984,670km^2(남한면적의 100배)이며, 13개 州(10개의 州와 3개의 準州)에 2005년 7월 현재, 인구는 32,270.500명이다.[599] 전체 인구의 80% 정도가 미국 국경과 인접한 지역에 집중 거주하고 있다. 경찰관 1명이 담당하는 관할인구의 크기인 경찰밀도는 약 1 : 538이다.[600] 캐나다 경찰의 관할권과 구조는 연방정부(federal), 州정부(Provincial 혹은 準州) 그리고 지방자치체(Municipal) 사이에서 분화되고 다양해져 있다.[601]

【RCMP Act】가 부여한 권한 하에서 캐나다 연방경찰(왕립캐나다기마경찰, Royal Canadian Mounted Police)이 조직되었다.[602] RCMP (Royal Canadian Mounted Police)는 캐나다 연방경찰이다.[603] 동RCMP는 연방경찰이면서(National), 州경찰이

-0014-4b94-615af5711f80&uBasVariant=22222222-2222-2222-2222-222222222222 (2007년 3월 30일 검색).

599) http://www40.statcan.ca/cgi-bin/getcans/sorth.cgi?lan=eng&dtype=fina&filename=demo02.htm&sortact =1&sortf=6(2007년 3월 30일 검색).

600) http://www.statcan.ca/english/Pgdb/legal15.htm.: 2002년 현재 정규경찰관 수는 58,414명이며 일반직원은 20,760명이었다. 이중 연방경찰관은 15,343명, 州경찰(Ontario와 Quebec州) 및 자치체 경찰은 43,071명이었다. 연방경찰 對 州·自治경찰의 비율은 1:3 정도이다. in: Canadian Center for Justice Statistics, Police Resources in Canada, 2002, p. 21; http://www.rcmp-grc.gc.ca/ about/ organi_e.htm(2007년 3월 30일 검색); 한편 2008년 4월 15일 현재 연방경찰(RCMP)의 규모는 정규경찰관이 약 17,000여 명이다. 청장 1명, 경감급(officers) 이상 685명, 경위급(Staff Sergeants) 826명, 경사급(Sergeants) 1,779명, 경장급(Corporals) 3,209명, 순경급 (Constables) 11,118명, 특수직 순경(Special Constables) 60명이며 일반직(Civilian Members)i은 3244명, 기능직 Public Servants) 5,370명 등이다. 전체 직원수는 26,292명이다; http://www.rcmp-grc.gc.ca/about-ausujet/organi-eng.htm(2009년 1월 12일 검색).

601) Seagrave, Jane, *Introduction to Policing in Canada*(Scarborough, Ont: Prentice Hall, 1997), p. 31.

602) http://www.rcmp-grc.gc.ca/about/organi_e.htm(2007년 3월 30일 검색).

면서 지역경찰 조직을 갖고 있다는 점에서 어느 나라의 경찰제도보다도 특이하다.

연방경찰(RCMP)은 「공안 및 비상기획부장관(the Minister of Public Safety and Emergency Preparedness Canada)」소속[604)]연방경찰청장(Commissioner)[605)]의 지휘를 받는다. 【RCMP Act】를 집행하기 위하여 필요한 권한과 책임은 경찰청장에게 속하는 바, 그를 보좌하는 4명의 본부 차장(Deputy Commissioner)과[606)] 4개 연방경찰 권역을 맡고 있는 차장들이 있다.[607)]

연방공안 및 비상기획부장관 소속 하에 연방정보원, 연방교정청, 연방경찰청, 연방국경관리청, 연방가석방심사위원회 등이 설치되어있다. 연방공안부 및 연방경찰청 조

---

603) http://www.rcmp-grc.gc.ca/recruiting/postings-e.htm:연방경찰 차원의 책무는 Royal Canadian Mounted Police Act이 부여한 권한으로 정해졌다. 연방경찰은 모든 州와 準州에서 마약범죄통제법, 인디언법(the Indian Act), 세금 및 물품세, 이민 및 여권법, 국가안보와 관련된 사항을 포함한 연방법을 집행할 책임이 있다. 캐나다법을 집행하고 범죄를 예방하고 평화·질서 그리고 안전을 유지하는 임무를 맡고 있다. 구체적으로 보면 범죄예방 및 연방법위반에 대한 조사, 계약을 맺은 州와 準州 그리고 지방자치단체에서의 범죄예방, 수사 그리고 법령과 질서의 유지, 요인에 대한 경호 그리고 다른 연방법집행기관에 수사지원 등이다. Ottawa에 있는 연방의회 청사와 같은 연방재산도 보호한다. 연방경찰은 10개 州와 3개의 準州에 관할권이 있다.

604) 2009년 1월 현재, 장관은 Peter Van Loan이다. 2008년 10월말부터 재임 중이다. 전임 장관은 Stockwell DAY이었으며, 2006년 2월~2008년 10월까지 재직했다. 전임 장관 Anne McLellan은 2003년 12월~2006년 2월까지 재직한 바 있다.

605) http://www.rcmp-grc.gc.ca/exec-cadre/elliot-eng.htm(2009년 1월 12일 검색) 2009년 1월 현재, 경찰청장은 William J.S. Elliott이다. 2007년 7월 16일 임명되어 현재에 이르고 있다; http://www.rcmp-grc.gc.ca/exec_ bios/busson_e.htm(2007년 3월 30일 검색) 전임 경찰청장은 Beverley (Bev) A. Busson(女)이다. 동인은 1974년 연방경찰에 입문하였다. 2001년부터 태평양지역담당 연방경찰청 차장으로 재직하였으며, 2006년 12월 청장으로 임명되었다. 경찰관으로 재직 중에 범죄학부를 졸업하고 사법시험에 합격하여 변호사자격을 취득한 바 있다. 필자는 동연구를 진행하던 중에 캐나다에서 동인을 접촉한 바 있다.

606) Assistant Commissioner National Police Service, Deputy Commissioner Corporate Management and Comptrollership, Deputy Commissioner Strategic Direction, Deputy Commissioner Operations등이다.

607) Deputy Commissioner Central Region(온타리오州, 퀘벡州 등 관할), Deputy Commissioner Atlantic Region(동부 대서양지역), Deputy Commissioner North West Region(북서부 및 태평양연안).

직도는 다음과 같다.

그리고 10개주와 3개 준주에 지역본부(Division)가 설치되어 있다. RCMP는 캐나다를 크게 4분하고 있는 바,

- 대서양지역(Newfoundland와 Labrador, Edward Island, Nova Scotia, New Brunswick)
- 중부지역(Quebec, Ontario)
- 북서부지역(Manitoba, Saskatchewan, Alberta, Nunavut, Northwest Territories)
- 태평양지역(British Columbia, Yukon Territory) 등이다.

한편, 캐나다 연방경찰의 규모는 2007년 1월 현재 16,974여명에 달하고 있다.[608)]

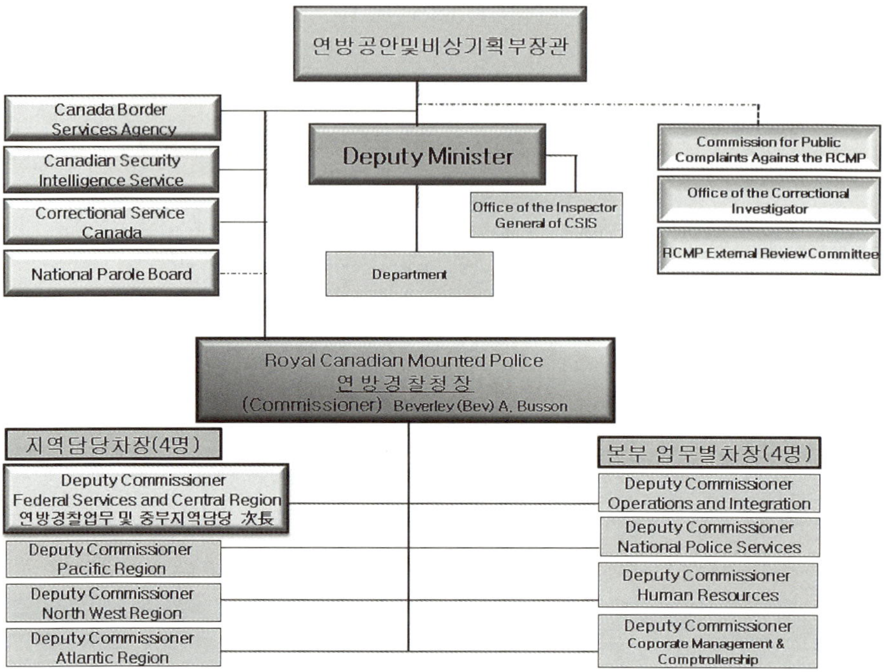

〈그림 16〉 캐나다 연방공안부 및 연방경찰청 조직도[609)]

608) http://www.rcmp-grc.gc.ca/about/organi_e.htm(2007년 3월 30일 검색).
609) http://www.publicsafety.gc.ca/abt/wwa/index-eng.aspx(2009년 1월 12일 검색)을 참조하여 작성한 것임.

2. 캐나다 연방경찰의 경호조직과 경호대상자

1) 연방경호경비부 조직 등

연방경찰의 조직이 최근 개편되면서 경호부서의 소속이 최근에 변경되었다. 종래에는 연방경찰본부 작전 및 운용차장 소속이었으나, 연방경찰지원 및 중부지역담당 차장(Deputy Commissioner Federal Services and Central Region) 소속으로 변경되었다.[610] 동차장 하에 다음과 같은 부서들이 설치되어 있다.

- 오타와 등 연방수도지역(National Capital Region)을 담당하는 “A” Division
- 온타리오州(Ontario)를 담당하는 “O” Division
- 퀘벡州(Quebec)를 담당하는 “C” Division
- 연방경찰 및 국제경찰활동담당부(Federal and International Operations)[611]
- 경호경비부(Protective Policing Services)[612] 등이다.

이 중 캐나다연방경찰의 전형적인 경호조직은 다름 아닌 연방경호경비부라고 할 수 있다. 경호경비부의 책임자는 경무관급(Assistant Commissioner)에 해당하는 고위경찰간부이다. 동 부서에는 경호과, 검측과, 보안과, 경비과 및 항공보안과(Canadian Air Carrier Protective Program) 등이 설치되어 있다. 한편, 항공보안과를 흔히 경찰관들은 Air Marshal이라고 칭하고 있다.

사진_캐나다 연방수상, 연방공안부장관 그리고 경호원(2006년 8월)

경호경비부 전체 인력은 약 700여 명이며, 이 중 지원 및 행정업무에 종사하는 일반직원들 300여명, 항공보안과 소속 요원들이 약 100여명을 차지하고 있다. 따라서 정규경찰관으로 구성된 경호요원들은 약 300여명 정도의 규모라고 할 수 있다.[613]

---

610) http://www.rcmp-grc.gc.ca/about/organi_e.htm(2007년 3월 30일 검색).

611) http://www.rcmp-grc.gc.ca/fio/fio_e.htm(2007년 3월 30일 검색). 동 부서에서는 각급 범죄관련정보를 토대로 국경통제, 테러, 조직범죄, 마약범죄, 경제범죄 및 다른 범죄유형들에 대한 법집행을 수행하고 있다. 그리고 인터폴 등 국제경찰관계업무를 담당하고 있다.

612) http://www.rcmp-grc.gc.ca/html/pr-ops_e.htm.

경호부서 책임자는 연방경찰청장에 의하여 임명되며 보통 3~5년 정도 해당부서의 책임자로 근무하는 관행을 갖고 있다. 연방경찰의 관할 지역이 매우 광범위하기 때문에 지부(支部)개념으로 주별로 경호경찰관들을 약간씩 배치하고 있는 바, 태평양지역대("E" Division Protective Policing)에는 약 50명이 경호경찰관으로 근무하고 있다.[614)] 한편 경호대상자들이 빈번하게 활동하는 동부지역(온타리오州 Toronto, Montreal 등) 및 수도 오타와지역에 경호경찰관들을 많이 배치한다. 연방수상(Prime Minister) 전담 경호요원은 82~100여 명에 달하고 있다. 경호경비부 조직도는 다음과 같다.[615)]

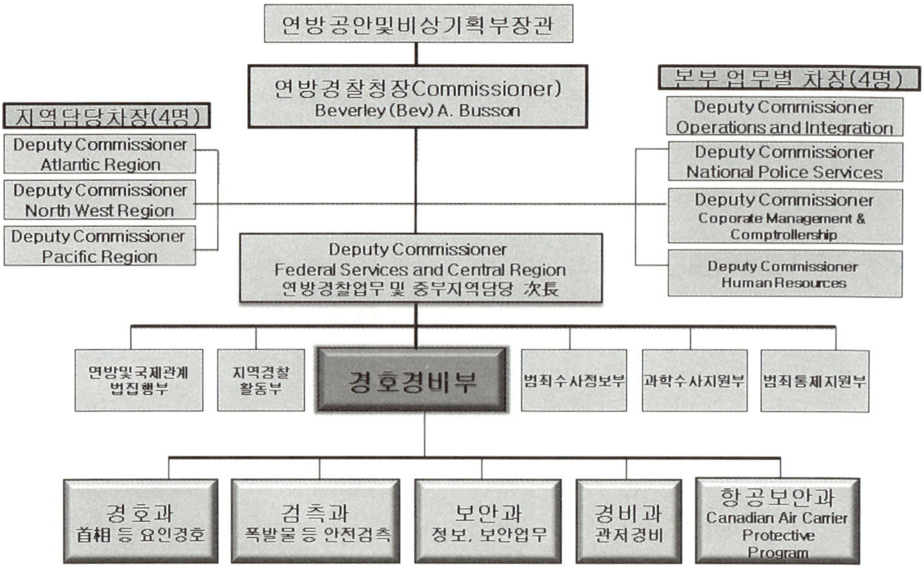

〈그림 17〉 캐나다 연방경찰 및 경찰경호조직

613) 동내용은 필자가 연방경찰청 경호관계자와의 면담을 통하여 정리한 것이다. 담당경찰관은 30년 경찰경력 중 17년을 경호경찰관으로 재직 중이며 계급은 경위-경감급 중간에 해당하는 직급이었다. 동인의 지휘하에 약 50여명의 연방경호경찰관들이 태평양 지역대('E' Division)에서 근무하고 있다.

614) 동 부서에서 근무하고 있는 경호경찰관 중 7명의 경찰관은 British Columbia 州지사(Premier)를 경호한다. 경호팀장은 경사급 여자경찰관이다. 한편, 다른 州(동부지역의 Ontario, Quebec州)는 별도의 州경찰이 있어서 이들이 주지사 경호를 담당하고 있다.

615) 경호조직의 명칭과 관련, 일부 관계실무 부서에서는 경호처장 등으로 번역하면서 부조직을 경호국, 검측국, 보안국, 경비국 등으로 소개하고 있으나, 캐나다 연방경찰의 인력규모로 볼 때 경호부, 경호과, 검측과, 보안과 및 경비과로 칭하는 것이 무난할 것으로 본다.

2) 연방경호경찰의 경호대상자들

경호경비부에서는 연방경찰의 국가요인 경호프로그램에 대한 기획, 실행, 행정 및 모니터링을 지휘한다.[616] 연방경호경비부가 맡고 있는 경호경비대상자들은 다음과 같다:

- 캐나다총독(Governor) 및 그의 가족과 관저
- 연방수상(Prime Minister) 및 그의 가족과 관저
- 연방정부의 장관들과 그 관저
- 연방대법원 및 연방법원 판사들과 그들의 주거지
- 연방의회 구성원(국회의장), 상원의원, 캐나다를 공식 방문하는 국가원수, 캐나다에 체류하는 외교관과 그 주거지
- 국제적으로 요인경호가 필요한 사람들
- 경호가 필요하다고 「연방공안및비상기획부장관」이 지정한 인사들[617]

사진_RCMP 근접 여성경호원 모습[618]

616) http://www.rcmp-grc.gc.ca/prot_ops/index_e.htm(2007년 3월 30일 검색).
617) http://www.rcmp-grc.gc.ca/prot_ops/index_e.htm(2007년 3월 30일 검색).
618) http://flickr.com/photos/58103073@N00/2629383258/(2009년 1월 12일 검색).

한편, 연방수상에 대한 경호는 다음과 같이 세분화된다:

연방수상과 그 가족에 대한 신변경호를 수행하고 관저를 경호하며 해외여행 중에도 캐나다에서 제공되는 수준의 경호를 해당방문국가에서 받을 수 있도록 필요한 조치를 취한다.

그 외에도 캐나다 항공 보안프로그램(CACPP)이 동 부서에서 제공된다. 이 프로그램은 선택된 국제선 및 국내선 항공기뿐만 아니라 레이건 - 워싱턴 국제공항까지 비행하는 모든 항공기에 대해서 전문화된 항공기 보안요원들에 의해서 제공되는 것이다. 동프로그램은 캐나다 교통부와 연계하여 연방경찰에 설치된 것이다.[619)]

요인경호시 군중통제, 교통관리 및 안전구역 확보 등은 지역경찰의 몫이다. 그러한 안전구역확보 임무는 대부분 연방경찰의 몫이라고 한다. 경호차량의 이동시 오토바이 및 자동차행렬은 지역경찰이 담당하고 요인이 탑승한 차량은 연방경호경찰이 담당한다.

3. 연방경호경찰관 교육 및 인사관리 등

1) 경호경찰관 선발 및 교육제도

경호경찰관들은 3년 이상 연방경찰관으로서 근무한 경력자 중에서 내부테스트를 통하여 선발된다고 한다. 특히 수상(首相) 근접 경호요원은 10년 이상 경호근무 경력자 가운데서 선발된다. 일반경찰로 선발되면 신규임용 기본교육 6개월, 현장에 배치되어 경찰실무 6개월을 이수한다. 나중에 경호경찰관으로 선발되면 별도의 경호실무 교육훈련과정을 이수하게 된다.[620)] 선발규모는 경호인력의 배치상황에 따라서 유동적이다. 우선적으로 개별경찰관들의 지원의사를 토대(job interests)로 이뤄진다. 그러나 일정

619) http://www.rcmp-grc.gc.ca/prot_ops/index_e.htm(2007년 3월 30일 검색).

620) 필자가 최근 캐나다 연방경찰 경호담당자를 면담한 바에 의하면 일반경찰관에서 경호경찰관으로 선발되면 3주간의 기본교육과정(Three Weeks Training Program)을 이수하게 된다고 한다. 그런데 한국의 관련기관 문건에 의하면 7주 과정으로 소개하고 있어서 후일 정확한 확인이 필요한 대목이다.

한 자격요건을 갖추어야한다. 예를 들면, 경호근무에 적합한 신체적 조건을 갖추고 있어야 한다. 그래서 선발과정에서 체력테스트(Fitness Test)를 포함하여 신체검사를 성공적으로 통과해야 선발될 수 있다. 캐나다 연방경찰의 신규임용시 실시하는 체력검정 시스템(Circuit)을 4분 이내에 완주해야 한다.

특히 2006년 4월부터 도입된 신체력검정기준(New Regulation)이 적용되고 있어서 이 테스트에서 확실하게 통과되어야 한다고 한다. 총기사용(Firearm), 물리력행사(Use of Force) 및 응급조치(First Aid), 경찰봉사용(Baton), 가스총사용(Paper spray) 등에 대한 테스트도 실시한다.

▶ **체력검정에 통과된 자에 한해서 정식 면접을 위한 인터뷰가 진행된다.**

인터뷰(Interview) 과정에서 성격(personality)에 대한 부분이 세밀하게 조사된다. 예를 들면, 성격이 너무 예민하고 공격적(too aggressive)이어서는 안 된다. 너무 과도하게 반응(overreactive)하거나 너무 수동적인 경우(under-reactive)도 안된다고 한다. 이러한 절차에서 통과되면 다음에는 경호실무교육훈련과정에 입교하게 된다.

교육은 주로 Ottawa에서 실시된다. 왜냐하면, 연방수도에 대부분의 요인경호대상자들이 거주하거나 활동하기 때문에 경호직무에 대한 수요가 많은 도시이기 때문이다. 경호작전계획, 위험요소평가, 절차나 규정, 법적 권한, 일반적인 지식 등은 강의실 수업형태로 진행하며 오토바이/자동차행렬이동, 현장안전구역확보, 신변경호기법, 경호대상자 피난시키는 요령, 사격 및 무기관련 훈련은 실습위주로 현장에서 실시된다.

기본교육과정은 3주간의 훈련 프로그램(Three Week Training Program)이다.

▶ **제1단계에서는**

주로 자동차운전기법(driving skill), 교통관련분야(traffic), 긴급상황 대처능력(emergency), 이동 간 급속정지 및 회전(turn stop), 긴급상황 탈출절차(evasion procedure), 오토바이 제대행렬, 1인승차, 2인 1조, 3인 1조, 4인 1조 방식, 신체적 조건 테스트들이 진행된다.

▸ **2단계에서는 주로 경호기법관련 이론분야 교육이 실시된다.**

경호기본계획 수립, 경호현장에서 필요한 경호인력 및 자원산정, 행사장소 등에 대한 위험요소평가, 안전구역을 확보하기 위한 기획, 행차노선을 어떻게 결정/기획할 것인가, 지도 및 요도 활용방법, 취약한 지역/지점/구역을 어떻게 파악하여 회피할 것인가, 현장을 어떻게 관측/검측할 것인가 그리고 장비사용법 등에 관한 내용이다.

▸ **제3단계에서는 신변경호분야 훈련/실습이 진행된다.**

광범위한 신변경호기법(Body Guard), 맨손으로 제압하는 방법, 호신술, 관중들 속에서 요인에 대한 가상공격시나리오, 유사한 마네킹을 세워놓고 공격하는 사례연습, 신변경호를 위한 실습, 모의총을 가진 자와의 시범, 경호대상자가 건물안으로 들어가는 경우에 대비한 훈련, 여러 가지 다양한 상황에서 어떻게 대응할 것인가(how to react)를 훈련받게 된다.

한편, 보수교육은 여러 가지 Module로 편성되어 있으며 필요한 업무에 따라서 부분적 재교육을 실시한다. 예를 들면, 요인 경호를 위한 전종 요원교육과정(Fulltime VIP training Course)도 운용하고 있다. 업무의 형태에 따라서 24시간, 48시간, 72시간 등 다양하게 진행된다.

2) 일반적인 경호경찰 인사관리제도

보수는 일반경찰과 동일하며 별도의 경호수당이 지급된다. 경호부서근무자에 대한 특별한 인사상, 재정적인 이익은 없다고 한다.

3년간 의무복무 후 본인 희망에 따라 보직이동이 가능하다. 나이가 많은 경호요원이 다수라고 한다. 정년은 원칙적으로 60세이지만 계급별로 다소 차이가 있는 바, 순경-경장급(Constable)은 58세이며 경장/경사급(Corporal, Sergeant) 이상의 경찰관들은 60세이다.

태평양 지역대("E" Division)에서 근무하고 경호요원 50여명 중 순경, 경사급(Constable, Sergeant)이 전체의 85%를 차지한다. 이 중 7명은 州지사 전담경호요원들이다. 경감급 이상은 현장요원이라기 보다는 단위부서의 책임자이며 기능적인 임무를 수행한다. 전체 연방경호 경찰관(600명) 중에서 경감급(Inspector) 이상은 25명에 불과할 정도로 대부분의 경호요원들은 순경, 경사, 경위급이다. 한편, 58세 된 경사급 경호경찰관은 38년 동안 경찰재직 기간 중 27년간 경호부서에서 근무하고 있으며 2008년에 정년퇴임한다고 한다.[621)]

한 요원당 최대 4일간 연속 근무할 수 있으며 "4일 근무 후, 4일 휴무(fourdays on, fourdays off)"하는 시스템이다. 하루 평균 10~12시간 정도씩 근무한다. 주당 40시간 근무원칙 범위 내에서 적절하게 근무시간을 조정한다. 보통 상위계급으로 승진하기 위해서는 Ottawa(연방수도)로 가서 중요한 업무수행 경험을 많이 쌓아야 한다고 한다.

경호부서 근무를 지원하는 경우가 많으며 인기가 높다. 그런데 중간에 그만두는 직원이 별로 없어서 자리가 잘 비지 않는다고 한다. 그래서 지원자들의 대기명부(waiting list)가 작성되어 관리되고 있으며 시기가 잘 맞아야 선발될 수 있다.

고도의 직무수행 능력이 요구되는 업무라고 평가되고 있으며 일반정복 경찰부서보다 선호되고 있다. 지원자격은 최소 5년 이상 경찰근무 경력이 있어야 하며 보통은 7년 이상이어야 선발절차에 응시할 수 있을 정도라고 한다. 최근 몇 년 사이 젊은 경찰관들이 많이 경호부서에 배치되고 있으며 이전의 많은 경찰관들은 40대 후반 정도라고 한다. 그런데 2006년 4월부터 도입한 강화된 체력 테스트기준을 통과하지 못하면 다른 부서로 전출시킨다고 한다. 요즘은 경호경찰관들의 신체적/체력적 요소가 중요하다고 한다.

자치경찰과 연방경호경찰은 함께 상호 협력적 관계(together and cooperation)를 유지하면서 경호직무를 수행하며 경호행사시에는 공동 지휘자(Co-Commander)방식을 취하고 있다고 한다. 연방경찰관들과 해당 지역경찰과는 많은 유대가 쌓여 있어서 평소에 서로 잘 협조한다고 한다. 경호행사가 많은 대도시 지역경찰관서에 경호관련 직무부서가 설치되어 있다고 한다. 예를 들면, 벤쿠버와 같은 대도시 자치경찰에는 경

621) 태평양 지역대("E" Division) 소속의 연방경호 경찰관 사례이다.

호업무를 담당하는 부서(Emergency Operational Planning in VPD)가 있어서 경호행사시 연방경호경찰과 지역경찰 간의 업무협조를 위한 상시적인 대화 및 의사소통 상태를 유지하고 있다.

특정 자치경찰 관할구역 내에서 경호행사가 진행될 경우, 필요한 경찰력 동원은 연방경호경찰(RCMP)의 팀장이 해당 경찰관서의 Counter Partner 경찰관에게 요청하며 직접 동원할 수 없다고 한다.

경호행사시 현장 업무와 관련해서 배치된 경찰관들은 계급이 아닌 기능중심(Function)으로 직무를 수행한다. 예를 들면, 현장책임자가 순경급 경호전문경찰일 수 있으며, 동원된 경찰관이 경사급 경찰관이라도 지시명령에 따른다고 한다.

타기관과의 협조도 중요한 바, 연방공안부 소속의 연방정보원(CISS)과도 업무협조가 잘된다고 한다. 과거 연방정보원은 연방경찰에 소속되어 있던 기관이기도 하다.

제4절 일본경찰의 경호체계와 현황

1. 일본 경찰청의 체계

1) 경찰청의 임무

일본의 경찰제도는 국가경찰인 경찰청과 자치경찰인 도도부현 경찰로 구성된 이원체제로 운영되고 있다. 자치경찰인 도도부현 경찰은 자율적으로 운영되지만 경찰청의 감독을 받도록 되어 있다. 현재의 일본경찰은 경찰기관으로써의 국가와 자치체에 공안위원회를 설치하여 운영하고 있다. 따라서 일본의 경찰제도는 현단위의 경찰에 기반을 두고 있는데 47개 현 단위 본부와 1,230개의 경찰서로 분류된다. 일본의 경찰조직 중 국가경찰은 경찰청과 관구경찰국이 있으며 경찰청은 국가공안위원회의 관리를 받고 있다. 관구경찰국은 경찰청의 지방기관이다.

경찰청은 국가공안위원회에 설치[622]되어 경찰사무를 관장하는 국가행정 조직법상의 행정기관이다. 따라서 국가공안위원회는 관리기관이고 경찰청은 시행기관으로써 양자는 각각 동일한 사무를 공동으로 관장한다. 경찰청은 독립된 권한을 가지는 행정기관이며 위원회의 단순한 사무부국은 아니다.

경찰청은 국가경찰행정을 담당하는 기관으로서 다음의 사항에 관하여 국가공안위원회의 관리 하에 그 사무를 담당하고 스스로의 권한으로써 도도부현 경찰을 지휘 감독한다.[623)]

경찰청의 임무는 다음과 같다.

① 경찰에 관한 제반제도의 기획·조사에 관한 것

② 경찰에 관한 국가예산에 관한 것

③ 국가공안에 관련된 사안에 관한 경찰운영에 관한 것

④ 국제수사공조에 관한 것, 국제긴급원조활동에 관한 것

⑤ 황궁경찰에 관한 것[624)]

⑥ 경찰교육·통신·감식·통계·장비·감찰에 관한 것

⑦ 경찰직원의 임용·근무·활동의 기준에 관한 것

⑧ 전국적인 간선도로에서의 교통규제에 관한 것

⑨ 경찰법 제71조 이하에 규정된 긴급사태에 대처하기 위한 계획의 책정 및 실시에 관한 것

2) 경찰청의 조직

① 경찰청장 관방

한국경찰의 총무국(경무국)에 해당되는 업무, 즉 비밀관리, 공문서 접수, 발송, 보존,

---

622) 경찰법 제15조.
623) 치안연구소 제도개선기획단, 「기초자료편(일본경찰 연구자료집 III-1)」, p. 62.
624) 황궁경찰본부는 전형적인 경찰경호기관이다. 필자는 본연구를 위해서 2006년 10월경에 동기관을 방문, 관계자를 면담한 바 있다.

소관행정에 관한 기획·조사·법령안 심사, 공보, 예산·결산 및 회계, 경찰장비 등에 관한 업무담당 부서이다.[625)]

② 생활안전국

한국경찰의 방범국 업무에 해당되는 업무, 즉 범죄, 사고, 기타 사안과 관련 있는 시민생활의 안전과 평온에 관한 사항, 지역경찰 기타 순찰에 관한 사항, 범죄예방에 관한 업무를 담당하는 부서이다.

③ 형사국

형사경찰, 범죄감식, 범죄통계, 폭력단 대책에 관한 사항을 담당하는 부서이다.

④ 경비국

한국경찰의 경비, 보안 및 외사, 방첩기능을 수행하는 부서이다. 경비경찰 및 경비에 관한 사항, 긴급사태 계획과 그 실시에 관한 사항 담당, 좌경폭력주의적 파괴활동에 관한 사항 등을 담당하며 경비공안경찰이라고 불린다.

⑤ 교통국

교통경찰업무를 담당하는 부서이다.

⑥ 정보통신국

경찰통신과 정보관리, 범죄통계를 제외한 경찰통계에 관한 사항을 담당하는 부서이다.

경찰청의 경비·공안 업무를 담당하는 부서는 경비국(Security Bureau)으로서 경비국에는 경비기획과, 공안과, 경비과, 외사과, 국제테러대책과 등이 있다.[626)] 이 중 경

625) http://www.npa.go.jp/english/kokusai/pdf/04.pdf(2007년 3월 30일 검색).

626) http://www.npa.go.jp/english/kokusai/pdf/05.pdf(2009년 2월 6일 검색). 2007년도 일본경찰청 소개자료(2007년도 기준))에서는 경비국(Security Bureau) 산하에 경비기획과(Security Planning Division), 공안과(Public Safety Division), 경비과(Security

호업무부서는 공안과이다.[627] 경호업무는 일반적으로 경찰청의 지휘·감독 하에 도도부현 경찰이 담당하지만 총리(總理)(수상 혹은 내각총리대신)에 대한 경호는 동경 경시청(警視廳) 경비부(Security Bureau)에서 담당하고 있다. 총리의 경우 지방출장시나 이동시에 경찰관 5명이 근접경호를 담당하고 있으며, 지방행사시에는 당해 도도부현 경비부 소속 경호담당 경찰관과 합동으로 경호를 실시한다.

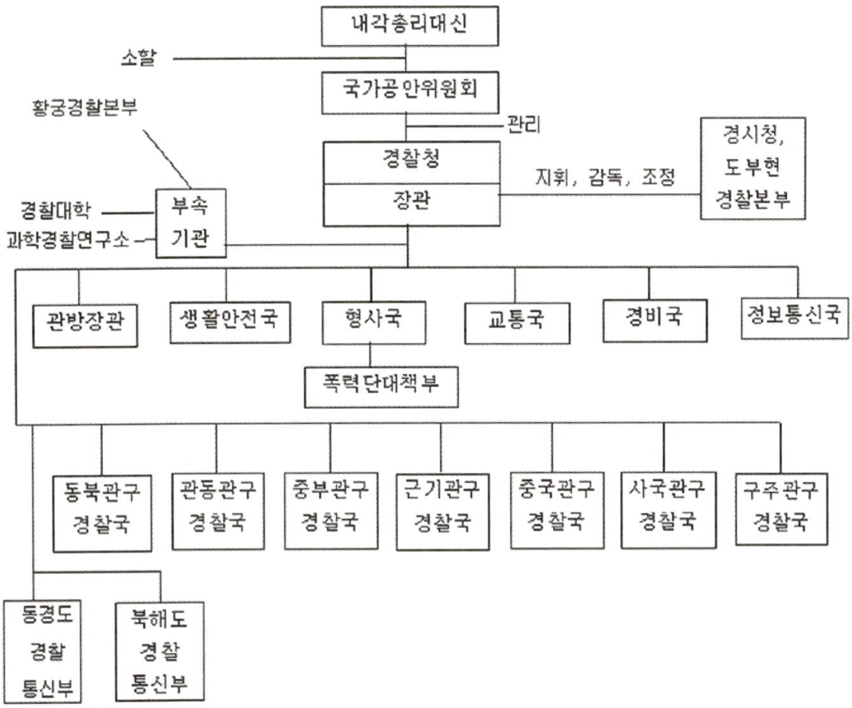

〈그림 18〉 일본경찰청 조직

Division), 외사과(Foreign Affairs Division), 국제테러대책과(Counter International Terrorism Division) 등 5개과로 소개하고 있다.

627) 과거 2002년 전후, 일본 경찰청 조직에 따르면 공안 제1·3과는 경호정보 수집·분석·평가를 담당하고 공안 제2과에서 수상 및 요인경호에 대한 지휘·조정·감독·연락·협조업무를 맡고 있었다. 안전대책 작용, 극좌파·폭력단 동향감시, 국빈경호의 업무협조는 외사 1·2과에서 실시하고 일반외사작용은 조총련계 동향을 파악하는 임무를 맡고 있었다. 同旨 이해원, "한국경찰경호시스템의 현황과 개선방안에 관한 연구", 용인대학교 경영대학원 석사학위논문, 2002, p. 47.

2. 도도부현 경찰조직 체계

1) 도도부현 경찰 임무

도도부현 경찰은 당해 구역 내에서 경찰행정을 수행하며 국고에서 지출되는 지방재정법상 국고보조금을 제외한 필요경비는 당해 도도부현이 부담하는 자치제 경찰이다. 도도부현 경찰은 당해 도도부현 구역에서 경찰법 제2조의 경찰책무를 맡는다.[628]

도도부현 경찰의 임무는 다음과 같다.[629] 경찰은 개인의 생명, 신체, 재산의 보호에 임해서 범죄의 예방·진압 및 수사, 피의자 체포, 교통의 단속 기타 공공의 안전과 질서의 유지를 담당하는 것을 책무로 하는데, 그 책무를 수행함에 있어서 불편부당 또는 개인의 권리 및 자유의 간섭에 이르는 등 권한을 남용해서는 안 된다.

2) 지방경찰조직 - 동경도 경시청조직

동경도 경시청은 해당 공안위원회의 관리 하에 실시기관으로 도(都)경찰의 사무를 관리하고 위원회를 보조하며 위원회의 서무업무를 처리하는 동경도경찰의 본부이다. 경시청장은 국가공안위원회가 동경도 공안위원회의 동의와 내각총리대신의 승인을 얻어 임명하며 경시청장은 도 공안위원회의 관리에 따르고 경시청 사무를 총괄하며 경찰관을 지휘·감독한다.

도(都)경찰인 동경도의 경시총감 밑에는 총무부, 경무부, 형사부, 생활안전부, 경비부, 지역부, 공안부, 교통부, 조직범죄통제부가 있고 부설기관으로 경시청 경찰학교가 있다.[630] 그 하부조직으로 경찰서와 파출소 및 주재소가 있다.

3. 경호조직과 직무범위

1) 경찰청 산하 황궁경찰본부(황궁경호본부)

1886년 궁내성 산하 「황궁경찰서」가 창설되었으며, 1947년 경시청 「황궁경찰부」

628) 경찰법 제36조.
629) 경찰법 제2조.
630) http://www.npa.go.jp/english/kokusai/pdf/08.pdf(2007년 3월 30일 검색).

로 명칭이 변경된 바 있으며 1954년 7월 경찰청 부속기관이 되었다. 1958년 「황궁경찰본부」로 독립되었다. 황궁경찰본부(Imperial Guard Headquarters)는 경찰청의 부속기관으로서 천황·황후·황태자, 기타 황족의 호위, 주거지(御所), 각 지역 황실별저에 대한 경비를 맡고 있으며 황궁경찰에 관한 사무를 담당한다.

황궁경찰본부는 경무부, 경비부, 호위부 및 황궁경찰학교로 편성되어 있으며 4개 지역에 호위서를 각각 설치하고 있다.

▶ 경비부는 황궁 및 행선지 경비임무를 맡고 있고,

▶ 호위부는 천황, 황태자 부처, 황족에 대한 수행경호를 담당한다.

별저를 경비하기 위한 지역경찰서가 4개소 설치되어 있다. 황궁 내에서는 황궁경찰이 경호를 담당하지만, 지방행차시에는 황궁경찰과 함께 도도부현 경찰이 경호임무를 담당한다.

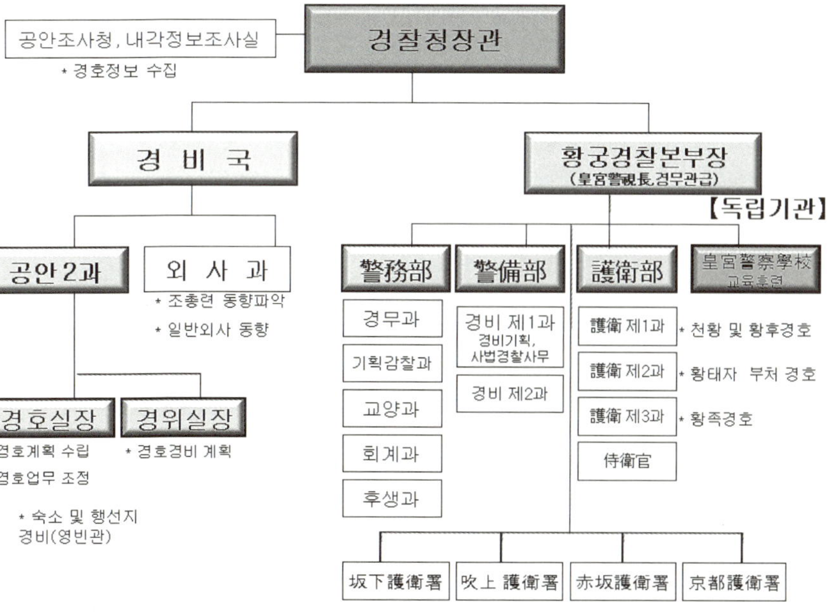

〈그림 19〉 일본 황궁경찰본부 조직도와 경호대상[631]

631) 동자료는 일본 황궁경찰본부에서 제작한 홍보책자를 중심으로 필자가 재구성한 것이다.

사진_일본 황궁(Imperial Palace)의 모습과 방문객들[632]

사진_새해인사 환영객들에게 연설하는 일본천황과 가족들, 원거리 건물 모습 (경호목적으로 투명 방탄유리를 설치함)[633]

632) http://samuraidave.wordpress.com/category/samurai/(2009년 1월 12일 검색).

633) http://www.zimbio.com/pictures/6Z1oOacxtM0/Emperor+Akihito+Celebrates+75th+Birthday/b1O6K7RrJR6/Emperor+Akihito;http://samuraidave.wordpress.com/category/japanese-imperial-palace/(2009년 4월 7일 검색).

2006년 10월 현재 약 910여 명의 전종경찰관이 근무하고 있으며, 여성경찰관은 약 50여명 정도이다. 근무방식은 1일 8시간 근무를 원칙으로 하며 수행요원들의 근무방식은 비밀로 취급되어 공개를 꺼리는 동향이었다.634)

경호경찰관은 일반경찰과는 별도로 황궁경찰에서 공개경쟁을 통하여 선발된다.

1년에 한 번씩 선발하고 있는 바, 신체적 조건은 신장의 경우 남자는 160cm 이상, 여자는 156cm 이상이어야 한다. 시험은,

▸ 1차 시험(교양시험 - 지적능력, 일본어, 수학, 이과, 문장이해, 영어, 판단추리, 수학적 추리, 자료해석, 선택형 필기시험, 작문시험)

▸ 2차 시험(개별면접, 신체검사 - 주로 흉부, 혈압, 소변검사, 일반내과계통검사, 신체측정 - 신장, 체중, 가슴둘레, 시력, 색맹여부, 체력검사-지구력, 유연성, 민첩성, 복근력 검사 등)으로 구분된다.635)

선발된 지원자들은 황궁경찰학교에서 대졸자는 6개월, 고졸자는 10개월 간에 걸쳐 기본교육을 받게 된다. 경찰학교 졸업 후 4개 호위서에 배치되어 3개월 간 1차 실습교육을 실시한다. 동과정을 마치면 재입교하여 대졸자 2개월, 고졸자 3개월 기본교양교육을 실시한다. 이 과정을 마치면 다시 호위서에 배치되어 대졸자 4개월, 고졸자는 5개월 간 2차 실습교육을 받는다.

(표 13) 황궁경찰본부 신임순경 기본교육과정 개요

교육과정	대졸지원자	고졸지원자
황궁경찰학교 입교 (기본교육, 단체생활)	6개월	10개월
4개 지역 호위서(護衛署) 현장실습	3개월	3개월
황궁경찰학교 재입교 교양교육: 법률분야, 범죄수사,무도, 체포술, 사격, 외국어	2개월	3개월
4개 지역 호위서 실습	4개월	5개월
총 교육기간	**15개월**	**21개월**

634) 필자가 황궁경찰본부관계자와 면담시 본연구와 관련된 상세한 내용을 질문하였으나 상당부분 비밀사항이라고 하면서 답변을 꺼려하였다. 영국, 독일, 캐나다경찰과는 달리·경호업무를 비밀직무시 하는 경향으로 구체적인 사항들을 원활하게 확보할 수 없었다.

635) 황궁경찰본부 신규채용 홍보자료(「皇宮護衛官」) 참조..

보수(報酬)는 일반경찰과 비슷하며 별도의 특별수당을 지급받는다. 특히 황족(皇族) 사생활보호 및 기관기밀 유지차원에서 일반경찰과 독립된 인사관리를 한다.

사진_일본 천황의 만수무강을 기원하는 시민들의 행진을 이끌고 있는 황궁경찰관들(2008년 1월 2일)[636]

2) 동경 경시청 경호부서

도도부현 경찰 중 경시청은 경비부와[637] 공안부로 구분되지만 기타 도도부현 경찰은 경비부로 통합되어 있다. 경시청의 경우, 공안부는 공안 총무과, 공안1과, 공안2과, 공안3과, 공안4과, 외사1과, 외사2과로 구성된다.

- 공안1과는 경호첩보수집, 위해인물 동향파악,
- 공안3과는 경호담당과(요인경호대, SP : Security Police)로서 경호계획 수립과 근접경호를 담당하고 총리 및 국무대신 등 기타요인에[638] 대한 경호직무를 수행한다. 일본경시청내의 별도의 SP 경찰은 여성 5명을 포함하여 약 200여 명으로 구성되어 있으며 100% 경찰요원이다.[639]

---

636) http://cache.daylife.com/imageserve/08dsacvfFWbnq/610x.jpg;http://www.nancarrow-webdesk.com/ware house/storage2/2008-w00/img.101674.html(2009년 1월 12일 검색).

637) 경비부에는 경비 제1과, 경비 제2과, 재해대책과, 경위과, 경호과, 제1-9기동대, 특과차량대가 설치되어 있다.

638) 국빈, 중의원·참의원 양원의장, 최고재판소장, 외교사절단의 장, 내각관방장관, 정당고위간부 및 경찰청장관이 지정하는 자이다.

639) 이해원, 2002, p. 48.

사진_일본을 공식 방문한 Hu Jintao주석과 천황(2008년 5월)[640)]

경비부의 경비1과는 주요시설 및 행사장의 외곽경비를 담당한다.

일본에서는 SP 경찰 이외에도 별도의 경호부서가 있다. 동부대는 자위대소속의 경호단으로서 유사시나 SP경찰력으로서는 경호업무를 수행할 수 없는 경우에 한하여 이들이 투입된다. 자위대 경호단의 역할은 일본 SP 경찰의 보조자 역할을 수행하는 정도라고 한다.[641)]

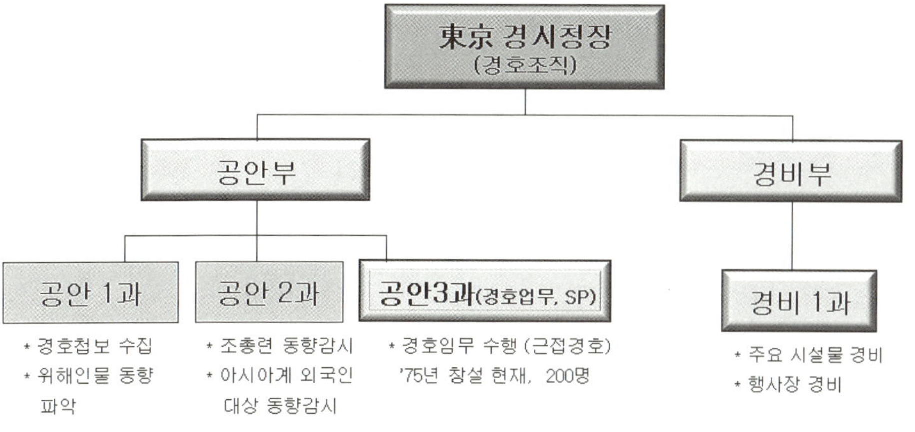

〈그림 20〉 동경 경시청 경호조직

640) http://www.zimbio.com/pictures/dTb1nRL3ZR0/Chinese+president+Hu+Jintao+Visits+Japan+Day/1RzDrE8Ix7N/Emperor+Akihito(2009년 4월 7일 검색).
641) 이해원, 2002, p. 49.

사진_일본 공산주의자들의 데모를 대비하기 위하여 황궁 앞에 집결한 동경 경시청 경찰관들(1952년 6월 6일)[642]

4. 경호관련 법령 개요

경찰법, 경찰법 시행령 등에 근거하여 구체적인 경호조직, 경호근무방식 등에 관하여 하위법령으로 규정하고 있다. 예를 들면, 「경호요칙」 및 「경비실시요칙」 등을 들 수 있다. 본 항에서는 경호요칙(警護要則)을 주로 소개한다.

경호요칙 〈소화 40년 7월8일 국가공안위원회 규칙 제3호)〉

경찰법시행령(昭和 29년 정령 제151호) 제13조의 규정에 근거해 경호요칙을 다음과 같이 정한다.

제1장 총칙

제1조 (목적) 이 규칙은 경호에 관계되어 필요한 기본적 사항을 정하는 것으로, 경호의 적절

642) http://images.google.com/hosted/life/l?imgurl=a0c6c45abe20ffc3&q=Imperial%20Palace%20and%20police&prev=/images%3Fq%3DImperial%2BPalace%2Band%2Bpolice%26start%3D18%26gbv%3D2%26ndsp%3D18%26hl%3Den%26sa%3DN(촬영자 Margaret Bourke-White; 2009년 1월 12일 검색).

하고 확실한 실시를 하려는 것을 목적으로 한다.

제2조 (경호 대상자)

이 규칙에 대해 경호 대상자란 내각총리대신, 국빈 그 외 그 신변에 위해가 미치는 것이 나라의 공안과 관련되게 될 우려가 있는 사람으로서 경찰청 장관(이하 '장관'이라고 한다)이 정하는 사람을 말한다.

제3조 (경호의 본지)

제1항 경호는 경호 대상자의 신변의 안전을 확보하는 것을 본지로 한다.

제2항 경호의 실시에 있어서는 경호 대상자의 의향을 고려하면서 제반의 정세를 종합적으로 판단해 형식적으로 흐르는 일 없이 효과적인 한편 계획적으로 이것을 실시하도록 해야 한다.

제4조 (교양훈련) 경시총감, 도부현경찰본부장 및 방면본부장(이하 "경찰본부장 등"이라고 한다)은 평소에 소속 경찰관에 대해 그 직무 및 경험, 기능 등에 따라서 경호에 관계된 필요한 실천적 교양 훈련을 실시하여야 한다.

제2장 경호의 실시

제5조 (경호정보 등의 수집 등) 경찰본부장 등은 평상시 경호정보 등(경호에 관련된 치안 정세 및 경호 대상자에게 관련된 정세 및 경호대상자의 일정 그 외 경호의 실시를 위해 필요한 정보를 말한다. 이하는 같다)을 수집 및 분석해야 한다. 경찰본부장 등은 경호정보 등에 의거 경호 대상자의 신변의 안전, 그 외의 중요한 것에 대해서는 장관 및 관구경찰청국장(이하 "장관 등" 이라고 한다)에게 보고하는 것과 동시에 관계 경찰 본부장 등에 통보할 것.

제6조 (경호계획의 작성) 경찰본부장 등은 경보의 실시에 있어서 미리 다음 사항을 내용으로 하는 경호계획(이하 "경호계획"이라고 한다)을 작성하여 이것에 의거 해당경호를 실시해야 한다.

① 경호의 기본방침에 관한 일
② 경호본부에 관한 것과 그 외 경호체제에 관한 것
③ 경호 조치(경호 대상자의 일정에 관계가 있는 장소의 현장 답사, 경호 대상자가 도착하기 전에 의심자, 위험물 등의 발견 그 외의 경호 대상자의 신변과 관련되는 위험의 방지를 위한 조치, 돌발 사인의 발생 시에 있어서의 조치, 그 외 경호의 실시에 관계되어 필요한 조치를 말한다. 제8조에 있어서도 같다)에 관한 일

④ 경호원(경호에 종사하는 경찰관을 말한다. 이하도 같다)의 임무 및 배치에 관한 것

⑤ 앞의 각호로 관한 것 외에 경호의 실시에 관계된 필요한 사항

경호계획은 앞조 제1항의 규정에 의한 경호정보 등의 분석의 결과에 의거 경호대상자의 의향, 경호에 따르는 경비실시 등과의 관계를 고려하여 작성한다.

제7조 (경호본부의 설치) 경찰본부장 등은 경호의 실시에 있어서 그 총괄을 위해 특별히 필요하다고 인정될 때는 경호본부를 설치한다.

제8조 (경호조치 등의 철저) 경찰본부장 등은 경호의 실시에 있어서 미리 경호원에게 해당경호원의 임무와 관련되는 경호정보 등 및 경호 조치, 그 외 필요한 사항을 주지시켜 철저하게 해야 한다.

제9조 (광역에 걸친 경호의 실시 등) 도도부현 경찰은 경호 대상자의 일정이 2개 이상의 도도부현 경찰의 관할구역에 걸칠 때는 해당 경호 대상자와 관련되는 경호의 태세, 관계 도도부현 경찰의 관할구역의 경계에 있어서의 경호의 인수인계에 관련된 어려움 등을 고려하여 장관이 정하는 기준에 따라 경정법(1954년 법률 제162호 이하 "법"이라고 한다.) 제61조의 규정에 의거, 그 관할구역 외에 권한을 가지는 것으로 한다.

전항의 경우에 대해서 경호 계획에는 경호의 실시와 관련되는 관계 도도부현 경찰의 임무의 분담과 관련되는 사항을 정하는 것으로 한다.

제1항의 경우에 대해서 돌발 사안의 발생에 수반하는 혼란을 회피해, 그 외 경호원의 활동의 일체성을 확보하는 것이 필요하다라고 인정될 때는 관계 경찰 본부장(관계 도도부현 경찰의 경시총감 또는 경찰 본부장을 말한다)은 법제61조의 2 제1항의 규정에 근거해 관계 도도부현 경찰의 경찰관에 지휘를 실시하게 한다.

전항의 경찰관의 임무 그 외 각동항의 지휘에 관계되어 필요한 사항은 법제61조의 2 제1항의 규정에 의해 서로 협의해서 정하는 것으로 하는 것 외에 경호 계획에서 정한 것으로 한다.

관계 경찰 본부장 등은 제1항의 경우와 관련되는 경호 계획을 작성할 때는 미리 제6조 제1항 사항을 장관 등에 보고하는 것으로 한다. 이 경우에 있어서 장관 등은 경호 계획의 작성에 관계되어 필요한 조정을 행한다. 관계 도도부현 경찰은 제1항의 경우와 관련되는 경호의 실시에 있어서는 서로 긴밀한 제휴를 도모해야 한다.

제10조 (보고등) 경찰 본부장 등은 경호에 관계되어 돌발 사안 그 외의 특이 사안이 발생했을 때는 해당 사안 및 이것에 대해 취한 조치의 개요 그 외 참고 사항을 신속하게 장관 등에

보고하는 것과 동시에 관계 경찰 본부장 등에 통보하는 것으로 한다. 경찰 본부장 등은 경호를 실시했을 때는 해당 경호의 상황 및 해당 경호와 관련되는 참고 사항을 장관 등에 보고하는 것과 동시에 이러한 사항 중 앞의 제1항의 경우와 관련되는 것에 대해서는 관계 경찰 본부장 등에 통보하는 것으로 한다.

제11조 (장관에게의 위임) 이 규칙에서 규정하는 것의 이외 경호에 관계되어 필요한 사항은 장관이 정한다.

부칙

이 규칙은 1994년 6월24일부터 실행한다.

제5절 스위스 연방경찰의 경호체계와 현황

1. 연방경찰청 조직

스위스 연방경찰청(Bundesamt fuer Polizei)은 연방법무경찰부(Eidgenossi- schen Justiz- und Polizeidepartements: EJPD)[643] 소속이다. 연방경찰청은 스위스연방의 내적 안전(Innere Sicherheit)을 위한 직무를 수행한다. 또한 정보, 조정 및 분석을 위한 중앙부서로서 26개 칸톤(Kanton)과 국제경찰활동의 파트너로서 역할을 수행한다. 그 직무영역은 한편으로는 위험에 처한 사람과 객체에 대한 보호를 위하여 예방적 국가보호 및 안전조치와 같은 사전 예방적 직무를 포함한다.[644] 다른 한편으로는 형사범추적과 같은 영역에서도 그러한 임무를 수행한다. 특히 조직범죄대책 및 투쟁과 같은 임무를 맡고 있다. 연방경찰은 수사절차에 관한 조정 외에도 연방경찰 독자적으로 마약거래(자금수사를 포함)와 같은 범죄 혹은 화폐위조 및 돈세탁과 같은 영역에서는 독자적으로 수사한다. 2002년부터 조직범죄, 돈세탁 및 부정부패사범과 같은 중범죄에 대해서는 연방검찰청의 지휘를 받아서 독자적인 수사를 수행한다.[645]

643) 동 부서는 법무, 경찰, 이민 그리고 도량형(metrology)업무를 관장하고 있다.
644) http://internet.bap.admin.ch/d/portrait/index.htm.

연방경찰청 내부조직으로는,

- ▶ 공보실(Mediendienst),
- ▶ 참모국(Stab:기획, 통제, 유무선통신, 법률 및 정보보호, 인신매매, 돈세탁신고, 문서관리 등),
- ▶ 국제협력국(Hauptabteilung Internationale Polizeikooperation: HA-IPK),[646]
- ▶ 스위스 연방수사국(Hauptabteilung Bundeskriminalpolizei),
- ▶ 전산 및 과학수사지원국(Hauptabteilung Dienste: 전산, IT분야 조정, 여권/신분증명서, 신원확인, 무기감식, 지문 및 유전자정보관리 등),
- ▶ 연방경호경비국(Abteilung Bundessicherheitsdienst: BSD),
- ▶ 행정지원국(Abteilung Ressourcen)[647] 등이 편성되어 있다.[648]

2. 연방경찰청 경호경비국의 주요 임무와 조직

1) 연방경호경비국의 주요 임무

연방경호경비국(Hauptabteilung Bundessicherheitsdienst: BSD)은 내적 안전영역에서 연방전역에 걸쳐 안전유지에 대한 책무를 수행하고 있다. 동 부서는 국제법적으로 보호되어야 할 중요인사 및 청사들에 대한 경호경비를 포함하여 연방청사 및 시설물을 보살핀다. 동 부서의 활동영역에는 보안 및 안전조치, 신변경호문제, 교육과 조언을 포함하여 시설물 및 정보보호에 관한 사전준비, 명령 및 실행 그리고 통제가 포함된다.

---

645) http://www.ejpd.admin.ch/ejpd/de/home/die_oe/organigramm_ejpd/bundesaemter/fedpol.html(2009년 1월 12일 검색).
646) 3개의 과가 설치되어 있는 바, 연방경찰의 작전상황실, 경찰작전협력과, 전략과 등이다.
647) 인사관리, 재정, 정보처리, 기술, 장비 담당부서이다.
648) http://www.fedpol.admin.ch/fedpol/de/home/fedpol/organisation.html(2009년 1월 12일 검색).

사진_스위스 연방대통령과 외국 원수들에 대한 경호장면[649]

(1) 연방기관들에 대한 보호(Schutz der Bundesbehoerden)

연방 상원의원들, 연방수상, 그 밖의 의회관계자들, 유엔 전범(戰犯)재판소의 기소관, 스위스연방의 의원들, 특별히 위험에 처한 연방 공무원들은 보호 및 경비서비스가 제공되는 연방의 관청에 속한다. 이러한 필요성이 있는 경우, 전술한 저명인사들은 외국에서도 보호된다. 연방상원의 구성원들을 위하여 국내 그리고 외국에서도 안전조치가 취해진다. 이러한 임무는 연방의원들의 개인적인 요망사항과 같이 지속적인 상황판단에 따라서 연방경호경비국에 부여되어 있다. 스위스에서 이러한 조치들은 칸톤 경찰관청에 의하여 구체화된다. 그리고 외국에서는 해당 지역의 경호요원들에 의하여 이루어진다. 문제가 되는 나라들에서는 현장에서 연방경호경비국 내지는 스위스 경호 공무원들의 경호를 통하여 조정이 이루어진다.[650]

(2) 연방정부 청사에 대한 경비(Schutz der Gebaeude des Bundes)

연방 상원의 사적 거주지와 외국에서 스위스를 대표하는 청사들을 포함하여 연방의 일반행정관서의 모든 부동산은 보호 및 경비되는 연방청사들 유형에 속한다. 청사에 대한 경비는 그 건물 안에 있는 사람들, 정보 그리고 물리적 정보보안과 같은 가치들

649) http://www.olten.ch/de/images/4843f565c3b48.jpg(2009년 1월 29일 검색).
650) http://www.ejpd.admin.ch/ejpd/de/home/themen/sicherheit/ref_schutz_und_sicherheit/ref_schutz_bundesbehoerden.htmlhttp://www.swissinfo.ch/xobix_media/images/keystone/2003/keyimg20030627_3987161_0.jpg(2009년 1월 12일 검색).

에 대한 보안을 포함한다. 프로젝트에 관한 계획과 현실화 단계에서 그리고 구체적인 위협이 있어서 사건이 발생할 때 건축적인, 기술적인, 조직상의 그리고 동기부여적 보안조치들은 부동산과 정보보호 쪽으로 준비되고 정리되어 실행된다. 그 밖의 임무들은 일반 행정관서의 전략적인 경보장치, 사건발생 통계에 대한 관리, 교육, 조언 그리고 연방정부의 보안기관과 연방정부 인사에 대한 배려이다.

연방경호경비국은 그 경비부서와 함께 연방 상원 소재지 그리고 연방 상원의 다른 중요한 행정부서 건물에 대한 보안을 위하여 감시 및 감독을 수행하고 있다. 연방경호경비국은 연방의회 청사 영역내에서는 근무협약을 통하여 이러한 직무를 의회근무자들에게 위탁하고 있다.

연방청사 내에서 보안에 관한 중요한 축은 절대적으로 연방경호경비국에 의하여 24시간 운영되는 경보상황실이다. 그 특별한 경보는 관할권이 있는 개입부서로 전파된다. 경보상황실은 초동조치를 조정하고 중요한 의사결정자들과의 접촉을 안전하게 보호한다.

연방정부의 피의자 신문실은 2002년 초, 연방의 형사피의자구금부서-연방검찰청, 연방수사국 그리고 스위스연방 예심판사실-에 설치되었다. 피의자 신문실의 직무수행은 보안조치와 개입에 관한 지시와 같이 피의자 신문을 위하여 스위스전역에서 구속된 者에 관한 소환을 포함한다. 피의자 신문실에 대한 보안은 연방경호경비국의 한 부서에 의하여 보증되고 있다.[651)]

(3) 국제법적으로 보호되는 사람들과 청사에 대한 보안(Sicherheit der voelkerrechtlich geschuetzten Personen und Gebaeude)

영사 및 외교관계를 위한 빈(Wien) 협약은 스위스연방정부로 하여금, 국제법적으로 보호되는 중요인사들이 스위스의 영토고권이 미치는 곳에서 체류하는 동안에 그들에 대한 보호 및 국제법적으로 보호되는 외교청사에 대한 보안을 담당하도록 하고 있다. 외교인사들/상설대표부 그리고 영사관, 외국의 중요 방문자, 국제회의에 참가하는 공

651) http://www.ejpd.admin.ch/ejpd/de/home/themen/sicherheit/ref_schutz_und_sicherheit/ref_schutz_der_gebaeude.html(2009년 1월 25일 검색).

식적 대표의 구성원, 국가를 공식방문 중인 국가원수 그리고 기타 고위직 인사, 직무 수행 중인 국가원수, 수상, 각부장관, 왕실의 구성원 그리고 국가들간 공식조직체의 사무총장, 스위스를 비공식적 그리고 사적으로 방문하는 사람들은 국제법적인 보호하에 있다. 또한 국제기구에 소속된 인사들, 특별히 위협을 받고 있는 형사소추기관(검사들)이 스위스에서 그들의 직무를 수행할 때 연방형사소송절차에서 특별히 위협을 받고 있는 중인들은 보호되어야 한다. 완전히 신임장을 제정받은 외국의 외교관 그리고 영사업무 대표자들은 청사에서 국제법적 보호하에 있다. 국가적으로 위임을 받은 공식적, 통보된 방문 혹은 통과여행을 하는 외국의 보안요원들을 위하여 그리고 외교적 임무를 수행하는 외국의 구성원들, 상설대표부, 영사관 그리고 특별대표부를 위하여 무기소지에 대한 동의는 필요하다.[652)]

(4) 공항에서 스위스항공기들에 대한 보안조치(Sicherheitsmassnahmen an Bord schweizerischer Luftfahrzeuge)

항공기 탑승객들에 대한 보안조치적 통제 및 국제 상업용 항공교통에서 스위스 국적 항공기들에 대한 불법적 행위를 방지하기 위하여 소위 스위스 국적의 민간항공기와 위험한 상황에 처한 외국의 국제공항 등에 대한 보안업무가 위탁되어 있다. 이러한 보안조치의 목적은 항공기납치 기도를 무력화시키는 것이며 그러한 조치를 통하여 국가에 대한 위협행위를 방지하는 것이다. 항공기 안전조치를 위한 동승업무에 의한 작전개입을 위한 법률적인 토대는 한편으로 항공교통법규들, 다른 한편으로는 항공교통상의 보안조치에 관한 환경, 교통, 에너지 그리고 통신관련 부서들의 법규들이다. 연방경찰청은 교육과 보안업무 위탁에 관한 작전계획을 위한 책임을 지고 있으며, 항공청에 보안조치상의 조언을 제공한다.[653)] 항공교통에 관하여 위임된 보안조치를 담당하는 부서는 항공보안요원들의 모집, 교육 그리고 스위스 국적 항공기 기내 및 외국의 특정 공항관제소의 보안요원들에 의한 작전에 대해서 책임을 맡고 있다.[654)]

---

652) http://www.ejpd.admin.ch/ejpd/de/home/themen/sicherheit/ref_schutz_und_sicherheit/ref_personen_und_gebaeude.html(2009년 1월 12일 검색).
653) http://www.ejpd.admin.ch/ejpd/de/home/themen/sicherheit/ref_schutz_und_sicherheit/ref_sicherheit_luftfahrzeuge.html(2009년 1월 25일 검색).

2) 연방경호경비국의 주요 조직

연방경호경비국(Die Hauptabteilung Bundessicherheitsdienst: BSD)은 Michael Klaey국장의 지휘 하에서 두 개의 집행부서, 즉 요인경호부(Abteilung Sicher- heit Personen) 및 청사경비부(Abteilung Sicherheit Gebaeude)로 이루어져 있다. 그리고 경호행정지원실이 두 부서를 지원하고 있다.[655] 요인경호부는 3개의 과로 구성되어 있는 바, 중요인사 및 외교사절 경호팀과 외빈경호팀이다. 이들 경호팀은 연방정부의 중요인사들(의원, 의회관계자들 그리고 연방정부 고위인사들), 국제법적으로 보호되어야 할 사람들과 시설물들을 위한 보안조치를 취한다.

(1) 요인경호부(Abteilung Sicherheit Personen)

요인경호부는 3개의 課로 이루어져 있다. 연방정부의 주요인사 및 외교대표부 경호과(Kommissariat Sicherheit Magistraten und auslaendische Vertretungen)와 외빈경호과(Kommissariat Sicherheit auslaendische Besucher)이다. 두 개 과(課)는 연방정부의 중요한 인사들(하원의원, 의회고위관계자 그리고 연방정부 고위관계자) 그리고 국제법적으로 보호되어야 할 인사들과 시설물을 위한 보안조치를 하는 주무부서이다.

사진_스위스 연방대통령(Pascal Couchepin)과 독일 연방수상 및 연방대통령(Köhler) 경호장면[656]

654) http://www.fedpol.admin.ch/fedpol/de/home/fedpol/organisation/bundessicherheitsdienst.html(2009년 1월 12일 검색).

655) http://www.fedpol.admin.ch/fedpol/de/home/fedpol/organisation/bundessicherheitsdienst.html(2009년 1월 12일 검색).

항공교통보안과(Kommissariat Sicherheitsbeauftragte Luftverkehr)는 항공보안요원의 모집, 교육 그리고 스위스국적 항공기와 외국의 특정 공항 관제소에서 보안요원들의 배치/투입에 대해서 책임을 맡고 있다.

2009년 1월 1일부터 인질/납치 대응특별팀(Sonderstab Geiselnahme und Erpressung : SOGE)이 신변경호부에 통합되었다. 동인질/납치대응특별팀은 보통 스위스 연방의 관서들 혹은 외국정부들에 관한 협박을 통하여 야기되는 위급상황에서 작전을 성공시키기 위한 연방정부 부서내의 한 구성요소이다.[657)]

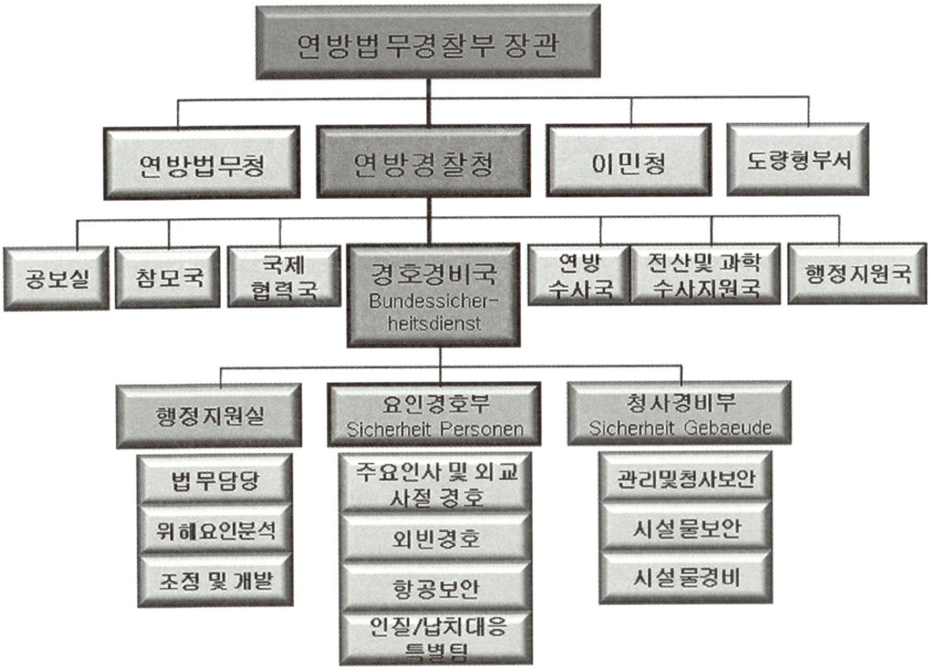

〈그림 21〉 스위스 연방경찰청 경호경비국의 조직도[658)]

656) http://www.ejpress.org/ImageGallery/7164f286-2304-4f95-a26c-5fb90c5d7ac4.jpg; http://www.gvg.schule-berlin.net/aktuell/staatsbesuch/bellevue3.jpg(2009년 1월 29일 검색).

657) http://www.fedpol.admin.ch/fedpol/de/home/fedpol/organisation/bundessicherheitsdienst.html(2009년 1월 12일 검색).

658) http://www.fedpol.admin.ch/etc/medialib/data/fedpol.Par.0001.File.tmp/Visio-fedpol

(2) 청사경비부(Abteilung Sicherheit Gebaeude)

청사경비부에는 모든 부서들이 한 곳에 모여져 있는 바, 그 부서들은 시설물에 관한 보안유지와 경비와 관련되어 있다.

시설물보안과(Die Sektion Objektsicherheit)는 스위스 국내에 있는 연방정부의 일반부동산에 관한 건축상, 기술적 그리고 조직상의 보안개념에 대해서 책임을 지고 있다. 근무 중인 경비요원 - 피의자심리실의 보안, 의회청사 및 연방청사의 방청석에 대하여 책임이 있는 - 은 시설물 경비과(Die Sektion Objektschutz)에 통합되어 있다.

관리 및 청사보안과(Die Sektion Management Gebaeudesicherheit)는 전체 시설물경비 분야에 대한 교육과 작전계획에 대해서 책임을 맡고 있다. 동 부서는 연방행정부의 경보시스템을 운용한다. 그 외에 시설물경비과(Die Sektion Objektschutz)가 설치되어 있다.659)

(3) 행정지원실(Abteilung Fuehrungsunterstuetzung)

외부적으로 효과를 거의 나타내지 않는 직무와 비작전적 행정직무들은 경호행정지원실에서 통합적으로 이루어진다.

위해요인분석과(Der Fachbereich Gefaehrdungslage)는 경호경비국의 모든 보안조치를 위한 그 토대를 정보의 생산과 가공, 현황에 관한 대응태세, 위해요인분석에 두고 있다. 조정 및 개발과(Der Fachbereich Steuerung und Entwicklung)와 함께 전반적인 복잡한 그리고 경계를 넘나드는 사무들과 프로젝트에 관한 지휘, 조정 그리고 네트워킹이 강화된다. 그 외 법무과(Der Fachbereich Recht)가 설치되어 있다.660)

-01-01-2009-d -erstellt-am-12-12-08Ayf.pdf(2009년 1월 1일 현재 조직도; 2009년 1월 12일 검색).

659) http://www.fedpol.admin.ch/fedpol/de/home/fedpol/organisation/bundessicherheitsdienst.html(2009년 1월 12일 검색).

660) http://www.fedpol.admin.ch/fedpol/de/home/fedpol/organisation/bundessicherheitsdienst.html(2009년 1월 12일 검색).

제6절 호주 연방경찰의 경호체계와 현황

1. 호주 연방경찰의 경호체계[661)]

1) 연방경찰의 조직과 임무

호주연방경찰청은 1979년 10월 19일 관련법령(Australian Federal Police Act 1979)의 제정을 통하여 공식출범하게 되었다. 그 이전에 운용되었던 오스트레일리아 연방 경찰(Commonwealth Police), 수도 광역경찰청(Australian Capital Territory Police) 및 연방 마약청(Federal Bureau of Narcotics ; 연방관세청 소속)이라는 세 가지 법집행 조직들이 통합되어 출범하게 되었다.[662)] 2008년 6월 30일 현재, 연방경찰청에는 정규경찰관 2,855명, 일반직원 2402명, 기타 직원 등 6,598명의 인원이 배치되어 있다.[663)]

호주 연방경찰은 2004년부터 보다 높은 차원의 국가적 협력(조정)과 작전 및 운영 분야에서의 지원을 제공하고 조직의 주요 운영적 활동에 초점을 맞춘 새로운 기능적 구조로 운영되고 있다. 이 새로운 조직구조는 연방경찰의 국가적, 국제적 특성을 강화하는 특징이 있는데 이것은 대테러와 인신불법거래, 사이버범죄, 성적 노예, 평화유지 운영, 보호(경호경비) 및 초국가적 범죄의 변화에 부응하기 위한 국가적 능력의 강화를 의미하는 것이다.[664)]

호주연방경찰은 6개의 중요한 운영적 기능으로 구성되는데 그것은 대테러리즘(counter Terrorism), 국경통제와 국제네트워크(Border and International Network), 경제 및 지능범죄수사(Economic and special Operations), 정보(Intelligence), 경호

661) 본절에서 소개된 호주경찰의 경호체계에 관한 내용은 이상원 교수가 수년전 제공한 자료를 일부 활용하였으며 인터넷을 통하여 최신자료를 보충하였다.
662) http://en.wikipedia.org/wiki/Australian_Federal_Police(2009년 1월 28일 검색).
663) http://en.wikipedia.org/wiki/Australian_Federal_Police(2009년 1월 28일 검색).
664) AFP, The Journal of the Australian Federal Police, Platypus, No.82, 2004. 3, p. 41

(Protection), 국제평화유지 경찰활동(International Deployment)을 포함한다.

연방경찰 조직은 연방경찰청장 밑에 6개 주요 부서로 나누어지는 바, 관리국, 국내보안정보 담당 차장(Deputy Commissioner National Security), 운용 및 작전담당 차장(Deputy Commissioner Operations), 광역수도치안부서(Chief Police Officer ACT Policing),[665] 행정지원국(Chief of Staff) 및 8개 지역경찰본부(Managers) 등이다.[666]

- 관리국에는 전산, 재정 및 인사관리 담당부서,
- 국내보안정보담당 차장 하에는 대테러국, 정보국, 항공보안국, 경호경비국(National Manager Protection),
- 운용 및 작전담당 차장하에는 국제경찰파견부서, 하이테크범죄수사부서, 경제 및 지능범죄 수사부서,[667] 법과학 및 기술지원부서, 국경통제 및 국제네트워크 부서,
- 광역수도치안국(광역Canberra시 치안담당)에는 수사/지원부서, 대응부서 및 협력/조정부서,
- 행정지원국에는 기획/정책 및 미래전략, 장관실, 홍보부서, 마케팅 및 통신, 법무담당, 직업윤리실, 상훈부서 그리고 행정지원실이 각각 설치되어 있다.[668]

호주 연방경찰의 목적은 호주 내 및 해외에서의 범죄로부터 연방과 국가적 이익을 보호하고 연방형법을 집행하는 것이다. 이러한 목적을 달성하기 위하여 호주연방경찰

665) http://www.afp.gov.au/act.html(2009년 1월 28일 검색)호주 연방경찰청(Australia Federal Police)은 수도인 Canberra와 수도를 둘러싸고 있는 광역지역(Australian Capital Terrtory: ACT)에 관한 치안활동에 관한 책임도 수행하고 있다. 지역사회 경찰활동의 한 영역을 통하여 광역수도 주민들에게 경찰서비스를 제공하고 있는 바, 이를 ACT Policing이라고 일컫는다.

666) http://en.wikipedia.org/wiki/Australian_Federal_Police(2009년 1월 28일 검색).

667) 호주연방에 대한 심각하고 복잡한 사기범죄, 신분증명서위조범죄, 돈세탁, 테러리스트 자금지원, 전쟁범죄, 환경범죄, 외국공무원에 대한 뇌물수수, 부정부패 및 허가되지 않은 폭로, 온라인상의 아동성범죄 및 착취, 지적소유권을 침해하는 조직적이며 심각한 범죄를 다룬다. http://www.afp.gov.au/recruitment/current_vacancies/economic_and_special_operations/economic_and_special_operations_information(2009년 1월 29일 검색).

668) http://en.wikipedia.org/wiki/Australian_Federal_Police(2009년 1월 28일 검색).

은 호주 및 해외에서의 연방이익의 보호, 연방범죄의 수사와 예방, 호주수도 영역(ACT)안에서의 환경보호와 안전을 제공하는 활동에 부응하기 위해 조직되어진다.[669] 따라서 연방경찰의 업무는 수사, 보호, 국제업무, 경호업무, ACT(호주 수도영역 -Australia Capital Territory) 정부에 대한 업무 등이다. 즉 연방 및 연방기관의 재산 및 국가적 이익 보호, 중요정보수집, 수사, 국내외 요인 경호, 연방법집행 등의 임무를 수행하고 있다. 호주 연방경찰청은 내무부장관 및 기타 국가단위 상급위원회의 지휘 및 지시를 받아가면서 전략적 우선순위들을 집행하고 있다. 이러한 전략적 지시들과 우선순위들은 정부의 동의를 받아서 연방경찰청의 중요한 집행활동에 반영된다.[670]

최근에 중점을 두고 있는 경찰직무 영역들은 다음과 같다:

- 테러리즘의 예방 및 대테러활동 그리고 수사
- 불법마약류 유통 추적
- 국경을 초월하는 그리고 다국적 관할범죄수사
- 성적 인신매매 및 착취를 포함한 조직화된 밀수범죄단
- 호주연방에 대한 심각한 사기범죄
- 정보 및 통신기술과 연관된 하이테크범죄
- 지역의 평화유지 및 역량을 강화하기
- 돈세탁관련 수사
- 기타 중요한 분야들은 광역수도치안활동을 위한 지역사회경찰활동, 연방정부의 법집행적 이해가 달려 있는 직무지원, 항공여행객들과 항공산업에 대한 안전과 보안활동 제공 등이다.[671]

669) AFP Annual Report 2002~2003, Australian Federal Police 2003, p. 228.
670) http://www.afp.gov.au/about/our_organisation.html(2009년 1월 29일 검색).
671) http://www.afp.gov.au/about/our_organisation.html(2009년 1월 29일 검색).

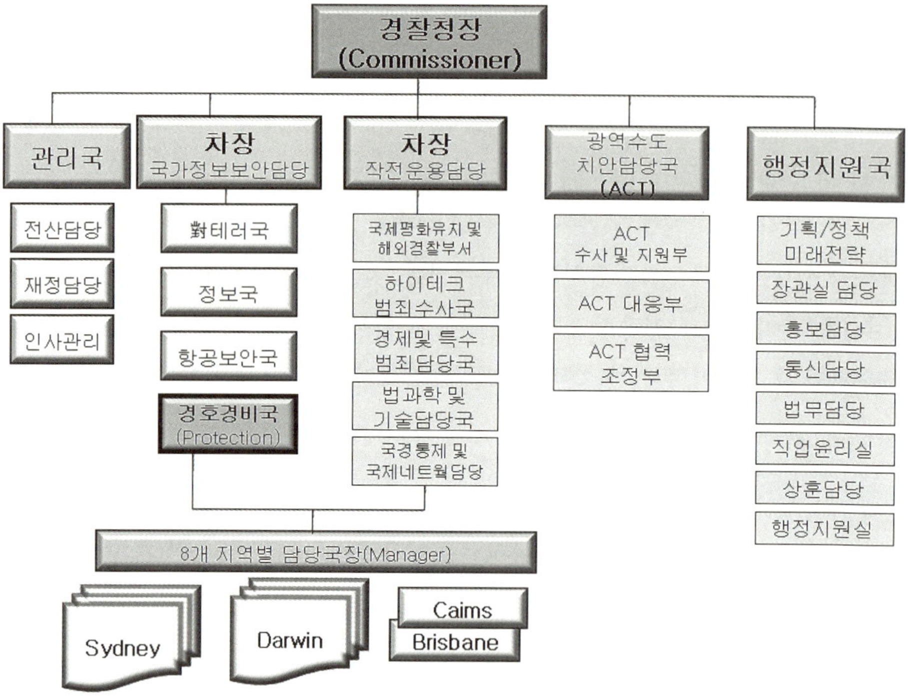

〈그림 22〉 호주 연방경찰청 조직 및 경호부서(2008년 4월 현재)[672)]

2) 연방경찰의 경호체계

연방경찰은 연방정부나 연방경찰에 의해 위험하다고 확인된 개인과 이익에 대한 보호(경호)업무를 제공한다. 따라서 경호업무는 연방경찰청 국내정보보안담당 차장(Deputy Commissioner) 소속 경호경비국(National Manager Protection)이 담당하고 있다. 동경호경비국은 APS(Australian Protective Service), 항공보안과, 지원보호과로 구성되어 있다. 이 중 APS는 연방정부의 고위관리, VIP, 연방의원, 그 가족, 국제적으로 보호를 필요로 하는 인사, 호주 가정법원의 법관에 대한 경호업무, 연방과 외국 또는 국제적 조직에 관계된 재산의 보호에 대한 책임이 있다. 경호문제에 대한

672) http://www.afp.gov.au/__data/assets/pdf_file/62609/Executive_Chart.pdf(2009년 1월 29일 검색).

독자적 임무수행을 행하고 있으며 행사시에는 州경찰과 연방경찰에 직접적 연결, 협조를 하고 있으며 팀별로 운영되고 있다.[673] 또한 ABDC(Australian Bomb Data Centre)와 Security Intelligence와 Diplomatic Liaison Teams (외교연락팀)을 경유하여 다른 경찰기관에 제공한다. 또한 국가적 증인보호 프로그램과 연방경찰 및 다른 법집행기관의 증인보호프로그램을 운영한다.

사진_2008년 8월 베이징공항에 도착한 호주 Kevin Rudd 수상내외[674]

그런데 1984년 연방경찰청 내 경호부서(the Protective Service component of the AFP)가 별도의 경호청(The Australian Protective Service: APS)으로 분리되었다. 당시 420여 명의 연방경찰관들이 경호청으로 자리를 옮겼다. 그러다가 2001년 9·11 사건 이후, 대테러정책의 효율적인 집행을 위하여(as part of Australian Government efforts to better coordinate the response to terrorism) 연방경찰청(AFP)으로 재통합되었다. 즉 연방경호청은 1984년부터 2004년까지 존재했던 호주의 연방법집행기관인 셈이다. 동경호청은 연방경찰청의 경호부서를 분리함으로써 창설된 것이다. 이러한 조치는 마약거래에 관한 Stewart 왕립위원회조사보고서에서 담겨져 있던 권고사항에 근거하여 새로운 관청으로 창설된 것이었다.[675]

673) APS Annual Report, p. 124.

674) http://news.xinhuanet.com/english/2008-08/07/xin_442080507155651517201.jpg (2009년 1월 29일 검색).

당시 경호청의 주요 임무는 호주정부의 중요인사들과 재산, 외교관련 임무, 국제적으로 보호되어져야 할 인사들(Internationally Protected Persons: IPPs)에 대한 경호와 안전에 대한 책임을 지고 있었다. 그리고 이민국의 유치장 구금업무를 담당하였다. 1991년부터 경호청은 폭발물 감정기능을 담당하는 전문가들을 포함하여 목표가 된 공항들에 관한 확실한 보안조치를 위한 대테러초동조치를 맡기 시작했다. 그리고 2001년 9·11테러사건 이래, 호주정부에 등록된 상업용 항공기에 항공보안요원들(Air Security Officers: ASOs 종종 항공보안관 - Air Marshal)을 배치하였다. 한편, 당시 경호청은 근접 신변경호업무(Close Personal Protection: CPP) 혹은 Bodyguard 기능은 제공하지 않았다. 왜냐하면, 이러한 직무는 연방정부의 책임이었기 때문에 호주연방경찰청(AFP)에 의하여 수행되었다. 경호청의 일반직원들과 기능들은 2004년 테러리즘에 대한 효과적인 조정을 위한 노력으로써 호주 연방정부의 한 부분으로 재통합되었다.[676)]

사진_2008년 3월 미국 국방부를 방문한 호주 Kevin Rudd수상과 Robert M. Gates 美국방부장관[677)]

675) http://en.wikipedia.org/wiki/Australian_Protective_Service(2009년 1월 28일 검색).
676) http://en.wikipedia.org/wiki/Australian_Protective_Service(2009년 1월 28일 검색).
677) http://www.defenselink.mil/dodcmsshare/homepagephoto/2008-03/hires_080328-D-9880W-004a.jpg(2009년 1월 29일 검색).

9·11테러사건 이후, 연방정부는 동사건을 평가한 결과로서 호주의 중요한 대테러 관서들인 연방경찰청과 연방경호청 간에 가능한 최선의 긴밀한 조정을 담보하기 위하여 두 기관을 통합하기로 결정했다. 2004년 7월 1일자로 호주 경호청이 연방경찰청에 합병되었으며 경찰청 내 정보보안부서가 되었다. 동 부서는 연방경찰청 내에서 경호경비국(Australian Federal Police Protective Service)으로 새롭게 명명되었으며, 2009년 1월 현재, 연방경찰청 내 Australian Federal Police Uniformed Protection으로 알려져 있다.[678] 2004년 7월 1일 통합될 당시, 경호청에 소속된 인원은 1,327명이었다고 한다.

오늘날 경호업무는 연방경찰청 내 항공보안 및 경호국(Aviation Security and Protection in AFP)의 기능이 되었다. 연방경찰청의 제복경비요원(Uniformed Protection officers)들은 "경호경비요원(Protective Service Officers: PSOs)"으로 일컬어진다. 그들의 주요 직무와 역할은 연방의회, 외교상 및 국방상의 중요 경비장소들을 포함하여, 주요 공항들에서 대테러초동조치(Counter Terrorist First Response: CTFR)를 수행하는 것이다.

경호경비국에 의해서 수행되는 중요한 몇 가지 역할들은 다음과 같다:[679]

- 호주의 총독(Governor-General) 및 연방수상의 관저에 대한 최고수준의 경비 및 보안유지,
- 연방의회 청사 및 연방수상의 집무실,
- (駐호주 미국대사관과 같이)호주에 주재하는 외국의 대사관들과 영사관들,
- 민감한 국방관련 시설물들, Canberra의 Russell Offices에 소재한 국방본부,
- Northern Territory의 Pine Gap에 소재한 호주와 미국 공동통신시설,
- South Australia의 Maralinga에 소재한 과거 핵실험장소,

678) 현재 동 부서는 증인보호및경호, 요인근접경호 및 경호보안정보를 담당하고 있다. http://www.nationmaster.com/encyclopedia/Australian-Federal-Police-Protective-Service(2009년 1월 29일 검색).

679) http://www.nationmaster.com/encyclopedia/Australian-Federal-Police-Protective-Service(2009년 1월 29일 검색).

- Western Australia의 Geraldton에 소재한 국방부 신호감청시설 및 Exmouth에 소재한 호주 해군통신기지,
- Lucas Heights에 소재한 호주 핵(核)과학기술연구소 및 다른 핵물질저장 보안시설들,
- 11곳의 지정된 공항들에서 對테러초동조치 임무,
- 호주연방의 요인들을 위한 보호(Security)와 신변경호(escort protection)를 수행한다.
- 해외로 출항하는 상업용 여객기들에 항공보안요원들을 배치한다.
- 이민국 유치장에서의 저항활동을 제압하는 것 등이다.

그리고 2001년 Queensland에서 개최된 영연방 정부수장들의 회의를 위한 준비의 한 부분을 포함하여, 다른 시설물들에서의 경비 혹은 지정된 작전을 확대하고 있다. 2007년 APEC정상회담이 시드니를 포함하여 호주의 여러 州와 도시들에서 개최되었을 때 John Howard 호주 수상, George W. Bush 대통령 및 다른 국가의 행정부 및 경제지도자들이 참가하면서 연방경찰청 경호경비국 요원들은 법집행 및 경호업무를 관장하게 되었다.[680]

사진_2008년 7월, 호주를 방문한 로마교황과 Kevin Rudd수상 경호장면[681]

680) http://en.wikipedia.org/wiki/Australian_Protective_Service(2009년 1월 28일 검색).
681) http://i.dailymail.co.uk/i/pix/2008/07/13/article-1034691-01EEC43A00000578-909_468x335.jpg(2009년 1월 29일 검색).

2. 州경찰의 경호체계

호주는 州중심의 자치제경찰로 운영되기 때문에 6개州는 독립적인 국가형태를 취하고 있으며 각 주정부는 독자적 경찰을 유지하고 있다. 여기서는 호주 6개의 州경찰 중 Queensland 경찰의 사례를 소개하고자 한다.

1) 州경찰의 임무

Queensland 州경찰은 시민의 생명과 재산을 보호하고 평화와 안전을 보전하며 범죄를 예방하고 개인의 권리와 공공의 이익을 존중하는 태도로 법을 지지하는 직무를 수행하고 있다. Queensland 州경찰의 핵심활동과 업무는 다음과 같은 6가지로 나타나고 있다.[682)]

첫째, 적극적·문제지향적 경찰활동

둘째, 범죄 탐지, 수사와 기소

셋째, 주요범죄 및 조직범죄와의 전쟁

넷째, 공공안전의 보호

다섯째, 교통경찰활동, 스피드관리와 카메라 운용

여섯째, 윤리적 표준과 공공의 책임

2) 州경찰 조직

Queensland 경찰의 조직은 다음과 같이 구성된다.

682) Queensland Police Service, Annual Report, 2003, p. 20.

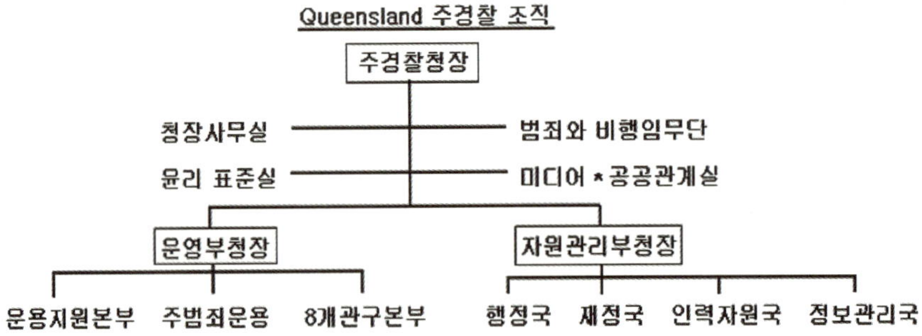

자료 : Queensland Police Service, QPS 내부자료, 2004.

〈그림 23〉 호주 Queensland州 경찰조직

Queensland 州경찰청은 1인의 경찰청장 밑에 1인의 운용담당 부청장과 1인의 자원관리 부청장이 있다.

- 운용부청장 밑에는 운용지원본부, 州범죄운용단, 8개의 관구본부[683]가 있다.
- 자원관리부청장 밑에 행정국, 재정국, 인력자원국, 정보관리국이 있다.

운용 부청장 밑의 운용지원본부(Operation Support Command)는 지역의 경찰활동을 강화하기 위해 이용될 수 있는 전문적 지원기능을 유지함으로써 지역적 운영을 지원하는 부서이다. 여기서는 통신실, 재난과 중요사건 기획실, 법률지원실, 법정 업무지원실, 경찰활동 발전실, 전문업무실, 州교통지원실이 있다.

州범죄운용단(State Crime Operations Command)는 州차원의 주요 및 조직 범죄에 대응하는 부서이다. 동 부서는 수사업무, 전문요원을 제공함으로써 지역적 운영을 지원한다. 여기에는 범죄예방부와 QLD범죄정보국이 있다.

8개의 관구본부는 8명의 본부장(Assistant Commissioner)이 자기 구역의 치안을

683) Far Northern Region, Northern Region, Centeral Region, Southern Region, North Coast Region, Metropolitan North, Metropolitan South, South Eastern Region 이 있다.

담당하고 있다.

Queensland 州경찰의 경호주무부서는 경호정보과(Security Intelligence Branch)이다. 경호정보과는 州범죄운용단 내에 설치되어 있는 州범죄정보국의 한 부서이다.684) 경호정보과의 역할은 경호정보지침, 州와 국가적 對테러리즘 기획안에서 정치적으로 유발된 폭력의 위협이 제기된 개인과 집단, 재산에 관한 정보의 운영과 경호책임을 수행하는 것이다. 또한 지역적으로 훈련된 경찰관을 포함하여 연방과 州경찰의 효과적인 연락과 복잡한 관할적 상호작용이 경호정보과에 의해 수행된다. 경호정보과는 고위인사 경호팀과 경호정보팀으로 구성된다.

3. 경호유관기관

1) 경호업무조정센터(PSCC : Protective Security Coordination Centre)

경호업무조정센터(PSCC)는 호주 연방검찰총장 겸 법무부장관(Attorney-General's Department) 소속의 한 부서이다. PSCC는 경호업무에 대한 정책조언과 경호 관련 다양한 프로그램을 제공함으로써 검찰총장겸 법무부장관을 보좌한다.685)

PSCC의 역할을 고위인사에 관한 경호업무의 조정, 국가적 對테러문제의 조정, 국가적 보안능력 관리와 국가적 보안에 관한 정보의 보급, 호주정부의 경호업무정책의 개발과 수행, 경호업무의 훈련 등이다. 따라서 PSCC는 경호수준의 등급결정, 호주 내 고위인사 및 외국원수 등의 요인경호업무에 대한 경호방법, 위협정도를 결정·평가, 경찰기관에 배포하며 연방 및 각주경호 담당기관의 상호연결 및 업무의 조정, 회의의 주관 등의 업무를 행한다. 경호업무의 조정회의는 비상설기구이지만 수상실 의전요원, 각수송관계관, PSCC, 호주 보안정보부 관계관, 군(軍)관계관으로 구성되어 경호에 관한 사항을 협의한다.686)

---

684) Security Intelligence Branch, QPS 내부자료.
685) http://www.ag.gov.au/agd/www/Protectivesecurityhome.nsf(2009년 1월 29일 검색).
686) http://www.ag.gov.au/www/agd/agd.nsf/Page/OrganisationalStructure_NationalSecurityandCriminalJustice_ProtectiveSecurityCoordinationCentre_SecurityCoordination_

2) 호주 보안정보부(Australian Security Intelligence Organization)

호주 보안정보부는 연방검찰총장겸 법무부장관 소속의 부서이다. 동 부서는 국내방첩 및 보안정보기관이다. 1949년 3월 16일 창설되었다. 2007년 6월 현재, 1,356명의 직원들이 근무하고 있다. 호주시민과 국가의 보호, 간첩행위, 태업(특별히 중요한 인프라구조에 대한 태업), 정치적 동기의 폭력, 호주 국방시스템에 대한 공격, 테러리즘과 외국의 간섭행위들에 대하여 책임을 맡고 있다. 영국의 MI5에 해당하고, 체포권한이 없으며 무장하지는 않는다. 경찰의 집행권한이 필요할 시에는 호주연방경찰청(AFP)과 州 및 準州경찰당국와 협력한다.[687)]

2009년 1월 현재, 동 부서 책임자는 Paul O'Sullivan이며 2005년 7월 21일 임명되어 현재에 이르고 있다.[688)]

이 부서는 2001년 9월11일의 New York소재 세계무역센터와 발리 나이트클럽 폭탄테러사건 이후 부서가 확대, 개편되었다. 따라서 보안정보부의 임무 중에는 경호정보수집(the gathering of security intelligence), 평가 및 경호정보의 제공이 포함된다. 호주보안정보부(ASIO)의 임무는 국가적 위협으로부터 호주와 그 국민을 보호하기 위해 조언하는 것이다.

SecurityCoordinationBranch(2009년 1월 29일 검색).

687) http://en.wikipedia.org/wiki/Australian_Security_Intelligence_Organisation(2009년 1월 29일 검색).

688) http://www.asio.gov.au/About/content/DirectorsGeneral.aspx(2009년 1월 29일 검색), 前任책임자는 Dennis Richardson으로서 1996년 10월 11일 임명되어, 2005년 5월 27일까지 재직하였다.

제5장

특별경호조직 주도형 경호체제 국가

- 미국의 연방경호기관을 중심으로 -

비/교/경/호/제/도/론

제5장

특별경호조직 주도형 경호체제 국가

-미국의 연방경호기관을 중심으로-

미국의 경우, 다양하고 수많은 연방법집행기관들이 존재하고 있다. 본 장에서는 경호업무를 전문적으로 수행하고 있는 대표적인 기관으로서 국토안보부(DHS) 소속의 대통령경호실(Secret Service)과 국무부소속의 외교사절에 대한 경호를 전종수행하고 있는 경호보안국(Diplomatic Security)을 중심으로 소개한다.

제1절 국토안보부 소속의 경호실(Secret Service)

미국의 대통령 경호실(Secret Service, 혹은 비밀경호대)은[689] 한국의 대통령 경호실(PSS)창설에 모델이 된 바 있다. SS는 초창기 재무성 소속으로 출발하여 지난 9

689) 한국의 경호관련 부서에서는 Secret Service를 "비밀경호대"로 칭하고 있다. 일부 문헌에서는 "SS"라는 명칭을 그대로 사용하기도 하고, 일부에서는 "백악관 경호실"이라는 표현을 쓰기도 한다. 본항에서는 "비밀경호대"라는 표현대신에 금번의 교재 집필시부터는 "대통령경호실" 혹은 "경호실"이라는 용어를 사용하기로 한다. 왜냐하면, SS가 더 이상 비밀조직도 아니고, 국무부소속의 경호기관과 약간 다른 의미를 갖고 있기 때문이다.

·11테러사건 발생 이후, 새로이 발족된 국토안보부(DHS)로 2003년부터 소속이 변경된 바 있다. 이하에는 국토안보부 조직의 개요와 경호실을 중심으로 미국의 경호체계를 소개한다.

1. 국토안보부(DHS)의 임무와 조직

1) 국토안보부의 임무[690]

국토안보부(Department of Homeland Security: DHS)는 1944년 당시 해리트루먼 대통령이 국방부를 창설한 이래 최대 규모로 신설된 연방부서이다.[691] 국토안보부는 22개 부서를 흡수하여 통합 운영되며 17만 명의 직원이 근무한다.[692] 임무는 ① 국가

690) http://www.whitehouse.gov/homeland/.

691) 미국은 국가위기 상황발생 및 대테러 등 전방위 국난대처를 위해 국토안보법을 지난 2002년 11월 25일 제정하였다. 이를 통하여 Secret Service 역할 및 기능이 국토안보부로 이관되었으며, 그 운영권한도 재무성장관에서 국토안보부장관으로 변경되었다. 참고로 국토안보부법 제 821조에 따르면, "……경호실의 기능 및 역할, 전인원의 자산, 의무 및 책무 등이 이관됨은 물론 재무성장관의 기능과 그 비밀경호대의 본질 및 정체성을 그대로 유지한 채 국토안보부로 이관되어진다"라고 규정하고 있다. 동자료는 대통령실 경호처 홈페이지에서 제공하고 있는 경호관련 법령을 인용한 것이다.

692) http://aspire7.hihome.com/reference/bigbrother-1.htm.: 2003년 3월에 정식으로 발족된 부시 행정부의 국토안보부(Department of Homeland Security)는 국방부에 이어 두 번째로, 다른 부서에서 흡수한 17만 명에 이르는 대규모 인력과 함께 창설 첫 해인 당시 무려 375억 달러의 예산이 배정된 바 있다. 국토안보부의 1차적 임무는 미국을 겨냥한 국내외의 테러공격을 예방하고 국민을 보호하는 것이다. 이같은 임무수행을 위해 국토안보부는 22개 부처를 흡수하여 통합 운영할 계획이다. 부서 내 조직들은 크게 국경안전국, 정보분석국, 인프라보호국, 생화학무기관리국, 경호실(SS)을 비롯해 기존의 연방재난긴급관리청(FEMA) 등 총 5국 1청으로 구성된다. 국경안전국은 법무부의 이민국(INS), 재무부의 관세국, 교통부의 해안경비대, 교통보안청을 흡수해 국경과 해안 경비, 미 본토로 들어오고 나가는 모든 인적·물적 자원을 통제·관리한다. 연방재난긴급관리청(FEMA)은 비상시 시민 대피와 구조를 전담한다. 정보분석국은 중앙정보국(CIA)과 연방수사국(FBI)의 협조를 비탕으로 국가안보를 위협하는 정보를 수집하고 분석하는 임무를 수행한다. 9·11 테러를 거울삼아 신설되는 인프라보호국은 백악관, 연방청사, 의회의사당, 원자력발전소 등과 같은 주요 사회기간시설이나 건물을 보호하는 일을 맡는다. 생

수호를 위해 통합된 국가 전력을 선도하고, ② 테러리스트의 공격을 예방·제지하고, 국가에 대한 위협과 위험으로부터 국가를 보호하고 대응한다. ③ 국경의 안전을 책임지고 적법한 이민자와 방문객을 환영하며 자유로운 통상교섭을 장려하는 것을 포함한다.693)

국토안보부(國土安保部, Department of Homeland Security)

테러 대비를 목적으로 설치한 미국 행정기관이다. 미국 부시정부가 자국의 안보를 목적으로 2002년 11월 신설하였다. 정식이름은 미국 국토안전보장부(Department of Homeland Security of America)이며, 약칭은 DHS이다. 2001년 9월 11일 미국 테러대참사 이후에 연방재난관리청(FEMA), 세관, 이민국, 운수안전국, 시크릿서비스(경호실), 해안경비대 등 100개 이상의 정부기관으로 분산되어 있던 국토안전보장 기능을 통합·일원화하여 테러대책 강화를 목적으로 2003년 3월 출범했다. 테러방지, 피해의 최소화와 복구 등을 주요임무로 하며, 국경경비와 교통기관의 안전확보, 긴급사태에 대한 준비와 대응, 화학무기·생물무기·핵무기의 공격과 대책, 미국연방수사국(FBI)이나 미국중앙정보국(CIA)이 수집한 정보분석, 사회인프라 보호 등을 담당한다.

(http://kr.dic.yahoo.com/search/enc/result.html?pk=11269640&p=%B1%B9%C5%E4%BE%C8%BA%B8%BA%CE&subtype=enc&type=enc&field=id(2009년 1월 2일 검색).

DHS의 전략적 목표는 다음과 같다. ① 자각목표로 위협을 확인하고 취약점을 진단하며, ② 잠재적인 충돌을 사정하고, 국토수호 협력 단체와 미국국민에게 때 맞춘 정보를 유포한다. ③ 예방목표로는 국토에 대한 위협을 간파하고, 저지하고 완화시킨다. ④ 보호목표로는 테러행위 및 자연재해 등의 비상사태로부터 국가의 구성원과 자유, 중요하부조직, 재산, 경제를 보호한다. ⑤ 대응목표로는 테러행위 및 자연재해 등의 비상사태에 대한 국가의 대응을 주관하고 처리 및 조합한다. ⑥ 복구목표로는 테러행위, 자연재해 등의 비상사태 이후 국가, 주, 지방, 개인의 노력을 주관하여 기관을 재

화학무기 관리국은 화학, 생물, 방사능, 핵과 관련된 테러를 집중 연구하고 대처하는 조직이다. 그리고 그동안 고위급 인사들을 은밀하게 경호하는 임무를 수행하는 경호실(SS)이 재무부 소속이었다가 국토안보부로 흡수되었다.

693) http://aspire7.hihome.com/reference/bigbrother-1.htm.(2009년 1월 2일 검색).

정비하고 사회를 재건한다. ⑦ 봉사목표로는 적법한 거래, 여행, 이민을 촉진하여 공공에 대해 효과적으로 봉사한다. ⑧ 조직적 탁월성 목표로는 최고의 자원인 시민을 귀중히 여기며 공감대, 혁신, 상호존중, 책임, 그리고 협동을 장려하는 문화를 조성하여 능률, 효율, 조직적 상승작용을 달성한다.

2) 국토안보부 조직

국토안보부는 여섯 가지 업무를 담당하도록 조직되었다. 이들은,

① 정보수집과 경고
② 국경 및 수송안전
③ 국내의 테러방지 활동
④ 주요시설 및 자원보호
⑤ 테러로 인한 대참사 억제
⑥ 위급상황에 대한 대비 및 대응[694]

정보수집과 경고, 국경 및 수송안전, 국내의 테러방지 활동은 기본적으로 테러공격을 억제하는 것과 관련되어 있고, 주요시설 및 자원보호, 테러로 인한 대참사 억제는 테러공격에 대한 미국의 취약성을 감소시키는 것과 관련된다. 위급상황에 대한 대비 및 대응은 일단 테러공격으로 피해를 입게 된 경우 피해를 최소화하고 복구하는 것과 관련되는 업무이다.

미 국토안보부, 혈세 홍청망청

33개 프로그램 가운데 4개만 효과, 9·11 이후 창설…군수산업만 수해

'9·11테러' 이후 미국인들의 안전을 지켜내겠다며 세워져 막강한 권한을 행사하는 국토안보부의 예산이 흥청망청 쓰이고 있다. 독일의 시사주간지 〈슈피겔(Spiegel)〉은 2005년 6월 국토안보부가 수십 억 달러를 들여 보안업체들한테서 쓸모없는 각종 장비들을 사들이고 세금을 쓰는 데도 뚜렷한 '초점'이 없다고 보도했다. 실

694) http://www.whitehouse.gov/homeland/(2009년 1월 2일 검색).

제로 국토안보부의 33개 국토보호 프로그램 가운데 고작 4개만이 지금까지 효과를 보고 있다고 미국 정부의 한 연구보고서는 평가했다. ……2005년 한 해 국토안보부 예산은 자그마치 500억 달러(약 50조원)에 이른다. 이는 뉴질랜드의 국민총생산과 맞먹는 액수다. '판돈'이 워낙 컸기 때문인지 그 집행을 둘러싸고 여러 문제가 불거지고 있다. 3억 달러에 사들인 선박컨테이너 핵 탐지기의 기능이 원체 부실해 폭탄과 동물들의 배설물, 바나나를 구분해내지 못하는 게 대표적 사례다.

http://www.hani.co.kr/arti/international/america/42554.html(기사등록 : 2005-06-15:2009년 1월 2일 검색).

국토안보부의 조직은 장관과 부장관, 그 밑의 장관직속 관리국, 과학기술국, 정보분석 및 하부구조 보호국, 국경 및 수송경비국, 비상준비 및 대응국이 있으며, 장관참모 기능으로서 비서국, 법률국, 공공업무국, 주·지역 협력국, 특수지원국, 수도지역 협력국, 업무분담부서가 있다. 또한 장관보조기능으로서 해안경비대, 검열국 심의(상담)국, 시민권리 자유국, Secret Service, 국제업무국, 대마약국이 있다.

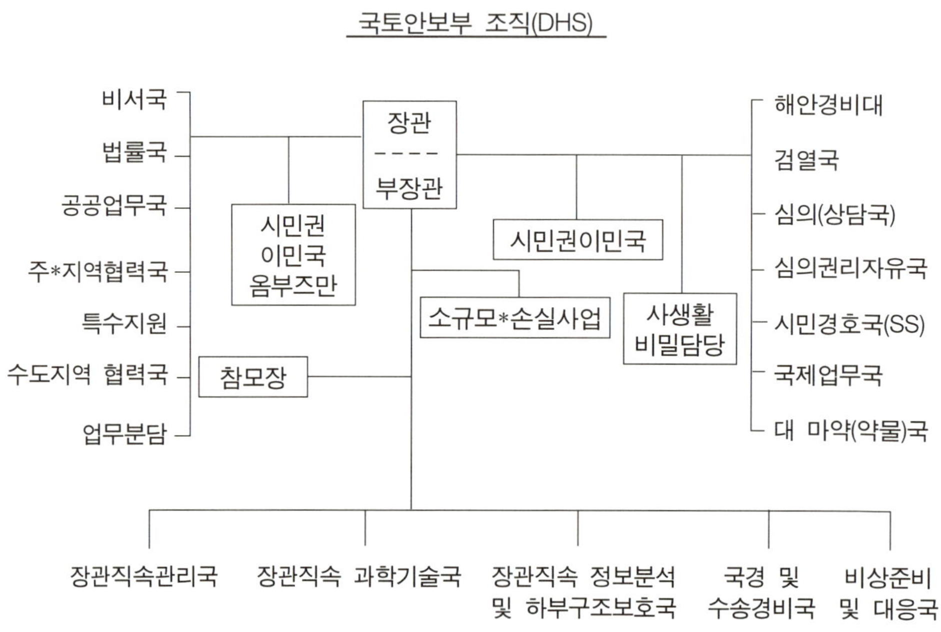

〈그림 24〉 미국 국토안보부 조직도[695)]

2. 경호실(Secret Service)의 임무와 조직

1) 미국 경호실의 연혁

Secret Service(SS)는 The United States Secret Service의 약칭으로서 1865년 4월 14일 미국 최초의 연방수사기관으로 재무성 산하의 과(Division) 단위로 창설되었다는바, 당시 재무부장관이었던 Hugh Mcculloch의 제안과 Abraham Lincoln 대통령의 재가에 의하여 설치된 것이다.[696)]

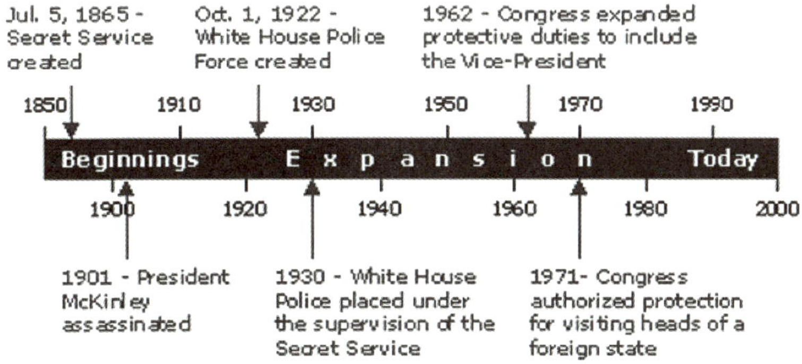

〈그림 25〉 미국 경호실 역사(SS) 개관[697)]

원래는 SS 창설 목적이 위조지폐의 수사였으나, Garfield 대통령과 Mckinley 대통령 암살사건 이후인 1960년 의회에서 대통령 경호에 관한 법안이 통과됨으로써 SS가 대통령 경호임무를 맡게 되었다.

695) 본 조직도는 이상원 교수(용인대)가 제공한 자료이다.
696) 이하 내용은 미국 대통령 경호실 공식 홈페이지를 주로 참고하여 작성한 것이다. http://www.treas.gov/usss/history.shtml(2009년 1월 2일 검색).
697) http://www.treas.gov/usss/history.shtml(2009년 1월 2일 검색).

사진_미국 제16대 아브라함 링컨 대통령이 저격당하는 모습[698)]

사진_아브라함 링컨 대통령이 저격될 당시의 모습을 묘사한 그림[699)]

698) http://img2.tfd.com/wiki/b/b3/The_Assassination_of_President_Lincoln_-_Currier_and_Ives.png(2009년 1월 2일 검색).

699) http://karenswhimsy.com/abraham-lincoln.shtm(2009년 1월 2일 검색).

사진_아브라함 링컨대통령의 초상화[700)]

1865년 아브라함 링컨 대통령이 극장에서 저격을 당하고 1881년 제임스 가필드 대통령이 기차역에서 정신이상자에게 암살당할 때까지만 해도 미국은 대통령 경호실의 필요성을 느끼지 못했다. 그러다 1901년 9월 14일 미국의 제25대 대통령 윌리엄 맥킨리가 암살되자 그제서야 국회는 대통령 경호팀을 구성하기에 이른다. 그러나 여전히 매년 재인정을 받아야 하는 형편이어서 결국 50년 후 참혹한 총격전이 터지며 경호팀은 지속성을 보장받게 된다. 1950년 11월 1일에 벌어진 사건이었다.

당시 백악관은 공사 중이었고, 해리 트루먼 대통령은 건너편 영빈관에 머물고 있었다. 경호원 플로이드 보링이 현관을 지키는 중이었다. 오후 2시 15분 두 남자가 현관 계단으로 접근했는데 한 남자가 총을 꺼내들었다. 보링은 반사적으로 그에게 총을 발사했다. 그 순간 다른 공격자가 경호초소를 향해 총기를 발사해 경호요원 레즐리 코펠트에게 총상을 입힌다. 심한 부상을 입었지만 코펠트 역시 침입자를 제지하는데 성공한다. 그의 총에 맞은 공격자가 총에 맞고 현장에서 사망한 것이다. 방송은 이 끔찍한 총격전 동안 27발의 탄환이 발사됐다고 전했다. 3발의 총격을 입은 레즐리 코펠트는 그날 밤 사망했다고 한다. 암살 공격으로 사망한 최초의 경호원이었다.

---

700) http://karenswhimsy.com/abraham-lincoln.shtm(2009년 1월 2일 검색).

대낮에 벌어진 이 사건은 결국 미대통령 경호실의 영구성을 보장한다는 내용의 법안을 통과시키기에 이른다. 당시 트루먼 대통령은 친필에서 "마침내 대통령 경호가 합법화되어 기쁘다"는 소감을 표하기도 했다. 그러나 모든 일엔 부작용이 따르는 법. 방송은 "그 후 국민들이 예전처럼 대통령을 쉽게 접할 수 없게 되었다"며 "대통령이 미국의 흐름 속에서 점점 고립되어가고 사람들의 생활 방식과 사고방식에서 멀어지는 것은 결국 후회하게 될 문제"라고 전했다. "대통령의 안전을 지키는 방법이 지나쳤다고 말하기는 어렵지만 한 번 생각해 볼 문제"라는 것이다. [TV리포트 윤현수 기자]

1865년 7월 5일 당시 화폐위조에 대처하기 위하여 워싱턴市에서 비밀경호과(SS)를 설치하였다. 당시의 책임자는 William P. Wood였으며, 재무성장관이었던 Hugh McCulloch에 의하여 임명되었다. 연방정부를 상대로 한 사기사건 연루자를 수사하는 하는 것을 포함하여 그 범위를 넓혀나갔다. 즉 우편물절도, KKK사건, 밀수사건, 토지사기사건 및 다양한 연방법 위반사건을 수사하였다.

1870년 SS본부를 뉴욕市로 이전하였다가, 1874년 다시 워싱턴市로 이전한 바 있다.

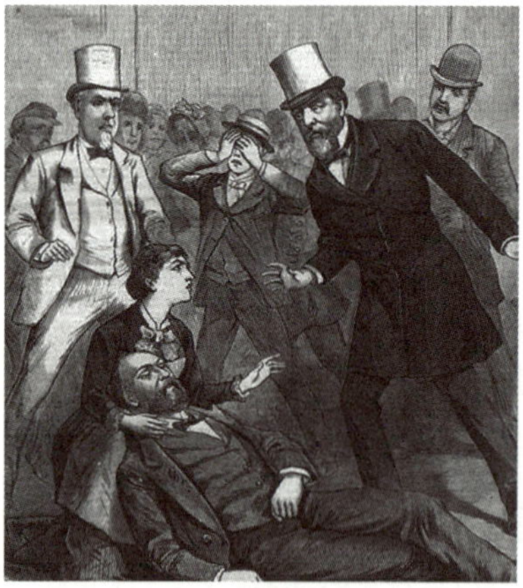

사진_미국의 제20대 대통령 Garfield가 저격된 장면을 묘사한 1881년 신문[701)]

701) http://www.knowledgerush.com/kr/encyclopedia/James_Garfield/(2009년 1월 2일 검

1883년 SS는 연방재무성 내 명백한 조직으로서 공식적으로 인정되었다.

1894년 Cleveland 대통령에 대한 비공식적인 부정기적 경호를 시작했다.

1901년 의회는 비공식적(informally)으로 William McKinley 대통령 암살사건 이후 대통령에 대한 경호를 요청하였다.

1902년 SS는 대통령경호를 위한 책무를 정식으로 부여받았으며(full-time responsibility for protection of the President), 2개의 경호선발대가 백악관에 배치되었다.

1906년 SS에 제공되는 대통령 경호를 위해 소요되는 재원(財源) 마련 근거가 될 법령(Sundry Civil Expenses Act for 1907)을 제정하였다.

1908년 SS는 대통령 당선자를 경호하기 시작했으며, 후일 대통령이 된 Roosevelt는 8명의 경호요원을 법무성으로 전보 발령하였다. 이들은 연방수사국(FBI)이라고 불리는 조직의 핵심인물이 되었다.[702)]

1913년 의회는 대통령에 대한 항구적인 경호를 승인하고, 대통령 당선자 경호에 대하여 법률적 권한을 부여하였다.

1915년 Wilson 대통령은 SS가 미국 내의 간첩사건을 수사할 수 있도록 재무성 장관에게 지시했다.

1917년 의회는 대통령의 가족에 대한 항구적인 경호를 승인했으며, 대통령에게 위협을 가하는 것은 연방법위반으로 규정하였다.

색): Garfield 대통령은 1881년 7월 2일 Charles J. Guiteau라는 자에게 저격을 받았다. 그 후 부상으로 인한 심각한 감염상태로 건강상태가 악화되어 같은 해 9월 19일 사망했다.

702) 수사업무(Investigative Mission)와 관련하여, 남북전쟁 말기, 미국에서 통용되고 있던 화폐의 1/3~1/2정도가 거의 위조된 것이라고 한다. 1865년 7월 5일 당시 SS는 미국경제의 적으로부터 위협에 대처하기 위하여 재무성 소속의 한 과단위로 설치되었다. 한 10여년이 지나면서, 화폐위조가 현저히 감소하였다. 그 당시 초기 몇 년 동안에 SS는 위조와 관련이 적은 사건들도 수사하였다. Teapot Dome 정유회사 스캔들 및 KKK사건, 연방정부 토지사기 사건 등이 포함되었다. 또한 미국과 스페인전쟁 및 1차 세계대전 기간에는 방첩활동까지 담당하였다. 다른 연방법집행기관들이 설치되면서, SS의 수사기능은 연방재무성 관련 범죄쪽으로 제한되었다.

1922년 백악관 경찰대(White House Police Force)가 Harding 대통령의 요청으로 동년 10월 1일 창설되었다.[703)]

1930년 백악관 경찰대가 SS 감독 하에 놓였다.

1951년 트루먼 대통령에 대한 공격시도로 인하여 의회는 SS로 하여금 대통령과 그 가족 그리고 대통령당선자 및 부통령(본인이 원한다면) 경호를 항구적으로 실시할 수 있도록 법안을 통과시켰다(Public Law-82-79).

1961년 의회는 전직 대통령에 대해서 합리적 기간동안(a reasonable period of time) 경호하는 것을 승인했다.

에어포스 원과 John F. Kennedy

케네디는 경호실과 군에서만 사용해 온 '에어포스 원'이라는 용어를 경호실의 반대에도 불구하고 일반화하도록 지시했습니다. 동체에 'United States of America'를 써넣고 꼬리 부분에 성조기를 그려 넣은 것도 케네디의 아이디어였다.
패션감각이 뛰어난 영부인 재키는 동체를 흰색과 청색으로 디자인했습니다. 이 디자인이 지금껏 사용되고 있습니다. 에어포스 원을 탄 자신의 모습이 공개되는 걸 꺼려했던 전임 아이젠하워 대통령과 달리 케네디는 에어포스 원이 TV와 언론에 공개되는 걸 좋아했다. 케네디 시대부터 비행장에 착륙하는 에어포스 원의 모습이 신문 1면을 장식하기 시작했고 ABC와 CBS, NBC 방송을 통해 생중계되기 시작했습니다. 이 관행 또한 지금까지도 유지되고 있다. ……1963년 11월 22일 텍사스 방문을 케네디는 꺼려했다고 한다. 자신의 고향 州를 방문해 달라는 존슨 부통령의 강권을 마지못해 수용했고, 당시 텍사스는 케네디를 싫어하는 극우 보수주의자들의 아성이었다. 케네디는 자신의 텍사스 목장을 방문해달라는 존슨 부통령의 요구도 탐탁치않게 생각했으나, 그 방문은 결국 실현되지 못했습니다. 암살당한 케네디의 시신(屍身)은 결국 에어포스 원에 실려 워싱턴으로 운구되었다.[704)]

703) http://www.secretservice.gov/whoweare_ud.shtml(2007년 3월 31일 검색).
704) http://blog.segye.com/cool1024/3647(2009년 1월 4일 검색).

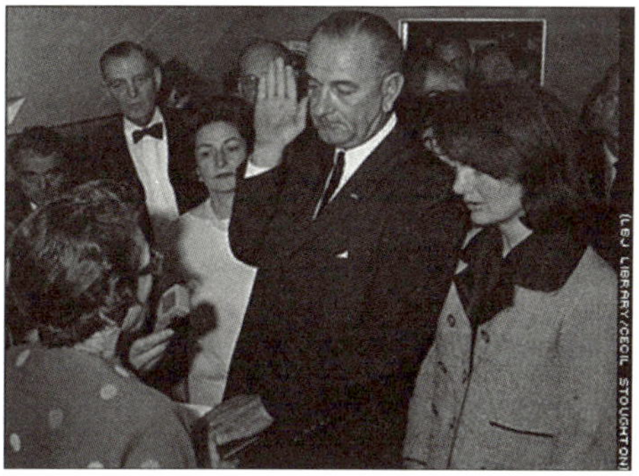

사진_린든 존슨 부통령이 에어포스 원(AIR FORCE ONE) 기내에서의 취임 선서[705)]

1963년 의회는 John F. Kennedy 영부인과 그녀의 자녀들에 대한 2년 동안 경호를 할 수 있는 법률을 통과시켰다.

1965년 의회는 전직 대통령과 그들의 배우자에 대해서는 생존기간 동안 그리고 어린 자녀들에 대해서는 16세가 될 때까지 경호를 실시할 수 있도록 승인했다.[706)]

1970년 백악관경찰대가 "Executive Protective Service"라는 명칭으로 바뀌면서 워싱턴市에 소재한 외교공관 경비책임을 포함하여 직무가 확대되었다(Public Law 91-217).

1971년 의회는 SS가 외국의 정부대표 혹은 다른 공식적인 귀빈이 미국을 방문하는 경우, 경호를 실시할 수 있도록 권한을 부여했다.

1975년 Executive Protective Service의 임무가 워싱턴 시내뿐만 아니라 전세계 및 미국전역에 소재한 외교적 임무를 띠고 있는 공관에 대한 경비책임을 맡도록 임무가 확장되었다.

---

705) 1963년 11월22일 금요일 오후 2시39분, 케네디 대통령이 텍사스 달라스에서 암살당한 직후 린든 존슨 부통령이 에어포스 원(AIR FORCE ONE) 기내에서 대통령 취임 선서를 하고 있다. 존슨의 좌측엔 재키 케네디 영부인이 암살 당시 남편의 피가 튄 분홍색 정장 그대로인 채 비통한 표정으로 서 있다. http://blog.segye.com/cool1024/3647 (2009년 1월 4일 검색).

706) 1997년 SS의 관련법 개정으로 전직대통령의 경우, 퇴임 후 10년까지만 경호를 실시한다.

1977년 11월 15일 The Executive Protective Service가 Secret Service Uniformed Division이라는 명칭으로 공식적으로 변경되었다.

1986년 재무성 소속의 경찰대(Treasury Police Force)가 SS Uniformed Division으로 합병되었다.

1997년 의회는 "1997년 1월 1일부터 임기가 시작되는 대통령은 대통령직에서 퇴임한 후 10년 동안만 SS의 경호를 받을 것"이라는 내용의 법안을 통과시켰다.[707] 그러나 1997년 1월 1일 이전 대통령으로 재직하였던 전직 대통령들은 평생동안 경호를 받게 된다(Public Law 103-329).[708] 동법률에 의거, 종신경호를 받을 수 있는 경우는 Clinton 대통령이 마지막이 된다. 조지 부시 대통령부터(2009년 1월 20일)는 퇴직 후 10년까지만 경호실 요원들에 의한 경호를 받을 수 있게 되었다.

2000년【대통령에 대한 위해방지법(Presidential Threat Protection Act: Public Law 106-544)】안이 통과됨으로써 국가의 특별한 중요한 행사에서 SS가 경호작전에 대한 계획, 조정, 실행에 참여할 수 있도록 승인되었다.

2001년【애국법(The Patriot Act : Public Law 107-56)】이 통과됨으로써 컴퓨터와 연관된 사기사건 및 그러한 행위를 수사할 수 있도록 SS의 역할이 확대되었다.

2002년 관련법률(Public Law 107-296)이 통과됨으로써 국토안보부(Depart-ment of Homeland Security)가 창설되었으며 SS가 재무성으로부터 이관되었다. 새로운 부서는 2003년 3월 1일부터 효력이 발생했다.

2004년 Barbara Riggs이라는 베테랑 여자 경호관이 경호실 역사상 처음으로 경호실 차장(Deputy Director)직에 임명되었다.[709]

2007년 5월부터 민주당 대통령 후보로 나선 Barack Obama 상원의원(일리노이州)에 대한 신변경호를 개시했다. 한편, Hillary Clinton상원의원(민주당, 뉴욕 州)은 이미 전직대통령 부인 자격으로 경호실 신변경호 서비스를 받고 있었다.

---

707) http://www.secretservice.gov/history.shtml(2009년 1월 15일 검색).
708) http://www.secretservice.gov/faq.shtml#faq9(2007년 3월 31일 검색).
709) http://www.secretservice.gov/history.shtml(2009년 1월 15일 검색).

2008년 경호실은 미국 국토안보부 소속으로 새롭게 출발한 지 5년이 되었다. 2003년 이래 29,000여 명의 범죄자(위조, 사이버수사, 기타 경제범죄)를 체포하였으며 98%에 해당하는 피의자들이 유죄를 선고받았다. 2억 9천 5백만 달러에 해당한 위조지폐를 압수한 바 있다. 37억 달러 정도의 실질적 손실을 끼친 경제범죄를 수사하여 해결했으며 잠재적으로 120억 달러가 넘는 손실을 예방했다고 한다.[710)]

"알-카에다, 클린턴 암살기도", 美 비밀경호국 경호방식 정밀분석

오사마 빈 라덴의 테러조직 알-카에다가 빌 클린턴 前 미국대통령 암살을 시도했을 수도 있으며 어쩌면 세계적인 지도자들의 추가 제거도 계획했을 가능성이 있다고 2002년 2월 4일 UPI가 보도했다. UPI가 단독 입수한 아랍어 문건들은 "우리는 클린턴을 죽이려 했으나 실패했다"고 적고 있어 이를 뒷받침했다. 클린턴 前 미 대통령 암살기도에 대한 단서들은 알-카에다 조직원들이 암살 및 납치 특별훈련을 받았던 아프가니스탄 수도 카불 근교의 쇼말리 단지에서 발견된 미국 비밀경호국(SS) 경호방식에 대한 필기노트와 스케치 가운데에서 발견됐다. 이 문건들은 클린턴에 대한 공격이 몇 차례 고위급 회의 혹은 정상회담 때 계획됐다고 밝히면서도 정확한 날짜를 명시하지 않았으며 계획이 취소됐는지 혹은 다른 방식으로도 실패에 그쳤는지에 대해서도 언급하지 않았다. 카불의 전문가들은 그러나 알-카에다의 이 같은 암살기도는 약 2년전 계획된 것으로 분석했다.

북부동맹 고문으로 아프가니스탄 과도정부 요원 중 1명인 보안전문가 J. 키스 인데마(미국)는 빈 라덴의 테러조직이 골프대회중 제2의 공격을 생각해왔을 수도 있다고 주장했다. 그는 특히 "관련 문건들은 명백하게 어떤 방식으로 대통령경호가 구성되고 있으며 비밀경호국이 어떤 일을 수행하고 어떤 취약점을 찾는지를 보여주고 있다"고 밝혔다. 인데마는 美 CBS-TV '60분'프로그램에서 최근 방영된 그래픽 테러리스트 훈련비디오 테이프를 포함하여 (그동안)노획된 알-카에다 기록들을 분석해왔다. 그는 또 "알-카에다는 비밀경호국의 장단점을 연구, 거리와 노출된 장소가 대통령암살에 최적지라고 결론을 내렸다"며 알-카에다 암살지침이 미 대통령 경호방식연구까지 망라하고 있음을 강조하면서 특히 가장 빈번하게 이뤄진 쇼말리캠프 암살훈련에는 모의 시가지와 골프코스까지 만들어놓고 고위급 암살훈련이 계속됐다고 강조했다.

---

710) http://www.secretservice.gov/history.shtml(2009년 1월 15일 검색).

이밖에 다른 보안전문가들도 알-카에다 대원 훈련은 픽업트럭과 모터사이클을 활용한 도시게릴라전도 들어있다고 설명했다. 이들이 분석한 한 테이프는 다른 한 패가 오픈 밴의 후미(後尾)에서 총격을 가하는 동안 모터사이클에 탄 2인 1조의 테러범이 폭탄으로 요인이 탄 자동차행렬을 공격하는 내용이 들어있다고 덧붙였다(카불 UPI=연합뉴스).

http://www.chosun.com/w21data/html/news/200202/200202050056.html(2009년 1월 2일 검색).

2) 경호대상과 임무

SS는 법률과 행정부명령의 위임을 받아서 크게 세 가지 중요한 직무를 수행하는 바, 경호업무와[711] 범죄수사업무[712] 및 경비업무이다.[713]

---

711) 경호임무(The Protective Mission)와 관련하여, 1901년 William McKinley 대통령이 Buffalo에서 암살되었는데, 그는 36세에 암살된 미국의 3번째 대통령이었다. 이 사건을 계기로 대통령에 대한 경호가 필요하다는 요청과 주장이 대두되었다. 그 결과 의회는 SS가 새로운 대통령인 Theodore Roosevelt를 경호하도록 지시했다. 1906년 의회는 SS가 대통령 경호에 대한 책임을 영구적으로 맡도록 입법화하였다. 그 때 이후 경호임무는 급격하게 확대되었다. 그리고 SS는 부정기적으로 여러 가지 귀중품보호 임무를 수행하기도 했다. 예를 들면, 독립선언서, 미국헌법전, 구텐베르크성경, 그리고 2차 세계대전 중에는 다른 중요한 서류들을 보호하기도 했다. 또한 전쟁기간 중 미국을 방문하는 외국의 국가원수들에 대한 경호도 실시하였다. 뿐만 아니라 미국에서 레오나르도 다빈치의 작품인 "모나리자" 전시회가 개최되었을 때, 그림을 보호하는 임무도 맡았다.

712) 수사업무(Investigative Mission)와 관련하여, 남북전쟁 말기, 미국에서 통용되고 있던 화폐의 1/3~1/2정도가 거의 위조된 것이라고 한다. 1865년 7월 5일 당시 SS는 미국경제의 敵으로부터 위 협에 대처하기 위하여 재무부 소속의 한 과단위로 설치되었다. 한 10여년이 지나면서, 화폐위조가 현저히 감소하였다. 그 당시 초기 몇 년 동안에 SS는 위조와 관련이 적은 사건들도 수사하였다. Teapot Dome 정유회사 스캔들 및 KKK사건, 연방정부 토지사기 사건 등이 포함되었다. 또한 미국과 스페인전쟁 및 1차 세계대전 기간에는 방첩활동까지 담당하였다. 다른 연방 법집행기관들이 설치되면서, SS의 수사기능은 연방재무성관련 범죄 쪽으로 제한되었다.

713) 백악관 및 워싱턴시내에 소재한 외교공관에 대한 경비임무를 맡고 있는 요원들을 정복경찰관들이다.

사진_미국 대통령 경호실(SS)의 신변경호 장면[714)]

① 경호대상자와 신변경호 업무(Protective Mission)

- 대통령, 부통령(혹은 대통령 궐위시 - 그 지위를 승계 받는 순서에 따른 다른 각료들)과 그들의 가족들,[715)]

사진_미국 경호실요원들의 조시부시 대통령 경호 모습[716)]

---

714) http://www.treas.gov/usss/protection.shtml(2009년 1월 2일 검색).
http://www.treas.gov/usss/presidential_i naugural.shtml(2009년 1월 2일 검색).

715) http://www.secretservice.gov/protection.shtml(2009년 1월 15일 검색).

716) http://en.wikipedia.org/wiki/Image:SecretServiceAgent.jpg(2007년 3월 31일 검색); http://www.secretservice. gov/FY2008_AnnualReport_WM.pdf(United States Secret Service Fiscal Year 2008 Annual Report, 2009, p. 30: 2009년 1월 15일 검색).

사진_이라크 기자가 부시 대통령에게 신발을 투척하는 장면[717)]

부시 "신발테러 과잉대응 말길", "재임중 가장 기괴한 경험"

이라크를 방문해 기자회견을 하던 중 기자가 던진 신발에 맞을 뻔했던 조지 W. 부시 미국 대통령은 2008년 12월 16일 "내가 대통령이 된 뒤 경험한 가장 기괴한 순간으로 기록될 것"이라며 "좀 별나긴 했지만 (기자가) 자신을 표현하는 흥미로운 방법 중 하나"라고 말했다. 부시 대통령은 이날 CNN과의 인터뷰에서 이같이 말하고 "이라크에서 자유로운 사회가 태동하는 증거라고 믿고 싶다. 이라크 사법 당국이 이번 일을 처리하는 데 있어 과잉대응을 하지 않았으면 한다"고 덧붙였다.

당시 이라크 기자회견 현장의 혼란 와중에 눈 주위가 마이크에 부딪혀 파랗게 멍이 든 데이너 페리노 백악관 대변인도 이날 정례브리핑에서 "부시 대통령은 그 기자에게 전혀 유감이 없으며 경호팀의 대응에도 불만이 없다"고 말했다. 그는 "부시 대통령은 이라크가 독립된 주권국가라고 믿고 있다. 따라서 기자에 대한 처벌 여부를 결정하는 것도 이라크 정부의 몫이다"고 강조했다. 한편 이라크 고등법원은 '신발 공격'의 장본인인 문타다르 알자이디 기자가 이날 법원에 출석해 혐의 사실을 인정했다고 밝혔다. 알자이디 기자의 형인 두르그함 씨는 동생이 보안요원들에게 연행되는 과정에서 가혹 행위를 당해 팔과 갈비뼈가 부러졌다고 주장했다.

하태원 특파원 제공기사.[718)]

---

717) http://i.dailymail.co.uk/i/pix/2008/12/14/article-1094654-02CE052C000005DC-71_468x286.jpg;http://newsimg.bbc.co.uk/media/images/45300000/jpg/_45300901_jex_247509_de27-1.jpg(2009년 1월 3일 검색).

718) http://www.donga.com/fbin/output?n=200812180172(2009년 1월 3일 검색).

• 대통령·부통령 당선자 및 그의 직계가족,

사진_오바마 대통령 당선자를 경호하는 모습[719)]

당선자 오바마 '철통경호'한다

2008년 11월 4일 밤 오바마(Obama)의 대통령 당선 연설이 예정된 시카고 그랜트 파크에선 예전의 오바마 유세에서는 볼 수 없었던 풍경이 하나 펼쳐졌다. 단상 주위로 높이 3.6m, 두께 7.6㎝의 특수방탄유리가 둘러쳐진 것이다. 첫 흑인 대통령 당선자에 대한 암살기도를 막기 위해서다. AFP통신은 5일 "오바마가 당선됨에 따라 오바마 경호를 맡고 있는 국토안보부 산하 경호실(US Secret Service)이 바싹 긴장하고 있다"면서 "백인 우월주의 그룹에 속한 극단주의자들이 취임 전 암살을 계획할 가능성이 있다"고 보도했다. 실제로 오바마 당선이 확정되자마자 비밀검찰국은 경호인력을 대폭 늘렸고, 중무장 특별경호대 수백명을 별도 배치하는 전례 없는 조치를 취한 것으로 알려졌다.

에드 도노반(Donovan) 경호실(SS) 대변인은 "대통령이 바뀌면 많은 변화를 요한다"며 "우리는 분명히 경호 계획을 조정하고 있으며 각종 비상상황에 대한 계획도

719) 흑인에 반감을 가진 백인우월주의자들의 위협도 만만치 않다. 이미 대통령 후보 시절부터 수십여 차례 오바마 암살을 공언했던 테러주의자들은 협박을 멈추지 않고 있다. 이에 따라 오바마와 가족에 대한 미국 대통령 경호실(SS·Secret Service)의 경호는 더욱 삼엄해지고 있다. http://www.kyeongin.com/news/articleView.html?idxno=407150 (2009년 1월 4일 검색).

수립했다"고 말했다. 경호실 前요원이자 경호회사를 운영하고 있는 프레드 버튼(Burton)은 "오바마 당선은 독특하고도 도전적인 환경을 조성했다"며 "그를 경호하는 것은 극도로 어려운 일이 될 것"이라고 했다.

오바마 부부와 자녀들은 이미 24시간 철통같은 경호를 받고 있으며 방탄 리무진도 제공됐다. 오바마는 대선 기간 동안 무려 500여 건의 암살 위협을 받았다. 2008년 10월말 백인 2명이 테네시州에서 오바마 암살을 계획하다 체포되기도 했다. 이 때문에 오바마는 이례적으로 2007년 5월부터 경호실의 보호를 받아왔다. 역대 미대통령 중에는 존 F. 케네디(Kennedy) 등 4명이 재임 중 암살됐고, 로널드 레이건(Reagan) 등 2명은 부상했다. 프랭클린 루스벨트(Roosevelt)는 당선자 신분일 때 총격을 받았으나 다행히 살아 남았다[조선일보 2008년 11월 7일자 원정환 기자].[720)]

- 전직 대통령 및 배우자(퇴직 후 10년까지),[721)] 전직대통령 자녀 중 16세 미만자,
- 퇴직한 부통령, 배우자(2009년 1월부터 Cheney 부통령과 그 부인이 해당된다) 및 그들의 16세 미만의 자녀들은 퇴직한 날로부터 6개월 간 신변경호 서비스를 제공한다. 만약 상황이 필요하면 국토안보부장관은 그 신변경호기간을 확장할 수 있다(2008년 9월 26일 관련내용이 법률에 반영되었다).[722)]
- 미국을 방문 중인 외국의 정부 수반, 기타 미국을 방문 중인 중요인사 및 대통령 특사자격으로 미국을 방문하는 자,[723)]

---

720) http://kr.news.yahoo.com/service/news/shellview.htm?articleid=2008110706523210334&linkid=57&newssetid=511(2008년 11월 7일 검색).

721) 1997년 이전에 대통령으로 재직한 자와 그의 부인(재혼하지 않은 조건)은 종신경호, 이후에 퇴직한 전직대통령들은 향후 10년 이내에 한하여 경호를 실시한다.

722) http://www.secretservice.gov/FY2008_AnnualReport_WM.pdf(United States Secret Service Fiscal Year 2008 Annual Report, 2009, p. 19, 31: 2009년 1월 15일 검색).

723) 2008년 한 해 동안에, 수백 명의 외국의 국가원수 혹은 행정수반과 그 영부인들이 미국을 방문한 바 있었다. 경호실은 944여회에 걸쳐, 이들에 대한 신변경호 서비스를 조정한 바 있다고 한다.http://www.secretservice.gov/ FY2008_AnnualReport_WM.pdf (United States Secret Service Fiscal Year 2008 Annual Report, 2009, p. 27: 2009년 1월 15일 검색).

> 매년 가을이 되면 뉴욕시에 소재한 유엔(UN)본부에서 유엔총회(United Nations general Assembly)가 개최된다. 이때에 미국 경호실은 총회에 참석하는 수백 명의 외국의 중요인사들을 위한 광범위한 경호업무를 수행한다. 2008년 9월 23~10월 3일까지 116명의 외국의 국가원수 및 행정수반과 그들의 영부인 58명에 대해 신변경호를 수행한 바 있다.[724)]

- 미국 대통령(Executive Order of the President)이 경호대상자로 지정하는 자,
- 대통령 선거일 기준 120일 동안의 주요정당의 대통령 및 부통령 후보자에 대통령 후보자를 보호하는 것이다.[725)]

사진_미국 경호실 요원들이 각급 정당 전당대회시 경호장면[726)]

경호실에서는 2008년 8월 25-28일까지 Colorado州 Denver시에서 개최된 미국 민주당 전당대회와 2008년 9월 1~4일까지 개최된 공화당 전당대회 시, 요인경호서비스를 제공한 바 있다.

- 국가적으로 특별히 경호가 필요한 행사시, 국토안보부장관 등이 지정한 경우, 이러한 경호대상자에 대한 위협요인을 수사한다. 백악관을 경비하고, 부통령의 관

---

724) http://www.secretservice.gov/FY2008_AnnualReport_WM.pdf(United States Secret Service Fiscal Year 2008 Annual Report, 2009, p. 18: 2009년 1월 15일 검색).

725) U. S. Code 18, Sec. 3056 Powers, Authorities and Duties of United States Secret Service.

726) http://www.secretservice.gov/FY2008_AnnualReport_WM.pdf(United States Secret Service Fiscal Year 2008 Annual Report, 2009, pp. 17-18: 2009년 1월 15일 검색).

저 그리고 외교 공관, 워싱턴특별시에 소재한 다른 청사들을 경비한다. 지정된 국가의 특별한 경호행사에 대해서 경호계획을 설계하고 실행한다.[727)]

미국 대통령 당선인 취임 전 숨진다면?

2008년 11월 4일 미 대통령 선거에서 승리한 후보가 2009년 1월 20일 취임하기 전에 사고 등으로 숨질 경우 누가 대통령직을 맡게 되나. 미의회조사국(CRS)은 최근 대통령 당선인의 유고 시 후임자를 정하는 방법을 제안한 보고서를 발표했다. 그동안 미국 대통령들은 수십 차례의 암살 기도를 받아왔다. 링컨·가필드·케네디 대통령 등은 임기 중 암살당했다. 대선에서 당선된 후보가 사망한 적은 없다. 그런데도 의회조사국이 이번에 이런 보고서를 낸 것은 이번 대선은 과거와 상황이 많이 다르기 때문인 것으로 풀이됐다. 2008년에는 최초의 흑인 대통령(민주당 버락 오바마 후보)이나 역대 최고령 대통령(공화당 존 매케인 후보) 당선인이 나오기 때문이다. 특히 오바마에 대해선 백인우월주의자들의 테러 시도가 있었기 때문에 미 정부도 어느 때보다 후보 경호에 신경을 쓰고 있는 상황이다.

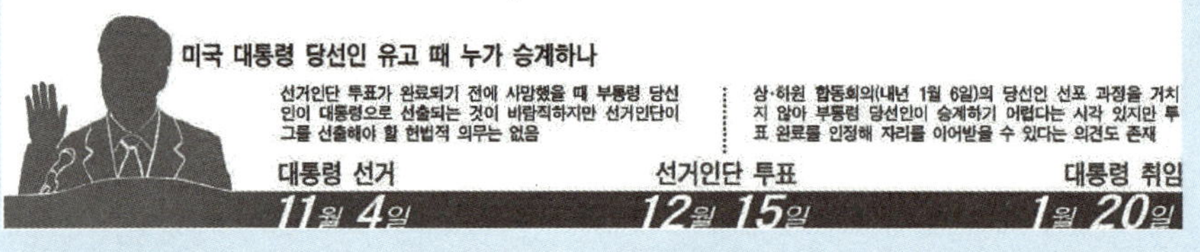

그러나 이 보고서를 쓴 CRS의 토머스 닐 박사는 "지금까지 미국 헌법에는 대통령 당선인의 유고 시 승계 주체나 절차가 불명확해 해석상 혼선이 많았다"며 "규정을 명확하게 만들어 만약에 있을지 모르는 행정상 혼란을 예방하자는 취지일 뿐"이라고 밝혔다. 현직 대통령의 유고 시엔 '부통령→하원의장' 순으로 승계 절차가 규정돼 있지만 대통령 당선인의 유고 시는 그렇지 않다는 것이다. 닐 박사는 11월 4일 대선에서 당선된 후보가 2009년 1월 20일 취임 전에 숨질 경우 美 대선의 절차상 복잡한 문제가 발생한다고 설명했다. 이번 대선은 ① 11월 4일 유권자들이 각 주마다 할당된 선거인단을 뽑고, ② 12월 15일 선거인단이 대통령을 뽑는

727) http://www.secretservice.gov/protection.shtml(2009년 1월 15일 검색).

투표를 하며, ③ 내년 1월 6일 상·하원 합동회의에서 선거인단 투표결과를 집계해 과반수를 획득한 후보를 대통령 및 부통령 당선자로 선포하고, ④ 1월 20일 대통령에 공식 취임하게 된다.

선거인단 투표 완료 전에 숨질 경우 부통령 당선인이 대통령으로 선출되는 게 바람직하나 헌법상 선거인단은 그럴 의무가 없다는 것이다. 닐 박사는 "예를 들어 선거인단 일부에서 '대통령 당선인이 숨진 만큼 (부통령 당선인 아닌) 다른 사람에게 투표할 권리가 있다'고 주장할 수 있다"고 설명했다. 부통령 당선인까지 숨질 경우 상황은 더욱 복잡해진다. 닐 박사는 "이런 불상사를 해결하려면 공화당과 민주당은 정·부통령 후보를 지명하는 전당대회에서 두 사람의 유고 시 자리를 승계할 '대기 후보'를 함께 지명하는 방안을 고려해야 한다"고 제안했다.

선거인단 투표 이후 미 의회의 공식 집계 전 과반수 득표 후보가 숨졌을 경우도 논란거리다. 일부 학자는 이 경우에도 부통령 당선인이 승계 권리가 있다고 보기 어렵다고 주장한다. 그러나 하원 관계자들은 대부분 "선거인단이 투표를 완료한 만큼 부통령 당선인이 대통령 당선인 자리를 승계할 수 있다"는 입장이다. 이와 함께 대통령 당선인이 2009년 1월 20일 취임한 뒤에도 그가 지명한 내각이 상원의 인준을 받기 전 숨졌을 경우도 논란이 있을 수 있다고 닐 박사는 지적했다.

이에 따라 현재 미 의회에는,

▶ 공화·민주당은 대통령·부통령 후보 유고에 따른 대체 후보 선출 절차를 마련해야 하고, ▶물러나는 대통령이 새 대통령 취임 시까지 새로운 내각의 인준이 완료되도록 협조해야 한다는 골자의 법안 두 가지가 제출된 상태다. 특히 이들 법안은 9·11 같은 대규모 테러로 대통령과 부통령은 물론 각료들까지 유고를 당하는 상황에 대비해 대통령직 승계 주체로 주요국 대사 5명을 포함시키고 있다. 이 법안이 통과되면 부통령-하원의장-국무장관-각 부 장관으로 이어지는 승계 순서 뒤에 주유엔-주영국-주러시아-주중국-주프랑스 대사가 새롭게 자리잡게 된다.[728)]

[중앙일보] 2008년 10월 24일 [워싱턴=김정욱 특파원]

② 범죄수사업무(Investigative Mission)

경호실은 1865년 법집행기관으로 발족되었다. 대부분의 직무가 대통령경호와 관련된 업무이지만 그 기본적인 업무의 출발은 위조화폐의 수사였다. 지금도 이 임무는

728) http://kr.news.yahoo.com/service/news/shellview.htm?linkid=15&articleid=2008102401461287319&newssetid=87(2008년 11월 6일 검색).

수행되고 있다.[729] 또한 연방의 유가증권과 채권을 위조하는 등의 연방법위반의 범죄행위를 수사한다. 사기범죄를 저지르기 위해 어떤 장치에 접근하는 것, 금융기관 사기, 개인정보절도, 컴퓨터사기, 컴퓨터를 이용하여 미국의 재정, 금융 그리고 정보통신망 구조에 대한 공격을 가하는 행위를 포함하여 금융범죄를 수사한다.[730]

SS 경호전문가들은 국가적 특수 경호행사를 기획하며 사이버 범죄, 신원사기, 컴퓨터 사기, 재정범죄, 테러리스트의 위협에 관련된 사건에 대응한다. SS는 국토안보부 장관에게 직접 보고하는 체제로 이루어진다. 국토안보부가 만들어 질 때 SS는 국토안보부의 다른 기능 및 조직과 합병됨이 없이 조직 그대로 남아서 운영되고 있고, 동 부서는 독특하고도 전문화된 부서로서 국토안보부의 핵심임무를 수행하고 있다.[731]

3) 경호실의 조직과 인력규모

오늘날 全세계에서 가장 뛰어난 전문성과 대규모 경호 인력을 보유하고 있는 바, 2009년 1월 현재, 약 6,700여명이 근무하고 있다. 이중 경호 및 수사요원(special agents)은 3,200여명,[732] 정복근무자들은 1,300여명[733] 그리고 기술 및 행정요원들(technical and administrative employees)이 약 2,000여명이다.[734] 한편, 2008년

729) http://www.secretservice.gov/investigations.shtml(2007년 3월 31일 검색).
730) 범죄수사임무와 관련하여, SS는 미국정부와 외국정부의 통화나 유가증권 위조행위를 계속 수사하고 진압하고 있다. 연방정부가 발행한 수표, 채권, 채무관계서류 위조 및 사기사건을 수사한다. 1980년 의회는 신원관련 허위문서 및 장비와 관련된 사기사건을 포함하여 수사관할권을 확대하는 방향의 법안을 통과시켰다. 1984년 신용카드 및 현금카드 관련 사기 및 행위를 수사할 수 있는 관할권을 확대하고 컴퓨터사기와 관련된 수사권, 재무성의 전자금융시스템과 관련된 컴퓨터사기를 수사할 수 있는 권한을 재무성 쪽으로 부여하는 등의 추가적인 입법을 추진하였다.
731) George W. Bush, The Department of Homeland Security, 2002, p. 16.
732) 이 요원들은 경호임무와 수사 임무를 순환하면서 맡을 수 있다. 다양한 전문가들이 SS의 수사부서와 경호부서에서 근무하고 있는 바, 보안전문가, 전기공학, 통신전문가, 심리학전문가, 컴퓨터전문가, 화기전문가, 정보분석가, 거짓말탐지기조사관, 법과학전문가들이다.
733) http://www.secretservice.gov/whoweare_ud.shtml(2007년 3월 31일 검색).
734) http://www.secretservice.gov/faq.shtml#faq8(2009년 1월 15일 검색).

7월 현재, 약 6,600여명의 직원들과 연간 14억 달러 정도의 예산을 집행하였다고 한다.[735]

특수요원들은 신변경호업무와 혹은 재정분야 사기범죄(financial fraud)를 수사한다. 정복근무자들은 일반경찰관으로 간주되고 있으며 이들은 백악관 및 부통령관저, 대통령이 집무하는 공간 내에 위치한 건물들, 재무성청사와 그 부속 건물, 워싱턴시내에 소재한 외교공관, 미국의 다른 지역에 소재한 외교기관 등에 대한 경비책임을 맡고 있다. 평소에는 워싱턴시내를 순찰한다.[736]

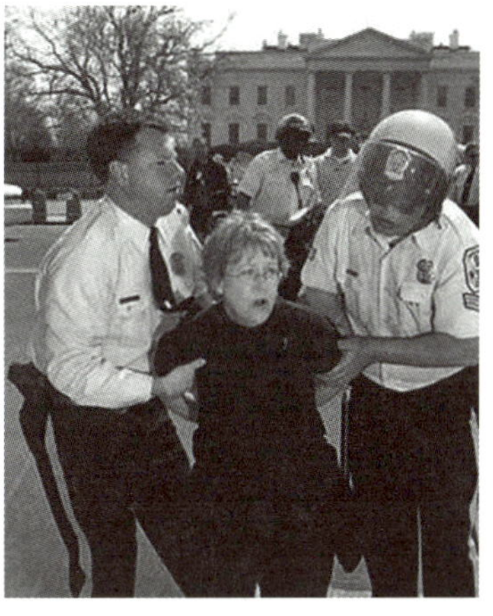

사진_워싱턴시내 백악관주변을 순찰하는 경호실 소속 정복경찰관들(좌)[737]
백악관주변에서 불법시위자를 연행하는 경호실 소속 정복경찰관들(우)[738]

735) http://www.secretservice.gov/depdirector.shtml(2009년 1월 15일 검색).

736) http://www.secretservice.gov/kids_faq.shtml(2007년 3월 31일 검색).

737) http://en.wikipedia.org/wiki/Image:US_Secret_Service_officers.jpg(2007년 3월 31일 검색).

738) http://www.commondreams.org/headlines03/0326-10.htm(2009년 1월 9일 검색). Uniformed Secret Service police arrest a protester, who passed the barricades to demonstrate against the war in Iraq in front of the White House Wednesday, March 26, 2003. British Prime Minister Tony Blair arrives in Washington Wednesday, then heads to the presidential retreat at Camp David, Md., to meet with President Bush(AP Photos/Rick Bowmer).

사진_백악관주변 및 취임식 퍼레이드 노상을 경비하고 있는 경호실 요원들[739]

현재, 미국 내 50여개 지부(출장소, 연락사무소 등)를 설치하고 있으며 브라질, 프랑크푸르트, 멕시코, 모스크바, 남아공, 헤이그, 불가리아, 런던, 파리, 리옹, 로마, 밀라노, 방콕, 홍콩, 오타와, 몬트리올, 밴쿠버, 마닐라, 보고타 등에 해외연락사무소를 운영하고 있다.[740]

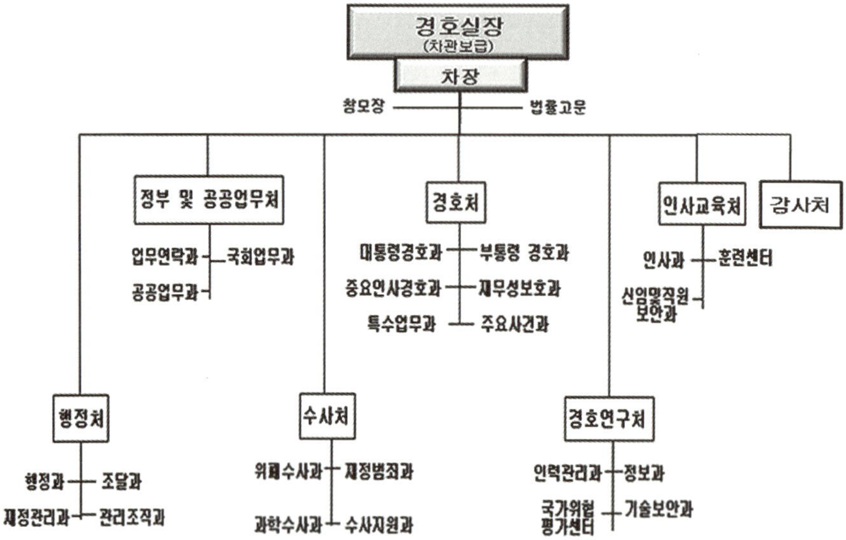

739) http://www.cvs.k12.mi.us/rcummins/photos/alumni/Brian%20Forest/WH_SecretService.jpg(2009년 1월 9일 검색);http://www.google.com/hostednews/afp/article/ALeqM5iP4nj 8NwtNW_7SCWHOvf6yv4Vh4w(2009년 1월 21일 검색).

740) http://www.secretservice.gov/field_offices.shtml(2007년 3월 31일 검색).

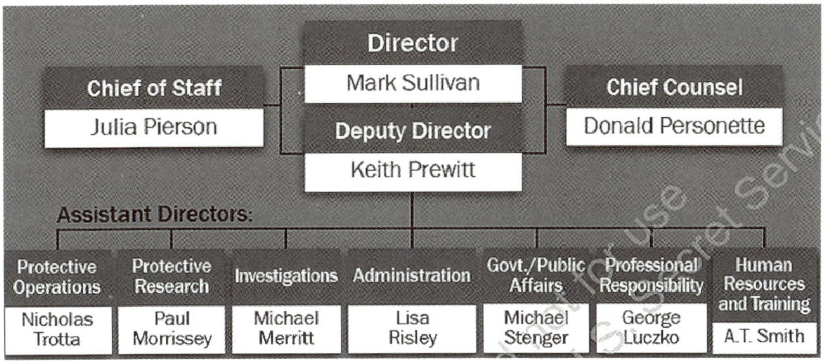

〈그림 26〉 미국 경호실(SS) 조직도(2004년 미경호실 내부자료 및 2009년 자료)[741]

2009년 1월 현재, 22대 경호실장은 Mark Sullivan으로 지난 2006년 5월 31일부터 경호실장에 임명되었다.[742] 동인은 1983년 Detroit Field Office에서 경호실요원으로 근무하기 시작하였다. 그 후 경호실의 여러 부서에서 근무한 경험이 있다.

SS는 1인의 경호실장과 차장,[743] 참모장, 법률고문과 행정처, 정부 및 공공업무처, 수사처, 경호처, 경호연구처, 인사교육처, 감사처로 구성되어 있다.

- 행정처는 행정과, 조달과, 재정관리과, 관리조직과로 구성된다. 정부 및 공공업무처는 업무연락과, 국회업무과, 공공업무과로 구성된다.
- 수사처는 위폐수사과, 재정범죄과, 과학수사과, 수사지원과로 구성된다.

741) 2008년 2월, 감사처(the Office of Professional Responsibility)를 신설하였다. http://www.secretservice.gov/ FY2008_AnnualReport_WM.pdf(U.S. Department of Homeland Security Secret Service, United States Secret Service Fiscal Year 2008 Annual Report, 2009, p. 2, 9: 2009년 1월 15일 검색) 상기 영어로 된 미국 경호실 조직도는 2009년 1월 현재의 상황이다.

742) http://www.secretservice.gov/director.shtml(2009년 1월 15일 검색).

743) http://www.secretservice.gov/depdirector.shtml(2007년 3월 31일 검색). 2007년 3월 현재, 차장은 Mr. Brian Nagel이다. 동인은 23년간 경호실에서 근무해왔으며, 2006년 6월 11일 경호실 차장으로 임명되었다. 2009년 1월 15일 현재, 차장(Deputy Director)은 Keith L. Prewitt이다. 2008년 7월 20일 차장(次長)으로 임명되었다. 25년간 SS에서 근무한 베테랑 경호관 출신이다.

• 경호처는 대통령경호과, 부통령 경호과, 중요인사 경호과, 재무성 보호과, 특수업무과, 주요사건과로 구성된다.

• 경호연구처는 인력관리과, 정보과, 국가위협평가센터, 기술보안과로 구성된다.

• 인사교육처는 인사과, 신임 및 직원보안과, 훈련센터로 구성된다.

미 정부 "오바마 암살계획 저지"

'新 나치주의자'들 범행 모의, 흑인들 무더기 살해도 계획

미국 정부 당국은 2008년 10월 27일 테네시州에서 민주당 버락 오바마 대선 후보를 암살하고, 흑인 102명을 살해하려던 무차별 학살 계획을 저지시켰다고 밝혔다.

이날 공개된 테네시州 잭슨 지방법원의 법정기록에 따르면 미 수사당국 관계자는 극단적 인종차별주의자들로 알려진 '신나치주의' 스킨헤드족 2명이 총기 판매상을 털어 흑인 고교를 대상으로 연쇄 살인행각을 벌이려 했으나 무산됐다고 말했다.

이 관계자는 이들이 흑인 88명을 총으로 쏴 죽이고 나머지 14명의 목을 베는 수법의 살인계획을 세웠다고 말했다. 88과 14는 백인 지상주의자 집단에서는 상징적인 숫자로 알려져 있다. 또 모의자 두 명이 연쇄 살인 행각의 마지막 대상으로 오바마 후보를 겨냥하고 있었으나 "오바마를 살해할 수 있을 것으로 믿지 않았다고 했다"고 수사관계자는 덧붙였다. 모의자 두 명의 나이는 각각 18살과 20살로 한 달 전 인터넷에서 만나 범행을 모의하기 시작했다.

이들은 첫 번째 범행으로 지난 22일 주택 강도를 계획했으나 스키마스크와 밧줄만 구매했을 뿐 실행에 옮기지는 않았다. 두 명은 같은 날 테네시 서부 크로켓 카운티에서 경찰에 붙잡히면서 학살 계획도 저지당했다. 오바마 캠프는 이에 대해 즉각적인 언급을 내놓지 않고 있다.[744)]

[뷰스앤뉴스] 2008년 10월 28일(화) 연합뉴스

일반적으로 경호실은 경호행사의 주무부서로서 경호행사시 경호과장의 책임하에 행사팀을 편성하고 경호대상자가 방문하게 될 행사지역을 사전에 답사, 필요한 경호인

744) http://kr.news.yahoo.com/service/news/shellview.htm?linkid=15&articleid=20081028114626920e4&newssetid=513(2008년 11월 6일 검색).

력, 장비, 비상상황발생시 병원 및 긴급 대피로 등에 필요사항을 평가한다.

경호대상자가 어떤 장소에 도착하기 전에 선발대 요원은 방문지의 모든 법집행기관의 대표들을 조정한다. 관련정보가 논의되고 비상시 선택사항들에 관한 개요들이 언급된다. 경호대상자가 도착하기 바로 직전, 검문소가 설치되고 보안이 유지될 지역에의 접근은 제한된다. 지역설정, 행사성격, 경호인력, 필요장비, 세부계획 등을 수립하며 軍, 다른 연방기관, 州 및 카운티 그리고 지역의 법집행기관, 공안조직들의 도움은 전체 경호작전을 위해서 필수적인 부분이다. 경호대상자가 방문하고 있는 동안 경호실과 지역의 법집행기관 소속 요원들은 경호대상자와 가장 근접한 곳에서 근무하는 부대의 구성원들을 위한 지원 네트워크를 만든다. 경호실은 비상상황을 모니터하고 모든 참가자들이 서로 접촉할 수 있도록 유지하면서 경호활동을 위한 통신센터로서 역할을 한다. 경호대상자의 방문이 끝난 후, 요원들은 경호작전에 관한 모든 단계들을 평가하고 특이한 사건들을 기록하고 미래를 위한 개선사항을 제언한다.[745)]

경호직무에 관한 연구는 모든 경호작전의 빠뜨릴 수 없는 요소이다. 경호관들과 특수요원들은 법집행기관, 정보당국 그리고 경호대상자에게 위협적 요소로 작용할 수 있는 개인들 혹은 그룹들에 관한 다양한 출처로부터 얻어진 첩보들을 분석/평가하도록 임무를 부여받고 있다. 이러한 요원들은 백악관에서 받은 이메일과 설문 편지들을 평가한다. 경호관련 첩보를 조정할 수 있도록 24시간 운용체제를 유지하고 있다.[746)]

사진_美언론, 탱크 같은 새로운 대통령 전용차 공개[747)]

745) http://www.secretservice.gov/protection_works.shtml(2009년 1월 16일 검색).
746) http://www.secretservice.gov/protection_works.shtml(2009년 1월 16일 검색).

사진_'야수(Beast)'라는 별명이 붙은 Obama대통령 전용 승용차 모습[748)]

사진_미국의 제44대 Barack Obama대통령의 취임식 퍼레이드 시작 장면과 리무진[749)]

야수(Beast)라는 별명이 붙인 신임 Obama대통령의 전용승용차. 2009년 1월 20일 취임식 때부터 타게 될 동 승용차는 General Motors社에서 제조한 Cadillac 리무진(limousine)이다.

747) http://www.dailymail.co.uk/news/worldnews/article-1109082/The-Obamamobile-New-presidential-limo-unveiled--withstand-rocket-chemical-attacks.html(2009년 1월 16일 검색).

748) http://news.bbc.co.uk/2/hi/americas/7829475.stm(2009년 1월 15일 검색).

749) http://www.google.com/hostednews/afp/article/ALeqM5iP4nj8NwtNW_7SCWHOvf6yv4Vh4w(2009년 1월 21일 검색).

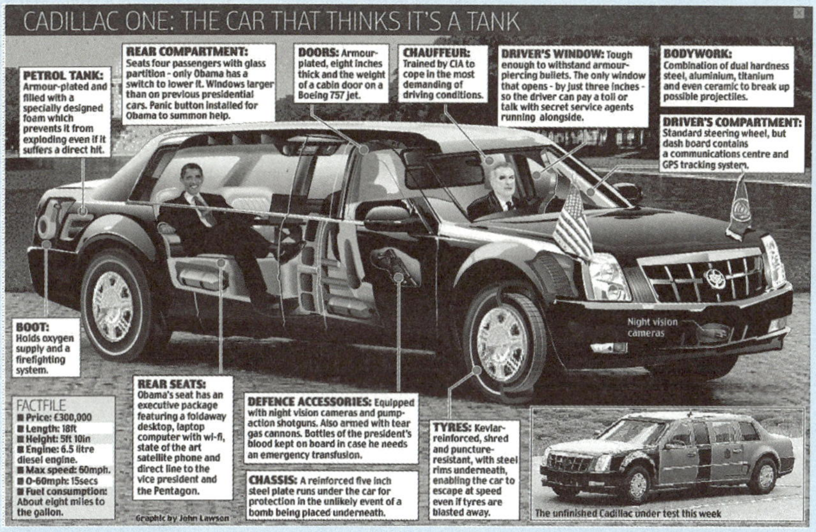

대통령 경호실(Secret Service)에서는 차량을 공개하면서, 최상급의 안전장치를 장착했다고 하였다. 경호실의 경호처장(the Assistant Director for the Office of **Protective Operations**) Nicholas Trotta는 "자동차에 대하여 강화된 많은 보안시스템을 언급할 수 없지만, 보안장치 및 통신보안시스템 덕분에 이 세상에서 가장 기술적으로 발전된 경호용 승용차라고 확실하게 말할 수 있다"고 언급하였다. 관계자들에 의하면 방탄유리, 장갑(裝甲)된 차체, 분리된 산소공급장치, 화학무기의 공격으로부터 완전히 차단된 내부구조 등이 포함되었다고 한다.

출처:http://www.dailymail.co.uk/news/worldnews/article-1109082/The-Obamamobile-New-presidential-limo-unveiled--withstand-rocket-chemical-attacks.html(2009년 1월 16일 검색).

오바마 특급경호에 나선 미 경호실 '암살 비상'

버락 오바마 미국대통령 후보자가 당선자로 바뀌자 보안당국에 비상이 걸렸다. 미국 주요 언론들에 따르면, 오바마 당선자에 대한 경호를 위해 美 국토안전부 산하 경호실(United States Secret Service, USSS)이 그동안 전례없는 수백명 규모의 중무장한 특별경호대를 투입해 만일의 사태에 대비하고 있는 것으로 알려졌다.

일리노이州 상원의원으로 정치계에 입문한 후부터 줄곧 암살위협을 받이온 오바마는 지난 대선 기간동안에만 무려 500여 차례에 걸친 암살위협에 시달린 데다 실제 2008년 10월말 흑인 102명을 죽이고 마지막으로 오바마를 암살하려던 백인우월주의자 다니엘 코와트(20)와 폴 슐레슬만(18)이 테네시 州에서 체포되기도 했다.

오바마의 경호위상이 확실히 달라졌다. 당선이 확정된 직후 경호인력이 대폭 증원됐고, 수천여 명의 시민들 앞에서 승리 연설을 하는 연단 앞으로 항공기 등에 사용되는 방탄용 플렉시 강화유리(bullet-proof plexiglass)가 통으로 둘러쳐지기도 했다.

경호실 에드 도노반 대변인은 AFP통신과의 인터뷰에서 "현 정권보다 대통령의 안전과 경호를 위한 계획들이 많이 바뀔 것"이라며 "경호계획의 조정이 불가피하지만, 이러한 상황을 위한 모든 계획이 이미 마련되어 있다"고 말해 오바마 당선자에 대한 경호계획이 전면 수정될 것임을 암시했다. 보안전문가들은 오바마 당선자가 미국 대통령이라는 점은 물론, 아프리카계 흑인이라는 점에서 정치적 암살 위협에 직면해 있다고 입을 모았다. 미국의 민간인 총기보유는 2억만 정을 훌쩍 넘었고, 해마다 총기 사망자가 3만여 명에 이르고 있다. 특히 역대 미국대통령 가운데 4명이 암살되고 2명이 다친 역사를 가지고 있다.

경호 대상에는 오바마 대통령 당선자와 조지프 바이든 부통령 당선자 및 그의 직계가족 등이 포함된다. 오바마 당선자에게는 대통령 수준의 초특급 방탄·방폭 리무진이 제공되며, 순수 경호인력만 수백 명에 이를 것으로 알려졌다. 한편, 경호를 맡은 경호실(USSS)은 대통령 경호와 관련해 막강한 권한을 행사한다. 연방수사국(FBI)과 중앙정보국(CIA)은 물론 미군(US ARMY)과 각 연방 경찰업무를 지휘·통제할 수 있으며, 4,000여 명의 방대한 전문인력이 워싱턴 D.C.를 비롯한 120여 개 주요도시에서 대통령 경호를 위한 활동을 펼치고 있다.

[노컷뉴스 2008년 11월 6일자, 김민수 기자].[750)]

사진_미국 대통령 당선자 Obama에 대한 경호모습(2008년 11월)[751)]

750) http://kr.news.yahoo.com/service/news/shellview.htm?linkid=15&articleid=2008110616103162370&newssetid=513(2008년 11월 7일 검색).

3. 경호실요원들에 대한 교육

1) 특수요원 교육과정(Special Agents)

특수요원으로 선발된 신규 임용 교육생들은 우선적으로 Georgia州에 소재한 Glynco에 있는 연방 법집행 훈련센터(the Federal Law Enforcement Training Center: FLETC)에 입교한다. 거기서 범죄수사관 훈련프로그램(the Criminal Investigator Training Program: CITP)에 등록하여 교육을 받게 된다.[752] 범죄수사기법과 같은 분야에서 새로운 연방수사관을 양성하기 위하여 고안된 교육과정으로서 기본적인 경찰직무에 관한 내용을 배우게 된다. 또한 해당관서의 전문화된 훈련을 위하여 일반적인 기초를 제공한다.[753] 이러한 기본적인 내용에는 법률, 화기조작훈련, 자기방어훈련, 보고서 및 공문서 작성요령 등을 익히게 된다.[754] 이 과정은 11주 과정으로 설계되어 있다.

이러한 첫 번째 교육과정을 마친 후 모든 경호실 신규요원들은 워싱턴 D.C.로 돌아온다. 워싱턴 교외에 소재한 경호실 훈련아카데미(the Secret Service training academy)에서 전문요원 양성을 위한 16주간의 추가교육 및 훈련을 받게 된다.[755] 이 훈련과정은 전문화된 경호실 직무에 관한 내용과 경호실 요원들이 수행할 두 가지 직무영역, 즉 수사 및 경호에 연관된 직무절차들에 중점을 두고 있다. 교육생들에게는 위조범죄 수사, 기계적 접근에 의한 사기범죄 및 다른 경제범죄 대응역량, 경호직무 수행을 위한 정보수사, 물리적 경호기법, 난이도가 높은 경호기법 및 응급의료조치 등에 대한 기본지식과 보다 발전된 응용방법이 제공된다. 동 커리큘럼의 핵심은 정확한 사격술, 통제전술들, 수중생존기술 그리고 체력단련에 대한 광범위한 훈련에 있다. 경호요원들은 근무하는 동안 보다 발전된 훈련기법을 지속적으로 익힌다. 부분적으로

---

751) http://kr.news.yahoo.com/service/news/shellview.htm?linkid=15&articleid=2008110622153417923&newssetid=513(2008년 11월 7일 검색).
752) http://www.secretservice.gov/faq.shtml#faq23(2009년 1월 15일 검색).
753) http://www.secretservice.gov/faq.shtml#faq23(2007년 3월 31일 검색).
754) http://www.secretservice.gov/kids_faq.shtml#9(2009년 1월 17일 검색).
755) http://www.secretservice.gov/kids_faq.shtml#9(2009년 1월 15일 검색).

이러한 훈련은 화기조작술에 대한 정기적인 재검증, 응급조치에 관한 새로운 과정들로 구성되어 있다. 요원들은 경호직무에 배치되며 또한 경호대상자와 관련된 다양한 "실제세계"와 같은 긴급상황을 요원들에게 제공하는 특별히 모의실험으로 만들어진 위기대처 훈련 시나리오에 참가하기도 한다.

그리고 경호요원들에게는 그러한 문제들에 관한 그들의 반응과 관련된 즉각적인 피드백이 제공되도록 예정되어 있다. 경호현장 직무에 배치된 요원들은 범죄수사영역에서 보다 발전된 훈련을 받을 수 있는 기회를 가지며 그들은 또한 다른 법집행기관에 의하여 지원되는 훈련과정에 참여할 수 있도록 권장되기도 한다. 모든 경호요원들은 다양한 관리기법과 개인적인 발전과정에 참여하게 된다. 직업윤리, 문화적 다양성, 인간 상호간의 이해, 실질적 리더십, 관리감독에 대한 기본소개 등은 최근에 경호실의 모든 요원들에게 제공되는 주제들 가운데 하나이다.[756]

2) 정복부서요원 교육과정

경호실 소속의 정복부서 요원(경찰관들)으로 신규 선발된 직원들은 광범위한 훈련프로그램을 이수하게 되는 바, 동교육훈련과정은 12주 정도 지속된다. 이 훈련과정은 Georgia州 Glynco에 소재한 연방법집행훈련센터에서 이루어진다. 그리고 다음의 12주 동안의 훈련은 Washington D.C.외곽에 소재한 경호실 내부 교육기관에서 보다 전문화된 교육/훈련을 이수하는 과정이다. 이 과정에는 경찰직무절차들, 화기조작, 체력단련, 심리학, 경찰과 지역사회관계, 형법, 응급조치, 체포관련 법령, 압수수색, 신체적 방어기법들, 외교면책특권, 국제조약들과 규약들에 관련된 내용들이 포함된다. 현장실습훈련과 보다 심화된 재직자 훈련 프로그램들은 교실에서의 이론 강의를 보충하게 된다.[757]

756) http://www.secretservice.gov/faq.shtml#faq23(2009년 1월 15일 검색).
757) http://www.secretservice.gov/faq.shtml#faq24(2009년 1월 17일 검색).

4. 유관기관과의 협력

① 중앙정보국(Central Intelligence Agency: CIA)

중앙정보국(CIA)은 국제테러조직 및 적성국 동향에 대한 첩보를 수집·분석 및 전파하며 외국 국빈방문에 따른 경호정보를 제공한다.

② 연방수사국(Federal Bureau of Investigation: FBI)

연방수사국(FBI)은 국가테러예방, 수사, 조직범죄에 대한 첩보수집 및 수사, 신원조사정보, 기타 첩보활동을 통한 경호정보를 제공한다.

③ 국토안보부(Department of Homeland Security: DHS)

국토안보부 내의 Coast Guard(해상에서의 경비, 테러방지, 수습) Counter Narcotic (국내외 마약조직에 대한 첩보, 위해 동향 분석), 이민귀화국(해외불순인물 잠입 예방, 테러용의자 출입국 파악), 검열국 등의 기관으로부터 경호정보를 제공받는다.

사진_미국 대통령 당선자와 경호실 요원들[758)]

---

758) http://images.teamsugar.com/files/upl0/10/104169/10_2008/79493839.preview.jpg (Friday, November 14, 2008: 2009년 1월 9일 검색).

(표 14) 대통령 경호를 위한 미국의 각급 정보보안기관들의 협력사례

Obama inaugural avoids security woes[759].....Vague Somali terrorist threat fails to materialize Posted January 20, 2009 6:35 PM

by Josh Meyer

The swearing-in of Barack Obama came off without a security-related hitch today, but underneath the calm veneer, federal authorities were intensively investigating a report that a group of Somalia-based militants wanted to launch some kind of inauguration-related attack.

Secret Service officials anxiously oversaw what was by far the largest-ever security operation for a presidential inauguration, marshaling the forces of several dozen federal, state and local law enforcement and intelligence agencies.

Their biggest white-knuckle moment: when the new president and First Lady Michele Obama exited their heavily fortified limousine and walked along long stretches of Pennsylvania Avenue on their way from the U.S. Capitol to the White House.

parade viewers often more than a dozen deep for the glint of a handgun or some other kind of weapon.

The biggest concerned was whether the crowds would get unruly.

"The crowd has been well-behaved. No problems," said Sgt. Ernesto Celaya of the San Antonio, Texas Police Department, as he and 60 of his brown-uniformed men and women faced the crowd along one portion of the parade route. The day's responsibilities for most security officers ended at 4:39 p.m. when the Obamas walked under the white awning and entered the White House. But for others, it will continue, as authorities search for any indication that the Somalia-based threat was real.

Russ Knocke, chief spokesman for the Department of Homeland Security, said authorities were taking the threat very seriously, but that it was "of limited specificity and uncertain credibility."

Knocke said the FBI, the Secret Service and other Department of Homeland Security agencies and the intelligence community were investigating and analyzing recently received information "about a potential threat on Inauguration Day."

759) http://www.swamppolitics.com/news/politics/blog/2009/01/obama_inaugural_avoids

"Authorities at all levels are vigorously pursuing any lead relating to this threat information," Knocke said of the "intelligence bulletin" that first went out to local, state and federal agencies on Monday night. "The Transition Team has been briefed and is fully integrated into the process."

One federal law enforcement official said the threat involved individuals affiliated with al Shabaab, a radical Islamist extremist group that is active in Somalia. In recent years, U.S. authorities have become concerned that U.S.-based Somalians are traveling to Somalia to fight with al Shabaab and other extremists there against U.S.-ally Ethiopia. The threat information came from an individual overseas whose credibility has not been established, and indicated that extremists "might attempt to travel to the United States in an attempt to do something in the inauguration time period," said the law enforcement official, who spoke on the condition of anonymity due to the classified nature of the threat reporting.

The official said the threat did not specify Washington D.C. and could apply to numerous inauguration-related festivities around the country, and that there was no indication that anyone connected with the threat has even tried to enter the United States.

Faye Fiore, Tom Hamburger and David Wood contributed to this article.

제2절 국무부 소속의 경호보안국(DS)

1. 국무부와 경호보안국(Bureau of Diplomatic Security)조직

경호보안국은 미국 국무부(외무부) 소속의 한 국(局)으로서 외교관들의 안전과 해외에 소재한 대사관의 보안을 담당하고 있는 부서이다.[760] 국무부 장관 소속 하에 정무차관

_securit.html(2009년 1월 20일 검색).

760) http://www.thefreedictionary.com/Bureau+of+Diplomatic+Security(2009년 1월 7일 검색).

(Under Secretary for Political Affairs), 사무차관(Under Secretary for Management), 경제/사업 및 농업담당차관(Under Secretary for Economic, Business, and Agricultural Affairs), 외무차관(Under Secretary for Public Diplomacy and Public Affairs), 무기통제 및 국제안보담당 차관(Under Secretary for Arms Control and International Security Affairs), 민주주의 및 세계화담당 차관(Under Secretary for Democracy and Global Affairs)이 편성되어 있다.[761)]

사무차관실에는 행정국(Bureau of Administration), 영사국(Bureau of Consular Affairs), 경호보안국(Bureau of Diplomatic Security), 인력관리국(Bureau of Human Resources), 정보기술관리국(Bureau of Information Resource Management), 해외청사관리국(Bureau of Overseas Buildings Operations), 관리정책및기구개혁실(Office of Management Policy, Rightsizing, and Innovation), 외교접수실(Director Diplomatic Reception Rooms), 외교연수원(Foreign Service Institute), 의료지원실(Office of Medical Services) 및 백악관파견실(Office of White House Liaison)이 편성되어 있다.[762)]

경호보안국(Bureau of Diplomatic Security: BDS)은 외빈경호 및 수사대(Diplomatic Security Service: DSS, 이하 외빈경호대)라는 조직의 모체이다. 그런데 두 가지 용어는 국무부내에서 그리고 다른 관서들 내에서 서로 혼용되어 왔다. 국무부에서 근무하지 않는 사람들에게 경호보안국(DS)과 외빈경호대(DSS) 간의 관계에 대해서 상당히 많은 혼란이 있어왔다. 심지어 국무부내에서조차 경호보안국과 외빈경호대의 차이점과 관련하여 아직도 몇 가지 혼란이 있을 정도라고 한다. 종종 특수요원들은 DS 요원들 혹은 DSS요원들이라고 일컬어진다. 그 두 가지 용어들은 기관내에서 그리고 다른 조직들 내에서 혼용되는 용어이다.[763)] 최근에 다수 연방법집행 기관들에 관한 미국 연방검찰청의 언론보도 자료로부터 외빈경호대(DSS)라고 기술적으로 정확하게 표현되고 있다.

761) http://en.wikipedia.org/wiki/Bureau_of_Diplomatic_Security(2009년 1월 7일 검색).
762) http://www.state.gov/m/index.htm(2009년 1월 7일 검색).
763) http://en.wikipedia.org/wiki/Bureau_of_Diplomatic_Security(2009년 1월 7일 검색).

경호보안국은 주로 DS로 더 많이 알려져 있는 바, 미국 국무부(외무부) 내의 보안 및 법집행기관이다. 동 부서는 외빈경호대(the Diplomatic Security Service: DSS)를 포함하고 있는 바,[764] 외빈경호대는 연방 법집행기관으로서 경호보안국 내에 설치되어 있다.

경호보안국의 목적은 국무부가 미국의 외교정책상의 임무들을 안전하게 그리고 보안이 강구된 채 수행할 수 있도록 하는 것이다. 국제적인 범죄수사, 위협분석, 사이버보안, 대테러활동, 보안기술 그리고 외빈경호, 재산 및 정보보호를 담당하고 있다.[765] 즉 전세계에 걸쳐 외교관, 정보 그리고 가장 중요한 재산을 보호하는 등 광범위한 측면의 책임을 맡고 있다.[766] 해외에서 경호보안국의 역할은 미국 대사관이 주재하고 있는 곳에서 지역 담당 보안요원(Regional Security Officer: RSO)이라고 일컬어지는 외빈경호 및 수사대(DSS) 소속의 특수요원에 의하여 수행되고 있다.[767] 경호보안국은 해외에서 미국의 모든 외교적 임무를 위하여 일하고 있는 모든 사람들을 안전하게 보호하기 위하여 그리고 이러한 지역에서 분류된 정보를 보호하기 위하여 효과적인 보안프로그램들을 발전시키고 수행하고 있다.[768]

국무부 차관보(Assistant Secretary of State)가 경호보안국을 책임지고 있다. 국무부 차관보 아래 여러 명의 차장보들이 있다. 그 가운데 중요한 차장보는 외빈경호 및 수사대(DSS)를 담당하는 책임자이다. 외빈경호대를 맡고 있는 부서장은 활동 중인 연방법집행 요원들 가운데 특수요원들, 외교행낭운반, 공학분야 보안요원들과 보안기술 전문가들을 이끌고 있는 최상급 직책을 가진 자이다.[769] 경호보안국의 요원들을 팀을 이루어 근무하고 있다.[770]

764) http://www.nationmaster.com/encyclopedia/Bureau-of-Diplomatic-Security(2009년 1월 8일 검색).
765) http://en.wikipedia.org/wiki/Bureau_of_Diplomatic_Security(2009년 1월 7일 검색).
766) http://www.nationmaster.com/encyclopedia/Bureau-of-Diplomatic-Security(2009년 1월 8일 검색).
767) http://www.nationmaster.com/encyclopedia/Bureau-of-Diplomatic-Security(2009년 1월 8일 검색).
768) http://www.nationmaster.com/encyclopedia/Bureau-of-Diplomatic-Security(2009년 1월 8일 검색).
769) http://en.wikipedia.org/wiki/Bureau_of_Diplomatic_Security(2009년 1월 7일 검색).
770) http://www.nationmaster.com/encyclopedia/Bureau-of-Diplomatic-Security(2009년 1

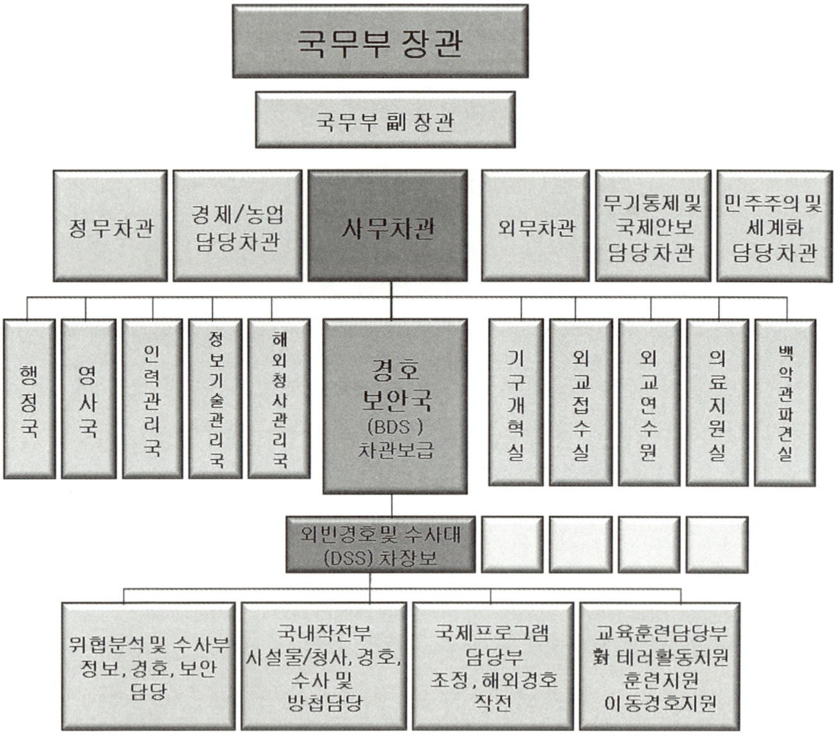

〈그림 27〉 미국 국무부와 경호보안국 조직도[771)]

2. 경호보안국과 국무부와의 관계 등

경호보안국의 기원은 1916년에 설치된 비밀정보국(Bureau of Secret Intelligence)으로 거슬러 갈 수 있다. 즉 국무부 내 보안관련 부서가 공식적으로 설치된 것은 1916년 Robert Lansing이라는 국무장관 시절이었다. 당해 부서는 특수요원책임자에 의하여 운영되었으며, 그에게는 특별차장보(Special Assistant to the Secretary)라는 명칭이 부여되었으며 특별한 문제에 관하여 국무장관에게 곧바로 보고하였다.[772)] 최근 몇

월 8일 검색).

771) http://upload.wikimedia.org/wikipedia/en/d/db/DS_Org_Chart.jpg(2009년 1월 7일 검색).

772) http://en.wikipedia.org/wiki/Bureau_of_Diplomatic_Security(2009년 1월 7일 검색).

년 동안에 경호보안국(DS)은 비록 국무부로터 독립된 것은 아니지만, 그 자신의 직무를 처리하는 데 있어서 많은 자유가 부여되어 있다. 예산상의 승인과 배정 그리고 직원을 채용하는 것, 승진시키는 것 등은 여전히 국무부를 통해서 해결되어야 한다. 전통적으로 경호보안국 보다 더 전문적인 외빈경호 및 수사대(DSS)는 그 부서의 모기관인 국무부와 갈등적인 관계를 가져왔었다.[773)]

1985년 이전 다시 말하면, Beirut에 소재한 1983년 미국 대사관 폭발사건과 경호보안청의 창설 이전에는 단지 수 백 명의 요원들이 근무했었다고 말할 수 있다. 이러한 요원들은 SY라고 불리어졌던 보안부서(office of Security)의 한 부분이었다. 국무부 사무차관의 행정부서 하에 속해 있었다.[774)] 이것이 1985년 바뀌었다. 1985년 11월 4일, 경호보안국과 외빈경호 및 수사대가 공식적으로 설치되었다.[775)] 즉 1985년 새롭게 조직이 개편되어 오늘에 이르고 있다.[776)] 1986년 이후 관련법이 제정되면서 외교행낭 운반서비스 부서가 합류하게 되었다. 외교행낭 운반은 더 이상 손으로 나르는 의사소통용 짐이 아니다. 광범위한 물자들, 장비들 그리고 해외로 송부되는 민감한 우편물들을 보호하는 것이다.[777)]

그 이후 외빈경호 및 수사대(DSS)는 1,000여명이 넘는 요원들로 성장했다. 그런데 1990년 중반경 의회에서 국무부에 관한 예산이 억지로 삭감되었다. 그 결과 국무부는 요원들의 숫자가 600여명이 조금 넘지 않는 수준으로 외빈경호 및 수사대의 예산을 삭감하게 되었다. 그 당시 이것은 Beirut 폭발사건에 대한 반작용으로서 경호보안국이 너무 급속도록 성장하고 있다고 여겼던 미국 국무부 고위층들에 의하여 정당한 것처럼 보였다.[778)]

773) http://www.nationmaster.com/encyclopedia/Bureau-of-Diplomatic-Security(2009년 1월 8일 검색).
774) http://www.nationmaster.com/encyclopedia/Bureau-of-Diplomatic-Security(2009년 1월 8일 검색).
775) http://en.wikipedia.org/wiki/Bureau_of_Diplomatic_Security(2009년 1월 7일 검색).
776) http://en.wikipedia.org/wiki/Diplomatic_Security_Service(2009년 1월 7일 검색).
777) http://en.wikipedia.org/wiki/Bureau_of_Diplomatic_Security(2009년 1월 7일 검색).
778) http://www.nationmaster.com/encyclopedia/Bureau-of-Diplomatic-Security(2009년 1월 8일 검색).

2009년 1월 현재, DSS에는 1,400여명이 넘는 특수요원들이 근무하고 있다. 본부는 Washington D.C.에 소재하고 있으며 요원들은 1,400여명이다. 해당기관의 모토는 전세계에 있는 미국인들을 보호하는 것이다.[779]

비록 경호보안국이 지금은 국무부 안에 있는 1개국이지만, 전세계에 걸쳐 주재하는 광범위한 지역담당 보안요원들은 계속해서 행정부서의 관리 하에 있다. 이것은 1999년에 바뀌었는데 1998년 동아프리카 미국 대사관 폭파사건들의 부산물로 생긴 것이었다. 즉각적인 변화와 개혁을 선언한 사무담당 차관으로부터 생동감 있는 메시지야말로 이러한 실천이 그의 최선의 판단이었다는 것을 명백하게 해주었다. 국무부장관(당시 Madeleine Albright)이 그것을 지시했기 때문에 그러한 실천이 이루어졌다.

이러한 변화는 행정부서 지휘로부터 경호보안국을 벗어나게 했으며 지역담당 보안요원들을 대사관의 명령체계 내에서 사무차장(the Deputy Chief of Mission: DCM) 쪽으로 이동시켰다. 국무부와 전세계에 소재한 그 시설물들(미국 대사관들)을 위한 보안과 관련하여 강제된 변화들의 명백한 양상이 있다. 종종 이러한 변화는 예를 들면, 미국 대사관에 대한 테러리스트의 공격과 같은 심각한 사건의 결과이다. 1999년 이래 그리고 특히 Kabul과 Baghdad에 미국 대사관들을 설치한 이후에 외빈경호 및 수사대의 목적을 완전히 받아들이고 지원하기 위한 국무부 상급자의 수용과 기대가 점점 증가하고 있는 것처럼 보인다. 이처럼 경호보안청은 그 부서 자체 행정에 있어서 상당한 정도의 독립성을 허용받았다. 1998년 미국 대사관 폭파사건들(1998년 8월 7일)에서 257명이 살해되었으며, 동시에 동아프리카 국가인 Tanzania의 Dar es Salaam 그리고 Kenya의 Nairobi에 소재한 미국대사관들 자동차 폭탄테러사건에서 4,000여명이 넘는 사람들이 부상을 입었다.[780] 경호보안국은 계속해서 미국의 국경보호 및 국가안보에 중요한 범죄수사 및 인적 보안수사를 수행하고 있다. 특수요원들은 해마다 3,500여건 이상의 여권과 비자 사기사건을 수사하고 있다. 해마다 미국의 다른 법집행기관들로부터 3,000회 이상의 외사사건 수사상의 도움요청을 받고 있다. 미국으로

779) http://en.wikipedia.org/wiki/Diplomatic_Security_Service(2009년 1월 7일 검색).
780) http://www.nationmaster.com/encyclopedia/Bureau-of-Diplomatic-Security(2009년 1월 8일 검색).

도주한 수배된 도망자들을 확인하고 체포하는데 있어서 괄목할만한 성공을 거두고 있다. 경호보안국은 국무장관에 대한 24시간 경호서비스를 제공할 뿐만 아니라, 미국을 방문하는 중요한 인사들에 대한 경호서비스를 제공하고 있다.[781)]

이처럼 경호보안국은 전세계에 걸쳐 소재한 대사관과 영사관에서 미국의 성공적 외교임무 수행에 필요한 안전하고 보안이 강구된 환경을 제공한다. 경호보안국은 외교직무를 수행하는 관련 공동체내의 독특한 조직이다. 그리고 세계의 거의 모든 국가에서 미국을 대표하면서 법집행을 하는 유일한 기관이다.[782)]

경호보안국은 Baghdad에 소재한 미국 대사관을 위한 보안조치들, 이라크에 배치된 직원들이 안전하게 거주하고 근무할 수 있도록 훈련시키는 것, 테러리즘에 관한 위협을 감소시키고 격퇴시킬 수 있도록 외교부서에서 근무하는 민간인 법집행요원들을 훈련시키는 것을 포함하여 미국의 국가안보에 새로운 변화들에 직면하고 있는 최일선 기관이 되고 있다.[783)]

3. 경호보안국 소속 요원과 직무영역

경호보안국 요원들의 경우, 외빈경호 및 수사대 소속 특수요원들, 공학분야 보안요원들, 외교행낭 운반요원들, 민간인 전문가들, 계약직 보안 및 행정지원 직원들이다. 모든 경호보안국 직원들은 외국에 관한 직무를 수행하는 전문가들이다. 경호보안국은 외교정책의 안전한 수행을 위해 책임을 맡고 있는 부서이다.[784)]

외빈경호 및 수사대 요원들은 2000년에 발생한 미국 해군함정에 대한 자살폭탄공격(USS Cole Bombing), 1998년 동아프리카 대사관들에서 발생한 두 건의 폭탄공격

781) http://en.wikipedia.org/wiki/Bureau_of_Diplomatic_Security(2009년 1월 7일 검색).
782) http://www.nationmaster.com/encyclopedia/Bureau-of-Diplomatic-Security(2009년 1월 8일 검색).
783) http://www.nationmaster.com/encyclopedia/Bureau-of-Diplomatic-Security(2009년 1월 8일 김색).
784) http://www.nationmaster.com/encyclopedia/Bureau-of-Diplomatic-Security(2009년 1월 8일 검색).

을 포함하여 과거 20여년 동안 해외에서 미국의 국익에 대하여 공격하는 대부분의 테러리스트를 수사하는데 관여해왔다. 아마도 가장 알려진 사건으로서 1995년 Pakistan에 소재한 미국대사관에 배치되었던 외빈경호대 특수요원들은 파키스탄 경찰과 파키스탄 국내정보부(Inter-Services Intelligence)와 함께 Ahmed Ramiz Yousef라는 자를 체포한바 있다. 그는 1993년 미국 뉴욕시에 소재한 무역센터(World Trade Centre) 폭파사건에 연루된 것으로 수배되었던 자였다. 당시 FBI가 체포했다고 언론에 공표되었지만, 실제로는 Yousef를 체포한 기관이 FBI가 아니라 파키스탄 국내정보부와 외빈경호 및 수사대였다고 한다.[785] 4명의 특수요원들과 28명의 계약직 보안요원들이 2006년 6월 직무수행과정에서 살해되었을 정도로 외빈경호 및 수사대 요원들은 종종 그들 자신들이 위험한 상황에 놓여있음을 깨닫고 있다. 지난 2년 동안 이라크에서 상당수의 DSS요원들이 희생되었다. 그곳에서 DSS는 가장 중요한 그리고 위험한 경호업무를 계속해서 수행하고 있다.[786]

1) 경호보안국의 특수요원들(Special Agents)

이들은 연방의 정규 법집행요원이다. 그들은 전세계에 걸쳐 외교적으로 중요한 인사들, 재산 그리고 민감한 정보에 대한 보안을 책임지고 있다. 경호보안국 요원들은 또한 국무장관에 대한 신변경호를 맡고 있으며 미국을 방문하고 있는 외국의 중요인사들과 국무장관에 의하여 지정된 어떤 사람들에 대한 신변경호 임무도 수행하고 있다. 주요한 활동은 행정적인 임무, 교육훈련 및 파견관 역할 뿐만 아니라 경호서비스, 외교직무를 위해 설치된 시설물들에 대한 보안프로그램 관리, 범죄수사 그리고 배경조사들을 포함하고 있다.[787]

2) 공학분야 보안요원들(Security Engineering Officers: SEO)

전세계에 걸쳐 국무부의 기술적, 정보보안 프로그램들과 프로젝트들 그리고 출처들을 관리하는 것에 대한 책임을 맡고 있다. 공학분야 보안요원들은 간첩행위, 테러리즘

785) http://en.wikipedia.org/wiki/Diplomatic_Security_Service(2009년 1월 17일 검색).
786) http://en.wikipedia.org/wiki/Diplomatic_Security_Service(2009년 1월 17일 검색).
787) http://en.wikipedia.org/wiki/Bureau_of_Diplomatic_Security(2009년 1월 7일 검색).

그리고 범죄에 대하여 사람, 시설 그리고 민감한 정보를 보호한다. 이러한 고도의 기술을 갖춘 공학자들은 접근 및 침투통제, CCTV, 경보장치, 잠금장치 그리고 X-ray, 폭발물감지 장치와 같은 전기적 그리고 기계적 시스템들을 개발하고 유지하고 설치하는 임무를 맡고 있다. 공학자들은 은밀한 침투를 감지하고 무력화시키기 위하여 기계적 감시 및 검사를 계획하고 수행한다. 그들은 새로운 기술적 장비들을 시험하고 새로운 기술과 전략들 그리고 정보수집 비밀장치를 찾아내기 위한 절차를 개발한다.[788]

3) 보안기술요원들(Security Technical Specialist: STS)

전세계에 걸쳐 기술적 보안프로그램들을 도와주는 경호보안국 내의 직원들을 지원한다. 이러한 프로그램들은 기술적 간첩행위, 테러행위 그리고 범죄로부터 국무부 시설들과 사람들을 보호하는 것을 제공한다. 이러한 보호노력에서 복잡하고 전자적인 전기 기계적 보안시스템들을 전세계에서 활용하고 있다. 이것에는 다음사항들이 포함되는 바, 침투감지시스템(intrusion detect system : IDS), CCTV시스템, 자동차 및 보행자 접근통제 시스템, 금속탐지기 그리고 폭발물 감지시스템 등이다. 보안기술요원들(STS)은 국내적으로 기술적 보안지원을 하고 있다.[789]

4) 외교행낭운반요원들(Diplomatic Couriers)

180여 가지의 외교적 임무들에 대하여 국가 간의 국경을 넘나드는 비밀 분류된 미국정부의 물건들의 이동을 안전하게 함으로써 정보를 보호하는 것이다. 외교행낭은 민감한 장소로 향하는 비밀분류된 서류뿐만 아니라 수천 파운드의 시설들과 건설용 물질들을 담을 수 있다. 게다가 외교행낭 통제요원들은 미국 내에서 그리고 국가 간의 국경을 가로지르면서 이동하는 분류되지 않은 그리고 밀봉된 물질들을 에스코트한다. 이러한 물질들은 외교행낭처럼 동일한 수준의 보안상태로 선적된다. 그러나 외교행낭과는 달리 어떤 나라고 수입될 때에는 세관에 신고되어야 한다. 외교행낭서비스는 950만 파운드 이상의 분류된 물질을 안전하게 배달되었다. 지난해에는 1백만 파운드

788) http://en.wikipedia.org/wiki/Bureau_of_Diplomatic_Security(2009년 1월 7일 검색).
789) http://en.wikipedia.org/wiki/Bureau_of_Diplomatic_Security(2009년 1월 7일 검색).

의 물질을 통제하였다. 외교행낭 서비스는 항상 다양한 나라에 의하여 점진적으로 부과된 제한된 가이드라인들을 충족시키기 위하여 끊임없이 변하고 있다.[790] 기타 민간인 전문요원들(Civilian Service specialists), 계약직 보안 및 행정지원직원들이 근무하고 있다.

4. 경호보안국의 임무와 경호대상자

1) 임무의 개요

경호보안국장은 외교인사에 대한 경호(Protecting People), 미국무부청사 등 재산보호, 정보보호, 여권 및 비자관련 사기범죄수사, 보안관련문제 해결, 타 외교관련부서 지원업무 등을 맡고 있다.[791] 경호보안국은[792] 정보 및 방첩업무를 수행하는 보안기관이며 특별한 영역의 범죄수사를 맡고 있는 연방법집행기관이기도 하다.[793] 외빈경호부서(DSS)는 국무부가 全세계에서 활동하면서 외교정책을 수행하는데 있어서 중요한 역할을 하는 사람, 재산 그리고 정보의 보호서비스를 제공한다. 게다가 경호부서는 미국내에서 모든 보안관련 문제들에 관하여 외국과의 외교적 임무를 도와주고 협력관을 파견하고 있다.[794]

주임무는 외교사절에 대한 신변경호, 해외에 소재한 미국 대사관 및 국내에 소재한 국무부관련 시설의 보호 그리고 외교행낭(diplomatic pouch) 등 외교관련 보안업무를 수행하면서 미국의 국익을 위하여 해외에 파견된 수많은 미국무부 직원들을 보호하기

790) http://en.wikipedia.org/wiki/Bureau_of_Diplomatic_Security(2009년 1월 7일 검색).
791) http://www.state.gov/m/ds/index.htm(2009년 1월 7일 검색).
792) 미국 국무부(외무부) 소속의 경호기관에 대한 명칭은 외빈경호국, 요인경호국 혹은 외빈경호대, 심지어 요인경호과로 소개하는 등 매우 다양하게 언급되고 있다. 국내에서도 동부서에 대한 소개가 많지 않다. 본 논문에서는 Bureau of Diplomatic Security에서 경호업무와 보안업무를 수행하고 있는 점과 그 조직의 규모를 감안하여 "경호보안국"이라는 용어를 사용하기로 하였다.
793) http://www.state.gov/m/ds/about/faq/(2007년 3월 31일 검색).
794) http://www.state.gov/m/ds/protection/index.htm(2009년 1월 7일 검색).

위하여 대테러관련 업무(정보수집 및 수사, 정보 및 위험분석)도 수행한다. 또한 여권 및 비자위조사건을 수사하기도 한다. 뿐만 아니라 미국에 소재한 다른 나라의 외교공관 등에 대한 보호업무도 수행한다.[795] 따라서 사람과 재산 그리고 정보를 보호(보안유지)하는데 직무의 우선순위를 두고 있다.[796]

동부서에 소속된 직원들은 경호관련 특수요원들, 공학분야보안요원들, 외교행낭운반직원, 일반직 전문요원들 그리고 계약직 직원들이 있다.[797]

2) 경호직무와 대상자 범위

(1) 경호업무(Protection Work)

사람의 생명을 보호하는 것은 경호보안국의 가장 중요한 부분이다. 그리고 전세계적 외교업무를 수행하는데 있어서 절대적으로 필요한 사항이다. 미국에서 경호보안국은 미국의 국무장관, 유엔에 파견된 미국대사, 미국을 방문하는 외국정부의 각료급 중요인사들이다. 외국에서 해외파견활동부서는 지역담당 보안요원들의 네트워크와 함께 국무부의 해외보안 프로그램을 조정한다.[798] DSS는 전세계에 걸쳐 고도의 위협을 막기 위한 직무를 수행하는 기관이다.[799]

DSS 요원들에 의하여 수행되는 가장 규모가 큰 항구적인 고위직 인사에 대한 신변경호는 바로 국무장관(Secretary of State)이다(2009년 1월 현재는 Condoleezza Rice). DSS는 또한 유엔에 파견된 미국 대사에 대한 항구적인 경호업무를 맡고 있다(2009년 1월 현재, Zalmay Khalilzad). 대부분의 경호업무는 미국을 방문 중인 외국의 중요인사들과 외교관들이다. 그리고 방문 중인 외국의 중요인사의 일시적인 체류지이다. 중요한 국가들로부터 온 외무부장관들, 위협을 받고 있는 그러한 사람들은 전형적으로 DSS요원들에 의하여 신변경호를 받는다. DSS는 외국의 국가원수에 대한

795) http://www.state.gov/m/ds/(2007년 3월 31일 검색).
796) http://www.state.gov/m/ds/about/overview/(2007년 3월 31일 검색).
797) http://www.state.gov/m/ds/about/overview/(2007년 3월 31일 섬색).
798) http://www.state.gov/m/ds/protection/index.htm(2009년 1월 7일 검색).
799) http://en.wikipedia.org/wiki/Diplomatic_Security_Service(2009년 1월 17일 검색).

경호를 제공할 권한을 갖는다. 그리고 1970년대 초반에는 완전히 그러했다. 그 당시 이러한 권한을 대통령 경호실에 넘겨주는 Richard Nixon 대통령이 서명한 행정명령도 있었다. 그 이후 대통령 경호실은 국가원수에 대하여 신변경호를 해왔다. 외빈경호 및 수사대가 실질적인 경찰권한이 부여된 정복 근무대를 보유하고 있지 않았을 때 다른 기관들 혹은 지역의 경찰관서들이 이러한 직무서비스를 제공하도록 되어 있었다. 이러한 것에 대한 두 가지 중요한 사례들은 워싱턴 D.C.에 소재한 대통령 경호실(SS) 소속의 정복부서 근무자들과 뉴욕시에 소재한 뉴욕경찰청이다.[800] 이러한 신변경호업무는 다음의 몇몇 부대에 의하여 수행되고 있다.

① 국무부장관 경호부대(Secretary of State's Protective Detail)

국무장관을 경호하는 부대는 국무장관이 전세계 어디로 여행을 하던지 간에 1주일의 7일, 하루의 24시간 동안 국무장관에 대한 신변경호를 제공한다. 그 부대는 국무장관이 미국의 외교정책을 안전하게 그리고 보안이 강구된 채 수행할 수 있도록 보장하기 위하여 국무부의 다른 부서들, 다른 연방 및 州, 지방의 부서들 그리고 외국의 보안 및 법집행조직들과 밀접하게 공조하고 있다.[801]

사진_한국을 방문한 미국의 국무부장관을 경호하는 모습(2008년 6월)[802]

---

800) http://en.wikipedia.org/wiki/Diplomatic_Security_Service(2009년 1월 17일 검색).
801) http://www.state.gov/m/ds/protection/c8756.htm(2009년 1월 7일 검색).
802) http://kr.news.yahoo.com/service/news/shellview2.htm?articleid=200806281350089

② **외빈경호대**(Dignitary Protect Division)

미국을 방문하는 외국의 각료급(매년 150여명)들에 대하여 모든 측면의 신변경호적 경호를 조정한다. 경호서비스는 보통 위협분석과 상호주의에 기초하여 외국의 중요인사들에게 제공된다.[803)]

③ **경호협력관부서**(Protective Liaison Division)

동부서는 미국 내의 대외 외교단체들에게 보안지원과 지침을 제공한다. 외교직무상의 보안부서들, 연방, 주 및 지역의 법집행당국들과 밀접한 관계를 갖고 근무함으로써 해당부서는 외교직무 수행 공동체의 모든 문제들, 의문들 그리고 고충사항들에 대해서 신속하게 그리고 효과적으로 대응하고 있다.[804)]

④ **지역담당 보안요원**(Regional Security Officers)

지역담당 보안요원(RSO)은 미국 대사관에서 보안책임자로서 해외에서 근무하는 경호보안국 특수요원이라는 타이틀이 부여되어 있다.[805)] 이들은 상급법집행요원 및 주재관으로서 근무하고 있다.[806)] 경호보안국 특수요원들은 해외에서 지역담당 보안요원들(RSO)로서 미국의 외교적 임무수행을 위하여 배치된 자들이다. 그들은 대사 혹은 외교직무 책임자에게 모든 보안상의 문제들에 관한 개인적 고문관으로서 활동하며 직무상의 보안 프로그램에 관한 모든 측면을 조정한다. 그들은 직장과 가정에서 테러리스트, 범죄자 그리고 기술적 공격으로 국무부직원들을 보호하기 위한 효과적인 보안프로그램을 개발하고 실행하고 있다. 지역담당 보안요원들은 이러한 노력의 일환으로 경호보안국의 다른 직원들, 해병대, 미해군 공병대, 지역의 수사관들, 공학분야 보안요원들 그리고 다른 부서 주요 공무원들로부터 귀중한 지원을 받는다. 게다가 지역

3180&linkid=612&newssetid=3433&title=%B9%CC%B1%B9+%BC%E8%B0%ED%B1%E2+%BC%F6%C0%D4+%B3%ED%B6%F5(2008년 6월 28일 검색).

803) http://www.state.gov/m/ds/protection/c8756.htm(2009년 1월 7일 검색).

804) http://www.state.gov/m/ds/protection/c8756.htm(2009년 1월 7일 검색).

805) http://www.nationmaster.com/encyclopedia/Bureau-of-Diplomatic-Security(2009년 1월 8일 검색).

806) http://en.wikipedia.org/wiki/Bureau_of_Diplomatic_Security(2009년 1월 7일 검색).

담당 보안요원들은 분류되지 않은 보안 브리핑들과 다른 전문적인 보안자문을 해외에 있는 미국기업가들에게 제공한다. 지역담당 보안요원들은 미국 법집행기관의 주도적 조치와 수사를 위한 지원을 얻기 위하여 노력하면서 해외에서 중요한 외사경찰 및 보안서비스 협력관으로서의 역할을 한다.[807)]

(2) 경호대상자

국무부 경호보안국의 중요 신변경호대상자는 다름 아닌 국무부 장관(외무부장관)이다. 동부서는 국무부장관을 24시간 경호한다.[808)] 국무부장관의 신변경호를 위하여 그리고 미국정부의 외교정책을 안전하고 보안이 유지된 채 원활하게 수행할 수 있도록 연방, 州 그리고 지역의 다양한 법집행기관들과 유기적인 협력관계를 유지하고 있다.[809)]

그리고 유엔주재 미국대사, 미국을 방문하는 외국의 각료급 이상의 중요인사들(cabinet-level foreign dignitaries 혹은 국가원수급에 못 미치는 중요인사들, below the head- of-state level)에 대한 신변경호를 제공한다.[810)] 이러한 중요인사에 대한 신변경호는 위험요소에 대한 평가와 상호주의에 입각하여 일반적으로 실행된다.

동부서는 외국의 장관들, 보리스엘친 전러시아대통령, 넬슨만델라 전남아공대통령 등 외국의 전직국가원수들, 영국왕실 구성원들(찰스 황태자, 다이애나비 등), 유엔사무총장과 NATO 사무총장, 야세르 아라파트 팔레스타인해방기구(PLO) 책임자, 중동지역의 평화를 위해서 각국을 대표하는 인사들, 달라이 라마(Dalai Lama)와 같은 인사들에게 신변경호를 제공한다. 이러한 인사들에 대한 신변 경호행사는 매년 약 150여 건에 달한다.[811)]

---

807) http://www.state.gov/m/ds/protection/c8756.htm(2009년 1월 7일 검색).
808) http://www.state.gov/m/ds/about/overview/(2007년 3월 31일 검색).
809) http://www.state.gov/m/ds/protection/c8756.htm(2007년 3월 31일 검색).
810) http://www.state.gov/m/ds/about/overview/(2007년 3월 31일 검색).
811) http://www.state.gov/m/ds/protection/c8756.htm(2009년 1월 7일 검색).

사진_국무부 경호보안국 요원들이 아프가니스탄
Hamid Karzai 대통령을 경호하는 모습[812)]

해마다 9월에 개최되는 유엔(UN)총회 기간 동안에는 대통령 경호실(SS)뿐만 아니라 대부분 뉴욕市 경찰청과 DSS는 수많은 외국의 중요인사들에 대한 신변경호를 제공한다. DSS는 또한 아프가니스탄의 Haiti와 Liberia 대통령의 신변경호를 해왔거나 혹은 해오고 있다. 이러한 특수한 임무들을 더욱 독특하게 하는 것은 미국의 연방법집행 요원들에 의하여 수행되고 있는 신변경호 임무가 해외에서 그리고 신변경호를 받고 있는 중요인사의 본국에서도 이루어진다는 점이다.[813)]

사진 좌_경호보안국 특수요원들의 신변경호를 받고 있는 Rice 국무장관
사진 우_2006년 6월 25일 West Bank, Ramalah에 소재한 Mahmoud Abbas 팔레스타인 대통령 집무실에 도착하면서 군중들에게 손을 흔들고 있는 모습)[814)]

---

812) http://www.washingtonpost.com/wp-dyn/articles/A1157-2004Sep6.html/(2009년 1월 7일 검색).
813) http://en.wikipedia.org/wiki/Diplomatic_Security_Service(2009년 1월 17일 검색).
814) http://www.state.gov/m/ds/index.htm(2009년 1월 7일 검색).

매년 가을이 되면 국제연합(UN) 총회에 참석하려는 수많은 외국의 중요인사들이 뉴욕시를 방문하게 되는 바, 국제연합총회를 대비하여 동부서 소속요원들은 매년 1월 초부터 경호업무를 시작하고 이 업무는 9월 초까지 지속된다. 유엔총회가 개최되는 시점을 전후해서 실제로 모든 요원들이 뉴욕市로 이동한다고 할 수 있다. 경호보안국은 특별한 행사들을 대비하여 안전과 보안을 제공한다. 예를 들면, 시리아와 이스라엘 간에 평화회담이 개최되는 시점에(1999년) 동회담장소인 Shepherdstown, WV에서 1999년 이스라엘과 시리아의 외무부장관들의 신변경호를 수행하였다. 또한 2002년 동계올림픽이 개최된 Salt Lake City에서 유명한 운동선수들과 이곳을 방문하는 중요인사들과 장소들을 보호하기 위하여 근무한 적이 있다. 또한 2004년 하계 올림픽이 개최된 그리스에서 안전문제와 관련하여 그리스정부와 협력하기도 했다.815)

3) 보안 및 경비업무

(1) 청사 및 시설물보호

경호보안국은 전세계에 걸쳐 미국 정부의 외교정책을 원활하게 실행하고 미국의 국익을 증진하고 있는 외교직 공무원들에게 보다 안전하고 보안이 유지되는 생활 및 근무환경을 제공하는 것이 경호보안국의 중요한 목적이 되고 있다.816)

해외에 파견되어 미국의 외교적인 임무를 위해서 근무하는 모든 사람들을 안전하게 보호하는 효과적인 보안 프로그램들을 발전시키고 실행하고 있다.817) 각 지역 사무소에서 근무하고 있는 경호보안국 특수요원들은 해외에서의 안전유지활동의 본거지로서 노력하고 있으며 국무부 소속직원들과 그들의 가족들 그리고 미국 정부의 외교임무들 그리고 국가의 안전에 관한 정보를 위한 최일선 경비(defense)와 보호를 제공하고 있다.818) 이처럼 경호보안국은 외교업무와 관련된 분야에서도 아주 특이한 조직이라고 할 수 있다.819)

815) http://www.state.gov/m/ds/about/overview/c9010.htm(2007년 3월 31일 검색).
816) http://www.state.gov/m/ds/about/overview/c9004.htm(2007년 3월 31일 검색).
817) http://www.state.gov/m/ds/about/overview/(2007년 3월 31일 검색).
818) http://www.state.gov/m/ds/about/overview/c9004.htm(2007년 3월 31일 검색).
819) http://www.state.gov/m/ds/about/(2007년 3월 31일 검색).

경호보안국은 국내와 해외에 주재하는 미국 대사관들, 영사관들 그리고 전세계에 걸쳐 다른 외교적 임무를 띠고 있는 국무부의 시설물들을 보호하는 데 책임을 지고 있다.[820] 국무부장관의 주거지, 국무부청사를 비롯하여 미국 내에 소재하는 100여개의 국무부관련 시설물에 대한 안전과 보안업무를 수행하고 있다.[821] 또한 미국 내에 소재한 외국의 대사관 및 영사관 등 외교공관을 지원하는 바, 그들의 외교직무와 직원들에게 안전을 제공한다.[822]

전세계 150여 나라에서 480여 명의 경호보안국 특수요원들은 미국의 대사들에게 안전과 보안에 관련된 문제에 대해서 중요한 조언가로서의 역할을 수행하고 있으며 외교업무와 관련된 보안프로그램에 대해서 조정하고 있다.[823] 물리적, 기술적 공격으로부터 미국정부의 외교임무와 구성원들의 주거지에 대한 방패역할을 하는 프로그램들을 발전시키고 실행하고 있다.[824]

(2) 對테러관련 보안 및 정보보호

테러리즘이 오늘날 중요한 관심사가 되고 있는 바, 미국 정부에 대한 간첩행위가 계속 진행되고 있다는 것은 불문가지이다. 미국에 대하여 적대적인 정보단체들은 미국내의 여러 시설들과 해외에서 당해부서의 임무로부터 감시 및 전자적 도감청을 통하여 정보를 수집하려고 시도한다. 그리고 국무부에 고용된 사람들로 하여금 간첩행위를 수행하기 위한 새로운 사람들을 충원하고 조작하려고 시도하고 있다.[825]

경호보안국은 국무부에 민감한 정보를 보호하기 위하여 전세계에 퍼져 있는 국무부 컴퓨터 및 커뮤니케이션, 자동화된 정보 및 통신시스템의 보안평가를 수행하고 있다. 검사 및 분석은 분류된 정보에 대한 어떠한 기술적 위협을 예방하고 감지한다. 국무부의 시스템과 정보에 관한 네트워크의 활용가능성과 통합성을 안전하게 하는 것은 외

820) http://www.state.gov/m/ds/protection/index.htm(2009년 1월 7일 검색).
821) http://en.wikipedia.org/wiki/Bureau_of_Diplomatic_Security(2009년 1월 7일 검색).
822) http://www.state.gov/m/ds/about/overview/(2007년 3월 31일 검색).
823) http://www.state.gov/m/ds/career/c8853.htm(2007년 3월 31일 검색).
824) http://www.state.gov/m/ds/about/overview/c9004.htm(2007년 3월 31일 검색).
825) http://www.state.gov/m/ds/protection/index.htm(2009년 1월 7일 검색).

교정책을 수행하는 데 필수적이다. 정보보호를 위한 종합적인 프로그램의 한 부분으로서 경호보안국은 사건처리 및 보고, 위협분석, 기술적 보안평가 및 방침을 포함하고 있는 24시간 네트워크 모니터링 역량을 유지하고 있다. 민감한 정보를 처리하고 저장하고 파괴하기 위한 방침과 절차를 규정하면서 경호보안국은 분류된 정보를 적절하게 처리할 수 있도록 국무부 소속 직원들을 교육시키고 있다. 경호보안국은 국무부와 계약을 맺고 있는 기업들과 민간인들에게 위임된 분류된 정보를 보호하기 위한 방침들을 발전시킨다.826)

오늘날 대테러 업무의 일부를 관장하고 있는 경호보안국은 국무부 소속 인사들, 시설물 그리고 전세계에 걸친 외교적 임무를 목표로 한 국외 정보기관들의 활동을 감지하고 억제하고 무력화시키기 위한 튼튼한 방첩정보 프로그램을 수행하고 있다. 그 부서는 수많은 대응정보 및 민감한 국무부 시설물들과 정보를 요구하는 그리고 이에 대한 접근을 하는 미국의 모든 정부 인사들을 위한 보안의식 고취 훈련 프로그램들을 수행하고 있다. 모든 훈련 프로그램들은 국외정보와 간첩위협들 그리고 대응조치들을 이해하는 것을 강화시킨다. 그리고 국외정보 환경에서 고용된 사람들을 교육시킨다.827)

1984년 이래, 경호보안국은 Justice 프로그램 포상 제도를 운용해왔다. 동프로그램은 국무부장관의 특별 권한에 근거하여 미국인들에 대한 테러리스트들의 공격을 본질적으로 막을 수 있는 중요한 정보를 제공하는 사람들에게 약 5백만 달러에 상당하는 포상금을 수여하는 것이다.828)

최근 몇 년 동안에는 보다 더 많은 상금을 수여하고 있다. 미국인들에 대한 테러공격을 막는데 실질적으로 기여한 중요한 정보를 제공하는 사람들에게 지불되고 있다. 2001년에는 무려 40여 명에게 6천 2백만 달러가 지급되었다고 한다.829) Justice 프로그램을 위한 포상제도는 대테러 프로그램이다. 전세계에서 미국인들이나 그 재산에

826) http://www.state.gov/m/ds/protection/index.htm(2009년 1월 7일 검색).
827) http://en.wikipedia.org/wiki/Bureau_of_Diplomatic_Security(2009년 1월 7일 검색).
828) http://www.nationmaster.com/encyclopedia/Bureau-of-Diplomatic-Security(2009년 1월 8일 검색).
829) http://en.wikipedia.org/wiki/Bureau_of_Diplomatic_Security(2009년 1월 7일 검색).

대한 국제 테러리즘 행위들을 예방하거나 순조롭게 해결할 수 있는 정보에 대해서 2천 5백만 달러에 이르는 상금을 제공하는 것이다.[830)]

4) 특수한 영역의 수사 및 법집행

범죄수사 문제에 있어서 경호보안국은 미국 시민들과 관련된 국제 테러사건들에 대해서 미국내 여러기관들을 이끄는 역할을 맡고 있으며[831)] 주요 담당기관이다. 경호보안국 직원들과 특수요원들은 직원들의 보안문제를 수사하고 보안상의 문제들을 해결하며 비자(Visa)나 여권과 연관된 사기범죄를 수사한다. 또한 미국 내에 주재하는 외국의 대사관과 영사관의 직무와 직원들을 위한 보안업무와 함께 그 대사관들과 영사관들을 지원하고 있다.[832)]

경호보안국은 분류된 요소들이 위태롭게 되었을 때 피해평가를 수행하기 위하여 다른 기관 소속 수사관들과 방첩요원들과 협력하여 국무부내의 정보보안 위반사범을 수사한다.[833)]

방첩(counterintelligence) 부서는 공세적인 대응정보 요구사항들과 다른 미국 정부기관들과 함께 방첩정보 수사를 실행한다. 모든 방첩수사는 의심을 받고 있는 간첩행위에 관한 사건들과 관련된 것을 기소하도록 법률상 위임된 내용에 따라서 FBI와 함께 친밀한 공조를 실행하고 있다.[834)]

미국무부 경호보안국에서는 약 34,000여 명의 직원들이[835)] 근무하고 있는 바, 이들

---

830) http://www.nationmaster.com/encyclopedia/Bureau-of-Diplomatic-Security(2009년 1월 8일 검색).
831) http://en.wikipedia.org/wiki/Bureau_of_Diplomatic_Security(2009년 1월 7일 검색).
832) http://www.nationmaster.com/encyclopedia/Bureau-of-Diplomatic-Security(2009년 1월 8일 검색).
833) http://www.state.gov/m/ds/protection/index.htm(2009년 1월 7일 검색).
834) http://en.wikipedia.org/wiki/Bureau_of_Diplomatic_Security(2009년 1월 7일 검색).
835) 동부서에 소속된 직원들의 유형은 다음과 같다: Special Agents(Diplomatic Security special agents are federal law enforcement officers who serve worldwide. Overseas, our special agents advise ambassadors on all security issues and coordinate all of a mission's security programs. In the United States, agents

가운데 특수요원들은 여권과 비자에 대한 불법적인 발급, 사용 혹은 제작함으로써 미국법에 저촉되는 행위에 대해서 법률을 집행한다.836) 따라서 여권이나 비자위조사건이나 이와 관련된 사기사건을 수사한다.837) 또한 수사상의 인적 보안을 유지하고 보안관련 이슈를 해결한다. 미국무부 직원들, 국내외의 국무부시설물, 미국의 보호 하에 있는 외국의 중요인사, 미국 내에 소재한 외국의 외교공관 등에 대해서 가해진 수 천 건의 위협들을 조사해왔으며 방첩수사(protective intelligence investigations)를 실시하기도 한다. 동부서에 소속된 특수요원들은 전세계에서 근무하고 있는 연방법집행요원들이다.838)

5) 컴퓨터범죄수사 및 법과학 지부 설치

DSS의 컴퓨터수사 및 법과학 지부가 2004년에 설치되었는 바, 국무부의 작전 및 보안에 영향을 미치고 있는 컴퓨터와 다른 전자기술들이 연관된 범죄들의 급속한 증가에 직면하고 있는 DSS수사관들을 도와주기 위한 것이었다. 2005년 DSS는 컴퓨터 포렌직과 관련된 218건의 수사를 개시했다. 2004년에 비하여 19% 증가한 것이며 2003년에 비하여 43%나 증가한 동향이다. DSS수사관들은 여권 및 비자사기 사건, 방첩문제, 간첩 및 아동포르노 사건을 밝혀내기 위하여 컴퓨터 포렌직을 활용하였다.839)

---

investigate passport and visa fraud and protect the Secretary of State and visiting foreign dignitaries.), Security Engineering Officers(Security engineering officers are highly skilled professional engineers who serve worldwide. Security engineers are responsible for the technical and informational security programs at our diplomatic and consular posts overseas. In the United States, engineers provide support for our overseas operations.), Security Technical Specialists(Security technical specialists are assigned throughout the world to develop, implement, and maintain technical security programs at U.S. diplomatic missions.), Diplomatic Couriers(Diplomatic couriers ensure the secure movement of classified U.S. Government material across international borders.), Civil Service(The Bureau of Diplomatic Security has a dedicated cadre of Civil Service employees who work in a variety of disciplines.) http://www.state.gov/m/ds/career/(2007년 3월 31일 검색).

836) http://www.state.gov/m/ds/about/overview/(2007년 3월 31일 검색).

837) http://www.state.gov/m/ds/career/c8853.htm(2007년 3월 31일 검색).

838) http://www.state.gov/m/ds/about/overview/(2007년 3월 31일 검색).

5. 경호보안국 요원들에 대한 교육과 임용

경호보안국 요원들은 종합적이고 전문화된 교육을 받는다. 임용절차(Hiring Process)에 의하면 외빈경호 및 수사대(DSS) 요원들은 외교직 심사위원회의 필기시험 평가, 지식능력 테스트, 패널인터뷰 그리고 경험이 풍부한 DSS전문 요원들에 의한 실시되는 상황판단능력 검증 등 강도 높은 평가절차를 거쳐서 임용된다. 그렇게 선발된 요원후보자들은 고도의 비밀과 민감하게 구획되어진 정보의 수준에서 보안상의 문제 해결을 위하여 철저한 배경조사뿐만 아니라 세계적인 활동 역량에 요구되는 종합적인 신체/건강검사를 거친다. 최종적인 적합성 평가와 외교직무 패널 심사에 의한 표결은 해외에서 외교관으로서 미국정부의 이익을 대표할 수 있는 지원자의 전반적인 능력에 대하여 평가한다. 모든 요원들은 적어도 4년제 대학졸업 학력을 가져야 한다.

새로운 외빈경호대 요원으로 임용되면 워싱턴D.C.에서 기본교육이 시작된다. 요원들은 Georgia州 Brunswick에 소재한 연방법집행훈련센터(Federal law Enforcement Training Center)에서 실시되는 범죄수사관 훈련프로그램, 경호보안국 훈련센터에서의 기초적인 특수요원과정, Virginia州 Arlington에 소재한 외교연수원(Foreign Service Institute)에서의 훈련과정을 포함하여 8개월간의 훈련 프로그램을 시작한다.[840)]

훈련은 워싱턴지역에 소재한 국무부 내부 교육시설에서도 계속된다. 교육생들은 모든 요구되는 테스트를 반드시 통과해야 한다. 우선적으로 교육생들은 호신술 등 개인방어기법, 형법과 범죄수사, 배경조사기법, 응급조치요령과 화기조작법 그리고 방어운전기법에 대해서 훈련을 받게 된다. 이러한 프로그램을 위하여 선발된 각지원자들에게 실질적인 교육투자가 이루어진다. 해외에서의 특수한 임무수행을 준비하기 위하여 요원들은 보안 및 안전관리, 우편물처리, 방첩활동, 전자감시 및 보안 그리고 외국어에 대해서 훈련을 받게 된다. 다른 훈련분야에는 전문적인 화기조작법, 폭발장치처리, 군수품수사, 화재사건수사 그리고 의료적 지원 등이 포함된다.[841)]

---

839) http://en.wikipedia.org/wiki/Diplomatic_Security_Service(2009년 1월 7일 검색).
840) http://en.wikipedia.org/wiki/Diplomatic_Security_Service(2009년 1월 7일 검색).

국내부서에 배치되었을 때 비록 일시적으로 해외업무에 종종 파견될 수 있더라도 신임 외빈경호대 요원은 해외업무를 배치받기 전에 항상 국내에서 2년 동안 현장업무에 배치된다. 그런데 요원들은 외빈경호 및 수사대의 요구에 따라서 훨씬 더 빨리 해외로 파견될 수도 있다. 외무공무원의 한 구성원으로서 요원들은 그들의 대부분의 직업적 경력을 해외에서 생활하거나 근무할 것으로 기대되어지고 있다. 전세계에 걸쳐 종종 위험스러운 환경에서 혹은 덜 발전된 나라에서 생활하거나 근무할 수도 있다.[842)]

841) http://www.state.gov/m/ds/career/c8853.htm(2007년 3월 31일 검색).
842) http://en.wikipedia.org/wiki/Diplomatic_Security_Service(2009년 1월 7일 검색).

제6장

특별 및 일반경찰 혼재형 경호체제 국가

비/교/경/호/제/도/론

제6장

특별 및 일반경찰 혼재형 경호체제 국가

제1절 프랑스의 경찰조직

프랑스 경찰은 다른 선진국 경찰 중에서 한국경찰과 가장 흡사한 조직 및 활동을 하고 있는 바,[843] 수상→내무부장관→경찰청장의 위계로 이어지는 국가경찰체제의 전형적인 모습을 보이고 있다. 경찰기관은 크게 도시지역의 일반국가경찰(The National Police, police nationale 혹은 the Sûreté Nationale), 그 외 지역에 대하여 군인경찰(Gendarmerie, 군인경찰은 시골지역에 대한 경찰권을 행사하고 있음)이 담당하며 지방자치단체인 市나 邑에서는 시장의 자치권 범위 내에서 자치경찰을 창설할 수 있다.[844]

프랑스의 경찰권은 국무회의에서 선출되는 경찰청장(DGPN: Direction Générale

843) 이종화외 8인, 「비교경찰제도론」(서울: 법문사, 2003), p. 530.
844) 박창호외 4인, 「비교수사제도론」(서울: 박영사, 2004), pp. 66~67.

de la Police nationale)에게 있으며[845] 경찰청장 휘하에 총무국(행정지원)·교육국·정보국·방범국·형사국·보안국(국토감시국)·국경경찰국 등 7개의 局과 감찰단·기동단·국제협력단·요인경호실(Service de protection des hautes personnalités-SPHP: Important Persons Protection Service-VIP protection) 등이 있다.[846] 즉 경찰청장 소속으로 요인경호실이 설치되어 있다.[847]

프랑스 인구는 63,753,000여 명(2008년 1월 현재),[848] 일반경찰업무에 종사하는

845) 2009년 1월 기준, 경찰청장은 Michel Gaudin(Directeur Général)이다.

846) http://www.nationmaster.com/encyclopedia/French-National-Police(2009년 1월 21일 검색) Organization.

The police is divided into directorates : Direction de l'administration de la police nationale (Directorate of Administration of the National Police; DAPN).

Direction de la formation de police nationale (Directorate of Training of the National Police; DFPN).

Direction centrale de la police judiciaire (Central Directorate of Judicial Police; DCPJ) – major criminal investigations (known as "36 Quai des Orfèvres" in Paris)

Direction centrale de la sécurité publique (Central Directorate of Public Security; DCSP) - uniformed patrol and response.

Direction de la surveillance du territoire (Directorate of Territorial Surveillance; DST) - counter-intelligence.

Direction centrale de la police aux frontières (Central Directorate of Border Police; DCPAF).

Direction centrale des renseignements généraux (Central Directorate of General Information; DCRG) - records and research.

Inspection générale de la police nationale (Inspectorate General of the National Police; IPGN) - headed by the Inspector General and responsible for internal affairs.

Direction centrale des compagnies républicaines de sécurité (Central Directorate of the Republican Security Companies; DCCRS) - riot police.

Service de coopération technique internationale de police (Technical International Police Co-operation Service; SCTIP).

Service de protection des hautes personnalités (Important Persons Protection Service; SPHP) - VIP protection, although the President of France is protected by the French Gendarmerie Security in the Paris area is the domain of the Paris Prefecture of Police.

847) 요인경호실 명칭은 SPHP: Service de Protection des Hautes Personnalites이다.

848) http://frenchjournal.typepad.com/french_journal/2008/01/frances-populat.html(2009

인력은 총 145,997명(2009년 1월 14일 현재, 150,000여 명[849])이며, 이 중 경찰관은 115,789명, 행정직 공무원 13,055명, 보조경찰관 16,153명이다.[850]

제2절 프랑스의 경호체계와 현황

1. 경찰청소속 경호부서

경호실은 1935년에 창설되었으며 최초에는 「공식방문과(Voyage officiel)」라고 불리다가 1994년에 요인경호실(Service de protection des hautes personnalités -SPHP: Important Persons Protection Service-VIP protection) 로 개칭되었다. 프랑스나 외국의 주요 인사를 테러의 위험으로부터 보호하기 위하여 근접경호를 책임지고 있다. 프랑스 경찰의 주요 경호대상자들은 대통령(1994년부터 군인경찰과 합동으로 대통령 경호업무를 수행하고 있다[851]), 수상, 내무부장관, 국방부장관, 외무부장관 등이다.[852] 경찰의 경호대상이 되는 외국의 주요인사는 외국의 국가원수, 정부수반과 동반가족이다. 그 외에 유럽의회 의장에 대한 신변경호업무도 수행한다. 경찰관 중에서 엄격한 심사와 선발과정을 거쳐 5년간 근무조건으로 선발되어 550여 명이 근무하고 있다. 산하에 경호과, 스트라스부르크(Strassburg) 유럽의회 관련 경호과, 지원과를 두고 있다.

요인경호실(SPHP)은 일반적인 경호에 관계되는 조치들을 계획하는데 책임을 맡고 있으며, 프랑스 대통령의 국내외 공식행사(출장 및 여행)에 대한 실질적인 경호조직이다.[853]

년 1월 25일 검색).

849) http://en.wikipedia.org/wiki/French_National_Police(2009년 1월 25일 검색).

850) 이종화외 8인, 2003, p. 541.

851) 시락 대통령에 대한 경호와 관련, 이원화(군·경찰)된 경호체계가 요인경호실(국립경찰) 주관으로 통합되었다고 한다. 즉 경찰이 군을 통제 가능한 사회적 여건으로 경찰이 군지원 부대를 직접 통제하고 있다.

852) 이종화외 8인, 전게서, 2003, p. 539.

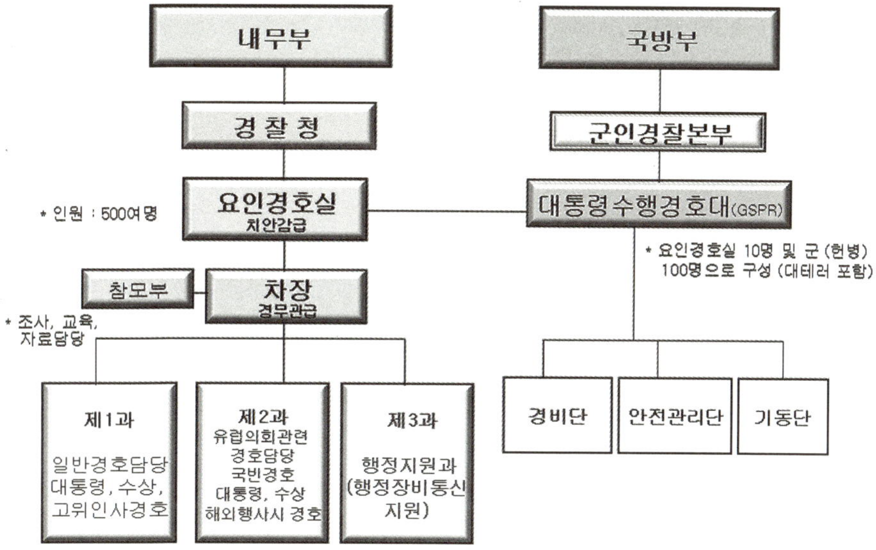

〈그림 28〉 프랑스 일반경찰 및 군인경찰의 경호조직도(2007년 5월 이전)

한편, 경찰청 정보국, 국토감시국 및 해외안전총국 등으로부터 정보업무를 지원받고 있다. 요인경호실 외 국방부 소속의 군인경찰로 편성된 관저경호대(300여 명)가 운영되고 있다.

프랑스 대통령 근접(수행)경호대(Groupe de sécurité de la présidence de la République-GSPR)는 1983년 1월 5일 법령에 의하여 설치되었으며, 대통령에 대한 근접경호업무를 수행한다. 동 경호부대는 일반국립경찰(Police) 및 군인경찰(Gendarmerie) 소속의 경찰관들로 편성되어 있었다.[854] 즉 과거에 동 근접경호부대는 일반국립경찰에서 차출된 30명, 군인경찰에서 차출된 30명으로 구성되어 있었다.[855]

---

853) http://www.elysee.fr/elysee/elysee.fr/anglais_archives/jacques_chirac/presidency_s_departments/presidency_s_departments.20239.html(2009년 1월 21일 검색).

854) http://www.elysee.fr/elysee/elysee.fr/anglais_archives/jacques_chirac/presidency_s_departments/presidency_s_de partments.20239.html(2009년 1월 21일 검색); http://www.absoluteastronomy.com/topics/French_Republican_Guard(2009년 1월 25일 검색).

855) 동 근접 경호대장은 군인경찰의 경우 중령급(Lieutenant-Colonel of Gendarmerie), 일반국립경찰의 경우 경정-총경급(Commissaire divisionnaire de Police) 간부 경찰에서 임명되었다고 한다. http://en.wikipedia.org/wiki/Groupe_de_S%C3%A9curit%C3%A9

그런데 Nicolas Sarkozy가 대통령으로 선출되면서 국립경찰청 산하 요인경호실 및 대테러실(RAID-1985년 창설)에서[856] 차출된 일반경찰관들로만 충원되어 있다고 한다.[857]

사진_2008년 3월, London에 소재한 舊해군대학을 방문하고 있는 프랑스대통령 경호장면[858]

사진_2008년 4월, 튀니지를 방문한 프랑스대통령 내외 경호장면[859]

_de_la_Pr%C3%A9sidence_de_la_R%C3%A9publique(2009년 1월 25일 검색).

856) http://en.wikipedia.org/wiki/Recherche_Assistance_Intervention_Dissuasion(2009년 1월 25일 검색) RAID는 Recherche Assistance Intervention Dissuasion (Research, Assistance, Intervention, Deterrence)의 약어임. 프랑스 국립경찰청(the French National Police) 내 대테러팀을 일컫는다. 이는 군인경찰의 한 부서인(Gendarmerie unit: the Groupes d'Intervention de la Police Nationale) GIPN의 대응하는 부서이다(약 60명으로 편성). 경찰청장의 직접 지휘를 받는 부서이다.

857) http://en.wikipedia.org/wiki/Groupe_de_S%C3%A9curit%C3%A9_de_la_Pr%C3%A9sidence_de_la_R%C3%A9publi que (2009년 1월 25일 검색).

858) http://www.zimbio.com/pictures/0wiHQwRdXve/President+Madame+Sarkozy+Visit+Greenwich/-P_X6FzFxOB/Carla+Bruni+Sarkozy(2009년 1월 25일 검색).

2. 파리지방경찰청(La Préfecture de police de Paris)

파리지방경찰청은 프랑스의 수도인 파리를 관할한다. 산하 조직에는 인사예산과, 총무과, 교통관리과, 경비과 등 4개의 행정부서와 교통과, 방범과, 형사과, 정보과, 감찰과 그리고 장비과 등 6개의 집행 부서를 두고 있다. 경비교통 부서에서는 질서유지 및 교통관리를 책임지고 있으며 각종 행사, 시위 등의 경비상황과 국가시설경비 책임을 맡고 있다.[860)]

사진_휴가기간 중 이집트를 관광하고 있는 프랑스대통령 가족들과 경호장면[861)]

3. 군인경찰(La Gendamerie Nationale)의 경호부서

선진국 가운데 경찰력의 일부를 군인이 담당하는 체제를 갖고 있는 나라는 많지 않다. 프랑스, 벨기에, 룩셈부르크, 이탈리아, 스페인이 준 군사조직의 형태를 갖는 경찰제도를 시행하고 있다. 그러나 대부분 민간경찰화 시켰다. 프랑스의 군인경찰은 군조

---

859) http://bauergriffinonline.com/mt/mt-search.cgi?IncludeBlogs=1&tag=Nicolas%20Sarkozy&limit=20&IncludeBlogs=1;http://bauergriffinonline.com/2008/04/bfm_enlarged/enlarged-the-french-are-pissed-carlas-e.php?bfm_index=2(2009년 1월 25일 검색).

860) 이종화외 8인, 2003, p. 540.

861) http://cache.daylife.com/imageserve/02BY3lUg3EbqD/610x.jpg; http://cache.daylife.com/imageserve/01Ns93kc AW700/610x.jpg; http://cache.daylife.com/imageserve/0cG3691dgDaf2/610x.jpg(2009년 1월 25일 검색).

직과 계급을 보유하고 있으나 실질적으로는 신분만 국방부 소속의 군인형태를 가질 뿐 일반경찰과 같은 역할을 수행한다. 취급하는 업무의 95%가 일반시민들을 대상으로 한다.

2006년 12월 현재, 군인경찰(The National Gendarmerie)의 인력은 총 105,389명이다. 이 중 군인 신분자는 103,481명이며 이 가운데 장교는 5,789명, 부사관 78,354명, 기술 및 행정직 장교 237명/부사관 3,824명, 의용군인경찰 15,277명, 일반직/국가직/계약직 1,908명 정도이다. 한편, 경찰력 통계에 정식으로 산입되지는 않는 예비군은 40,000여명이 있다.[862)]

군인경찰관의 대부분은 지방군인경찰대(Gendarmerie Départementale)에서 근무하며 군인경찰 중 일부는 기동군인경찰대(Gendarmerie Mobile: 데모, 폭동, 군중통제, 공공청사경비 등: 2008년 11월 현재, 17,350명 배치[863)])에 소속되어 주로 특수한 업무를 수행한다.[864)] 즉 대테러부대, 산악구조대, 동굴구조대, 공화국수비대(일종의 기마의장대), 공수군경찰대, 대통령수행경호대(a detachment to the security group of the President of the French Republic)[865)] 등의 특수부서에 속해 있다.[866)]

862) http://en.wikipedia.org/wiki/French_Gendarmerie#The_Mobile_Gendarmerie(2009년 1월 25일 검색).

863) http://en.wikipedia.org/wiki/Mobile_Gendarmerie(2009년 1월 25일 검색).

864) 한편, 2006년 12월 현재, 군인경찰조직에 편성된 인원은 총 105,389명이다. 이 중 군인 신분자는 103,481명이다.

865) http://en.wikipedia.org/wiki/French_Gendarmerie#The_Mobile_Gendarmerie(2009년 1월 25일 검색).

866) 이종화외 8인, 2003, pp. 558~559.

사진_2008년 6월, 이스라엘 Ben Gurion 국제공항에서 발생한 경찰관 총기사건으로 프랑스대통령 및 Olmert수상 등의 긴급 피신장면[867)]

867) http://www.odt.co.nz/news/world/10911/cop039s-airport-suicide-sparks-sarkozy-assassination-fear;http://web.israelinsider.com/Articles/Security/12942.htm;http://file.shanghaidaily.com/News/Image//2008/2008-06/2008- 06-25/ 20080625_ 364483_02.jpg;

2008년 6월 24일, 프랑스 사르코지 대통령이 이스라엘과 중동지역을 공식방문한 후, 프랑스로 돌아오는 과정에서 이스라엘 Tel Aviv에 소재한 Ben Gurion국제공항에서 공식 환송식이 열렸다. 한 이스라엘 경찰관이 행사장에서 얼마 떨어지지 않은 장소에서 총기(rifle–사정거리 4000야드)로 자살하는 사건이 발생한 바 있었다. 총성은 사르코지 대통령과 에후드 올메르트 이스라엘 총리가 서 있던 곳으로부터 200m 떨어진 곳에서 경찰관이 총으로 자살하면서 발생했다.[868] 사건 당시 프랑스 대통령과 영부인(Carla Bruni–Sarkozy)이 경호원들에 에워싸여 긴급하게 전용기 안으로 피신하는 상황이 벌어졌다. 이스라엘의 Olmert수상과 Shimon Peres대통령 등은 방탄차량으로 신속하게 대피하였으며 프랑스 대통령 내외가 비행기 트랩으로 황급히 올라가는 장면이 포착되었다. 그런데 트랩으로 올라가는 도중, 프랑스 대통령이 위험상황에 광범위하게 노출된 상황에도 불구하고 경호원들의 충분한 경호 없이 트랩으로 올라갔다는 지적이 있었다.[869]

---

http://jdmrombungaraya2012.wordpress.com/2008/06/26/french-presiden - shooting-scare-israeli-guard-panic/(2009년 1월 25일 검색).

868) http://photo.donga.com/usr/photopro/phndview.php?cgubun=&cpage=5&photo_idxno=100508(2009년 1월 25일 검색).

869) http://web.israelinsider.com/Articles/Security/12942.htm(2009년 1월 25일 검색).

제7장

결 론

비/교/경/호/제/도/론

제7장

결 론

1. 선진 각국제도의 시사점들

1) 경호직무 주관부서

중요인사에 대한 경호직무는 전통적으로 실질적 의미의 경찰작용의 일환이다. 그래서 대륙법계 및 영미법계 국가 대부분에서 일반 경찰직무로 이해되고 있다. 따라서 경호직무의 주관부서는 대부분의 국가에서 경찰조직이 전담수행하고 있다. 미국은 연방제국가로서 약간의 예외적 상황이긴 하지만, SS 역시 역사적으로 볼 때 연방 법집행기관(위조지폐 범죄수사)으로 출발하였으며 상당수 정복경찰관들이 경호경비 직무를 수행하고 있는 점이라든가, 특정한 영역의 범죄수사를 병행하고 있는 측면에서 볼 때 경찰로 평가하기에 무리가 없을 듯하다. 또한 선진 각국에서는 경호직무는 자치경찰 사무가 아니라 국가경찰 혹은 연방경찰사무로 정착되어 있는 바,[870] 향후 한국에서 자치경찰제가 정착되더라도 경호직무는 수도경찰 혹은 국가경찰 사무로 인식하는

870) 미국, 독일, 호주, 스위스, 일본, 프랑스, 캐나다 등 대부분의 선진국 경찰에서는 요인경호 업무를 국가경찰사무(혹은 연방경찰사무)로 인식하고 관련부서를 운영하고 있다.

것이 바람직할 것이다.

2) 경찰경호부서의 소속

경찰경호부서의 소속은 대부분의 국가에서 연방경찰, 국가경찰, 수도경찰 등으로 다양하지만 우리나라처럼 전문경호기관이 대통령이나 국가원수 직속기관 소속으로 설치된 경우는 거의 없다.[871] 미국의 경우만 보더라도 과거 경호실(SS)이 재무성, 최근에는 국토안보부(DHS)소속이라는 점을 볼 때, 한국의 대통령실 경호처와 같은 체제는 드물다할 것이다. 특히, 수년전 한국의 대통령이 직접 경호실장에게 임명장을 수여했던 모습은 선진국에서는 매우 이례적이라 할 것이다.[872] 프랑스의 경우, 군인경찰이 존재하면서 경호직무의 일부를 병행수행하고 있으나 내무부 소속 경찰청의 지휘를 받도록 관행이 개선된 사례는 시사점이 있다 할 것이다. 최근에 사르코지 대통령(전 내무부장관)이 취임하면서 근접경호관들 중에서 군인경찰이 제외되고 일반경찰이 배치되었다는 점을 상기할 필요가 있다.

3) 경호부서 책임자의 위상

한국을 제외한 대부분의 선진 각국의 경호부서 책임자는 차관보(미국), 치안감, 경무관급(일본, 프랑스, 영국, 독일, 캐나다)에 해당하는 경찰고위 간부들이다. 경호부서가 권력기관이 아니라 경찰직무를 수행하는 경찰조직이라는 인식이 일반적이다. 해당부서의 책임자들은 보통 3~4년씩 재직하는 것이 관행으로 정착되어 있다고 한다. 한

871) 수년 전 대통령 경호실이 여성가족부의 시정권고를 수용해 법률 제안권이 있는 행정자치부를 통해 관련조항을 삭제하는 개정안을 냈다고 하는 사실도 경호실의 특별한 위상과 밀접한 관련이 있다 할 것이다.

872) 수년 전 청와대 대변인에 따르면 "제13대 대통령경호실장으로 내부승진인사를 한 것은 참여정부 남은 1년간의 임기동안 안정적인 경호업무 수행과 경호실 직원들의 사기를 고려한 것이며, 이는 권력기관 제자리 찾기와 맥을 같이 한다"고 설명했다. 내부 전문 인사를 승진기용한 점은 전문성 제고차원에서 긍정적이라 평가되지만, 권력기관 제자리 찾기와 맥을 같이하기 위해서는 원칙적으로나 역사적으로나 일반(경호)경찰조직이 요인경호직무를 맡는 것이 타당하다 할 것이다. 왜냐하면, 現 대통령실 경호처는 다름 아닌 5·16군사쿠데타의 역사적 산물이라는 점은 공지의 사실이다.

〈표 15〉 각국의 경호조직체계

국가	경호대상	경호기관	경호책임자	인원	협조기관
미국	대통령	국토안보부 경호실(SS)	차관보급	경호·수사요원 3,200명	주/지방 경찰
	국무장관 등	국무부 경호보안국(DS)	국장급		
한국	대통령	대통령실경호처(PSS)	차관급 (장관급 任命可)	370여명	경찰, 군
	국무총리 등	경찰	경무관/총경/경정급		
영국	여왕, 수상, 장관급, 왕실	수도경찰청 특별작전국 경호경비부	경무관급	410명	지방경찰
독일	대통령, 수상, 장관급, 헌법재판관	연방수사청 경호총국	치안감급	500여명	주경찰
일본	황실, 수상, 의회고위층	경찰청 경비국, 경시청 공안2과	경호과장(총경) 황실경찰본부(경무관)	200여명	지방경찰
프랑스	대통령, 수상, 장관	경찰청 요인경호실, 군인경찰	치안감급 중장급	400여명	경찰
캐나다	총독, 수상, 장관, 고위법관	연방경찰청 경호경비부	경무관급	200여명	주/지방 경찰
스위스	연방정부고위급인사, 의회관계자 등	연방경찰청 경호경비국	총경급		주경찰

국의 경우 과거에는 장관급, 현재는 차관급 정무직 공무원이 책임자를 맡고 있으며[873) 여전히 권력기관의 일부로 여겨지고 있다. 필자가 경험한 선진 각국의 경호경찰은 그 책임자의 위상이 높고 낮음보다는 직무의 중요성을 존중하여 유관 정보보안기관들과

873) 현재에도 직제상(대통령경호실법시행)으로는 장관급 정무직 공무원을 임명할 수도 있다. 2009년 1월 현재, 대통령실 경호처장은 4성 장군 출신의 김인종 처장이다.

의 협조가 이루어지고 있음을 경험하였다. 또한 일선경호 직무현장에서도 전문성을 중요시하기 때문에 배치된 경찰관들의 직책고하에 상관없이 전문경찰의 지휘를 받고 있는 점은 매우 인상적이었다.[874] 또한 연방경찰과 자치경찰 간에 경호행사를 수행하는 경우, 공동지휘관(Co-Commander)시스템을 운용하는 가운데 경찰력동원, 현장상황판단, 안전구역유지 등에 있어서 상호협력하고 존중하는 자세는 시사하는 바가 많았다.

4) 경호경찰관의 직급 및 인사관리제도

미국을 제외한 각국의 경호경찰관들은 일반경찰 경력자들 가운데 본인의 선택에 따라서 엄정한 선발과정을 거쳐서 선발, 배치되고 있다. 일단 선발되면 경호경찰관으로서의 추가적인 전문화 교육을 이수한 후 실무부서에서 근무하게 된다. 일반경찰관들과 동일한 정년기준을 보장받고 있으며 본인의 선택에 따라서 다른 부서로 인사이동이 가능하다. 경호부서에 근무함으로써 인사상의 특별한 혜택이 주어지는 것은 아니다. 물론 경호경찰에 대한 선호도가 경찰조직 내 타부서보다 높은 것은 공통된 현상이다. 영국과 캐나다의 경우 순경-경사급 경찰관이 대부분이며 독일의 경우는 경위-경감급 경찰관들이 대부분이다. 한편, 한국의 대통령실 경호처 경호공무원들의 경우, 65.2%가 사무관(5급) 이상이라고 하는 점은 그 유례를 찾기 어렵다.

5) 경호직무와 경호대상자의 범위

미국의 경우는 대통령과 이에 준하는 주요 인사들에 대한 경호직무는 경호실이 전담하고 각급 외교사절이나 국무부장관에 대한 경호는 경호보안국(BDS)에서 실시하고 있다. 독일, 영국, 캐나다 등에서는 경호직무가 경찰기관으로 일원화되어 있으며 일본의 경우는 총리경호와 황실경호가 경찰조직별로 분리되어 수행되고 있다.

선진 각국의 경우, 경호대상자들이 우리나라보다 그 대상범위가 훨씬 더 넓은 것

874) 한국의 경우, 경찰이나 경호실 관계자들의 인식 속에는 직무를 원활히게 수행하기 위해서는 유관기관을 지휘 통제해야 하기 때문에, 책임자의 위상이 매우 중요하게 여겨지고 있다.

이 공통적이다. 총리(수상)뿐만 아니라 왕실의 가족, 각급 장관들, 검찰총장, 국제기구의 간부, 고위법관, 의회의 고위인사(정당고위간부)들, 주지사(캐나다)까지 포함되고 있다.

한편, 미국에서는 1997년 관련법령을 개정하여 퇴임 후 10년 이내에 한하여 전직 대통령에 대한 신변경호를 실시한다고 한다. 현재 한국의 경호관련 법령에 따르면 모든 전직 대통령은 종신토록 경호를 실시하고 있는 바, 이 부분에 대한 검토가 필요하다.

6) 경호경찰 직무전문화를 위한 교육제도

선진 각국의 경호경찰은 경찰경력자 가운데 선발하여 별도의 경호직무관련 기본교육과정과 재교육과정을 운용하고 있다. 한국 경찰에 비하여 전문적이고 장기간에 걸쳐 교육훈련을 실시하고 있는 동향이다. 다양한 경호기법, 상황판단, 위험요소확인, 안전검측활동, 응급처치요령, 사격훈련, 전문교육장 구비, 다양한 시나리오와 시뮬레이션 운용, 차량운전기법, 경호직무에 적합한 신체적 조건에 대한 기준을 마련하고 있다. 필자가 각국의 경호부서 요원들과 면담한 바에 의하면 한국경찰의 요청이 있으면 자국 경찰의 전문경호기법에 대한 교육기회를 제공할 수 있다고 한다.

7) 경호경찰조직의 일원화

미국 경우는 크게 국토안보부 경호실(SS)과 국무부 경호보안국(BDS) 등으로 이원화 되어 있다. 그러나 대부분의 선진 각국 경호경찰은 경호대상자의 범위에 상관없이 국가경찰/연방경찰/수도경찰 등으로 일원화되어 있다. 한국의 경우는 경찰청, 서울지방경찰청 등 주무부서와 집행부서가 나뉘어져 있으며 특히, 경호대상자들과 근무영역에 따라서 다양하게 산재되어 있는 실정이다. 101경비단, 22경찰경호대, 202경비대, 전직대통령 경호대, 외빈경호대, 사저경비대, 각급 주요인사 수행경호대 등 다양하다.

2. 바람직한 경호경찰 발전 방안 모색

1) 경호직무에 대한 인식변화

경호직무가 경찰고유사무이자 본질적 직무영역이라는 점을 인식해야 한다. 요인에 대한 신변경호는 위험방지(Gefahrenabwehr) 차원에서 전통적으로 실질적 의미의 경찰작용으로 이해되어 왔다. 이는 경찰학이 오래전 학문적으로 정착된 독일경찰법학에서는 지극히 당연하게 여겨져 온 이론이다. 경찰작용의 본질은 공공의 안녕과 질서유지 그리고 위험방지라고 이해되고 있다. 요인에 대한 신체적·물리적 위험과 장해를 사전에 예방하고 제거함으로써 국가기능의 온전한 행사와 이를 통한 공동체의 양호한 질서상태를 유지하는 것은 오늘날 한국 경찰에게도 그대로 적용되는 이론이라 할 것이다.

공동체 내의 질서를 유지하고, 범죄를 예방·진압하면서 시민들의 생명과 신체, 재산을 보호하는 등의 내적 안전(innere Sicherhheit)을 유지하는 기능은 인류사회가 오랜 세월을 거치면서 조직의 형태를 불문하고 대부분의 민족이 공유하고 있는 기능이다.

근대경찰 출범당시 국왕을 비롯한 궁궐에 경호경비 직무는 신식경찰인 「궁내경찰서」가 맡았다. 해방 이후 영미식 경찰제도의 영향을 받는 가운데 대통령에 대한 경호경비 책임은 경무대경찰서가 맡게 되었다.[875] 그야말로 일반경찰작용의 일환으로서 의심의 여지없이 경찰고유사무로 인식되었던 것이다.

자유당정권의 극심한 부정부패와 민심이반으로 급기야 대통령이 하야하는 사태로 이어졌다. 권부의 핵심에서 온갖 부정을 저지른 경호책임자(경무대경찰서장)는 후일

875) 美군정을 전후하여 대한민국 정부수립기에 경찰책임자였던 조병옥 박사(군정청 경무부장, 내무부장관), 장택상(수도경찰청장, 외무부장관) 그리고 이승만대통령 같은 인사들은 영국·미국식 교육을 받는 사로시, 경찰이 대통령경호직무를 맡는 것을 지극히 당연하게 여겼을 것이다. 경찰에서는 서정학 경무관과 총경이었던 금정욱 씨가 경무대로 파견을 나가게 되었다. 금정욱 씨는 내무부 치안국 소속이면서 경무대에서 근무하게 된 것이다. 참조: http://monthly. chosun.com/html/ 200111/ 2001110 40006_1.html.

역사적 단죄(斷罪)를 받게 되었다. 이어 5·16군사쿠데타의 주축 세력들은 경찰경호 체제를 해체하고 군인 중심의 경호대를 발족시키고 권력기반을 다지기 위하여 중앙정보부를 설치하였다. 정보기관이 중심이 되어 경호조직을 흡수하였으며 정권의 안정기에 접어들면서 대통령 경호실이라는 별도의 독립기관을 설치하여 오늘(대통령실 경호처)에 이르고 있다.

남북분단이라는 숙명적 위기상황과[876] (독재)정치권력의 유지라는 독특한 시대적 상황 때문에 "요인에 대한 경호직무"가 순수한 위험방지 작용으로서 경찰직무의 일환임에도 불구하고 정부수립 후 최근까지 수십여 년간 경호직무를 수행해왔던 기관이 막강한 권력기관으로 행세해 왔던 점은 역사적으로 반성해야 할 대목이다.[877]

문민정부로 들어서면서 전문 경호관 출신인사를 조직의 수장으로 임명한 바 있으며, 수년전 경찰청장 출신인사를 경호책임자로[878] 임명했던 것은 참여정부의 획기적 개혁조치로 평가받을 만한 일이다.

대통령실 경호처는 실질적 의미의 경찰직무를 수행하는 기관으로서 경호직무는 실질적 의미의 경찰작용이다. 【대통령 등의 경호에 관한 법률】은[879] 경찰직무관계법에 대하여 특별법이기 때문에 경호직무와 관련하여 특별한 규정이[880] 없는 한 경찰관직무집행법 등 일반경찰관계법을 근거로 위험방지 직무를 수행해야 한다. 위험의 개념과 위험방지 및 장해제거를 위한 경찰개입조치(경찰권발동) 상황은 일반경찰작용을

---

876) 남북분단이라는 상황은 국가중요인사에 대한 경호를 국가보위임무로 인식하게 된 계기가 되었다. 자유당시대, 문민정부 및 참여정부시절을 제외하고는 대통령 경호책임자가 대부분 軍고위장성 출신의 권부 핵심인사로 충원되면서, 경호직무가 충성심을 전제로 한 군사적, 안보적, 권력적 측면으로 강조된 면이 있다. 그러나 몇 차례에 걸친 위기상황에서 역할을 제대로 수행하지 못했던 경험을 갖고 있다.

877) 경호책임자의 직책(장·차관급)과 대통령과의 관계를 보더라도, 이러한 역사적 현상인식은 과장된 것이 아니다.

878) 김세옥 前경호실장은 경찰재직시 작전과장, 경호과장, 기동대장, 경비부장, 경비국장 등 주로 경찰직무 가운데 경호경비와 밀접한 업무를 오랫동안 수행한 바 있다.

879) [법률 제8872호, 2008. 2. 29, 일부개정] 「대통령경호실법」을 「대통령 등의 경호에 관한 법률」로 한다.

880) 경호직무 수행과정에서 총기사용과 관련하여 경찰관직무집행법상의 규정과는 다른 「대통령 등의 경호에 관한 법률」상의 내용이 일부 적용된다.

토대로 판단해야 한다. 따라서 경호처 조직은 향후 직무의 본질적 특성(위험방지작용)과 역사적 상황을 반영하여 "실질적·형식적 의미의 경찰"로 탈바꿈해야 한다.

2) 경호직무확대에 따른 조직과 위상강화

(1) 경찰경호조직의 통합화 추세와 필요성

경찰사무에 대한 기본적인 접근은 국가사무 혹은 자치사무로 대별할 수 있다. 그렇지만 선진 각국의 사례에서 알 수 있듯이 국가 요인(대통령, 국왕, 정부수반 등)에 대한 신변경호직무는 국가적 사무로 이해하고 대부분의 국가에서 경호직무는 통합화 혹은 집권화 경향 - 연방경찰, 국가경찰 혹은 수도경찰청 - 을 띠고 있다. 향후 경찰조직의 분권화 차원에서 논의되는 경찰사무 가운데 경호경비직무는 명실상부하게 국가사무로 인식하고, 국가경찰에서 관장해야 한다. 이는 영국의 수도경찰청(MPS), 일본의 경찰청과 동경경시청, 독일의 연방범죄수사청(BKA), 프랑스의 국가경찰 및 군인경찰, 캐나다의 연방경찰, 미국의 경호실이 정부요인에 대한 경호직무를 수행하는 것을 통해서 알 수 있다.

장래 한국경찰의 분권화과정에서 각 지방경찰청에서 수행하고 있는 경호경비직무가 자칫 소홀히 다루어질 수 있다.[881] 따라서 경호경비와 같은 국가경찰사무를 집행하는 과정에서 지방자치경찰의 협력과 직무응원을 신속하고 원활하게 확보하는 방안이 강

881) 경무대에서 경호관을 지냈던 전직 경찰간부의 회고에 따르면, 1950년 6.25전쟁 발발시에, 남하하던 이승만 대통령 일행을 경호하면서, "……전세(戰勢)가 좋지 못해 수행원들이 서울로 가려는 李대통령을 충남도지사 관저에 머물게 한 적이 있었다. 이대통령은 대전에서 사흘 간 머무는 동안 수원으로 가서 미국측과 회담을 하고 오기도 했다. 대전에서 다시 진해에 있는 대통령 별장으로 가기로 결정했다. 밤이면 등화관제 때문에 칠흑같은 어둠이 사방을 둘러싸고 있었다. 어두운데다 초행길이어서 수행원들이 대통령을 안전하게 모시기가 힘들었다. 게다가 그 날 밤 비까지 오고 있었다. 수행원들이 그곳 지리에 밝은 충남도지사에게 안내를 부탁했지만 자유당 소속이 아니었던 그는 거절했다. 결국 충남도지사의 거절로 수행원들끼리 어둠을 헤치고 갔다. 대통령께는 도지사를 찾아보니 없더라고 보고했다"고 한다.
참고자료: 월간조선 2001년 11월 기사【경무대 경호원 金正旭씨가 지켜본 인간 李承晩」】(http://monthly.chosun.com/html/200111/20011104 0006_1. html).

구되어야 할 것이다.[882] 관련 직무를 효율적으로 수행할 수 있도록 분산된 조직과 경찰력을 통합하는 쪽으로 개선되어야 할 것이다.

(2) 경호직무확대에 따른 조직과 위상강화

경찰경호대상자의 범위가 국가원수, 총리 등 주요인사에만 한정되는 것이 아니라 다양한 갈등양상의 분출, 정치적 이해관계의 대립, 국가경제적 측면, 테러위협 등의 상존, 위해요인의 증가, 대외관계를 비롯한 외교적 접촉의 활성화[883] 등으로 신변경호에 대한 필요성이 점점 증대되고 있다. 따라서 장관급인사, 사회경제적으로 중요한 인사, 정당대표 등 정치인 등에 대한 경호 필요성을 감안하여 경찰 경호직무영역이 확대되어야 한다. 지금처럼 대통령실 경호처의 보충적, 2차적 경호기관으로만 머무를 것이 아니라 경호처와 중복 혹은 충돌되지 않는 범위 내에서 일반경찰이 위험방지 영역에 적극적으로 개입할 수 있도록 해야 한다.

경찰관의 소속, 신분 그리고 직무전문성 수준도 매우 다양한 실정이다. 뿐만 아니라 경호직무에 직접 종사하는 경찰력을 모두 합치면 무려 2,000명에 이른다. 향후 신변경호에 대한 경찰개입 사례가 증가할 것인 바, 독립된 조직으로 혹은 기존 조직의 확대가 필요한 시점이다.[884] 따라서 경찰 조직 내에 산재한 여러 경호조직들을[885] 보다

---

882) 지방분권화가 진전될수록 인사제도를 통한 통제와 개입은 거의 불가능해지며, 재정상의 원조 혹은 예산지원을 통한 직무응원의 유도는 현재 영국경찰에서 그 사례를 찾아 볼 수 있다. 영국의 내무부장관은 지방경찰청장 및 차장임면 승인 및 해임요구, 예산의 50%을 부담함으로써, 이에 따른 감사 등을 통한 지원·조정·통제장치가 마련되어 있다 할 것이다. 同旨 표창원 외 8인, 「비교경찰제도론」(서울: 법문사, 2003), p. 336.

883) 이러한 관점에서 한국 경찰의 외빈경호대(서울지방경찰청 소속)의 역할이 더욱 중대될 것으로 예상된다.

884) 특히 현행 경호관련법령에 따르면, 전직 대통령에 대한 경호경비 수요가 매 5년마다 발생한다. 2005년 2월 25일 이후 김영삼 前대통령에 대한 경호업무가 경찰소관으로 이양되었다. 또한 한국 사회가 더욱 발전할수록 중요 민간인에 대한 신변경호 문제가 더욱 증가할 것으로 예상된다. 형사소송절차상 증인, 피해자 보호문제가 적극적으로 논의되고 있는 가운데, 특히 독일연방범죄수사청 경호총국(SG)에서 증인 및 피해자 신변경호 직무를 수행하고 있음은 참고할 만하다.

885) 현재 경찰의 요인 경호대상자는 전·현직 대통령 및 그 가족, 그리고 국회의장, 대법원장, 헌법재판소장, 국무총리, 외국국빈, 기타 경호가 필요한 자들이다. 이와 관련된 조직은

더 통합, 일원화하고 전담부서를 설치해야 한다. 또한 경찰경호 부서 책임자도 직무의 중요성에 비례하여 선진국 수준(최소 치안감급)으로 격상시킬 필요가 있다.

앞으로 "권력기관의 제자리 찾기"가 현실화되어 대통령실 경호처가 경찰청으로 이관된다면, 【대통령 등의 경호에 관한 법률】을 폐지하고 가칭 【경찰경호법 혹은 요인경호법】과 같은 단일법을 제정하여 경찰이 경호주체임을 명시하고 경호업무의 전담기구로서의 독립성이 보장되도록 해야 한다.

- 경호책임자는 치안금 - 치안정감급으로 보하는 것이 적절할 것으로 본다.
- 경호경찰의 전문성을 확보하기 위하여 경호경비 경과제(警科制)를 채택하며 사법경찰 및 예방경찰의 직무를 수행할 수 있도록 한다.
- 소속직원들은 경사·경위급 이상 경찰관으로 보한다.[886]
- 일정한 기간 복무 후 일반경찰 부서로 인사배치 가능토록 하며 정년은 일반경찰과 동일하게 적용하되 경호직무에 적합성(신체적 조건 등) 여부를 판단하여 일반경찰로 전환배치한다.

그런데 이러한 방안에 대해서는 관련 부서들로부터 상당한 반발이 예상되는 바, 경호직무의 전문성, 경호환경의 변화(위해요인증가), 군에 대한 문민통제, 정보기관과의 협조, 해당공무원들의 처우 등 많은 변수들이 산적한 바, 후속연구가 필요하다.

- 경찰청 경비국 경호과,
- 서울지방경찰청 경비2과(경호계), 전직 대통령경호대
- 청와대에 파견된 청와대 101경비단, 22경찰경호대
- 서울지방경찰청 차장 직할대인 202경비대
- 서울지방경찰청 기동단 소속의 경비중대들
- 국회경비대 소속의 국회의장 수행경호 및 공관경비팀
- 대법원장 수행경호팀, 관저경비팀
- 헌법재판소장 숙소경비팀
- 정부종합청사경비대 소속 국무총리 수행경호 및 공관경비팀 등이다.
- 경호대상자의 거주지 관할경찰서의 경비책임도 부과되고 있다.

886) 독일 연방범죄수사청(BKA) 경호총국(SG) 소속 경찰관들은 전원 대학을 졸업한 경위급 이상의 경찰관들로 구성되어 있다. 우수한 경호경찰관을 확보한다는 차원에서 이 방안이 고려될 수 있다.

3) 관련법령의 정비

현행 요인경호 직무와 관련된 법령은 일반법인 경찰관직무집행법, 특별법적 성격을 가진 【대통령 등의 경호에 관한 법률】과 【전직대통령예우에관한법률】이 있으며, 하위 법령으로서는 대통령경호안전대책위원회규정(대통령령), 경호규칙(경찰청 훈령), 경호편람 등 다양하다. 법령의 소관부처나 경호대상자의 상황(퇴임후 기간)에 따라 근거법령도 현저히 달라지는 상황인 바,[887] 법령의 통합화가 우선 필요하다. 최근 국회에서 논의되었던 【요인경호법(안)】이 법제화된다면 경찰경호직무 영역에 대한 법률적 근거가 공고해지는 등 긍정적인 측면이 있다.[888] 동법안에 대하여 일부 기관에서 적극 반대하고 있는 동향이지만 선진 각국의 경찰관계법 입법추세에 비추어 볼 때, 경찰직무집행을 구체화하는 개별작용법 형식으로 제정되는 것이 바람직하다.

또한 【전직대통령예우에관한법률】과[889] 관련하여 경호대상자, 경호전담기관 및 경호기간의 명확화 차원에서 개선이 필요하다. 그리고 퇴임한 전직대통령에 대한 경호기간도 미국의 입법례(퇴임 후 10년)를 참고하여 필요한 경호경비기간의 한계를 정하는 것이 바람직하다.

---

887) 2009년 1월 현재, 김대중 전대통령, 노무현 전대통령 등은 대통령의 경호에 관한 법률, 전직대통령예우에관한법률 전부, 경찰관직무집행법이 적용된다. 김영삼·전두환·노태우 前대통령은 전직대통령에관한법률 일부(필요한 기간의 경호·경비), 경찰관직무집행법이 적용되며, 경찰경호를 제공받는다.

888) 현재 경찰 "경호경비" 대상자의 선정과 관련, "요인의 개념과 범위에 대한 기준"이 법률이나 법규명령이 아닌, 행정규칙인 경호규칙(경찰청 훈령)이다. 요인경호와 관련하여 필요한 조치를 취하는 경우, 일반국민들에게 기본권을 제한하는 경찰권 발동사례가 빈번해질 것인 바, 향후 경호대상자의 범위 등에 대해서는 【요인경호법안】 등 상위 법령을 통하여 구체화는 것이 바람직하다. 또한 최근 전직대통령에 대한 경호행사와 관련, 주변차량통제가 특혜라며 경호와 교통통제를 없애달라는 요지의 국민감사 청구가 제기되고 있는 바, 법률에 근거한 경찰개입조치와 경찰비례의 원칙이 그 어느 때보다 강조되고 있는 실정이다.

889) 동법 제7조에 따르면, 전직 대통령이 금고 이상의 형을 선고받아 확정된 경우, 대부분의 예우를 박탈함에도 불구하고, "필요한 기간의 경호·경비"는 예외적으로 실시토록 규정한 것은 일반인의 법감정에 부합하는 것인지 의문이다.

4) 인사관리 및 교육 강화를 통한 직무전문화

경호부서에 근무할 경찰관들을 선발하고 신규교육을 실시하고 배치하는 과정에 이르기까지 보다 더 구체적이고 전문화된 절차를 마련해야 한다. 특히 기본교육과정의 경우, 선진국 수준으로 교육기간을 확대하고 경호직무관련 교육 프로그램을 상설화하고 교육훈련의 내용을 더욱 강화해야 한다. 또한 재직자 교육을 지속적으로 실시하여 급변하는 다양한 경호직무 환경에 당해 경찰관들이 잘 적응할 수 있도록 하고, 문제해결 역량을 향상시키는 데 관심을 가져야 한다. 한국 경찰이 경호직무 전문화를 도모하기 위해서는 각국의 경호경찰 교육과정에 대한 심도 있는 연구와 벤치마킹이 필요하다할 것이다.

경호부서 근무자에 대한 단기인사를 최소화하고, 관련 직무에 대한 전문경과제를 실시하는 등 직무전문성이 유지, 향상될 수 있도록 한다. 선진 각국처럼 경호부서가 일반경찰관 사이에 선호되는 부서가 될 수 있도록 근무환경과 인사관리상의 배려가 필요하다.

대통령실 경호처는 경호업무에만 전종하고 있는 바, 경호직무에 대해서는 전문가집단이라고 할 수 있다. 한국경찰에서 근접경호 직무를 수행하는 부서는 전직대통령경호대, 외빈경호대 그리고 국무총리경호대 정도이다. 22경찰경호대는 경호처주관 국빈행사에 한해 근접경호를 한다. 근접경호뿐만 아니라 일반 경호경비 경찰관에 대한 인사관리와 교육 훈련은 전문적이고 체계적이어야 한다. 경호직무 수행능력이 저하되면, 경찰상의 목적을 달성하기 어렵다. 경호경찰의 직무전문성을 향상시키기 위해서는 선발 → 교육·훈련·재교육(질적 향상 및 양적 확대도모) → 배치 → 인사관리(경과제)에 이르기까지 체계적이고 지속적인 노력이 전개되어야 한다.

5) 선진 각국 경호경찰과 유대 강화

선진 각국의 경호경찰부서에 경찰관들을 적극 파견, 연수토록 하여 전문경호기법을 익힐 수 있도록 한다. 국제교류가 증대되고 개방화추세가 더욱 진전되고 있기 때문에 경호대상자들의 범위가 확대되고 있다. 이와 관련하여 외국 주요인사들의 방한(訪韓)

빈도가 높아질 뿐만 아니라 각국 경호경찰과의 접촉도 더욱 빈번해질 것으로 예상되는 만큼 한국 경호경찰의 직무전문성 향상이 더욱 긴요시된다.

6) 유관기관들과의 협력강화

각계각층의 이해대립, 위험사회로의 이행, 정치적 갈등양상의 분출, 국제화/개방화로 인한 테러 등 위해요인의 지속적인 증가가 예상된다. 경호상 위해요인을 사전에 신속하고 정확하게 파악하여 경찰상 목적을 효과적으로 달성하기 위해서는 경찰조직 자체만의 노력으로는 한계가 있다. 각급 정보/보안기관들과의 상호협력이 더욱더 긴요시 된다. 권력기관 간 위계적 측면에서 일방적 지휘 통제방식보다는 국익과 경찰상 목적을 달성한다는 측면에서 상호 기능적으로 협력하는 자세가 필요하다. 뿐만 아니라 인터폴 등 외국의 각급 유관기관들과도 긴밀한 협력적 관계를 구축하는 것이 긴요시된다.

참 고 문 헌

경찰대학, 「경찰학개론」, 서울: 대한문화사, 1992.

_______, 「한국경찰사」, 서울: 미진문화사, 1990.

경찰청, 「경찰통계연보」, 서울: 경찰청, 2004.

_____, 「경찰백서 2001」, 서울: 경찰청, 2001.

_____, 「경찰백서 2000」, 서울: 경찰청, 2000.

김동희, 「행정법 II」, 서울: 박영사, 2000.

김두현, 「경호학개론」, 서울: 도서출판 쟁기, 2000.

김형중, 「韓國古代警察史」, 서울: 修書院, 1992.

박범래, 「한국경찰사」, 용인: 경찰대학, 1988.

박창호외 4인, 「비교수사제도론」, 서울: 박영사, 2004.

이민호·신승하, 「세계문화사」, 서울: 대명출판사, 1985.

이상규, 「신행정법론(하)」, 서울: 법문사, 1987.

이운주 외, 「한국경찰사」, 용인: 경찰대학교, 2000.

이종화외 8인, 「비교경찰제도론」, 서울: 법문사, 2003.

이현종, 「한국의 역사」, 서울: 대왕사, 1986.

이현희, 「한국경찰사」, 한국학술정보, 2004.

일본황궁경찰본부 신규채용 홍보자료(「皇宮護衛官」)

존 W·홀 박영재 역, 「日本史」, 서울: 역민사, 1988.

치안연구소 제도개선기획단, 「기초자료편(일본경찰 연구자료집 III-1)」, 미공개자료.

한국경찰사편찬위원회, 「한국경찰사」, 서울: 내무부치안국, 1972.

한우근, 「한국통사」, 서울: 을유문화사, 1987.

한종욱, 「경찰경비론」, 용인: 경찰대학, 1999.

행정자치부, 「통계연보 1999」, 서울: 행정자치부, 1999.

홍정선, 「행정법원론(下)」, 서울: 박영사, 1996.

박일룡, 「월간 수사연구」, 1990년 3월호.

변관수, "韓國警察의 要人近接警護 發展方案에 관한 硏究", 연세대학교 행정대학원석사학위 논문, 2004.

신동운, "독일의 수사구조 및 사법경찰제도", 「주요국가의 수사구조 및 사법경찰제도」, 치안연구소, 1996.

이운주, "한국 경찰작용법의 형성과정과 그 의미에 관한 연구"「경찰법연구」, 창간호, 2003, pp. 54~78.

이해원, "한국경찰경호시스템의 현황과 개선방안에 관한 연구", 용인대학교 경영대학원 석사학위논문, 2002.

장기봉, "21세기 國家警護機關 MODEL에 관한 硏究", 연세대학교 행정대학원 석사학위논문, 2001.

紫田銀造,「警察行政法」, 東京: 立花書房, 1961.

Adler/ Mueller · Laufer, *Criminal Justice*, New York, et al.: McGraw-Hill, Inc., 1994.

AFP, The Journal of the Australian Federal Police, Platypus, No.82, 2004.

AFP Annual Report 2002~2003, Australian Federal Police 2003.

Arved F. Semerak, *Die Polizei*, 1988, p. 37.

Bundesministerium des Innern, *Verfassungsschutzbericht 1996*, 1997.

Canadian Center for Justice Statistics, *Police Resources in Canada*, 2002.

Frotscher · Pieroth, *Verfassungsgeschichte*, 1997.

Goetz, Volkmar, *Allgemeines Polizei- und Ordnungsrecht*, 12. Aufl., 1995.

Knemeyer, Franz-Ludwig, *Poliezei- und Ordnungsrecht*, 6. Aufl., 1995.

Möller · Wilhelm, *Allgemeines Polizei- und Ordnungsrecht*, 4. Aufl., 1995.

Pieroth · Schlink · Kniesel, *Polizei- und Ordnungsrecht*, 2002.

Queensland Police Service, *Annual Report*, 2003.

Schmidt-Aßmann(Hrsg.), *Besonderes Verwaltungsrecht*, 10. Aufl., 1995.

Scholler · Schloer, *Grundzüge des Polizei-und Ordnungsrecht in der Bundesrepublik Deutschland*, 4. Aufl., 1993.

Security Intelligence Branch, QPS 내부자료.

Semerak, Arved F., *Die Polizei*, 1988.

Wagner · Ruder, *Polizeirecht*, Baden-Baden: Nomos Verlagsgesellschaft, 1999.

Wilson et al., *Police Administration*, 5th Ed., Boston et al.,:McGraw-Hill Co., 1997.

Würtenberger · Heckmann · Riggert, *Polizeirecht in Baden-Württemberg*, 2. Aufl., 1994.

Schenke, Wolf-Rüdiger, "Polizei- und Ordnungsrecht", in: Arndt/Köpp/Oldiges/Schenke/

Seewald/Steiner, *Besonderes Verwaltungsrecht*, 4. erw. Aufl. Heidelberg, 1992.

Scholzen, Rheinhard, *Personnenshcutz: Geschichte, Ausbilding, Ausruestung*, 2. Aufl., Stuttgart: Motorbuch Verlag, 2004.

Seagrave, Jane, *Introduction to Policing in Canada*, Scarborough, Ont: Prentice Hall, 1997.

[연합뉴스 2004년 10월 14일자].

[뉴시스] 2008년 12월 22일자 기사참조.

http://monthly.chosun.com/html/200111/20011104 0006_1. html).

http://www.bka.de/profil/profil5.html(2007년 3월 27일 검색).

http://ko.wikipedia.org/wiki/%EC%8B%A0%EB%9D%BC_%EC%95%A0%EC%9E%A5 % EC%99%95(2008년 12월 13일 검색).

http://seoul600.visitseoul.net/seoul-history/sidaesa/txt/5-3-3-5-1.html(2008년 12월 16일 검색).

http://seoul600.visitseoul.net/seoul-history/sidaesa/txt/5-3-1-3-3-12.html(2008년 12월 17일 검색).

http://blog.daum.net/pds2402/15476623(2008년 12월 12일 검색).

http://kr.dic.yahoo.com/search/enc/result.html?pk=15805300;http://mtcha.com.ne.kr/king/goguryo/king23.htm (2008년 12월 12일 검색).

http://100.empas.com/dicsearch/pentry.html?i=123705(2008년 12월 12일 검색).

http://100.empas.com/dicsearch/pentry.html?s=B&i=136083&v=45(2008년 12월 12일 검색).

http://100.empas.com/dicsearch/pentry.html?i=273096(2008년 12월 14일 검색).

http://100.empas.com/dicsearch/pentry.html?i=233740(2008년 12월 15일 검색).

http://100.empas.com/dicsearch/pentry.html?i=233749(2008년 12월 15일 검색).

http://kr.ks.yahoo.com/service/wiki_know/know_view.html?tnum=64362(2008년 12월 15일 검색).

http://kr.blog.yahoo.com/shim4ro/1792(2008년 12월 15일 검색).

http://100.empas.com/dicsearch/pentry.html?i=233749(2008년 12월 15일 검색).

http://100.empas.com/dicsearch/pentry.html?i=233741(2008년 12월 15일 검색).

http://culturedic.daum.net/dictionary_content.asp?Dictionary_Id=10011306&mode=title&query=%C1%B6%BC%B1+%B1%C3%B1%C8+%3Cb%3E%B9%E6%C0%A7%3C%2Fb%3E+%B1%E2%B0%FC&dircode=0(2008년 12월 15일 검색).

http://culturedic.daum.net/dictionary_content.asp?Dictionary_Id=10011305&mode=title&query=%C1%B6%BC%B1+%B1%C3%B1%C8+%3Cb%3E%B9%E6%C0%A7%3C%2Fb%3E+%BB%E7%B7%CA&dircode=0(2008년 12월 15일 검색)

http://hackjaponaise.cosm.co.jp/archives/websites/etica13/3903-01.jpg(2008년 12월 16일 검색).

http://culturedic.daum.net/dictionary_content.asp?Dictionary_Id=10011307&mode=title&query=%3Cb%3E%C1%B6%BC%B1%3C%2Fb%3E+%3Cb%3E%B1%C3%B1%C8%3C%2Fb%3E+%3Cb%3E%B9%E6%C0%A7%3C%2Fb%3E%C1%B6%C1%F7&dircode=0(2008년 12월 16일 검색).

http://culturedic.daum.net/dictionary_content.asp?Dictionary_Id=10011311&mode=title&query=%3Cb%3E%C1%B6%BC%B1%3C%2Fb%3E+%3Cb%3E%B1%C3%B1%C8%3C%2Fb%3E+%BF%DC%B0%FB+%3Cb%3E%B9%E6%C0%A7%3C%2Fb%3E+%2D+%C1%D6%B0%A3&dircode=0(2008년 12월 16일 검색).

http://culturedic.daum.net/dictionary_content.asp?Dictionary_Id=10011291&mode=content&query=%C1%B6%BC%B1+%B1%B9%BF%D5+%B0%E6%C8%A3&dircode=0 (2008년 12월 15일 검색).

http://hackjaponaise.cosm.co.jp/archives/websites/etica13/3-9-3.htm(2008년 12월 16일 검색).

http://ko.wikipedia.org/wiki/%EA%B0%91%EC%82%AC_(%EC%A7%81%EC%97%85) (2008년 12월 15일 검색).

http://chang256.new21.net/board/board.php?db=536&no=674(2008년 12월 15일 검색).

http://ko.wikipedia.org/wiki/%EA%B0%91%EC%82%AC_(%EC%A7%81%EC%97%85) (2008년 12월 15일 검색).

http://chang256.new21.net/board/board.php?db=536&no=674(2008년 12월 15일 검색).

http://www.pressian.com/article/article.asp?article_num=60011231092452&Section=(이재황 실록연구가 자료, 2008년 12월 16일 검색).

http://kr.dic.yahoo.com/search/enc/result.html?pk=14017800&p=%BA%B0%BD%C3%C0%A7&field=id&type=enc(2008년 12월 15일 검색).

http://100.empas.com/dicsearch/pentry.html?i=233740(2008년 12월 15일 검색).

http://100.empas.com/dicsearch/pentry.html?i=233459(2008년 12월 15일 검색).

http://100.empas.com/dicsearch/pentry.html?i=246135(2008년 12월 15일 검색).

http://100.empas.com/dicsearch/pentry.html?i=233706(2008년 12월 15일 검색).

http://100.empas.com/dicsearch/pentry.html?i=233744(2008년 12월 15일 검색).

http://100.empas.com/dicsearch/pentry.html?i=246945(2008년 12월 15일 검색).

http://kr.dic.yahoo.com/search/enc/result.html?pk=20179900&p=%C8%A3%C0%A7%C3%BB&field=id&type=enc(2008년 12월 15일 검색).

http://kr.dic.yahoo.com/search/enc/result.html?pk=16589300&p=%BF%EB%C8%A3%BF%B5&field=id&type=enc(2008년 12월 15일 검색).

한국 브리태니커 온라인<http://preview.britannica.co.kr/bol/topic.asp?article_id=b16a3076a> (2008년 12월 15일 검색).

http://100.empas.com/dicsearch/pentry.html?s=&i=174948(2008년 12월 16일 검색).

http://100.empas.com/dicsearch/pentry.html?i=236688(2008년 12월 15일 검색).

http://100.empas.com/dicsearch/pentry.html?i=246349(2008년 12월 15일 검색).

http://100.empas.com/dicsearch/pentry.html?i=242795(2008년 12월 15일 검색).

http://seoul600.visitseoul.net/seoul-history/sidaesa/txt/5-3-4-3-1.html(2008년 12월 16일 검색).

http://100.empas.com/dicsearch/pentry.html?s=B&i=141276(2008년 12월 16일 검색).

http://seoul600.visitseoul.net/seoul-history/sidaesa/txt/5-3-4-4-3.html(2008년 2008년 12월 16일 검색).

http://kr.dic.yahoo.com/search/enc/result.html?pk=15394000&p=%BD%C3%C0%A7%B4%EB&field=id&type=enc(2008년 12월 16일 검색).

http://www.donga.com/fbin/output?rellink=1&code=nc_&n=200408120353:동아일보 자료사진 (2008년 12월 16일 검색).

http://seoul600.visitseoul.net/seoul-history/sidaesa/txt/5-3-4-5-2-4.html(2008년 12월 16일 검색).

http://ko.wikipedia.org/wiki/%EC%B9%9C%EC%9C%84%EB%8C%80_(%EB%8C%80%ED%95%9C%EC%A0%9C%EA%B5%AD)(2008년 12월 16일 검색).

http://blog.daum.net/_blog/BlogView.do?blogid=08EXL&articleno=7622325&categoryId=456703#ajax_history_home(2008년 12월 16일 검색).

http://www.nojum.co.kr/(포졸과 군인), 2009년 1월 7일 검색).

http://seoul600.visitseoul.net/seoul-history/sidaesa/txt/5-3-4-5-2-4.html(2008년 12월 16일 검색).

http://ko.wikipedia.org/wiki/%EC%B9%9C%EC%9C%84%EB%8C%80_(%EB%8C%80%ED%95%9C%EC%A0%9C%EA%B5%AD)(2008년 12월 16일 검색).

http://seoul600.visitseoul.net/seoul-history/sidaesa/txt/5-3-6-3.html(2008년 12월 17일 검색).

http://blog.daum.net/historyjang/11652430(2008년 12월 11일 검색).

http://cafe.daum.net/distorted(2008년 12월 11일 검색).

http://blog.naver.com/unesco114/110006588647(2008년 12월 11일 검색).

http://seoul600.visitseoul.net/seoul-history/sidaesa/txt/7-2-7-1-4-5.html(2008년12월16일 검색).

http://www.pss.go.kr/warp/kr/data/old_security/.

http://www.donga.com/fbin/dfsrchview?n=D123024457071 287(2008년 12월 17일 검색).

http://ehistory.kr/pop/photo_pop2.jsp?photo_PhotoSrcGBN=BK&photo_PhotoID=2&detl_PhotoDTL=136(촬영일 : 1954-07-27, 2009년 1월 8일 검색).

http://www.pss.go.kr/warp/kr/intro/history/.

http://kr.dic.yahoo.com/search/enc/result.html?pk=10567600&p=%B0%E6%B9%AB%B4%EB&field=id&type=enc (2008년 12월 17일 검색).

http://www.donga.com/docs/magazine/new_donga/200103/nd2001030150.html.

http://www.donga.com/docs/magazine/shin/2005/04/27/200504270500006/200504270500006_2.html(2008년 12월 17일 검색).

http://kr.dic.yahoo.com/search/enc/result.html?pk=10965500(2009년 1월 3일 검색).

http://blog.empas.com/ys0316/26438706(2009년 1월 3일 검색).

http://www.donga.com/fbin/dfsrchview?n=D12302 4457071287(2008년 12월 17일 검색).

http://haru.blog.seoul.co.kr/tag/%EA%B9%80%EC%98%81%EC%82%BC(2009년 1월 4일 검색).

http://kr.image.yahoo.com/GALLERY/img_viewori.html?img_path=http://kr.img.image.yahoo.com/ygi/gallery/img/7d/82/41a6da9844b11.jpg?41a6dae5(2009년 1월 2일 검색).

http://www.donga.com/docs/magazine/new_donga/200103/nd2001030150.html.

http://www.pss.go.kr/warp/kr/intro/history/.

http://www.donga.com/docs/magazine/shin/2005/04/27/200504270500006/200504270500006_1.html(2008년 12월 17일 검색) 신동아 통권 498호(이정훈 기자)의 자료.

http://www.pss.go.kr/warp/kr/data/old_security/old3.html.

http://www.chosun.com/w21data/html/news/200101/200101290307.html(2009년 1월 4일 검색).

http://news.nate.com/service/news/shellview.asp?LinkID=11&ArticleID=2005012018173849112 (경향신문 자료사진, 2009년 1월 4일 검색).

http://www.donga.com/fbin/output?f=a_s&n=200501200047&main=1(동아일보 자료사진, 2009년 1월 4일 검색).

http://www.pressian.com/article/article.asp?article_num=30050120125452&Section=01(2009년 1월 4일 검색).

http://www.donga.com/fbin/output?f=aBs&n=200501200051(2009년 1월 4일 검색).

http://www.pressian.com/article/article.asp?article_num=30050120125452&Section=01(2009년 1월 4일 검색).

http://www.donga.com/fbin/output?f=a_s&n=200501200047&main=1(동아일보 사진자료, 2009년 1월 4일 검색).

http://www.donga.com/fbin/output?rellink=1&code=aB_&n=200501200054(2009년 1월 4일 검색).

http://www.donga.com/docs/magazine/shin/2005/04/27/200504270500006/200504270500006_4.html(2008년 12월 17일 검색).

http://kr.img.search.yahoo.com/search/images?p=%EC%B0%A8%EC%A7%80%EC%B2%A0&b=1&imgseq=2&oid=3_41a6da9844b11&subtype=Image_DB&target=detail&top=frame(2009년 1월 2일 검색).

http://www.donga.com/docs/magazine/shin/2005/04/27/200504270500006/200504270500006_5.html(2008년 12월 17일 검색).

http://kr.img.search.yahoo.com/search/images?p=%EC%B0%A8%EC%A7%80%EC%B2%A0&subtype=Alta_Image&target=detail&b=11&imgseq=11&top=frame(2009년 1월 2일 검색).

http://www.pss.go.kr/warp/kr/data/old_security/old5.html.

http://www.donga.com/docs/magazine/shin/2005/04/27/200504270500006/200504270500006_6.html(2008년 12월 17일 검색).

http://ii.reviewstar.net/data/200805/21/20080521131438.jpg(2009년 1월 4일 검색).

http://blog.chosun.com/blog.screen?blogId=8745&listType=1&menuId=40043&from=19000101&to=29991231(2009년 1월 4일 검색).

http://www.hani.co.kr/arti/politics/defense/205096.html(2009년 1월 4일 검색).

http://img.blog.yahoo.co.kr/ybi/1/94/9f/lhd1487/folder/57/img_57_2688_2?1170232089.jpg(2009년 1월 4일 검색).

http://blog.chosun.com/blog.screen?blogId=8745&listType=1&menuId=40043&from=19000101&to=29991231(2009년 1월 4일 검색).

http://board.whois.co.kr/cgi-bin/bbs1/bbs.cgi?mode=read&num=5&db=db7759&backdepth=1(2009년 1월 4일 검색).

http://www.pss.go.kr/warp/kr/data/old_security/old7.html.

http://www.donga.com/docs/magazine/new_donga/200103/nd2001030150.html.

http://www.pss.go.kr/warp/kr/data/old_security/old8.html.

http://haru.blog.seoul.co.kr/tag/%EA%B9%80%EC%98%81%EC%82%BC(2009년 1월 4일 검색).

http://www.donga.com/docs/magazine/new_donga/200103/nd2001030150.html.

http://www.pss.go.kr/warp/kr/data/old_security/old9.html.

http://www.pss.go.kr/warp/kr/intro/constitution/(2007년 3월 31일 검색).

http://www.cbs.co.kr/Nocut/Show.asp?IDX=633288(2008년 8월 13일 검색).

http://www.pss.go.kr/warp/en/info/education/.

http://news.empas.com/show.tsp/20070628n08397/(2009년1월 2일 검색).

http://article.joins.com/article/article.asp?ctg=12&Total_ID=2678178(2009년 1월 2일 검색).

http://article.joins.com/article/article.asp?ctg=10&Total_ID=2789900(2009년 1월 2일 검색).

http://www.pss.go.kr/warp/kr/intro/history/(2009년 1월 4일 검색).

http://news.chosun.com/site/data/html_dir/2008/02/01/2008 020100527.html(2009년 1월 4일 검색).

http://www.pss.go.kr/warp/kr/intro/constitution/(2009년 1월 4일 검색).

http://hfkais.blogspot.com/2008/02/blog-post_26.html(2008년 12월 17일 검색).

http://kr.news.yahoo.com/service/news/shellview.htm?linkid=4&articleid=20081229172528331f3&newssetid=746(2009년 1월 4일 검색).

http://www.hani.co.kr/h21/data/L981207/1p6kc704.html(2009년 1월 4일 검색).

http://kr.encycl.yahoo.com/final.html?id=180742.

http://news.chosun.com/site/dat a/html_dir/2007/01/28/2007012800188.html(2009년 1월 2일 검색).

http://www.mjknews.com/paper/news/view.php?newsno=434&sectno=3&sectno2=0&pubno=(2009년 1월 4일 검색).

http://www.chosun.com/international/news/200601/200601120087.html(2009년 1월 2일 검색).

http://www.hani.co.kr/section-007100005/2002/07/007100005200207150140004.html (2009년 1월 2일 검색).

http://www.chosun.com/international/news/200611/200611250218.html(2009년 1월 2일 검색).

http://www.newstown.co.kr/newsbuilder/service/article/mess_main.asp?P_Index=43756(2009년 1월 4일 검색).

http://www.donga.com/docs/magazine/shin/2005/04/27/200504270500006/200504270500006_1.html(2008년 12월 17일 검색) 신동아 통권 498호(이정훈 기자)의 자료임.

http://www.mjknews.com/paper/data/news/images/2007/12/1_L_1198715960_4.jpg(2009년 1월 4일 검색).

http://www.kyeongin.com/news/articleView.html?idxno=407150(2009년 1월 4일 검색).

http://www.donga.com/docs/magazine/shin/2005/04/27/200504270500006/200504270500006_2.html(2008년 12월 17일 검색).

http://www.donga.com/docs/magazine/shin/2005/04/27/200504270500006/200504270500006_3.html(2008년 12월 17일 검색) "도망치는 경호원"제하의 기사.

http://hfkais.blogspot.com/2008/02/blog-post_26.html(2008년 12월 17일 검색).

http://www.donga.com/docs/magazine/shin/2005/04/27/200504270500006/200504270500006_4.html(2008년 12월 17일 검색).

http://www.donga.com/docs/magazine/shin/2005/04/27/200504270500006/200504270500006_7.html(2008년 12월 17일 검색).

http://article.joins.com/article/article.asp?ctg=10&Total_ID=2969548&cloc=joins|article|ca(2009년 1월 2일 검색).

http://www.donga.com/fbin/dfsrchview?n=D041012457935219(2009년 1월 2일 검색).

http://www.donga.com/fbin/output?rss=1&n=200808040277(2009년 1월 2일 검색).

http://www.met.police.uk/so/index.htm(2009년 1월 11일 검색).

http://www.met.police.uk/about/charts/MPSOrgChartMay2008.pdf(2008년 5월 현재 조직도: 2009년 1월 11일 검색).

http://www.met.police.uk/so/structure.htm(2007년 3월 27일 검색; 2009년 1월 11일 재검색).

http://209.85.173.132/search?q=cache:HwVZgJVC4mwJ:www.hrmakeslondonsafer.co.uk/c083192_MPS%2520Organisational%2520Chart%2520-%2520Final%2520v.ppt+MPS+ORGANISATION+CHART+JUNE+2007&hl=en&ct=clnk&cd=1&gl=ca(2009년 1월 11일 검색).

http://www.met.police.uk/about/charts/MPSOrgChartMay2008.pdf(2009년1월 11일 검색).

http://www.met.police.uk/so/index.htm(2009년 1월 10일 검색).

http://www.met.police.uk/about/organisation.htm#metorg(2007년 3월 27일 검색).

http://www.met.police.uk/so/protection.htm(2009년 1월 10일 검색).

http://www.met.police.uk/about/organisation.htm#rank(2007년 3월 28일 검색).

http://tripatlas.com/Metropolitan_Police_Service#Specialist%20Operations(2009년 1월 11일 검색).

http://www.met.police.uk/so/protection.htm(2006년 10월 6일 검색).

http://www.met.police.uk/so/protection.htm(2007년 3월 29일 검색).

http://www.coventrytelegraph.net/news/coventry-news/2008/03/31/gordon-brown-unveils-police-pledge-on-coventry-visit-92746-20697455/(2009년 2월 1일 검색).

http://www.met.police.uk/so/protection.htm(2009년 1월 10일 검색).

http://www.freerepublic.com/focus/f-news/2032072/posts(2009년 2월 1일 검색).

http://www.dailymail.co.uk/news/article-1068779/Gordon-Brown-asks-EU-12bn-small-business-lifeline.html(2009년 2월 1일 검색).

http://graphics8.nytimes.com/images/2007/06/25/world/25blair533.jpg(2009년 1월 9일 검색).

http://www.abc.net.au/reslib/200706/r156042_563801.jpg(2009년 1월 9일 검색).

http://www.met.police.uk/so/protection.htm(2009년 1월 10일 검색).

http://www.zimbio.com/pictures/RxEYxmA20z3/Gordon+Brown+Greets+President+Sarkozy+Downing/asJTmgPz7Fs/Sarah+Brown(2009년 2월 1일 검색).

http://en.wikipedia.org/wiki/File:Police.gun.1.london.arp.jpg(2009년 1월 10일 검색).

http://www.met.police.uk/so/protection.htm(2007년 3월 29일 검색).

http://www.raingod.com/angus/Gallery/Photos/Europe/UK/England/images/LondonCJBBigBen01.jpg(2009년 1월 10일 검색).

http://news.bbc.co.uk/onthisday/hi/dates/stories/april/17/newsid_2488000/2488369.stm(2007년 3월 30일 검색).

http://en.wikipedia.org/wiki/Yvonne_Fletcher(2007년 3월 30일 검색).

http://news.bbc.co.uk/onthisday/hi/dates/stories/april/17/newsid_2488000/2488369.stm(2007년 3월 30일 검색).

http://rpm.cachefly.net/pictures/Margaret-Thatcher-Ronald-Reagan.jpg(2009년 1월 11일 검색).

http://www.bka.de/profil/broschueren/bka_zahlen_fakten.pdf(2006년 4월 28일 검색). Broschure "Bundeskriminalamt Das FAKTEN UND ZAHLEN in: http://www.bk1.s.bw.schule.de/seitenwww/themen/projekte/bundeslandesverwaltung/bundeskriminalamt.htm (2007년 3월 27일 검색).

http://www.nrhz.de/flyer/media/11482/113_Bka-wiesbaden.jpg(2009년 1월 12일 검색). http://www.verfassungsschutz.de/de/publikationen/verfassungsschutzbericht/vsbericht_2003(2006년 4월 30일 검색).

http://www.bundespolizei.de/cln_030/nn_484486/DE/Home/09__Historie/Historie__node.html__nnn=true(2006년 6월 20일 검색).

http://www.bundespolizei.de/cln_116/nn_251814/DE/Home/02__Aufgaben/sonstige__Aufgaben/sonstigeAufga ben__node.html?__nnn=true(2009년 1월 12일 검색).

http://www.bundesgrenzschutz.de/Aufgaben/index.php.

http://www.defence-net.com/magazin/122.html(2007년 3월 27일 검색).

http://www.hl-live.de/aktuell/text.php?id=37493(2007년 10월 27일 촬영추정:2009년 1월 12일 검색).

http://www.defence-net.com/magazin/122.html(2007년 3월 27일 검색).

http://de.wikipedia.org/wiki/Bundeskriminalamt_(Deutschland)#Abteilung_SG_.E2.80.93_Sicherungs gruppe(2007년 3월 27일 검색).

http://www.datenschutz-berlin.de/gesetze/sonstige/bkag.htm#nr5.

http://www.defence-net.com/magazin/122.html(2007년 3월 27일 검색).

http://www.sondereinheiten.de/forum/viewtopic.php?t=8401&view=next&sid=bcb540f19a81b19b4418f93ebe57ce96(2007년 3월 27일 검색).

http://www.defence-net.com/magazin/122.html(2007년 3월 27일 검색).

https://www.manager-magazin.de/life/auto/0,2828,387389,00.html(2009년 1월 12일 검색).

http://archiv.tagesspiegel.de/archiv/15.05.2005/1813867.asp(2007년 3월 27일 검색).

http://inhalt.oevs.monster.de/2126_de_p1.asp(2007년 3월 27일 검색).

http://de.wikipedia.org/wiki/Bundeskriminalamt_(Deutschland)#Abteilung_SG_.E2.80.93_Sicherungsgruppe (2007년 3월 27일 검색).

http://inhalt.oevs.monster.de/2126_de_p1.asp(2007년 3월 27일 검색).

http://archiv.tagesspiegel.de/archiv/15.05.2005/1813867.asp(2007년 3월 27일 검색).

http://www.faz.net/s/Rub594835B672714A1DB1A121534F010EE1/Doc~E28F9035848444550A4D7BD4BE8DCACF2~ATpl~Ecommon~Scontent.html?rss_aktuell(2009년 1월 12일 검색).

http://www.bundesregierung.de/Content/DE/Fotoreihe/2006/2006-07-13-Bush-in-Deutschland/fotoreihe-bush-in-deutschland(2009년 1월 12일 검색).

http://inhalt.oevs.monster.de/2126_de_p1.asp(2007년 3월 27일 검색).

http://www.spiegel.de/politik/deutschland/0,1518,grossbild-1018167-516873,00.html; http://www.tagesspiegel.de/storage/pic/fotos/politik/172748_1_121107_merkel_dpa.JPG(2009년 1월 12일 검색).

http://www.spiegel.de/politik/deutschland/0,1518,516873,00.html(2009년 1월 12일 검색).

http://inhalt.oevs.monster.de/2126_de_p1.asp(2007년 3월 27일 검색).

http://www.tagesspiegel.de/berlin/archiv/28.04.2004/1093883.asp(2007년 3월 27일 검색).

http://www.polizei.rlp.de/internet/nav/ab4/ab4509c6-071a-9001-be59-2680a525fe06.htm (2007년 3월 30일 검색).

http://www.polizei.rlp.de/internet/nav/ab4/binarywriterservlet?imgUid=e031bf5e-99fe-0014-4b94-615af5711f80&uBasVariant=22222222-2222-2222-2222-222222222222(2007년 3월 30일 검색).

http://www40.statcan.ca/cgi-bin/getcans/sorth.cgi?lan=eng&dtype=fina&filename=demo02.htm&sortact =1&sortf=6(2007년 3월 30일 검색).

http://www.statcan.ca/english/Pgdb/legal15.htm.

http://www.rcmp-grc.gc.ca/about/organi_e.htm(2007년 3월 30일 검색).

http://www.rcmp-grc.gc.ca/about-ausujet/organi-eng. htm(2009년 1월 12일 검색).

http://www.rcmp-grc.gc.ca/recruiting/postings-e.htm.

http://www.rcmp-grc.gc.ca/exec-cadre/elliot-eng.htm(2009년 1월 12일 검색).

http://www.rcmp-grc.gc.ca/exec_bios/busson_e.htm(2007년 3월 30일 검색).

http://www.publicsafety.gc.ca/abt/wwa/index-eng.aspx(2009년 1월 12일 검색).

http://www.rcmp-grc.gc.ca/about/organi_e.htm(2007년 3월 30일 검색).

http://www.rcmp-grc.gc.ca/prot_ops/index_e.htm(2007년 3월 30일 검색).

http://flapsblog.com/category/countries/canada/(2009년 1월 12일 검색).

http://flickr.com/photos/58103073@N00/2629383258/(2009년 1월 12일 검색).

http://www.npa.go.jp/english/kokusai/pdf/04.pdf(2007년 3월 30일 검색).

http://www.npa.go.jp/english/kokusai/pdf/08.pdf(2007년 3월 30일 검색).

http://samuraidave.wordpress.com/category/samurai/(2009년 1월 12일 검색).

http://cache.daylife.com/imageserve/08dsacvfFWbnq/610x.jpg;http://www.nancarrow-webdesk.com/ware house/storage2/2008-w00/img.101674.html (2009년 1월 12일 검색).

http://gpdhome.typepad.com/royalblognl_news_summary/2008/05/japanese-empero.html (2009년 1월 12일 검색).

http://images.google.com/hosted/life/l?imgurl=a0c6c45abe20ffc3&q=Imperial%20Palace%20and%20police&prev=/images%3Fq%3DImperial%2BPalace%2Band%2Bpolice%26start%3D18%26gbv%3D2%26ndsp%3D18%26hl%3Den%26sa%3DN(촬영자 Margaret Bourke-White; 2009년 1월 12일 검색).

http://internet.bap.admin.ch/d/portrait/index.htm.

http://www.ejpd.admin.ch/ejpd/de/home/die_oe/organigramm_ejpd/bundesaemter/fedpol.html (2009년 1월 12일 검색).

http://www.fedpol.admin.ch/fedpol/de/home/fedpol/organisation.html(2009년 1월 12일 검색).

http://www.olten.ch/de/images/4843f565c3b48.jpg(2009년 1월 29일 검색).

http://www.ejpd.admin.ch/ejpd/de/home/themen/sicherheit/ref_schutz_und_sicherheit/ref_schutz_bundesbehoerden.html; http://www.swissinfo.ch/xobix_media/images/keystone/2003/keyimg20030627_3987161_0.jpg(2009년 1월 12일 검색).

http://www.ejpd.admin.ch/ejpd/de/home/themen/sicherheit/ref_schutz_und_sicherheit/ref_schutz_der_gebaeude.html(2009년 1월 25일 검색).

http://www.ejpd.admin.ch/ejpd/de/home/themen/sicherheit/ref_schutz_und_sicherheit/ref_personen_und_gebaeude.html(2009년 1월 12일 검색).

http://www.ejpd.admin.ch/ejpd/de/home/themen/sicherheit/ref_schutz_und_sicherheit/ref_sicherheit_luftfahrzeuge.html(2009년 1월 25일 검색).

http://www.fedpol.admin.ch/fedpol/de/home/fedpol/organisation/bundessicherheitsdienst.html(2009년 1월 12일 검색).

http://www.ejpress.org/ImageGallery/7164f286-2304-4f95-a26c-5fb90c5d7ac4.jpg; http://www.gvg.schule-berlin.net/aktuell/staatsbesuch/bellevue3.jpg(2009년 1월 29일 검색).

http://www.fedpol.admin.ch/fedpol/de/home/fedpol/organisation/bundessicherheitsdienst.html (2009년 1월 12일 검색).

http://www.fedpol.admin.ch/etc/medialib/data/fedpol.Par.0001.File.tmp/Visio-fedpol-01-01-2009-d-erstellt-am-12-12-08Ayf.pdf(2009년 1월 1일 현재 조직도; 2009년 1월 12일 검색).

http://www.fedpol.admin.ch/fedpol/de/home/fedpol/organisation/bundessicherheitsdienst.html (2009년 1월 12일 검색).

http://en.wikipedia.org/wiki/Australian_Federal_Police(2009년 1월 28일 검색).

http://www.afp.gov.au/act.html(2009년 1월 28일 검색).

http://en.wikipedia.org/wiki/Australian_Federal_Police(2009년 1월 28일 검색).

http://www.afp.gov.au/recruitment/current_vacancies/economic_and_special_operations/economic_and_special_operations_information(2009년 1월 29일 검색).

http://en.wikipedia.org/wiki/Australian_Federal_Police(2009년 1월 28일 검색).

http://www.afp.gov.au/about/our_organisation.html(2009년 1월 29일 검색).

http://www.afp.gov.au/__data/assets/pdf_file/62609/Executive_Chart.pdf(2009년 1월 29일 검색).

http://news.xinhuanet.com/english/2008-08/07/xin_442080507155651517201.jpg(2009년 1월 29일 검색).

http://en.wikipedia.org/wiki/Australian_Protective_Service(2009년 1월 28일 검색).

http://www.defenselink.mil/dodcmsshare/homepagephoto/2008-03/hires_080328-D-9880W-004a.jpg(2009년 1월 29일 검색).

http://www.nationmaster.com/encyclopedia/Australian-Federal-Police-Protective-Service (2009년 1월 29일 검색).

http://en.wikipedia.org/wiki/Australian_Protective_Service(2009년 1월 28일 검색).

http://i.dailymail.co.uk/i/pix/2008/07/13/article-1034691-01EEC43A00000578-909_468x335.jpg(2009년 1월 29일 검색).

http://www.ag.gov.au/agd/www/Protectivesecurityhome.nsf(2009년 1월 29일 검색).

http://www.ag.gov.au/www/agd/agd.nsf/Page/OrganisationalStructure_NationalSecurityandCriminalJustice_ProtectiveSecurityCoordinationCentre_SecurityCoordination_SecurityCoordinationBranch(2009년 1월 29일 검색).

http://en.wikipedia.org/wiki/Australian_Security_Intelligence_Organisation(2009년 1월 29일 검색).

http://www.asio.gov.au/About/content/DirectorsGeneral.aspx(2009년 1월 29일 검색).

http://www.whitehouse.gov/homeland/.

http://aspire7.hihome.com/reference/bigbrother-1.htm.

http://www.treas.gov/usss/history.shtml(2009년 1월 2일 검색).

http://www.secretservice.gov/history.shtml(2009년 1월 15일 검색).

http://img2.tfd.com/wiki/b/b3/The_Assassination_of_President_Lincoln_-_Currier_and_Ives.png(2009년 1월 2일 검색).

http://karenswhimsy.com/abraham-lincoln.shtm(2009년 1월 2일 검색).

http://www.knowledgerush.com/kr/encyclopedia/James_Garfield/(2009년 1월 2일 검색).
http://www.secretservice.gov/whoweare_ud.shtml(2007년 3월 31일 검색).

http://blog.segye.com/cool1024/3647(2009년 1월 4일 검색).

http://www.secretservice.gov/faq.shtml#faq9(2007년 3월 31일 검색).

http://www.secretservice.gov/protection.shtml(2009년 1월 15일 검색).

http://www.secretservice.gov/history.shtml(2009년 1월 15일 검색).

http://www.treas.gov/usss/protection.shtml(2009년 1월 2일 검색).

http://www.treas.gov/usss/presidential_inaugural.shtml(2009년 1월 2일 검색).

http://en.wikipedia.org/wiki/Image:SecretServiceAgent.jpg(2007년 3월 31일 검색).

http://i.dailymail.co.uk/i/pix/2008/12/14/article-1094654-02CE052C000005DC-71_468x286.jpg;http://newsimg.bbc.co.uk/media/images/45300000/jpg/_45300901_jex_247509_de27-1.jpg(2009년 1월 3일 검색).

http://www.donga.com/fbin/output?n=200812180172(2009년 1월 3일 검색).

http://www.kyeongin.com/news/articleView.html?idxno= 407150(2009년 1월 4일 검색).

http://kr.news.yahoo.com/service/news/shellview.htm?articleid=2008110706523210334&linkid=57&newssetid=511(2008년 11월 7일 검색).

http://www.secretservice.gov/FY2008_AnnualReport_WM.pdf(United States Secret Service Fiscal Year 2008 Annual Report, 2009, 2009년 1월 15일 검색).

http://kr.news.yahoo.com/service/news/shellview.htm?linkid=15&articleid=2008102401461287319&newssetid=87(2008년 11월 6일 검색).

http://www.secretservice.gov/investigations.shtml(2007년 3월 31일 검색).

http://www.secretservice.gov/whoweare_ud.shtml(2007년 3월 31일 검색).

http://www.secretservice.gov/kids_faq.shtml(2007년 3월 31일 검색).

http://www.secretservice.gov/faq.shtml#faq8(2009년 1월 15일 검색).

http://www.secretservice.gov/depdirector.shtml(2009년 1월 15일 검색).

http://en.wikipedia.org/wiki/Image:US_Secret_Service_officers.jpg(2007년 3월 31일 검색).

http://www.commondreams.org/headlines03/0326-10.htm(2009년 1월 9일 검색).

http://www.cvs.k12.mi.us/rcummins/photos/alumni/Brian%20Forest/WH_SecretService.jpg (2009년 1월 9일 검색)

http://www.google.com/hostednews/afp/article/ALeqM5iP4nj8NwtNW_7SCWHOvf6yv4Vh4w(2009년 1월 21일 검색).

http://www.secretservice.gov/field_offices.shtml(2007년 3월 31일 검색).

http://www.secretservice.gov/FY2008_AnnualReport_WM.pdf(U.S. Department of Homeland Security Secret Service, United States Secret Service Fiscal Year 2008 Annual Report, 2009, p. 2, 9: 2009년 1월 15일 검색).

http://www.secretservice.gov/director.shtml(2009년 1월 15일 검색).

http://www.secretservice.gov/depdirector.shtml(2007년 3월 31일 검색).

http://kr.news.yahoo.com/service/news/shellview.htm?linkid=15&articleid=20081028114626920e4&newssetid=513(2008년 11월 6일 검색).

http://www.secretservice.gov/protection_works.shtml(2009년 1월 16일 검색).

http://www.dailymail.co.uk/news/worldnews/article-1109082/The-Obamamobile-New-presidential-limo-unveiled--withstand-rocket-chemical-attacks.html(2009년 1월 16일 검색).

http://news.bbc.co.uk/2/hi/americas/7829475.stm(2009년 1월 15일 검색).

http://www.google.com/hostednews/afp/article/ALeqM5iP4nj8NwtNW_7SCWHOvf6yv4Vh4w(2009년 1월 21일 검색).

http://kr.news.yahoo.com/service/news/shellview.htm?linkid=15&articleid=200811061610 3162370&newssetid=513(2008년 11월 7일 검색).

http://www.secretservice.gov/kids_faq.shtml#9(2009년 1월 17일 검색).

http://www.secretservice.gov/faq.shtml#faq23(2009년 1월 15일 검색).

http://www.secretservice.gov/faq.shtml#faq24(2009년 1월 17일 검색).

http://images.teamsugar.com/files/upl0/10/104169/10_2008/79493839.preview.jpg(Friday, November 14, 2008: 2009년 1월 9일 검색).

http://www.swamppolitics.com/news/politics/blog/2009/01/obama_inaugural_avoids_securit.html(2009년 1월 20일 검색).

http://www.thefreedictionary.com/Bureau+of+Diplomatic+Security(2009년 1월 7일 검색).

http://en.wikipedia.org/wiki/Bureau_of_Diplomatic_Security(2009년 1월 7일 검색).

http://www.state.gov/m/index.htm(2009년 1월 7일 검색).

http://upload.wikimedia.org/wikipedia/en/d/db/DS_Org_Chart.jpg(2009년 1월 7일 검색).

http://en.wikipedia.org/wiki/Diplomatic_Security_Service(2009년 1월 7일 검색).

http://www.nationmaster.com/encyclopedia/Bureau-of-Diplomatic-Security(2009년 1월 8일 검색).

http://en.wikipedia.org/wiki/Bureau_of_Diplomatic_Security(2009년 1월 7일 검색).

http://www.state.gov/m/ds/index.htm(2009년 1월 7일 검색).

http://www.state.gov/m/ds/about/faq/(2007년 3월 31일 검색).

http://www.state.gov/m/ds/protection/index.htm(2009년 1월 7일 검색).

http://www.state.gov/m/ds/(2007년 3월 31일 검색).

http://www.state.gov/m/ds/about/overview/(2007년 3월 31일 검색).

http://www.state.gov/m/ds/protection/index.htm(2009년 1월 7일 검색).

http://en.wikipedia.org/wiki/Diplomatic_Security_Service(2009년 1월 17일 검색).

http://kr.news.yahoo.com/service/news/shellview2.htm?articleid=2008062813500893180&linkid=612&newssetid=3433&title=%B9%CC%B1%B9+%BC%E8%B0%ED%B1%E2+%BC%F6%C0%D4+%B3%ED%B6%F5(2008년 6월 28일 검색).

http://www.nationmaster.com/encyclopedia/Bureau-of-Diplomatic-Security(2009년 1월 8일 검색).

http://www.state.gov/m/ds/protection/c8756.htm(2009년 1월 7일 검색).

http://www.state.gov/m/ds/protection/c8756.htm(2007년 3월 31일 검색).

http://www.state.gov/m/ds/about/overview/(2007년 3월 31일 검색).

http://www.washingtonpost.com/wp-dyn/articles/A1157-2004Sep6.html/(2009년 1월 7일 검색).

http://www.state.gov/m/ds/index.htm(2009년 1월 7일 검색).

http://www.state.gov/m/ds/about/overview/c9010.htm(2007년 3월 31일 검색).

http://www.state.gov/m/ds/about/overview/c9004.htm(2007년 3월 31일 검색).

http://www.state.gov/m/ds/about/overview/(2007년 3월 31일 검색).

http://www.state.gov/m/ds/about/(2007년 3월 31일 검색).

http://www.state.gov/m/ds/protection/index.htm(2009년 1월 7일 검색).

http://en.wikipedia.org/wiki/Bureau_of_Diplomatic_Security(2009년 1월 7일 검색).

http://www.state.gov/m/ds/about/overview/(2007년 3월 31일 검색).

http://www.nationmaster.com/encyclopedia/Bureau-of-Diplomatic-Security(2009년 1월 8일 검색).

http://en.wikipedia.org/wiki/Bureau_of_Diplomatic_Security(2009년 1월 7일 검색).

http://en.wikipedia.org/wiki/Diplomatic_Security_Service(2009년 1월 7일 검색).

http://www.state.gov/m/ds/career/(2007년 3월 31일 검색).

http://www.state.gov/m/ds/about/overview/(2007년 3월 31일 검색).

http://www.state.gov/m/ds/career/c8853.htm(2007년 3월 31일 검색).

http://www.nationmaster.com/encyclopedia/French-National-Police(2009년 1월 21일 검색).

http://frenchjournal.typepad.com/french_journal/2008/01/frances-populat.html(2009년 1월 25일 검색).

http://en.wikipedia.org/wiki/French_National_Police(2009년 1월 25일 검색).

http://www.elysee.fr/elysce/elysee.fr/anglais_archives/jacques_chirac/presidency_s_departments/presidency_s_departments.20239.html(2009년 1원 21일 검색).

http://www.absoluteastronomy.com/topics/French_Republican_Guard(2009년 1월 25일 검색).

http://en.wikipedia.org/wiki/Groupe_de_S%C3%A9curit%C3%A9_de_la_Pr%C3%A9sidence_ de_la_R%C3%A9publique(2009년 1월 25일 검색).

http://en.wikipedia.org/wiki/Recherche_Assistance_Intervention_Dissuasion(2009년 1월 25일 검색).

http://en.wikipedia.org/wiki/Groupe_de_S%C3%A9curit%C3%A9_de_la_Pr%C3%A9sidence_de_la_R%C3%A9publi que (2009년 1월 25일 검색).

http://www.zimbio.com/pictures/0wiHQwRdXve/President+Madame+Sarkozy+Visit+Greenwich/-P_X6FzFxOB/Carla+Bruni+Sarkozy(2009년 1월 25일 검색).

http://bauergriffinonline.com/mt/mt-search.cgi?IncludeBlogs=1&tag=Nicolas%20Sarkozy&limit=20&IncludeBlogs=1;http://bauergriffinonline.com/2008/04/bfm_enlarged/enlarged-the-french-are-pissed-carlas-e.php?bfm_index=2(2009년 1월 25일 검색).

http://cache.daylife.com/imageserve/0cG3691dgDaf2/610x.jpg(2009년 1월 25일 검색).

http://cache.daylife.com/imageserve/02BY3lUg3EbqD/610x.jpg(2009년 1월 25일 검색).

http://cache.daylife.com/imageserve/01Ns93kcAW700/610x.jpg(2009년 1월 25일 검색).

http://en.wikipedia.org/wiki/French_Gendarmerie#The_Mobile_Gendarmerie(2009년 1월 25일 검색).

http://en.wikipedia.org/wiki/Mobile_Gendarmerie(2009년 1월 25일 검색).

http://www.odt.co.nz/news/world/10911/cop039s-airport-suicide-sparks-sarkozy-assassination-fear;http://web.israelinsider.com/Articles/Security/12942.htm;http://file.shanghaidaily.com/News/Image//2008/2008-06/2008-06-25/20080625_364483_02.jpg(2009년 1월 25일 검색).

http://jdmrombungaraya2012.ordpress.com/2008/06/26/french-president-shooting-scare-israeli-guard-panic/(2009년 1월 25일 검색).

http://photo.donga.com/usr/photopro/phndview.php?cgubun=&cpage=5&photo_idxno=100508(2009년 1월 25일 검색).

http://web.israelinsider.com/Articles/Security/12942.htm(2009년 1월 25일 검색).

찾아보기

〈인 명〉

저자약력

임 준 태

동국대 경찰행정학과 교수(林俊泰, Lim, Joon-Tae)
서울보성고등학교 졸업
국립경찰대학 법학과 졸업(5기)
연세대학교 행정대학원(사법행정 전공)
독일 Freiburg법과대학 법학박사(Dr. jur. Polizeiwissenschaft u. Kriminologie)
연세대학교 대학원 법학박사(刑事法 전공)

【경력】 연세대·고려대 법무대학원 및 행정대학원 외래교수, 경희대 법과대학 겸임교수
국무총리실 정책평가위원회 전문위원
한국경찰연구학회 회장(2008~2009)
치안정책연구소 연구관 및 연구위원
아시아경찰학회(AAPS) 이사(Committee Member)
한국형사정책학회 이사, 한국공안행정학회 이사
국회입법고시, 행정고시 및 5급 승진시험 출제위원
경찰청 "경찰 60년사" 집필위원, 삼성화재 보험범죄방지자문위원
수사전문화과정수료(한국)

Forensic Behavioral Science, Crime Scene Investigation and Geographic Profiling in BCIT, Canada

- Sam Houston Univ. at Texas in USA Visiting Scholar
- School of Criminology at Simon Fraser Univ. in Canada Visiting Scholar
- Max-Planck Institute for Public and International Law at Heidelberg in Germany Visiting Scholar
- Justice Institute of British Columbia in Canada Visiting Scholar

【주요 저서 및 역서】

【비교경호제도론】, 【프로파일링】, 【법과학과 범죄수사】, 【독일형사사법론】, 【범죄통제론】, 【범죄예방론】, 【경찰행정학(9인 공저)】, 【비교수사제도론(5인 공저)】 【경찰학개론(9인 공저)】, 【비교경찰제도론(9인 공저)】, 【탐정학개론(2인 공역)】

【연구논문】

- G8국가 경호시스템 분석을 통한 경찰경호발전 방안 연구
- 한국경호경찰의 발전방안에 관한 연구
- 한국정보기관의 발전방향에 관한 연구
- 동서독 통일 후 동독경찰의 민주화 과정
- 뉴욕경찰의 범죄통제전략에 관한 고찰
- 독일경찰제도와 수사구조에 관한 연구
- 각국의 유치장 운영실태 및 개선방안
- 캐나다 경찰에 관한 연구
- 독일 민간경비산업의 현황 및 과제
- 21세기 미래지향적 교통경찰 조직에 관한 연구
- 각국 경찰의 수사비 책정에 관한 연구
- 선진 외국경찰의 치안활동 사례 및 적용방안
- 강력범죄에서의 범인상 추정기법(Criminal Profiling) 도입에 관한 연구
- 연쇄살인사건의 공간적 특성분석에 관한 연구
- 지리학적 프로파일 기법을 이용한 연쇄강력범죄수사
- 과학수사기반 구축을 위한 법과학교육 활성화방안
- 지리학적 프로파일링을 통한 연쇄살인사건분석
- 효율적 범죄대책을 위한 바람직한 검찰, 경찰관계 구상
- 집회시위시 발생하는 소음의 합리적 규제기준에 관한 연구
- 파출소제도 개선과 순찰근무 효과성 강화방안 연구

- The 12th International Society of Criminology(1998), "Crime Reporting Behaviour in Korea and Germany -A comparative Study in German and Korean Police-"
- DAAD Seminar 2003 in Seoul, "The Role of Private Security for the Internal Security"
- The 4th AAPS Annual Conference(2003), "Comparative Study on Security Guard Training Program between Korea and Germany," Seoul, Korea
- The 14th International Society of Criminology(2005), "Better Policing in Crime Prevention through the Police Training," Philadelphia, USA
- The 14th International Environmental Criminology and Crime Analysis(ECCA) Symposium July 25-28, 2006, Vancouver, Canada
- The European Society of Criminology Conference(Aug. 26-29, 2007), Tuebingen, Germany
- The 8th AAPS Annual Conference(2007) "Investigate Serial Offender Cases Through the Geographic Profiling Method," Seoul, Korea
- The 15th International Society of Criminology(July 2008), "Serial offender profiling and their spatial characteristics," Barcelona, Spain

비교경호제도론

2009년 5월 25일 초판 1쇄 인쇄
2009년 5월 30일 초판 1쇄 발행

저 자 임 준 태

발행인 (寅製) 진 욱 상

발행처 백산출판사
서울시 성북구 정릉3동 653-40
등록 : 1974. 1. 9. 제 1-72호
전화 : 914-1621, 917-6240
FAX : 912-4438
http://www.baek-san.com
edit@baek-san.com

저자와 합의하에 인지첩부 생략

값 20,000원
ISBN 978-89-6183-194-9